노동의 미래

라이언 아벤트

안진환 옮김

디지털 혁명 시대, 일자리와 부의 미래에 대한 분석서

노동의 미래

THE WEALTH
OF HUMANS

민음사

사람은 항상 일을 하며 살아야 하고
그에 따른 수입은 적어도 먹고살 수준은 되어야 한다.
—애덤 스미스(Adam Smith), 「국부론」[1]

친구들이여 나를 애도하지 마오, 깊이 슬퍼하지도 마오, 결코.
왜냐하면 이제부터 나는 영원히 아무 일도 하지 않을 테니 말이오.
—어느 파출부의 구전 비문,
1930년 존 메이너드 케인스(John Maynard Keynes)의
『우리 손자 세대의 경제적 가능성(Economic Possibilities for Our Grandchildren)』에서 인용.[2]

차례

디지털 시대의 중요한 싸움 중 하나는 사회적 부를 공유하는
방법을 놓고 벌어질 것이다. 특정 사회에 누가 '속하는지'를 놓고
벌이는 투쟁 말이다. 신기술이 창출하는 공통의 사회적 부는
어떤 사람들이 공유하게 될 것인가.
어떤 특성이 그 공동체에 포함되는 근거가 되고,
무엇을 해야 내부자의 지위를 얻고 유지할 수 있을 것인가.

일자리를 박탈당한 사람들

2014년 1월, 내가 소속된《이코노미스트(*The Economist*)》는 급속한 자동화 시대에 노동이 앞으로 어떤 양상을 띠게 될지에 관해 내가 쓴 기사를 게재했다. 다음은 그 내용의 일부다.

10년 전만 해도 기술에 관심을 가진 경제학자들조차 자동차 운전을 컴퓨터가 정복할 가능성이 거의 없는 인간적 성취의 일종으로 간주했다. 하지만 구글 무인 자동차가 운전자도 없이 캘리포니아 일대를 돌아다니고 있는 지금, 컴퓨터가 곧 그에 대한 완전한 정복에 이를 것을 의심하는 사람은 없다.…… 2030년대나 2040년대에 이르면 세계 주요 지역에서 택시 기사를 보기 힘들게 될 것이다.…… 지역 정보와 여론의 가장 믿을 만한 정보원(源)인 택시 기사들이 사라진다는 사실은 기자들에게도 반가운 소식이 아니다.[1]

그리고 얼마 지나지 않은 어느 이른 아침, 경미한 지진이 로스앤젤레스 일대를 흔들었다. 몇 분 지나지 않아 지진에 관한 첫 번째 뉴스가 보도되었다.

월요일 아침 강도 4.7의 경미한 지진이 캘리포니아주 웨스트우드 8킬로미터 지점에서 발생했다. 미국지질조사국(US Geographic Survey)에 따르면 이번 지진은 태평양 시간으로 오전 6시 25분에 발생했으며 진원의 깊이는 8킬로미터로 분석되었다.

이 두 번째 기사에서 주목할 점은 그 내용이 아니라 작성자다.《로스앤젤레스타임스(Los Angeles Times)》의 한 프로그래머가 개발한 '퀘이크봇(Quakebot)'이라는 소프트웨어가 작성한 기사라는 얘기다.[2]

내가 쓴 기사와 로봇이 작성한 기사, 이 두 기사는 딱히 닮은 점이 없다. 우선 퀘이크봇은 별다른 고민 없이 일을 한 반면, 나는 수개월에 걸쳐 연구 조사를 수행한 후 수차례 수정 과정을 거치며 기사를 작성했다. 나는 특정한 세계관을 정립하고 그러한 견해를 뒷받침할 논증을 도출하는 데 많은 시간을 소비했다. 내가 쓴 기사에서는 독자들의 흥미를 유발하기 위한 시도도 여실히 드러난다. 그러나 기사로 인정된다는 점에서는 이 둘 모두 아무런 차이가 없다. 둘 다 유익한 정보를 문법에 맞춰 이해하기 쉽게 구성한 기사라는 점에서는 말이다. 기자라는 직업은 필경 운전기사라는 직업보다는 더 길게 명맥을 유지하겠지만 잉크밥 먹는 글쟁이들이 바라는 만큼 그렇게 수십 년이나 갈지는 의문이다.

자동화는 디지털 혁명으로 인해 우리의 생계에 닥친 유일한 위협이 아니다. 이 글을 쓰는 지금 미국에서는 인플레이션을 적용한 신문광고의 가치가 지난 1950년의 수준으로 후퇴했다.[3] 사상 최저를 기록할 날도 멀지 않은 것으로 보인다. 좀 더 솔직해지자. 곧 제로에 다다를지도 모른다.

디지털 혁명은 이제 선진 부국의 언론인들과 노동자들에게 경제의 구조 변혁이 어떤 의미인지 가르치고 있다. 우리의 고조부 세대와 같은 입장에 처해 보도록 만들면서 말이다. 우리의 고조부들은 인간의 목소리가 전선을 타고 전달되는 것을 처음으로 경험했고 이 도시에서 저 도시로 이동하는 시간이 수 주에서 수 시간으로 단축되는 것을 목도했으며 대장장이나 농장 노동자로서의 일자리가 환상적인 신기술로 대체되는 것을 직접 체험했다.

우리 모두는 근로 생활이 기술에 의해 변경되는 상황을 겪으며 살아왔다. 나이 든 근로자들은 공장의 일자리가 많은 교육을 받지 않고도 쉽게 구할 수 있는 훌륭한 생계 수단이었던 시절을 기억할 것이다. 혹은 사무실이 타자기를 두드리거나 서류를 정리하는 직원들로 가득했던 시절을 잊지 않고 있을 것이다. 그러나 변화의 속도는 노동력의 가장 젊은 구성원들조차 시대가 달라졌음을 체감할 수 있을 정도로 빨라졌다. 불과 7~8년 전에는 존재하지도 않았던 우버(Uber)나 에어비앤비(Airbnb) 같은 서비스가 수백만 명을 고용하는 산업들을 근본적으로 바꿔 놓고 있다. 직장 동료들의 협업을 돕도록 고안된 채팅 서비스인 슬랙(Slack)과 같은 제품은 일터의 커뮤니케이션에 변혁을 가하고 있으며 지시에 따라 거래처에 이메일을 보내거나 점심 식사를 대신 주문해 주는 클레버봇*들은 마치 인간 동료들처럼 대화에 참여하고 있다.

---

* Cleverbot: 인공지능(AI) 알고리듬을 이용해 사람과 대화를 나누는 웹 애플리케이션 — 옮긴이

변화의 속도는 특히 40대와 50대 근로자를 혼란에 빠뜨린다. 택시 운전기사나 사무직원으로 수십 년 쌓아 온 경력이 갑자기 가치가 떨어지거나 심지어 무가치해지기 때문이다. 은퇴할 시점은 아직 먼 상태에서 말이다. 또한 이제 막 노동인구에 합류한 젊은이들도 자신이 받은 직업훈련으로 평생 밥벌이를 해 나갈 수 있을지 확신할 수 없는 상황에 처한다. 앞으로 50년 정도는 경력을 밟아야 하는데 그 사이에 무슨 변화가 어떻게 일어날지 모르기 때문이다.

내가 속한 분야는 지난 이삼십 년간 거의 지속적인 붕괴를 겪어 왔다. 디지털 기술로 인해 이미 오래전에 많은 인쇄공들이 일자리를 잃었고, 이후 인터넷의 등장으로 전 세계의 독자들이 수많은 뉴스와 분석에 무료로 접근할 수 있게 됨으로써 구독 기반의 언론 사업은 뿌리째 흔들렸으며, 동시에 크레이그리스트(Craigslist) 같은 온라인 서비스 업체들이 신문사의 광고 수입을 꾸준히 빼앗아 갔다. 이제 페이스북(Facebook)이나 애플(Apple)과 같은 기업들은 전 세계의 간행물에서 뽑은 최상의 스토리를 독자들에게 서비스하겠다고 약속하며 큐레이션*을 거친 뉴스피드를 제공하고 있다. 경험 많은 편집자들이 하던 가치 있는 역할 중 하나가 또 이렇게 약화되고 있는 것이다. 나는 뉴스 소비자의 입장에서는 이런 세상에 신이 난다. 온갖 종류의 사안과 주제에 관한 탁월한 기사와 분석을 전보다 훨씬 쉽게 접할 수 있을 뿐 아니라 전에는 플랫폼이 부족해 빛을 보지 못하던 식견이나 견해까지 만날 수 있기 때문이다. 그렇지만 펜으

---

* curation: 미술관이나 박물관 등에 전시되는 작품을 기획하고 설명해 주는 '큐레이터(curator)'에서 파생한 신조어로 인터넷에서 원하는 콘텐츠를 수집해 공유하고 가치를 부여해 다른 사람이 소비할 수 있도록 도와주는 서비스를 뜻한다. — 옮긴이

로 먹고사는 언론인의 입장에서는 초조하지 않을 수 없다.

우리의 염려는 단순히 향후 고용이 불안정해질 가능성에만 기인하는 게 아니다. 현재 고용 안정성을 확보한 것으로 보이는 사람들도 앞으로 수입이 줄어들 가능성이 높다. 지난 이삼십 년 사이 선진 부국 전반에 걸쳐 임금은 (인플레이션을 적용한 경우) 거의 상승하지 않았다. 몇몇 분야의 경우에는 그보다 더 오래전부터 그런 상황을 겪고 있다.[4] 이러한 임금 정체가 다른 애처로운 트렌드들과 병행해서 전개되었다는 점도 문제다. 근로자들에게 돌아가는 수입의 몫이 사업체 소유주나 지주 및 건물주에게 돌아가는 그것과 반대로 계속 줄어들었으며,[5] 근로자 사이에서도 최상위 고액 소득자들에게 돌아가는 몫이 놀라울 정도로 증가함에 따라 불평등이 급격히 확산되었다.[6]

물론 급속히 성장하는 개발도상국들에서는 임금이 상승해 왔다. 하지만 이들 지역에서조차 다른 두 가지 트렌드, 즉 자본 소유주들로의 수입 집중 현상과 고액 연봉자와 여타 근로자 사이의 소득 불평등 확대 현상은 갈수록 커지는 사회적 불안의 요인이 되고 있다.

여기서 고용에 대한 정신이 번쩍 들 정도로 심각한 데이터를 살펴보기로 하자. 미국에서는 현재 일하고 있거나 적극적으로 일자리를 찾는 노동 가능 연령대의 성인 남성 비율이 지난 30년에 걸쳐 꾸준히 감소했으며, 몇몇 경우에는 극적인 감소세를 보였다. 모든 남성의 노동인구 참여 비율이 1990년 약 76퍼센트에서 2015년 69퍼센트로 감소한 것이다.[7] 이 수치만 보면 크게 우려할 사항이 아닌 것으로 여겨질지 모르지만, 이 7퍼센트의 차이가 900만 명을 의미한다는 사실에 주목할 필요가 있다. 그리고 일터에서 밀려난 이 사람들은 대개 형편없이 영락한 삶을 살고 있다. 많은 사람들이 전도가 보이지 않는 쇠락하는 공동체에 갇혀 삶의 목적과 의미를 찾기 위해 몸부림치고 있다. 실제로 최근의 연구 조사에 따르면 1990년대 말 이후로 미국의 백인 중년층에서 사망률이 놀랄 정도로 늘었는데 대부분이 자살이나 약물 혹은 알코올 남용의 증가에 기인한다. 연구자들은 경제적 불안정을 그런 결과의 기여 요인으로 보고 있다.[8]

이러한 트렌드는 미국에만 국한되지 않으며, 인구 고령화와 은퇴의 산물로 설명할 수도 없다. 유럽의 경우 25세 이하의 성인 다섯 명 가운데 한 명꼴로 실직 상태다.[9] 경제협력개발기구(OECD) 전체를 놓고 보면 15세에서 29세 사이의 12퍼센트 인구가 학교에 다니지도 않고 일도 하지 않는다. 이들 중 일부는 불법적인 활동에 연루되어 있거나 감옥에 수감된 상태다. 또 일부는 부모 집 지하실에서 비디오 게임에 열중하고 있다. 장기 실업자들의 상당수도 이와 마찬가지 상황이다. 그들 중 다수가 가방끈이 짧은 중장년층으로 떠돌이 생활을 하며 종종 음주로 하루를 보내고 많은 부분에서 사회 전체와의 연결이 결여된 삶을 산다.

엄청나게 많은 사람에게 일자리가 불안정해졌으며 일에 따르는 보수 역시 물질적 안녕에 기여하는 정도가 떨어졌다. 그로 인해 도널드 트럼프(Donald Trump)와 마린 르 펜(Marine Le Pen) 등과 같은 포퓰리즘 정치가들이 득세하고 있으며, 세계적인 불평등 현상을 분석하는 내용으로 2014년 출간되어 인기를 끈 토마 피케티(Thomas Piketty)의 『21세기 자본 (Capital in the Twenty-First Century)』[10]과 같은 경제서들이 베스트셀러가 되고 있다. 일은 단순히 식탁 위에 음식을 올려놓는 데 필요한 자원을 획득하는 수단만이 아니다. 일은 또한 개인 정체성의 근원이며 우리의 일상과 삶에 구조를 제공하는 무엇이다. 일은 다른 사람들에게 효용이 되는 데서 오는 자기 충만감의 요인도 되고, 공동체 의식을 고양하고 사회가 원활하게 돌아가도록 돕는 접착제로서도 중요한 역할을 수행한다. 지난 30년간 일은 이러한 역할을 수행하는 데 있어 그 효력을 점점 상실해 왔다. 이러한 상황은 정부의 역할과 예산에 압박을 가해 더욱 유해하고 덜 관용적인 정책들을 양산하는 결과를 낳고 있다. 한편 그런 와중에도 기술 진보의 물결은 끊임없이 이어지며 부담을 가중시키고 있다.

노동력 과잉의 세 가지 원인

디지털 혁명은 세 가지 방식으로 사람들의 일에 변혁을 가하고 있다. 첫 번째는 자동화를 통해서다. 새로운 기술은 사무원과 점원에서 용접공에 이르는 특정 노동자들을 대체하고 있으며 앞으로는 운전기사에서 법무 보조원에 이르는 노동자까지 더욱 많은 인력을 대체할 전망이다. 기계들은 더욱 능란해지고 있고 소프트웨어들은 더욱 영리해지고 있으며 이러한 향상은 값싸게 자동화할 수 있는 인간 노동의 집합을 늘려 놓고 있다.

이와 동시에 디지털 혁명은 또 다른 영향력이라 할 수 있는 세계화에 과다한 수준의 동력을 부여하고 있다. 만약 강력한 정보 기술(IT)이 없었다면 선진 부국의 기업들은 지난 20년 동안 세계 전역을 휘감듯 펼쳐진 글로벌 공급망을 관리하는 일이 거의 불가능했을 것이다. 그리고 애플과 같은 기업들이 세계 전역으로 생산을 분산하지 않았다면 중국과 여타의 개발도상국들은 세계경제에 보다 나은 방식으로 통합되었을지도 모른다. 더불어 그러한 성장은 훨씬 더 느리게, 덜 극적으로 이뤄졌을 것이다.

지난 30년간 세계 전체적으로는 일자리가 10억 개 이상 늘어났으며, 그 대부분은 개발도상국들에서 발생한 일자리다.[11] 그곳의 노동자들은 대체적으로 부국의 노동자들보다 숙련도가 떨어지며, 그들의 글로벌 경제 합류는 부국의 화이트칼라 전문직 종사자들보다는 중급 기술의 제조업이나 관리 부서 종사자들에게 더 체감도 높은 영향을 미쳤다. 하지만 이런 상황 역시 그리 오래가지 않을 것이다. 개발도상국들에도 미국이나 유럽의 전문가들만큼 고객의 니즈를 해결할 수 있는 능력을 갖춘 수백만의 엔지니어와 의사, 재무 전문가 등이 있기 때문이다.

세 번째로 과학기술의 발전은 몇몇 고도로 숙련된 노동자의 생산성을 막대하게 신장하고 있다. 전에는 더 많은 인력이 있어야 성취 가능했던 일을 단독으로 혹은 소수가 수행할 수 있도록 돕는다는 의미다. 이제 과학기술 덕분에 소규모 금융자산 관리 팀이 방대한 펀드를 운용할 수 있고, 고도로 숙련된 강사들은 수백만의 학생이 몇 차례건 거듭 수강할 수 있는 강좌를 개설할 수 있다. 잠재적으로 수백 또는 수천의 강사들이 일자리를 잃게 된다는 뜻이다. 또한 의사나 간호사도 전보다 많은 수의 환자를 치료하고 돌볼 수 있으며, 변호사 역시 전보다 많은 양의 소송 관련 증거를 도출할 수 있고, 연구원은 전보다 많은 양의 자료를 조사하고 더 많은 가설을 좀 더 빨리 테스트할 수 있다. 전보다 적은 수의 전문가가 전보다 많은 일을 수행한다는 얘기다.

자동화와 세계화, 그리고 고도로 숙련된 전문가의 생산성 증가라는 이 세 가지 트렌드는 총체적으로 노동력 과다 현상을 야기하고 있다. 글로벌 경제는 이러한 전례 없는 노동 희망자의 거대한 대양을 수용하려고 시도하는 과정에서 걱정스러운 방식으로 헛발질을 거듭하고 있다. 그리하여 (우리의 가장 중요한 사회적 인프라인 가족과는 별도로) 노동이라는 제도가 더 이상 그 중요한 여러 역할을 제대로 수행할 것으로 기대할 수 없는 지경에 이르고 있다. 구체적으로 어떤 역할인가 하면, 우리의 일상을 체계화하는 역할에서부터 구매력을 할당하는 역할, 개개인이 공동체에 긍정적으로 기여하는 것처럼 느낄 때 육성되는 사회적 유대를 강화하는 역할 등이다.

일자리를 잃어버린 사람들

인간 세상에 너무 많은 노동자가 있다고 말하는 것은 경제학의 기본 교리에 저항하는 행위다. 노동력은 그런 식으로 작용하지 않는다.

사회에서 필요한 일자리보다 사람들이 너무 많아서 문제라고 말하는 사람들은 '고용 총량'의 오류에 빠져 있는 것이라 할 수 있다. 이는 일의 총량이 정해져 있다고 보는 잘못된 견해이다. 이러한 견해는 젊은 세대에 보다 많은 일자리를 만들어 주려면 기성세대의 은퇴 연령을 낮춰야 한다는 등의 정책을 모색하는 기초가 된다. 만약 이런 이론을 믿는다면 우리는 확실히 기계의 부상에 대해 걱정해야 한다.

하지만 경제학자들은 일반적으로 경제는 그와 아주 다르게 돌아간다고 믿는다. 그러면서 그들은 때로 '세의 법칙(Say's Law)'을 언급한다. 18세기 프랑스 경제학자 장 바티스트 세(Jean-Baptiste Say)가 정립한 법칙으로, 간단히 요약하면 '공급은 그 자체의 수요를 창출한다'는 이론이다.[12] 따라서 나이 든 노동자들이 더 늦게 은퇴한다고 해서 문제될 건 없는 셈이 된다. 그들이 일자리를 더 오래 붙잡고 있으면 수입이 늘어날 것이고 그 돈을 쓰면 여타의 재화나 서비스에 대한 수요가 창출되고 그와 더불어 그러한 재화나 서비스를 지원하는 일자리가 생겨나기 때문이다. 노동력 절약 기술이 미치는 변화에 관해서만 말하면, 경제학자들은 어떤 사람이 기계 때문에 일자리를 잃으면 그에 상응하는 절약이 다른 누군가에게 발생한다고 믿는다. 회사의 소유주나 소비자에게 비용이나 가격이 낮아지는 형태로 그만큼의 혜택이 발생한다는 뜻이다. 이는 다시 다른 곳에 소비할 수 있는 돈을 생성하고 그러한 소비는 밀려난 노동자에게 다른 일자리를 만들어 준다고 보는 것이다.

이 마법의 재할당은 가격 및 임금의 유연성이 갖는 경이로움 때문에 발생하는 것으로 간주된다. 일자리를 찾는 실업자는 제품을 파는 상인과 같다. 상인이 상품을 판매할 수 없다면 이는 가격이 너무 높다는 뜻이므로 두 가지 선택이 따른다. 제품의 품질을 향상시키거나 가격을 낮추는 것이 바로 그 두 가지다.

19세기 섬유산업 분야의 어느 섬유 생산 장인을 예로 들어 보자. 적당한 수준의 기술을 보유한 그는 공장이 생겨나기 전까지는 일을 해서 비교적 품위 있는 생활을 유지할 수 있었다. 그가 독자적으로 일하는 장인으로서 주당 3달러를 벌었다고 치자. 그런데 공장이 생겨나서 주당 1.5달러를 받는 비숙련 노동자들을 고용해 대량으로 천을 생산하기 시작했다. 장인은 한동안 자신의 제품을 팔려고 지속적인 노력을 기울이지만 결국 포기할 수밖에 없다. 대량 생산된 천이 너무 싸서 경쟁이 되지 않는 것이다. 대량 생산 제품과 같은 가격으로 팔면 도저히 생활을 유지할 수 없다. 체념한 그는 공장을 찾아가서 관리자에게 주당 3달러를 주면 자신의 노동력을 제공하겠다고 제안한다. 관리자는 당연히 이 제안에 콧방귀로 응수하며 그를 돌려보낸다. 장인은 실망해서 터덜터덜 집에 돌아온다. 기술에 희생당해 실업자 신세가 된 것이다.

어쩌면 그는 한동안 빈둥거리며 시간을 보낼지도 모른다. 낮 시간대 TV 시청과 유사한 무언가로 소일하며 공장에 유성이나 떨어지기를 바라면서 말이다. 그러다 수중에 돈이 떨어지기 시작하면 그는 혹시 자신의 기술을 주당 3달러에 써 줄 곳이 있을지도 모른다는 기대를 갖고 이 공장 저 공장을 기웃거린다. 그러나 실업자로 간주되려면 근로자는 적극적으로 일자리를 찾아 나서야 한다. 또한 실로 일자리를 찾는 데 관심이 있다면 해당 근로자는 결국 자신이 무엇을 해야 하는지 깨닫게 되기 마련이다. 장인은 여러 공장을 방문하면서 몇몇 공장에서 장비를 유지 보수하기 위해 주당 5달러의 임금으로 엔지니어를 고용하고 있다는 사실을 알아챈다. 이제 그에게는 두 가지 선택이 생긴 것이다. 주당 5달러 일자리를 얻는 데 필요한 기술을 습득하기 위해 시간과 자원을 투자하거나 아니면 주당 1.5달러 임금을 받아들이고 비숙련 공장 노동자들과 함께 일하는 것 말이다.

경제학자들은 어느 경제체에든 제한된 수의 일자리가 존재한다는 이론인 '총량' 문제를 믿지 않는다. 그러나 그들은 새로운 기술에 의해 대체될 때 개별 노동자에게 닥치는 심각한 파괴는 인정한다. 그 사람에게는 두 가지 선택이 따른다. 낮아진 임금으로 생활하는 법을 배우거나 아니면 좀 더 가치가 높은 기술을 습득할 수 있는 방법을 찾는 것이다.

분명 이러한 전환이 얼마나 쉽게 이루어지느냐 하는 것은 얼마나 많은 사람이 동시에 그런 전환을 이루려 하느냐에 따라 달라진다. 수백만 명의 근로자보다 수백 명의 근로자를 재교육하는 일이 더 쉬운 법이다. 고용 프로세스는 시간이 걸리고, 빈 일자리당 지원자 수가 늘어나면 고용주는 까다로워질 수 있다. 결국 능력 이하의 일을 하는 사람들이 충분히 늘어나면 그런 인력을 이용하는 새로운 영리한 사용법을 생각해 내는 기업들이 생겨나기 마련이다. 저렴한 노동력은 생산의 기회이기 때문이다. 하지만 그러한 과정은 매우 오랜 시간이 걸릴 수도 있다.

그러는 동안 역사적으로 인력에 의존해 왔던 작업을 수행하는 데 기술 솔루션을 이용하는 역량은 계속 커지고 또 커진다.

지난 30년 동안 10억 명 이상 늘어난 글로벌 노동인구는 다음 30년 동안 또 10억 명이 늘어날 것이다. 동시에 신기술은 역사적으로 글로벌 고용의 막대한 몫을 담당하던 공장과 창고, 상점 등의 단순 노동을 갈수록 쉽게 자동화할 것이다. 기술은 또한 교육이나 의학과 같은 분야에도 변화를 가해, 전에는 다수의 교사나 의사가 수행하던 일을 소수가 수행할 수 있게 만들 것이다.

경제체와 사회는 이런 변화에 적응하려 애쓸 것이다. 그러한 적응은 많은 근로자의 임금 정체와 불평등의 증가, 그리고 다른 많은 사람에게 직업 세계와의 보잘것없고 퇴보적인 연결을 의미할 것이다. 노동자들은 이러한 비애를 가만히 앉아서 수용하지는 않을 것이다. 무언가 해결책이 필요하다. 사회는 일자리를 보호할 방안을 강구하거나 대안을 개발해야 한다. 그렇지 않으면 노동자들은 정치 시스템을 이용해, 자신들의 세계를 파괴하는 세력의 토대를 뒤흔들 것이다.

기술 시대의 정치적 도전: 누가 무엇을 가질 것인가

이런 상황은 인류에게 득이 되는 문제가 되어야 마땅하다. 풍부한 노동력은 논란의 여지가 있지만 기술 진보의 요점이다. 먹고살기 위해 열심히 일해야 하는 필요성이 끝나는 시점의 시작이기 때문이다. 기술적으로 필요한 것보다 사람들이 별로 선호하지 않는 노동을 적극적으로 찾아야만 하는 시스템을 더 오래 보존하는 것이 사회의 목적일 필요는 없지 않은가. 예컨대 불만족 고객의 불평을 처리하는 콜센터 업무나 무더위로 펄펄 끓는 창고에서 물품을 운반하는 작업 같은 노동은 기계로 대체하면 더 좋지 않은가 말이다. 사회가 그러한 불쾌한 노동을 자동화하거나 보다 광범위하게 공유되도록 만들어 노동자들이 깨어 있는 시간을 고되거나 불쾌한 노동에 더 적게 쓰게 할 수 있다면, 그것은 확실히 인류의 진보를 나타내는 것이다.

활용 방안을 아는 수준보다 많은 노동력을 보유한 현대 경제체의 경우, 기술의 풍요는 위와 같은 진보의 가능성을 창출한다. 거대한 금광이나 유전의 발견과 마찬가지로 새롭고 강력한 디지털 기술은 막대한 부의 잠재적 원천이 될 수 있다. 사회 구성원 모두를 일하게 할 필요가 없는 환경이 실현될 수도 있다. (폴 메이슨(Paul Mason)의 『포스트 자본주의, 새로운 시작(Postcapitalism)』을 비롯한 다수의 책들에서 주장하는 바에 따르면)[13] 그러한 유토피아가 저기 수평선 너머에서 기다리고 있는 것처럼 보일지도 모른다. 거기서 관리해야 하는 모든 것은 생산적인 기술이 생성한 공동의 부를 사회 전체에 분배하는 일과 결부된 사소한 노동에 들어가는 시간을 서서히 감소시키는 것뿐이란다.

그러나 노동 세계를 과연 그런 수준으로까지 개선할 수 있을까? 학자들은 수 세대 전부터 그에 관한 상상의 나래를 펼쳤다. 1930년 영국의 경제학자 존 메이너드 케인스는 경제적 미래가 어떻게 전개될 것인지에 대한 자신의 견해를 기술한 소론을 발표했다.[14] 당시 세계는 갈수록 극심해지는 경제 불황에 허덕이고 있었다. "우리는 현재 경제 비관론의 혹독한 공격에 시달리고 있다." 케인스는 「우리 손자 세대의 경제적 가능성」이라는 소론의 서두에 이렇게 적고 있다.

하지만 본문에서 그는 독자들에게 단기적인 곤경을 넘어 인류가 이룰 성장과 진보의 놀라운 장기적 과정을 바라보도록 권했다. 생활수준이 인지할 수 없을 정도로 천천히 성장한 수천 년의 노동 세월을 보낸 후 서유럽 및 북유럽 국가들은 불황에 이르기 전 200~300년 동안 과거 경제와는 확연히 다른 비범한 성과를 이뤄 냈다. 주로 기술적 진보 덕분에 이들 사회는 부의 경이로운 증가를 향유했다. 대공황의 비애에도 불구하고 케인스는 근본적인 기술적 진보가 멈춘 것은 아니라는 적절한 시각을 보유했다.

케인스는 세계가 대공황을 극복하고 나면 성장이 재개될 것이며 생활수준 역시 과거의 상향세로 돌아갈 것이라 믿었다. 그는 신속한 기술 향상으로 인해 단기간의 불편함이 초래될 것임을 인정했다.('일시적인 부적응 단계') 하지만 독자들에게 큰 그림을 놓치지 말 것을 촉구했다.

이 모든 것이 결국 의미하는 바는 '인류가 경제적 문제를 해결하고 있다는 사실이다.' 나는 앞으로 100년 후면 진보적인 국가들의 생활수준이 지금의 4~8배 정도로 향상될 것이라고 예측한다. 이는 우리가 현재 보유한 지식에 비추어 전혀 놀랄 만한 전망이 아니다. 그보다 훨씬 더 큰 진보의 가능성을 고려해도 어리석다 할 수 없을 것이다.[15]

이러한 진보를 고찰하면서, 케인스는 그로 인해 인간이 기본적인 필요를 충족시키는 것에 대한 염려에서 벗어날 것이라고 결론지었다. 일하는 데 소비하는 시간이 필경 주당 15시간 정도로 줄어들 것이고, 결국에는 제로에 가까워질 것으로 보았다. 그리고 인류가 직면할 주요 문제는 단지 풍부한 여가의 세상에서 무엇을 해야 할지 결정하는 일이 될 것이라고 했다.

케인스의 생활수준 진전에 대한 예측은 옳았던 것으로 입증되었다. 생활비를 감안한 1인당 소득은 그가 예견한 만큼 증가했다. 부유한 경제체에서는 이미 생활수준이 적어도 네 배 이상 향상된 것이다.[16] 최소한 일부는 2030년까지 여덟 배의 상승을 누릴 것으로 보인다. 그렇다면 풍요는 어디에 있는가? 편안한 삶은 어디 있는가? 주당 15시간 근무는 어디에 있는가?

밝혀진 바와 같이 인류의 경제적 문제에 대한 그의 설명은 불완전했다. 케인스는 기술 번영의 시대에 이르면 사람들이 지루한 나날을 보내게 될 것을 우려했다. 그는 정치가 그런 시대의 도래를 막을 가능성에 대해서 고민하지 않았다. 세월이 흐르고 세계경제가 계속 성장함에 따라 유토피아를 발견하는 데 따르는 가장 어려운 부분은 더 많이 생산하는 방법을 찾는 것이 아니라는 사실이 분명해졌다. 그 부분은 우리가 그런대로 이뤄 냈다. 가장 어려운 부분은 재분배이다.

우리가 이뤄 내지 못한 부분은 노동시간을 광범위하게 감소시키기에 충분할 정도로 생산의 열매를 균등하게 분배하는 것이었다. 그것이 정치적으로 매우 어려운 일이기 때문에 우리는 그렇게 하지 못했다. 노동과 재분배의 균형을 맞추고 지속 가능하게 만드는 일은 "믿을 수 없을 정도로 어렵다." 부유층과 특권층은 가난한 사람들에게 보조금을 주고 싶어 하지 않는다. 가난한 사람들은 부자가 제안하는 어떤 재분배든 유산자와 무산자 사이에 엄청나게 큰, 심지어 불공정한 격차를 남길 것으로 결론 내릴 가능성이 있다. 또한 자신들이 실질적으로 불필요해지고 정부 지원금이 불협화음을 잠재우는 경제에 만족하지 않을 수도 있다. 만약 재분배가 너무 서투르게 관리되면 영리하거나 야심 있는 개인이 경제를 개선하기 위해 노력하고자 하는 인센티브가 상실되어 성장의 정체를 초래하고 사회의 모든 구성원에게 더 나은 생활수준을 제공하는 데 필요한 사회적 잉여가 너무 적어지는 결과가 나올 수도 있다.

케인스는 아마도 이러한 어려움을 예견했을 것이다. 그 시절 그는 정치 상황을 예의 주시하고 있었다. 세계가 '경제 비관론의 혹독한 공격'에 시달리던 1930년대의 유럽은 이미 산업 경제의 전리품을 놓고 100년이 넘도록 격렬한 계급투쟁이 벌어지고 있었다. 지난 150년에 걸쳐 불만에 찬 노동자들의 소요 사태나 혁명의 위협이 엘리트들 사이에서 지속적인 걱정거리가 되고 있었던 것이다. 그러나 진보는 임금 노동자의 편에 서 있는 것처럼 보였다. 노동자들은 거듭 힘을 행사했고 승리를 거두었다. 노조를 조직할 권리를 얻었고 재산이 없는 남성들과 (종내에는) 여성들로 선거권이 확대되도록 만들었으며 노동 지향적인 사회주의 정당의 설립을 이끌어 냈다. 제2차 세계대전이 끝날 무렵에는 고용주에 대한 노동자의 승리가 거의 절대적인 것으로 보였다. 동유럽과 아시아에 걸쳐서 공산주의 제국이 자라났다. 한편 전후 서구에서는 국가들이 성장해 지역 기반의 경제체를 관리하며 고율의 세금으로 부자들을 쥐어짜, 갈수록 제멋대로 퍼져 나가는 복지를 '요람에서 무덤까지' 후하게 제공했다.

그러나 어느 시점부터 정치의 바람이 바뀌었다. 공산주의는 경제를 조직하는 열악한 방법임이 입증됐다. 기술 진보와 상업은 조직화된 노동의 힘 앞에서 서서히 쇠퇴했다. 전후 수십 년간 펼쳐진 번영은 중산층을 창출했다. 이들은 교육 수준이 높은 화이트칼라들로서 갈수록 좌파 노동당의 우선 사항에 대한 공감을 잃어 갔다. 1960년대에 접어들며 밀턴 프리드먼(Milton Friedman)과 같은 지식인들은 보다 시장 지향적인, 다른 종류의 경제의 정당성을 옹호하는 목소리를 높이기 시작했다.[17] 그리고 마침내 1970년대에 들어 전대미문의 영예로운 전후 경제 호황이 끝나고 실망스러운 성장과 높은 인플레이션이 도래하면서 정치적 절연의 조건이 생성되었다.

일부 국가에서는 그러한 절연이 다른 국가보다 더욱 완전하게 이루어졌다. 미국, 호주, 영국, 캐나다 등 앵글로색슨 경제체에서는 부자에 대한 세금 부담을 줄여 주고 경제를 자유화하며 규제를 완화했고, 그에 따라 조직화된 노동은 급격히 줄어들었다. 북유럽에서도 각국 정부가 사유화 및 규제 완화를 활기차게 단행했지만 탄탄한 복지국가 형태는 그대로 유지하며 이를 지원하기 위해 세금을 강화했다. 프랑스와 독일 같은 대륙 경제체는 중도 노선을 밟았다. 경제는 자유화하고 복지는 축소하며 미국이나 영국보다는 훨씬 더 재분배에 개입하는 방식을 취한 것이다.

현재 노동인구에 속하는 사람들 대부분은 이러한 정치적 절연이 이미 개시된 세상에 태어났다. 그리하여 노동에 관해, 이 긴 투쟁이 반영된 개념을 물려받았다. 그것은 노동을 긍정적인 선으로 보는 관점이었다. 경제적으로 필요하고 도덕적으로 유익한 것으로 말이다. 우리는 노동이 제대로 작용하면 안정된 사회질서의 기초가 제공된다고 이해했다. 사람들에게 무언가 할 일을 주고 사회와 가족의 안녕에 기여한다는 느낌을 주며 (항상 모두가 공정하다고 보는 것은 아닐지라도) 대부분이 자원 분배의 유효한 기준으로 인정하는 방식으로 수입을 할당하고 사람들에게 스스로 비교적 잘하는 일을 찾아 관련 기술을 습득하도록 독려하며 세상이 '돌아가게' 해 주기 때문이다.

그러나 지난 30년 동안 역사는 끝나지 않았음이 분명해졌다. 즉 경제성장의 전리품을 놓고 벌이는 정치적 투쟁은 끝나지 않은 것이었다. 지난 이삼십 년간 형성된 자유화에 대한 공감대에 변화가 발생했고, 기술 진보와 글로벌 경제통합의 과정은 전형적인 노동자의 경제적 역할에 변혁을 가했다. 세월의 흐름과 진보로 인해 사회가 잠재적으로 향유할 수 있는 번영과, 사회가 현재의 구조에서 제공할 수 있는 번영 사이에 격차가 발생했다. 새로운 정치적 절연이 형성되기 시작한 것이다.

노동력 과다 문제를 해결하기 위해 사회에 변화를 가하는 것은 전통적 전투의 재개를 의미할 것이다. 일부는 새롭지만 일부는 역사의 쓰레기통에서 다시 끄집어낸 이념 간의 전쟁이 될 것이라는 의미다. 또한 그것은 개인적인 투쟁이 될 것이다. 도대체 하루 종일 무엇을 해야 한단 말인가? 나는 아이들에게 잘사는 방법에 관해 무엇을 어떻게 가르쳐야 하는가? 나는 어떻게 가족을 부양해야 하는가? 사회에서는 다음과 같은 사안을 놓고 갈등이 전개될 것이다. 우리는 슈퍼리치들에게 어느 정도의 세금을 부과해야 하는가? 국가는 지난 20년의 대부분 동안 수입이 늘지 않은 중산층에 무엇을 해 줘야 하는가? 선진 경제체의 시민들은 보다 나은 삶을 찾아 이민 오길 바라는 다른 나라 사람들이나 부유한 소비자들에게 제품과 서비스를 팔고자 하는 가난한 지역을 어떻게 받아들여야 하는가? (마찬가지로 가난한 나라의 시민들은 부국의 고립주의자나 국수주의자들을 얼마나 수동적으로 인정해야 하는가?) 만약 우리가 자녀들에게 노동을 통한 삶의 의미와 정체성을 제공할 수 없다면 우리는 과연 어떻게 그들의 에너지가 이념적 극단주의나 사회적 허무주의가 아닌 건강한 대안을 향하도록 이끌어야 하는가?

우리는 이미 이민자를 비난하는 극단적인 포퓰리즘 정치가들의 부상을 목도하고 있다. 프랑스에서는 반이민주의자이자 유럽연합(EU) 통합 회의론자인 국민전선(NF) 대표 마린 르 펜이 대통력 직위에 위험스러울 정도로 가까이 다가선 바 있으며, 헝가리의 총리 빅토르 오르반(Viktor Orbán)은 헝가리 민족주의에 영합하는 권위주의적 경향에도 불구하고 인기를 유지하고 있다. 그리고 미국에서는 도널드 트럼프가 악의적인 반이민 및 반무슬림 웅변술을 기반으로 공화당 경선에 승리하여 후보 자리를 꿰찬 후 결국 대통령에 당선되었다. 선진 부국들에서 국수주의적 권리주의가 득세하고 있다는 얘기다.

보다 급진적인 좌파 역시 마찬가지다. 하지만 이 새로운 좌파는 선거에서 급진 우파만큼의 성공은 아직 누리지 못하고 있다. 영국의 경우 극좌파인 제레미 코빈(Jeremy Corbyn)이 노동당을 장악하면서 영국의 기득권층을 충격에 빠뜨렸지만 토리당(보수당)에게서 정권을 빼앗지는 못했다. 미국 버몬트주의 골수 사회주의 상원의원인 버니 샌더스(Bernie Sanders)는 민주당 경선에서 힐러리 클린턴(Hillary Clinton)에게 의외로 강하게 도전했지만 궁극적으로 상대를 제압하는 데에는 이르지 못했다. 일부 급진 좌파 정당들은 다소 나은 성과를 올렸다. 예를 들어 그리스 급진 좌파 정당 시리자는 긴축재정 반대 기조를 내걸고 2015년 초 총선에서 승리, 유럽의 채권국들이 그리스에 부과한 긴축정책의 철회를 시도했다.(채권국들은 자국 보호 차원에서 그리스가 감당할 수 없는 부채의 부담을 덜도록 자금을 지원하고 있었다.)

좌파와 우파 양 진영의 급진적 움직임은 현재로서는 비교적 온건한 목표를 표방한다. 유럽의 우파는 몇몇 경우 국가주권 확대(혹은 EU 탈퇴)와 이민에 대한 통제 강화를 추구하고 있다. 그들은 아직 자유주의와 민주주의에 대해 폭넓은 공격을 가하고 있지는 않지만, 조만간 그런 식으로 움직일 가능성이 다분하다. 한편 좌파는 몇몇 경우 긴축정책의 종식을 주창하고 있으며 다른 한편에서는 복지 확대의 목소리를 높이고 있다. 미국 민주당 경선에 나섰던 샌더스는 대학 등록금 무료와 의료보험 체계 단일화(전 국민 의료보험)를 내걸고 선거운동을 벌인 바 있다. 이들은 아직 몰수 성격의 세금 징수와 생산수단의 국유화를 주창하고 있지는 않다.

우파든 좌파든 정치적 극단을 달리는 진영은 결코 자신들의 논리적 결론에 도달하는 수준까지 목표를 추구할 기회를 갖지는 못할 것이다. 그러나 각국 정부가 디지털 혁명이 제기한 어려운 질문에 답하기 시작할 때까지 급진주의는 글로벌 정치에서 점점 더 실제적이고 강력한 힘이 될 것이다. 불만족과 소외감을 느끼는 사람들은 당연히 더 나은 무언가를 요구하기 마련이다. 급진주의자들이 보수 엘리트들로부터 권력에 대한 통제권을 빼앗아 감에 따라 이념과 사상을 둘러싼 격렬한 경쟁이 펼쳐질 것이다. 더 좋은 쪽으로든 더 나쁜 쪽으로든 말이다.

불길하게 들릴지 모르지만, 우리는 이 모든 일을 이전에 겪어 본 바 있다는 사실에서 약간의 위안을 얻을 수 있다. 산업혁명은 비슷한 방식으로 오래된 사회질서를 파괴했다. 즉 고용 시장에 일대 변혁을 가하며 노동자를 기계로 대체하고 불평등을 넓히며 한때 강력했던 정치 및 사회제도를 하찮은 존재로 만드는 데 기여했다. 이어서 급진적인 새로운 정치 운동이 그에 대응하여 일어났다. 노동조합 인정과 선거권 확대, 교육에 대한 투자, 금주 등을 주창하는 진보적인 사회운동이 그것이었다. 더불어 무정부주의, 공산주의, 파시즘과 같은 급진적인 이념들도 등장했다. 이들 그룹 사이의 정치적, 사회적 경쟁은 궁극적으로 국가에 대한 새로운 개념과 국가가 개개인의 삶을 위해 수행해야 하는 역할에 대한 새로운 개념을 이끌어 냈다. 산업혁명이 발생하기 전에는 현재 우리가 당연하게 여기는 국가의 광범위한 사회적 역할이 상상할 수 없는 것이었다. 보편적인 교육, 빈곤층 및 실직자에게 제공되는 의료와 재정 지원, 후한 연금, 인프라 네트워크의 구축 및 유지 보수 등과 관련된 사회적 역할 말이다.

물론 걱정스러운 것은 세계가 A 지점에서 B 지점으로 옮겨 가면서 거의 찢어지듯 분열했다는 사실이다. 19세기 초부터 20세기 중반까지 혁명은 여러 부국에서 언제든 발발할 수 있는 위협이었다. 또한 각국 정부는 선진 경제를 휩쓸고 생계와 밑천까지 파괴하는 경제 주기의 악순환을 겪으며 이를 길들이기 위해 분투했다. 그리고 국가들은 상상할 수 없는 대가를 치르며 격렬한 전쟁을 벌였고, 이런 광기는 1939년 발발하여 수천만 명의 생명을 앗아 간 후 막을 내린 그 대단한 이념 전쟁에서 절정에 이르렀다. 이 전쟁은 다시 인류의 생존 자체를 위협하는 무기 개발 및 군비 경쟁으로 이어졌고, 그래서 1991년 소련이 해체되기 전까지는 진정으로 끝난 게 아니었다고 할 수 있을 정도다. 번영의 길은 이토록 길고도 잔인했다.

그러나 그 길의 끝에 번영이 기다리고 있었다. 적어도 세계 인구의 상당수에게는 그러했다. 지금부터 1세기 전, 세계는 산업혁명에 들어가 이미 100여 년을 보낸 시점이었음에도 그 혜택의 많은 부분이 남부 버지니아에서 대장장이로 일하던 나의 증조부에게는 아직 도달하지 않고 있었다. 미국은 당시 세계에서 가장 부유한 국가였지만(인플레이션을 적용하면 20세기 첫 10년에 미국은 1인당 소득에서 영국을 앞질렀다.), 여전히 많은 지역에 전기와 수도가 들어가지 않았고 많은 사람이 중세 유럽의 노동자와 별반 다르지 않은 수준의 수입을 올리고 있었다.[18] 나는 증조부가 불과

80년 후 손자와 증손자가 고대의 왕들도 부러워할 만한 수준의 삶을 누릴 것이라고 믿었는지 확신할 수 없다. 승용차 두 대가 들어가는 차고와 각종 식품이 가득한 저장실, 시원한 음료들로 채워진 냉장고 등이 갖춰지고 에어컨이 돌아가는 집에서 소파에 편히 앉아 대형 컬러 TV를 즐기는 생활, 20세기 말 미국 중산층은 대부분 실로 이러한 수준의 삶을 누렸다. 역사상 그렇게 많은 사람이 그토록 잘산 적이 없었다.

그러나 다시 또 새로운 고비가 닥치고 있다. 우리가 C 지점, 즉 디지털 혁명의 이점이 광범위하고 평화롭게 공유되는 세상에 아무런 어려움 없이 다다를 것으로 예상한 사람은 거의 없다. 그것들은 이미 시작되었다.

디지털 경제에서 노동이 앞으로 어떤 양상을 띨 것인지에 대해서는 《이코노미스트》를 위시한 전문 잡지들과 갈수록 늘어나는 주요 저서들에서 이미 충분히 다룬 바 있다. 2011년 에릭 브리뇰프슨(Erik Brynjolfsson)과 앤드루 매카피(Andrew McAfee)가 『기계와의 경쟁(Race Against the Machine)』을 출간한 이래로 갖가지 추측과 걱정이 난무하는 모양새다.[19] 『기계와의 경쟁』은 영리한 소프트웨어와 로봇의 역량이 얼마나 빨리 향상되는지에 대해 상세히 설득력 있게 조명한 책이다. 2015년 『로봇의 부상(Rise of the Robots)』을 발표한 마틴 포드(Martin Ford)와 같은 저자는 '노동 이후(post-work)' 세상에 대한 비전을 묘사하며 로봇과 기계 지능이 이전과는 완전히 다른 세상을 창조할 것이고, 따라서 사회의 기능을 유지하려면 모종의 테크노사회주의(techno-socialism)를 채택해야 한다고 주장한다.[20] 앞서 언급한 경제학자 토마 피케티의 걸작 『21세기 자본』은 불평등에 관한 대담한 이론을 제시하며 큰 문제가 닥칠 것으로 예측했다. 크리스 헤이스(Chris Hayes) 역시 『엘리트들의 쇠퇴기(Twilight of the Elites)』[21]에서 최근의 경제 변화를 관리하기 위해 애를 쓰고 있는 엘리트 기관들과 테크노크라트(technocrats)에 대한 신뢰의 상실을 예리하게 검토했다.

하지만 자동화 문제를 얼마나 심각하게 받아들여야 하는지, 일자리 없는 미래로의 이행을 어떻게 전개해야 하는지, 그리고 그에 대해 무엇을 해야 하는지 등에 대해서는 현재 사회적 합의가 거의 이뤄지지 않은 상태이다. 벤처캐피탈리스트 마크 앤드리슨(Mark Andreessen)과 같은 기술 낙천주의자들은 걱정이나 우려를 표명하는 사람들을 러다이트(luddites, 신기술 반대자)로 풍자하며 세계 전반의 고용 증가가 그들의 두려움이 과장되었음을 보여 주는 증거라고 지적한다.[22] 한편 많은 좌파 사상가는 부국들의 임금 정체 및 불평등 확대 현상에 대해 로봇보다는 여전히 계속 세계화와 노동자들의 교섭력 약화를 탓한다. 브리뇰프슨과 매카피는 물론, 2013년 『평균은 끝났다(Average is Over)』[23]를 쓴 타일러 코웬(Tyler Cowen) 같은 작가는 미국 경제의 미래를 추측하며 앞으로 광범위한 경제적, 사회적 변화가 점진적으로 발생할 것이고 현명한 정책 개혁들(예컨대 교육 개혁)을 통해 기술적으로 유도된 노동의 필요성 감소를 가정에서 보다 쉽게 관리할 수 있게 될 것이라 주장한다.

결국 여러 당파들이 우화 속의 장님처럼 각기 코끼리의 다른 부분을 묘사하고 있는 셈이다. 각각 나름의 통찰력은 있지만, 상충되는 이야기에서 아직 일치와 조화를 찾지 못하고 있는 상태다. 이 책은 그러한 일치와 조화를 제공할 것이다. 급속한 기술 변화가 세계적인 노동력 증가와 임금 및 생산성의 실망스러운 성장, 이 두 가지 모두와 어떻게 양립할 수 있는지에 대한 명쾌한 설명이 관련 대화에서 빠져 있기에 하는 말이다. 마틴 포드 같은 '노동 이후' 예언자들의 예견처럼 기술 번영과 풍요의 세상이 멀리서 우리를 기다리고 있을지도 모른다. 하지만 단언컨대 디지털 혁명을 이전과는 완전히 다른 무언가로 특징짓는 것은 잘못이다.

이 책에서는 그와 달리 디지털 혁명이 산업혁명과 매우 흡사하다고 주장할 것이다. 산업혁명의 경험은 어떤 사회든 고통스러운 정치적 변화의 시기를 겪은 이후에야 새로운 기술 세계의 결실을 공유하기 위한, 널리 받아들여지는 사회적 체계에 동의할 수 있다는 사실을 보여 준다. 불행한 일이지만 경제 변화에서 가장 크게 혜택을 입는 이른바 승자 집단은 기꺼이 그들의 재물을 나누려는 경향을 보이지 않는다. 사회적 변화는 패자 집단이 보다 나은 몫을 요구하기 위해 사회적, 정치적 권력을 행사할 방법을 모색할 때 발생한다. 우리가 지금 우려해야 하는 질문은 단순히 이 기술적인 미래에 어떤 정책을 채택해야 삶을 더 낫게 만들 수 있느냐가 아니라, 누가 어떤 메커니즘에 의해 무엇을 가질지를 결정할 격렬한 사회적 전투를 어떻게 관리해야 하느냐이다. 그 전투가 막 시작되고 있다.

상위 1퍼센트의 '생산자들'

거대한 사회적 격변의 전선은 이미 형성되고 있다. 경제적 풍요의 생성자로서 그 혜택을 누릴 자격이 있는 사람들과 생성된 풍요의 일정한 몫을 요구할 권리가 있는 사람들 사이에서 말이다.

고액 소득자 다수는 미국의 경우 특히 개인주의자들로서, 사회에서 '생산자' 역할을 하는 자신들에게 너무 많은 세금을 부과하고 있다고 믿는다. 그들 중 일부는 고소득이 노력과 혁신, 일자리 창출에 대한 보상이라고 여긴다. 조지 W. 부시 정부에서 대통령 경제자문위원회 위원장으로 재임한 그레고리 맨큐(Gregory Mankiew)는 2014년 이렇게 썼다. "상위

1퍼센트 부자에 속하는 사람들이 공공의 이익을 증진하고자 하는 이타적 열망에 동기를 부여받는 것은 아니다. 하지만 대부분의 경우 공공 이익의 증진은 정확히 그들의 노력에 기인한다."[24] 어떤 나라든 부자들에게 전체 세금에서 과도한 몫을 책임지라고 요구하는 것은 현명하지 못하고 공정하지 못한 처사다. 현명하지 못한 이유는 창출의 유인을 감소시키기 때문이고 공정하지 못한 이유는 자원을 비생산적인 '수취자' 집단 쪽으로 돌려놓기 때문이다. 이것이 맨큐가 주장하는 바의 요지다. 옳든 그르든 이 주장은 정치적으로 아주 유혹적이다. 2012년 당시 공화당의 대선 후보였던 미트 롬니는 미국인 47퍼센트를 묵살하는 것으로 의심되는 발언을 했다.* 한 기금 모금 행사에서 연단에 오른 그는 이렇게 말했다.

국민의 47퍼센트는 무슨 일이 있어도 지금의 대통령(오바마)에게 표를 던질 것입니다. 좋습니다. 그를 지지하는 사람들이 47퍼센트입니다. 이 사람들은 정부에 의존하는 사람들입니다. 자신들이 피해자라고 믿는 사람들입니다. 정부에 자신들을 돌볼 책임이 있다고 믿고, 자신들은 의료 혜택이든 식량이든 주택이든 그 무엇이든 받을 자격이 있다고 믿는 사람들입니다. 이들은 소득세를 내지 않는 사람들입니다. 그렇습니다. 미국인의 47퍼센트는 소득세를 내지 않고 있습니다.[25]

세상의 갑부들이 불공정한 대우를 받고 있다고 느끼는 이유를 이해하는 일은 어렵지 않다. 19세기 말의 부자들이 대개 물려받은 토지나 유

---

* 그레고리 맨큐는 롬니 선거 캠프의 경제 자문이었다. —지은이

가증권으로 돈을 '번' 것과 달리 오늘날의 부자들은 상당 부분 소득 사다리의 바닥에 위치한 사람들보다 더 많은 시간 일을 하며 자수성가한 사람들이다. 그들 대부분은 전문 기술을 개발하기 위해 열심히 노력했고, 경력을 쌓기 위해 위험을 감수했으며, 자신의 일에 오랜 시간을 투자했다. 이런 모든 것이 없었다면 그들은 고소득을 올리는 수준에 이르지 못했을 것이다. 그리고 실제로 자본주의 사회는 사람들에게 시간과 노력을 투자하도록 격려하기 위해 적어도 어느 정도는 그러한 보상에 의존한다. 사람들이 시간과 노력을 쏟지 않으면 사회가 전체적으로 더 가난해지기 때문이다.

그러나 사람의 노력이 부를 창출한다고 해서 그 사람이 훨씬 덜 노력하기로 선택한 경우 그러한 부가 창출되지 않았을 것이라는 의미는 아니다. 빌 게이츠(Bill Gates)가 없었다면 마이크로소프트(Microsoft)는 존재하지 않았을 것이고, 빌 게이츠가 열심히 노력하며 독창성을 발휘해 회사를 구축하지 않았다면 그토록 엄청난 부 역시 그의 소유가 되지 않았을 것이다. 하지만 빌 게이츠와 마이크로소프트가 없었다 하더라도 세계의 PC들이 지배적인 운영체제 없이 돌아가지는 않았을 것이다. 다른 회사들이 그 틈새를 채웠을 것이고 다른 사람들이 그러한 부를 창출했을 것이 틀림없다.

개인의 노력이 중요하지 않다고 말하는 게 아니다. 그것은 실로 엄청나게 중요하다. 그러나 개인적인 노력에 의해 생성되는 부는 그 노력이 적용되는 사회에 전적으로 의존한다. 만약 빌 게이츠가 소말리아에서 태어나 계속 거기서 살았다면 그는 기술 분야의 억만장자가 되지 못했을 것이다. 또 만약 빌 게이츠를 십 대 시절에 어떻게든 소말리아로 보내고 대신 같은 나이의 소말리아 청소년을 미국에 데려와 그를 대신하게 했다면, 빌 게이츠는 현재 그 소말리아 사람보다 더 가난하게 살고 있을 것이 거의 확실하다. 미국 사회는 고소득을 창출할 수 있는 경제를 지원하지만 소말리아 사회는 그렇지 않기 때문이다.

세상이 생산자와 수취자로 이루어진다는 개념은 부가 창출되는 사회 기반을 무시하는 사고다. 우리는 단순히 생산자와 수취자로 나뉘지 않는다. 우리는 사회의 참여자이며 광범위한 사회적 합의에 따라 움직인다. 그러한 합의가 깨지면 부는 사라져 버린다. 사회는 구성원 대부분이 받아들이는 방법으로 사회의 부를 나누는 데 동의한다. 그렇게 하지 않으면 사회 시스템이 파열되고 구성원 모두가 손에 넣을 수 있는 부가 줄어든다.

사회적 부의 부상: 누가 승자 그룹에 속하는가

부는 언제나 사회적이었다. 마침내 산업혁명을 낳은 문화 발전의 긴 여정은 여러 면에서 인류가 복잡한 경제활동의 발생을 촉진하기 위해 사회를 구성하는 보다 나은 방법을 배워 온 과정이었다. 부유한 경제 체에서 부의 창출은 복잡한 법률기관 시스템(지적 재산권과 이를 유지하는 법원 등)과 경제 네트워크(빠르고 효율적인 운송 수단과 과학 공동체 및 자본시장 연계 등), 그리고 문화(훌륭한 삶에 대한 개념과 준법정신, 열심히 일해서 부를 일군 사람들에게 부여되는 지위 등)가 뒷받침해 준다. 어떤 개인도 이러한 시스템에 대한 공로를 독차지할 수 없다. 사회가 구축하고 사회가 유지하는 시스템이기 때문이다.

디지털 혁명은 두 가지 주요한 방법으로 사회적 부의 중요성을 증진하고 있다. 먼저 새로운 기술은 사회의 잠재적 생산성과 생산량을 증가시킨다. 디지털 기술 덕분에 우리가 더 부유해질 수 있고 경제적으로 주요한 사회 기관(예컨대 사유재산권을 보호할 수 있는 정부 등의 기관)에 돌아가는 경제적 보상이 증가하기 때문이다. 이러한 제도를 지원할 수 있는 사회와 그렇지 못한 사회의 소득 격차는 계속해서 벌어지고 있다. 1980년 미국인들은 중앙아프리카공화국 국민들보다 30배 더 부유했는데 2015년에는 그 격차가 90배로 벌어졌다.[26] (대조적으로 미국과 중국의 격차를 살펴보면, 중국이 막 시장 개혁에 늘어 가던 1980년에는 미국이 40배 정도 부유했는데 요즘은 4배 정도에 불과하다.)

둘째, 새로운 지식을 생성해 이익을 얻고 안녕을 강화하는 활동으로 전환하는 소규모 경제적 과정들은 본질상 갈수록 개인적 성격이 아닌 사회적 성격을 띠게 된다. 성공적인 기업들의 가치 창출은 예전에는 주로 건물과 기계, 특허권, 인력 등의 유형의 실체에 의해 이뤄졌다. 하지만 이제는 갈수록 무형의 무언가가 가치를 창출하는 비중이 갈수록 높아지고 있다. 직원들의 인센티브에 영향을 미치고 시장 변화에 대한 기업의 반응 방식을 결정짓는 기업 문화가 디지털 시대에 이르러 훨씬 더 중요해졌기 때문이다.[27] 오늘날 S&P 500* 기업들의 가치 가운데 80퍼센트 이상을 '암흑 물질(dark matter)', 즉 무형의 성공 비결이 창출한다. 회사가 보유한 물리적 자산과 인력의 역할은 20퍼센트 미만이라는 뜻이다. 이는 1970년대에 우세했던 양상과 정반대의 모양새다. 여기서 말하는 암흑 물질의 대부분은 무정형의 '노하우'다. 현대의 기업을 돌아가게 만드는 문

---

* Standard and Poor's 500: 미국 증시에 상장된 500개 대기업의 시가총액 기준 지수(전체 시장가치 약 20조 달러) — 지은이

화와 인센티브, 암묵적인 지식 등이라는 얘기다.

내가 일하는 《이코노미스트》도 마찬가지다. 이곳의 언론인들은 사람들이 구매하고 싶어 하는 저널리즘 제품을 생성하기 위해 세계 전역에서 '정보'를 모으고 분석하고 거르고 편집한다. (훨씬 더 많은 돈을 버는) 애플도 매한가지다. 애플의 경이로운 부는 인력의 재능뿐 아니라 디자인을 우선시하고 거의 완벽해질 때까지 끊임없이 제품을 향상시키는 특정한 내부 문화 및 작업 흐름을 토대로 구축되었다. 경쟁 업체에서 모방할 수 없는 문화가 핵심이라는 뜻이다. 골드만삭스(Goldman Sachs)나 버즈피드(BuzzFeed) 같은 기업도 성공에 결정적인 정보를 수집하고 처리하고 활용하는 방식을 발전시킨다. 남들이 쉽게 복제할 수 없는 방식으로 말이다. 도시 내부 사람들의 네트워크나 국가의 경제 기관이 생성하는 가치와 마찬가지로 회사의 문화가 생성하는 가치 역시 개인적이 아니라 사회적이다. 문화는 많은 사람이 공통적으로 지니는 신념과 습관의 집합이며, 많은 사람이 공통으로 보유할 때 비로소 그 속성을 드러낸다. 한 명의 상사가 내리는 명령은 문화가 아니다. 기업 문화는 일상적 비즈니스가 수행되는 방식에 대한 공통된 이해로 구성된다.

기업의 사회구조에서 만들어지는 소득은 직원이든 사장이든 어느 한 개인의 공로로 돌릴 수 없다. 하지만 사람들은 개별적으로 급여를 받고, 성공적인 기업에서 고위층에 오르는 인물들은 가장 많은 급여를 챙긴다. 그러한 역할을 맡는 수준에 오르려면 진정 열심히 노력해야 한다. 성공적인 출판사의 편집장이나 수익성 높은 은행의 전무이사는 그냥 되는 게 아니다. 그러한 지위를 차지하는 사람들은 논리적으로 그리고 암묵적으로 고된 노력과 그에 따르는 보상의 연결성을 그린다. 그러나 회사가 더 많은 가치를 창출하도록 돕고 보상으로 많은 연봉을 챙기는 것과 문화가 성공의 핵심 요인인 회사에서 열심히 노력해 다른 사람들을 제치고 고위직에 오르는 것 사이에는 분명한 차이가 있다. 문화는 부를 창출하고, 문화는 개별적인 역할들로 구성된다. 가치를 창출하는 문화 내에서 보수가 높은 역할을 맡으려고 열심히 노력해 경쟁자를 제치는 것은 가치를 창출하기 위해 열심히 일하는 것과 다르다. 디지털 시대의 중요한 싸움 중 하나는 사회적 부를 공유하는 방법을 놓고 벌어질 것이다.

사회적 부가 더욱 중요해짐에 따라 특정 사회에 누가 '속하는지'(그럼으로써 해당 사회의 부를 공유할 수 있는지)를 놓고 벌이는 투쟁 또한 치열해질 것이다. 지난 세대 동안 기업들은 '핵심 역량'과 관련이 없는 업무를 적극적으로 아웃소싱하며 군살을 줄여 왔다. 보스턴 대학의 경제학자인 데이비드 웨일(David Weil)은 이 현상을 다룬 최근의 저서에 이렇게 적었다. "수십 년 전만 해도 타임워너(Time Warner)와 같은 거대 미디어 회사는 가정의 TV를 연결하는 케이블 설치 기사에 이르기까지 엄청나게 많은 노동 인력을 직접 고용했다."[28] 이제 케이블 설치 기사는 대개 케이블 설치 회사와의 일자리 계약을 통해 프리랜서로 일한다. 그리고 케이블 설치 회사는 타임워너 등과 같은 기업과 역시 계약을 통한 거래 관계를 맺는다. 대기업은 근로자를 직접 고용하는 데 따르는 실효 비용을 줄이고 리스크를 근로자에게 전가하는 방편으로 이와 같은 방식을 선호하며, 그에 따라 많은 근로자가 대기업이라는 '사회'의 외부로 밀려난다. 그렇게 밀려난 근로자들은 당연히 회사에서 제공하는 몇 가지 특전을 못 받게 되고 종종 각종 보험을 스스로 들어야 하거나 경기 침체기에 가장 먼저 고통을 당하게 된다.

누가 속하는지를 놓고 벌이는 '멤버십' 싸움은 높은 주택 가격으로 인해 많은 사람이 국가의 가장 생산적인 영역으로 이주할 수도, 그 혜택을 누릴 수도 없는 도시 지역에서 더욱 확연하게 두드러진다. 예를 들면 구글은 캘리포니아주 마운틴뷰에 있는 자사 캠퍼스의 일부 부지에 저렴한 직원용 주택을 추가로 건설하기 위해 수년간 노력해 왔다. 그러나 마운틴뷰 주민들은 교통량 증가에 대한 우려와 지역 내 야생 환경 보호의 필요성을 내세우며 그것을 막기 위한 격렬한 거부 운동을 벌이고 있다. 주민들이 내세운 이유는 완벽하게 합리적으로 들릴지도 모른다. 그러나 그것은 사실상 인구 유입을 막아 기존 주민들의 안녕을 우선적으로 유지하려는 속셈에 불과하다. 2012년에서 2014년 사이에 샌프란시스코 베이 에어리어의 고용주들은 거의 40만 개의 일자리를 새로 창출했다. 그러나 해당 지역의 주거 공급량 증가분은 10만 개도 채 되지 않았다.[29] 놀랍지도 않지만 그 기간에 샌프란시스코의 주택 가격은 매년 두 자릿수 비율로 상승했다.[30] 기술 업계 호황의 열매를 큰 몫으로 차지한 지역 내 주택 소유자들에게는 반가운 소식이었겠지만, 높은 주거 비용은 이 지역과 그 일자리에 새로운 근로자들의 유입을 막는 요인이 되었다. 기업은 다른 곳으로의 이주를 고려할 수도 있겠지만, 막대한 비용을 들여야 그렇게 할 수 있을 뿐 아니라 디지털 시대 혁신의 사회적 본질 때문에 실제로 그렇게 할 수도 없다. 캔자스주 토피카가 아무리 실리콘밸리보다 주택 가격이 저렴하다고 해도 비즈니스와 관련해서는 실리콘밸리를 대신할 수 없는 열악한 지역이다. 스탠퍼드 기숙사 방에서 발아한 아이디어의 씨앗을 10억 달러 가치의 기술 스타트업으로 변환하는 베이 에어리어 문화 같은 게 없기 때문이다.

　국경은 부자와 나머지 사이에 가장 극명한 분리를 창출한다. 다른 어떤 배제도 영향력 면에서 국경이 만드는 그것에 견줄 수 없다. 미국에 이민한 전형적인 필리핀 가정은 1년에 약 7만 5000달러를 벌어들인다. 자신의 나라에서 벌 수 있는 돈의 10배 이상이다.[31] 미국에 이민해 그 제도와 경제, 기회를 접하는 것만큼 효과적인 빈곤 퇴치 프로그램은 이 세상에 없다. 근래에 들어 테러에 대한 두려움이 팽배하고 토착주의(nativism)가 태동하며 역기류를 형성하고 있지만 미국은 여전히 부유한 세계의 기준에서 볼 때 비교적 개방된 나라다. 구체적인 수치로 말하면, 2012년 한 해에 미국이 받아들인 이민자가 500만 명에 달한다.[32] 이는 미국의 입장에서도 좋은 일이다. 이민은 이주자 자신의 소득을 극적으로 향상시킬 뿐 아니라 미국의 부에도 무수한 방법으로 기여한다. 이민자들은 원주민보다 범죄를 덜 저지르고 다양한 사업체들에 불균형적으로 분포하며 나름의 역할을 수행한다. 그러나 부유한 세계 전반을 놓고 보면 이민자들에 대한 문호가 닫히고 있는 추세다. 경제 및 사회가 불안한 시기인 탓에 유권자들이 부를 생산하는 자신들의 문화에 접근을 제한하는 쪽을 택하고 있기 때문이다.

멤버십 범위의 축소

디지털 혁명이 조성하는 이 두 종류의 갈등, 즉 개인과 사회의 갈등 그리고 사회의 내부자와 외부인의 갈등은 근본적인 긴장을 생성한다. 디지털 혁명의 장래성을 최대한 활용하려면 국가는 사회적 부를 나누는 일을 더욱 잘 해 내야 한다. 하지만 국가에서 구성원들 사이에 사회적 부를 나누는 일을 잘할수록 사회적 멤버십의 범위를 줄이라는 압력은 더욱 거세진다.

산업혁명 시대의 사회적 전투는 주로 국가의 적절한 역할에 초점이 맞춰졌다. 사람들은 새로운 사회질서를 조직하기 위해 싸웠다. 새로운 대도시와 공장이 생겨났고, 개혁 운동가들과 기회주의적 정치인들은 새로운 산업 환경이 부과하는 잔인한 생활의 날카로운 모서리를 부드럽게 다듬기 위한 시도로 새로운 제도를 수립했다. 부국들 대부분은 길고도 간헐적인 사회적 협상 끝에 사회민주주의 모델에 도달했다. 국가는 이 모델에 따라 교육과 인프라스트럭처는 물론이고 노인과 빈곤층, 실업자에 대한 의료 및 사회보험을 제공하는 일에 이런저런 식으로 조력을 보탰다. 또한 정부는 산업을 규제하며 표준을 제시했으며, 기업이 근로자를 대하는 방법을 규정한 법률도 제정했다.

디지털 혁명은 이러한 논의를 재개시킬 것이지만, 앞으로의 세대를 정의할 새로운 논쟁에 초점을 맞추라고 강요할 것이다. '누가 어디에 속하느냐'에 대한 논쟁 말이다. 사회는 놀라운 신기술이 창출하는 공통의 사회적 부를 어떤 사람들이 공유할 수 있는지, 그 공동체를 정의할 필요성에 직면할 것이다. 사람들은 어떤 특성이 포함의 근거가 되고 무엇을 해야 내부자의 지위를 얻고 유지할 수 있는지 결정하고 선택하게 될 것이다.

이 싸움은 사회적 재분배의 본질을 바꾸어야 하기 때문에 특히 어려울 것이다. 산업혁명의 핵심은 모두가 손을 모아 돕는 방식의 노력이었다. 숙련도가 가장 떨어지는 노동자들에게도 나름의 역할이 주어졌다. 분주한 도시의 거리에서 말의 분뇨를 제거하는 일에서 방대한 공장을 돌며 부품을 옮기는 일 등에 이르기까지 말이다. 이 시대에 수립된 사회적 계약은 근로자의 안전을 보장하고 수행하는 일에 상응하는 보수를 제공하며 예기치 않은 고난에 대비하도록 보험을 들어 주고 너무 나이가 들거나 너무 어려서 일을 할 수 없는 사람들도 먹고살 수 있도록 돕는 내용이었다.

그러나 디지털 혁명이 약속하는 바는 노동의 종말이다. 디지털 혁명의 논리적 종점은 영리한 소프트웨어와 기민한 기계와 풍부한 에너지가 인간의 노동을 불필요하게 만드는 경제체다. 19세기 초의 사회가 20세기의 제2차 세계대전 후 산업혁명의 주요한 번영을 성취하는 세대와 한참 동떨어져 있었던 것과 마찬가지로 오늘을 사는 우리 역시 디지털 혁명의 약속을 실현하는 주체가 될 수는 없다. 그러나 궁극적으로 디지털 혁명의 주요한 번영을 지원하게 될 제도를 창출하기 위한 싸움은 이미 시작되었다. 디지털 혁명의 주요한 번영을 창출하는 일의 핵심은 모든 근로자가 경제성장의 혜택을 입도록 보장하는 제도를 수립하는 것이 아니다. 핵심은 경제를 성장시키는 데 불필요하기 때문에 할 일이 없어진 사람들(그래서 일하지 않는 사람들)이 먹고살 수 있는 제도를 수립하는 것이다.

그러한 제도가 어떻게 작용하고 어떻게 지속 가능성을 입증할 것인지 예측하는 일은 쉽지 않다. 사회가 신체 건강한 성인들에게, 그들이 무언가를 했기 때문이 아니라 풍요로운 생활이 그들의 권리이기 때문에 부유한 삶을 제공하기로 결정하는 것도 상상하기 어렵다.

하지만 우리에게 이런 종류의 제도에 대한 모델이 전혀 없는 것은 아니다. 해당 문제를 고찰할 수 있는 출발점 하나는 가족이다. 나의 가족을 예로 들어 논해 보겠다.

나는 노스캐롤라이나주 롤리 교외의 안락한 가정에서 성장했다. 그 지역의 모든 교외 주택들과 마찬가지로, 우리 집 역시 여름에는 잔디를 깎아야 했고 가을에는 많은 낙엽을 갈퀴로 치워야 했다. 우리 네 형제는 토요일이면 아침에 만화 보는 시간과 오후에 빈둥거리는 시간 사이에 으레 집 주변의 조경과 관련된 기본적인 잡일을 했다. 그런 허드렛일은 결코 두 시간 이상 걸리지 않았고, 투덜대고 끙끙거리는 만큼만 열심히 했다면 그보다 훨씬 적은 시간이 들었을 것이다. 그런 수고의 대가로 용돈까지 받았지만 우리는 일하는 게 그저 싫었다. 내가 지금까지 본 가장 부지런한 노동자였던 우리 아버지는 우리의 불평불만과 노동관 결핍에 종종 실망감을 드러내지 않을 수 없었다. 아버지는 버지니아주 남부의 한 농장에서 우리 형제들로서는 전혀 알 수 없고 결코 이해하지도 못할 종류의 일을 하면서 자랐다. 목화 따기와 담배 잎 따기, 땅콩 수확 등 가족을 부양하기 위한 힘든 노동을 하면서 말이다. 돌아보면 아버지는 바구니에 도토리를 좀 주워 담아 오라는 심부름에 세상에 종말이라도 닥친 양 신음을 토해 내던 우리를 충분할 만큼 은혜와 인내로 대한 셈이다.

아버지는 잔디 깎는 사람을 고용할 수도 있었지만 그렇게 하지 않았다. 물론 비용 문제 때문만은 아니었다. 우리에게 모종의 교훈을 주고자 했던 것이다. 토요일이라고 마냥 놀면서 보내서는 안 된다는 것, 우리가 필요로 하는 것들을 부모님이 기꺼이 제공한다고 해서 그런 관대함을 당연시하거나 아무런 노력 없이 누릴 수 있는 권리로 생각해서는 안 된다는 것 등을 가르치고자 했던 것이다. 도토리 주워 오는 일은 물질적 필요의 문제가 아니었다. 우리는 어린 시절에 노동에 시달릴 필요가 없었다는 점에서 운이 좋았다. 우리가 한 허드렛일은 가족을 포함한 어떤 사회든 부드럽게 기능하도록 돕는 상호 호의에 대한 투자였던 셈이다. 그리고 또한 귀중한 교훈으로 입증되었다.

물론 경제체는 가족이 아니다. 그러나 주말마다 아이들로 하여금 약간의 시간을 내서 잔디를 깎거나 도토리를 줍게 만들려고 애쓰던 아버지 나름의 분투는 근자에 들어 글로벌 노동시장이 겪고 있는 곤경을 이해하는 방편으로 그다지 나쁘지 않다. 경제 모델들을 이용해 현재 시애틀의 프로그래머들과 다카의 직물 노동자들에게 벌어지고 있는 상황, 즉 노동력의 생산성과 수요 공급에 일고 있는 변화상을 분석할 수도 있다. 하지만 그것은 시간이 많이 걸릴 뿐 아니라 갖가지 난제까지 따르는 어려운 작업이다. 일의 본질에 일어나는 변화와 직업을 갖는다는 것의 의미에 나타나는 변화 그리고 일의 대가로 집에 가져오는 수입에 생기는 변화는 노동자가 속하는 '사회적 환경'에 크게 좌우된다. 어린 시절 우리의 허드렛일에 따르던 인센티브와 목적의식 역시 우리가 속한 환경에 불가분하게 연계되어 있었다. 그 허드렛일은 단순한 경제적 거래가 아니라 우리의 부모님이 우리의 생활에 체계를 잡아 주고 특정한 가치관을 심어 주며 자식 농사를 잘 짓고 있다는 만족감을 얻는 방편이었다.

글로벌 시장에서 성인들이 임하는 노동 또한 이와 그리 다르지 않다. 이 책의 사명은 바로 그 이유를 설명하는 것이다. 기술 풍요의 세상에서 우리의 생활과 노동에 체계를 잡아 주는 일에 따르는 난제를 검토하고 해법을 조명하는 것이 책의 목적이라는 의미다.

앞으로 나는 이 문제를 네 개의 주요 부분으로 나눠서 설명할 것이다. 먼저 기술 진보가 사회 변화를 가속화하고 기업에서 글로벌 무역협정에 이르는 산업 경제의 근본적인 제도에 대한 신뢰를 약화시키는 가운데 현장에서는 무슨 일이 벌어지고 있는지 살펴볼 것이다. 그런 다음 노동자가 너무 넘쳐나는 새로운 세상의 진화를 구체화하는 경제와 사회, 정치의 핵심 세력을 탐구할 것이다. 3부에서는 노동력 과다가 (도시 생활과 금융 시장, 거래 패턴 등) 우리의 경제 운용에 어떤 식으로 변화를 가하고 있는지 그 걱정스러운 양상에 초점을 맞춰 고찰할 것이다. 마지막 4부에서는 우리가 어떻게 이 변화를 관리할 가능성이 높은지 검토하고, 나아가 어느 부분에서 어느 정도(최대 또는 최소)의 성공을 기대할 수 있는지 조명할 것이다.

1부

디지털 혁명과 인간 노동의 상관관계

디지털 혁명의 시대, 자동화와 세계화 그리고 고도로
숙련된 전문가의 생산성 증가라는 세 가지 트렌드는
총체적으로 노동력 과다를 야기하고 있다.
지난 30년간 10억 명 이상 늘어난 세계 노동인구는
다음 30년 동안 또 10억 명이 늘어날 것이다.
디지털 혁명은 곧 노동의 종말을 말하는가.

1 기술 진보의 가속화

예전에는 누구든 기술의 진보를 뼛속 깊이 느낄 수 있었다. 주변 환경 어디에든 산재하며 세상을 근본적으로 뒤엎었기 때문이다. 기계 수확기의 등장으로 농장 일자리를 빼앗긴 젊은이는 도시로 떠나며 기술 진보를 뼈저리게 느꼈을 것이고, 도시에 도착해서는 거대한 강철 프레임의 고층 빌딩들이 마치 바벨탑처럼 하늘을 향해 뻗은 모습과 말의 도움을 받지 않고도 놀라운 힘을 발휘하는 바퀴 달린 탈 것들이 부릉거리며 지나가는 모습에 놀랐을 것이다. 기술 진보는 일을 행하는 낡은 방식의 종말과 완전히 다른 미지로의 대체를 의미했다.

19세기 산업화 경제체들은 세계의 새로운 경이를 축하하기 위해 호화로운 박람회를 개최했다. 1851년 런던에서 열린 대영박람회나 1893년 시카고에서 열린 콜럼버스 신대륙 도착 400주년 기념 만국박람회(World's Columbian Exposition) 등과 같은 특별한 행사는 돌이켜 보건대 역사적 시간의 장엄한 축약처럼 보인다. 산업화 이전의 세기들이 고속으로 근대 세계와 충돌하고 있었던 셈이다. 런던에서는 수 세기에 걸쳐 군림하던 유럽 왕가들의 최정상에 오르려는 빅토리아 여왕이 대영박람회를 열었다. 여기에서는 직물 기계와 초기의 사진 기술, 그리고 세계 최초의 사례로 들 수 있는 실내 수세식 변기 등이 선을 보였다. 영국의 소설가 샬럿 브론테(Charlotte Brontë)는 전시회가 열리던 크리스털 팰리스(Crystal Palace)를 방문했을 때 다음과 같이 감탄을 토해 냈다. "오직 마법만이 이 엄청난 부를 지구의 모든 끝에서 끌어모을 수 있었을 것 같다. 오직 초자연적인 손들만이 이 부를 이렇듯 찬란하게 돋보이도록 진열할 수 있지 않았을까."[1]

그리고 시카고에서는 박람회장 내부 공연을 허가받지 못한 윌리엄 코디(William Cody)의 와일드웨스트(Wild West) 쇼가 바깥에서 흥행몰이를 했다. 버펄로 빌(Buffalo Bill)이라는 별명으로 더 유명했던 코디는 프론티어가 급격히 사라진다는 전망을 쇼로 보여 주며 방문객들을 즐겁게 했다. 프론티어의 소멸은 수천 년 된 인디언 사회에 가해지던 새로운 부담이었다. (박람회를 위해 세워진 많은 대형 건물들 가운데 하나인) 근처의 화이트시티 앞에서는 군중들이 현란한 전기 놀이에 넋을 잃었다. 박람회장 자체의 조명이 주변을 밝힌 것은 물론이고 전류를 다스리고 (여타의 발명품과 더불어) 전기모터를 개발한 발명가이자 엔지니어인 니콜라 테슬라(Nikola Tesla)의 전기공학적 묘기가 화려하게 펼쳐졌기 때문이다.[2]

사람들은 경이로운 것들을 보기 위해 이들 박람회장을 찾았다. 19세기와 20세기 초에는 그런 경이로운 것들이 많았다. 하지만 거대하고 강력한 변화가 진행되고 있음을 알기 위해 사람들이 꼭 이런 박람회장을 찾아야 할 필요는 없었다. 1840년의 시카고는 인구가 5000명도 채 되지 않던, 지도상의 한 점에 불과했다. 그로부터 50년이 지나 콜럼버스 기념

박람회가 열렸을 때 이 도시는 미시간호 상공으로 마천루가 뻗어 올라가기 시작하는 (100만 명 이상의 인구를 지닌) 미국에서 두 번째로 큰 도시가 되어 있었다.[3] 시카고의 이러한 비범한 성장은 대륙 여행의 변화를 초래한 철도의 도입과 밀접한 관련이 있었다. 철도가 건설되기 전에는 뉴욕에서 시카고까지 마차로 족히 한 달은 걸리곤 했다. 시간만 오래 걸렸던 게 아니라 그 길고 고독한 여정 도중에 승객들은 마차의 고장이나 뜻밖의 사고, 또는 고립 등과 같은 위기에 직면할 수도 있었다. 철도가 도입됨에 따라 시간은 약 하루로 단축되었고, 그 여행은 평생 한 번 감행하는 모험에서 일상의 다반사로 바뀌었다.

더불어 전신 덕분에 이전에는 사람이나 화물과 같은 속도로 느리게 전해지던 소식들이 전기의 속도로 날아다니게 되었다. 시카고 사람들은 자신들이 만국박람회 개최권을 따냈다는 소식을 뉴요커들과 거의 같은 시간대에 들었다. 불과 수십 년 만에 마치 달나라처럼 느껴지던 지구의 반대편까지 단 며칠 만에 이동할 수 있을 정도로 세계는 축소되었다. 그리고 사람들은 거의 같은 시간에 같은 소식을 접하며 살게 되었다. 정말이지 현기증이 날 정도의 실재적인 속도 변화가 세상과 사람들의 사고방식을 바꾸었다.

이와 비교하면 지난 60년 동안의 삶은 꽤나 차분한 편이었다. 우리가 겪은 변화는 대부분 (기존의 변혁을 토대로) 서서히 발전하는 모양새를 보였다. 텔레비전은 더 커지고 더 좋아지고 더 저렴해졌으며 자동차는 더 안전해지고 더 환경 친화적이 되며 파워 도어 록이나 뒷유리창 성에 제거 등과 같은 부가 기능들이 덧붙여졌다. 수명은 길어졌지만 인류는 배종설(胚種說)을 새롭게 뜯어고치지는 못했다. 항공 여행은 더 보편화되었지만 우리는 동력 비행의 성격을 바꾸진 못했다. 몇몇 경제체에서는 기술로 인한 극적인 변혁이 일기도 했다. 예컨대 한국과 싱가포르, 최근에는 중국이 그러했다. 하지만 이러한 것들은 19세기와 20세기 초에 부국들에 몰아쳤던 회오리바람이 뒤늦게 도착한 사례일 뿐이었다.

그다지 대단할 것 없는 장기간의 경제적 진화를 겪다 보니 우리 중 다수가 경제 발전이 이와는 다른 속도로도 일어난다는 사실을 잊어버렸다. 노스웨스턴 대학의 경제학자인 로버트 고든(Robert Gordon)과 같은 일부 기술 비관주의자(techno-pessimist)들은 경제성장의 둔화는 돌이킬 수 없는 것이라고 주장한다. 고든은 일련의 기본적인 지적 통찰 덕분에 기술적 진보가 장기간에 걸쳐 가속화되었다고 말한다. 전기가 무엇이며 어떻게 사용할 수 있는지에 대한 깊이 있는 이해의 발전은 쉽게 복제될 수 없고 어쩌면 복제 자체가 될 수 없는 무엇이다. 전기 과학 및 여타 분야에서 이룩한 진보를 뒤따른 발명들은 강에서 끌어 쓰는 물과 같은 것이 아니라 땅속에서 파내는 석탄과 같은 것이다. 사회는 가장 접근하기 쉽고 가장 풍부한 광맥을 먼저 이용할 수밖에 없다. 수익성이 낮고 어려운 부분들은 (우리 세대와 같은) 훗날의 세대에게 남긴다는 뜻이다.[4]

이런 비관적인 견해에 따르면, 지적 진보의 감속 그 자체는 전기 과학의 경우와 같은 근본적인 통찰력이 혹여 남아 있다 하더라도 거의 없다는 증거가 된다. 이들의 주장을 계속 들어 보자. 인류는 19세기에 비해 지금이 훨씬 더 영리하며 더욱 고도로 훈련받은 과학자들과 기술자들이 훨씬 많은 연구 개발 자원을 가지고 일하고 있다. 따라서 만약 음지에 숨어 있는 전기와 같은 돌파구가 있다면 인류가 이미 그것을 발견하고도 남았을 것이다.[5]

비관론자들은 경제 자체의 절망에 대해서도 이와 유사한 지적인 조언을 피력한다. 기술의 진보는 19세기 후반부터 20세기 중반에 걸친 시기에 정점에 이르렀다는 것이다. 때로 '2차 산업혁명'이라 불리는 그 시기에 말이다.(1차 산업혁명은 영국에서 증기 동력을 토대로 시작된 공장 대량 생산화의 초기를 말한다.) 이 두 번째 혁명은 세계적으로 근본적인 변화를 야기했다. 그것은 반복될 수 없는 환상적인 일회성 변혁이었다. 이 기간에 부유한 경제체들에 전기가 가설되었고 근대적인 위생 설비와 실내 화장실이 갖추어졌으며 규모와 인구 면에서 진정으로 근대적인 형태의 도시들이 형성되었다. 오늘날에도 가장 발전된 개인 이동 기술로 통하는 자동차와 비행기가 자리 잡은 것도 이 시기였다. 다시 말해서 이 시기에 오늘날과 같은 현대 세계의 근간이 잡혔다는 얘기다.

공장 경제의 부상과 노동조합의 생성, 노동자 계층에 대한 정치적 동원, 그리고 사회 안전망의 구축 등에 의해 현대적인 고용 형태가 이뤄진 것도 이 시기였다. 두 번째 산업혁명은 결국 사회에 현대 생활의 본보기를 마련해 주었다. 각 가정마다 한두 명이 주당 40시간씩 일하며 소비 지향적인 중산층의 생활을 지탱해 나가는 방식 말이다. 그것이 지난 반세기의 대부분에 걸쳐 부유한 경제체들의 사회적 기반이 되었다.

새로운 기술이 예전 것만큼 강력하기 위해서는 마찬가지로 변혁적인 무언가를 세상에 창출해야 한다. 1960년대의 생활이 19세기 후반과 달랐던 그 정도 수준으로 향후 오늘날의 현실에서 동떨어질 삶을 창출해야 강력한 신기술이라 할 수 있다는 뜻이다. 그렇지 않으면 기술이 진보라는 거대한 파도의 측면을 타고 아래위로 호(弧)를 그린다는 비관적인 견해 그대로 사회 변화의 속도는 점진적이 될 것이다. 이는 베이비붐 세대의 자녀들이 그들의 부모가 그랬던 것처럼 대학을 졸업하고 좋은 직장을 구해 가족을 이루고 소비 지향적인 생활을 하다 은퇴를 할 것으로 기대할 수 있는, 20세기 후반부의 패턴이 계속될 것임을 암시한다.

비관적인 시각은 우리 주위에 있는 변화의 증거들을 솔직하게 받아들이는 것을 더욱 어렵게 만든다. 2차 산업혁명 후의 수십 년 세월이 정체를 향해 미끄러져 나아간 게 아니라 급격한 진보의 과정에서 겪는 일시적인 소강상태였음이 갈수록 분명해 보인다. 다만 그 소강상태가 우리 모두에게 급격한 진보가 어떤 느낌이 드는 것인지조차 잊어버리게 할 정도로 길었을 뿐이다. 하지만 이제 디지털 혁명이 우리에게 그 느낌을 되살려 줄 것이다. 그것은 지난 이삼십 년 동안 나름의 변혁적 파워를 키워 왔으며, 1900년대에 우리의 선조들이 경험했던 것과 같은 종류의 역사적인 현기증을 유발시킬 가능성을 점점 높여 가고 있다. 모든 것을 고려해 봐도 디지털 혁명이 산업혁명의 기술적 변혁만큼 극적인 영향으로 드러날지 어쩔지는 알 수 없다. 하지만 충분히 극적인 영향이 될 것임은 확실하다. 다시 한 번 우리가 뼛속 깊이 느낄 수 있는 변화가 되리라는 것만은 분명하다는 뜻이다.

변화의 가속화에 대해 우리는 갈수록 똑똑해지며 경제의 구석구석에서 그 쓰임새를 늘려 가는 컴퓨터에 감사하게 될 것이다. 우리는 곧 어디에서나 생각하는 컴퓨터를 만나게 될 것이다.

혁명의 기계

컴퓨터는 단순히 세탁기나 복사기와 같은 수준의 가치를 지닌 발명품이 아니다. 컴퓨터는 보다 근본적인 그 무엇이다. 우리가 삶의 모든 면에서 기존과 다르게 그리고 더 낫게 일을 처리할 수 있게 해 주는 강력한 그 무엇이다. 과거의 증기나 전기와 유사한 무엇인 셈이다.

1876년 필라델피아에서 미국 최초의 거창한 박람회가 열렸다. 미국 독립 100주년을 축하하기 위한 행사의 일환으로 열린 센테니얼 박람회 (Centennial Fair)로서 주로 영국인들이 초대되었다. 몇몇 사람은 새로 개발한 앞바퀴가 대단히 큰 페니파딩(penny-farthing) 자전거를 선보였다. 하지만 가장 인상적인 전시물은 콜리스(Corliss) 증기 엔진이었다. 높이 21미터에 무게가 650톤이나 나가는 엄청난 크기의 기계장치였다. 1400마력의 그 콜리스 엔진이 벨트 시스템을 가동해 박람회의 기계류 전시장 전체에 동력을 공급했다.

미국의 엔지니어인 조지 콜리스(George Corliss)는 제임스 와트가 증기 엔진 설계에 가장 중요한 공헌을 한 때로부터 80년 이상 지난 1849년에 자신의 엔진에 대한 특허를 취득했다. 당시 미국의 제조 업체들은 모두 합쳐 200만 마력(현대적 발전소의 대형 터빈 한 대의 출력에 해당)에 채 못 미치는 동력을 사용했는데 그 대부분을 물이 생성했다. 그로부터 반세기 후에 미국 제조 업체들은 공장 가동에 도합 1000만 마력 이상을 사용했고, 그 대부분이 증기 엔진으로 생성되었다. 그리고 미국 경제는 세계를 이끄는 산업 및 기술 세력으로 영국을 추월하고 있었다.[6]

경제사학자들은 증기력과 같은 것을 '범용 기술(general purpose technology)'이라고 부른다. 범용 기술은 생활의 다방면에서 일을 보다 효과적으로 행하는 데 이용할 수 있는 진보적인 기술을 뜻한다. 증기 엔진은 이전에 바람이나 물, 동물의 힘에 의존하던 생산 시설에 연결할 수 있었다. 또한 보트나 자동차, 기관차 등에서처럼 이동 장치에 부착되어 사람들을 보다 센 마력으로 더 빨리 이동시킬 수 있었다. 증기는 그렇게 온갖 종류의 상황이나 산업에서 생산성을 높이는 데 이용할 수 있었다. 경제혁명을 일으키는 것은 증기나 전기와 같은 범용 기술이다. 그리고 컴퓨터는 환상적으로 강력한 범용 기술이다.

엔지니어들은 수천 년 동안이나 컴퓨팅 기계를 만지작거려 왔지만 기계적인 컴퓨팅의 진보가 속도를 내기 시작한 것은 19세기에 이르러서였다. 초기의 컴퓨팅은 요셉 마리 자카르(Joseph Marie Jacquard)라는 프랑스인이 직물에 특정 패턴을 짜 넣기 위해 펀치카드로 프로그래밍했던 직기(織機)에서 찾을 수 있다. 20세기 초에는 진공관(vacuum tube; 한쪽 전극에서 다른 쪽 전극으로 전류를 전달하는 전구 같은 장치)이 초기 전자계산기의 요체가 되었다. 초기의 컴퓨터 과학자들은 진공관들을 전기적 스위치로 사용할 수 있다는 것을 알았고, 이것은 곧 그 진공관들이 계산에 사용될 수 있다는 의미였다.[*]

하지만 컴퓨팅의 세계를 바꾼 것은 제2차 세계대전이었다. 당시 각국 정부는 암호를 해독하거나 핵폭발을 모델링하는 데 이용할 수 있는 새로운 기계의 개발에 막대한 자금을 퍼부었는데, 그런 과정으로 인해 전후 컴퓨팅 산업의 토대가 마련된 것이다. 전쟁이 끝난 후 엔지니어들은 더욱 작고 더욱 강력한 새로운 부품들(예컨대 진공관을 대체한 트랜지스터)을 개발하여 큰 성공을 거두었다. 더욱 작아지고 더욱 저렴해지고 더욱 강력해진 부품들은 스테레오, 텔레비전, 계산기, 비디오게임기 등을 생산하는 거대한 개인용 전자 제품 산업의 탄생을 이끌었고, 결국 PC와 모바일 폰의 시대를 열었다.

---

[*] 두 위치('켜짐' 또는 '꺼짐')의 어느 한쪽으로 설정될 수 있는 스위치들은 모든 숫자를 1과 0의 조합으로 나타낼 수 있는 2진수 연산에 사용될 수 있다. 스위치의 수가 많고 조작 속도가 빠를수록 컴퓨터는 더욱 강력해진다. 초기의 전자 컴퓨터들은 보통 수천 개의 스위치를 가지고 있었다. 오늘날의 마이크로프로세서는 수십 억 개의 스위치를 훨씬 작은 패키지에 수용한다. —지은이

컴퓨팅의 진보는 상당 부분 '무어의 법칙(Moore's Law)'에 의존했다. 1965년 인텔의 공동 창업자 고든 무어(Gordon Moore)는 대개 2년에 한 번씩 집적회로에 들어가는 트랜지스터의 수가 두 배로 늘어날 것이며 그런 식의 배증(倍增)이 계속될 것이라고 판단했다.[7] 이러한 경이적인 진보는 지난 반세기 대부분의 기간에 유지되었다. 그로 인해 컴퓨팅은 집채만 한 크기에 엄청난 고가의 기계에서 행해지던 무엇에서 이제는 전 세계 인구의 약 30퍼센트가 주머니 속에 지니고 나니는 작은 기계에서 행해지는 무엇으로 바뀌었다.

이 역사의 단편은 조지메이슨 대학의 경제학자인 타일러 코웬이 "대침체(Great Stagnation)"라는 꼬리표를 붙인 기간에 펼쳐졌다.[8] 반세기에 걸친 컴퓨팅 파워의 탁월한 성과도 어쨌든 인류를 19세기처럼 현기증 나는 경제 및 사회변혁의 시대로는 돌려보내지 않았다. 1987년, 노벨상 수상 경제학자 로버트 솔로(Robert Solow)는 떠오르는 기술 변혁의 전망에 콧방귀를 뀌는 내용의 글에서 컴퓨터의 혁명적 힘에 대한 증거는 존재하지 않는다고 주장했다. 그는 "어디에서나 컴퓨터의 시대가 된 것을 확인할 수 있지만 생산성 통계에서는 확인할 수 없다."라고 썼는데, 나름대로 일리 있는 지적이었다.[9] 생산성은 1990년대에 활기를 띠었지만 2000년대에 다시 시들해졌다.

그리고 일부는 그것이 전부라고 결론내린 것으로 보였다. 2000년대가 시작되고 일정 시점이 지난 후 로버트 고든은 자신의 추종자들을 대상으로 사고실험(thought experiment)을 전개하기 시작했다. 그는 사람들이 2000년까지 사용 가능했던 모든 기술이 적용된 세계를 선호하는지, 아니면 (인터넷 시대로 대변되는) 현재까지 사용 가능한 모든 기술을 갖추었지만 실내 상하수도 시설은 없는 세계를 선호하는지 궁금했다. 그의 이 작은 실험은 2차 산업혁명에서 발생한 모든 일이 강력하게 변혁적이었던 반면 인터넷 시대의 진보는 그런 정도에 미치지 못한다는 사실을 적절히 보여 주었다. 구글은 장대하지만 수도에서 나오는 온수만큼 변혁적이지는 못하다는 얘기였다.

하지만 내가 이 사고실험이 마음에 드는 이유는 그것이 의도치 않게 반대의 주장도 가능하게 만들었다는 점에 있다. 고든이 자신의 연구 논문들에서 이 질문을 제기하기 시작했을 때 사실 그 대답은 너무도 명백해서 실내 상하수도 시설이라는 선택 사항이 농담조로 들릴 정도였다. 물론 이는 고든이 의도한 바였다. 하지만 해가 갈수록 그 선택의 명확성이 감소되었다. 개발도상국의 많은 사람이 실내 상하수도 시설보다는 스마트폰을 더 중요하게 생각하는 양상을 보인 것이다. 실내 상하수도 시설도 좋은 것이지만 스마트폰은 글로벌 경제를 살아가는 데 필수적인 경제적, 사회적 연결 고리를 제공한다. 한편 부유한 나라들에서는 스마트폰 문화가 너무 일상 깊숙이 뿌리 내린 까닭에 만약 선택을 강요당한다면 스마트폰을 유지하기 위해 실내 상하수도를 포기할 가능성(어디까지나 가능성!)도 있다. 물론 스마트폰은 디지털 혁명이 기여하는 바의 시작도 끝도 아니다. 팔 절단 수술을 받은 후에 생각으로 통제할 수 있는 인공 팔을 단 사람들은 고든에게 최근의 기술적 진보가 소셜네트워크나 데이트 앱의 효용을 훨씬 뛰어넘는 것임을 설명할 수 있을 것이다.

디지털 혁명의 변혁적 역량은 지난 반세기에 걸쳐 꾸준히 그리고 확실히 성장했다. 이제는 기계가 자동차를 운전하고 기본적인 고객 응대 대화를 수행할 수 있게 되었다. 기계가 군중 속에서 얼굴을 인식하고 즉각적으로 외국어 통역 서비스도 제공할 수 있다. 기계가 보도문을 작성하고 게놈을 편집할 수도 있다. 이러한 일들을 할 정도로 충분히 강력한 기계는 또한 그 밖의 훨씬 많은 다른 일들도 할 수 있다. 컴퓨팅은 범용 기술로서의 약속을 훌륭히 지켜 나가기 시작했다.

디지털 실망 시대

그런데 무엇 때문에 이다지도 오래 걸린 것일까? 폭넓은 컴퓨팅의 부상과 경제 및 사회의 혁명적인 변화의 시작 사이의 현저한 지연은 두 가지 요인 때문일 수 있다. 첫째, 놀라운 새로운 발명은 사회가 그것을 효과적으로 사용하는 방법을 학습할 때까지 사회를 변화시킬 수 없다. 고든 자신도 지적했듯이 19세기 후반의 중요한 기술 혁신에 의한 생산성의 분출은 20세기 전반기 전체에 걸쳐 펼쳐졌다. 1870년대와 1880년대에 전기를 다스리는 중요한 발견들이 이뤄졌으나 전기가 공장과 가정에서 널리 사용되기 시작한 것은 1920년대가 되어서였다. 새로운 기술의 가능성이 모두(혹은 거의 모두)에게 분명해진 이후에조차 그 기술의 혜택을 누리기 위해 사회가 적절한 자세를 갖추는 데에는 수십 년이 걸릴 수도 있다.

자동차를 생각해 보자. 자동차는 19세기 말의 인상적인 기술이었으며 그 변혁의 잠재력은 20세기 초에 분명해졌다. 하지만 사회가 그 잠재력을 충분히 활용하기까지는 매우 긴 시간이 걸렸다. 먼저 사회적 및 문화적 규범의 진화가 필요했다. 이어서 그런 규범의 일부는 체계적인 규제법으로 성문화할 필요가 있었다. 예를 들어 운전할 수 있는 자격과 장소, 속도, 그리고 오용에 상응하는 조치 등에 대해서 말이다. 사회의 물리적 구조 역시 자동차에 반응해 변화했다. 정부는 거리와 고속도로의 네트워크를 구축하는 데 막대한 투자를 했고, 그러는 사이에 자동차를 중심으로 형성된 교외 지역이 중심 도시 외곽의 경관을 덮었다. 기업들은 자동차 중심의 사업 모델을 실험하고 나서 피자 배달에서 나스카(NA-SCAR: 미국의 대표적인 자동차경주 대회) 등에 이르는 히트작들을 만들어 냈다. 그리고 20세기의 마지막 몇십 년에 이르러 컨테이너 선적과 트럭 운송, 대형 할인점 등을 완비하고 부유한 경제체의 소비자 경험을 변화시켰으며, 이는 동시에 신흥국들에게는 개발의 기회가 되어 그들이 수출하는 값싸고 질 좋은 다양한 상품들이 대형 할인점들의 선반을 채웠다.

대도시화와 교육 수준의 현저한 증가, 국가의 규모 및 역할의 변화, 그리고 정부가 선택되는 방식의 일대 변화를 포함해 산업화에 따라 발생한 사회의 전면적 변혁은 기술 변화의 연쇄적 영향이었을 뿐 아니라 사회가 신기술의 생산성을 구현하기 하기 위해 진화한 방식이기도 했다. 예를 들면 공업화학 분야의 발견들을 잘 이용하기 위해 사회는 많은 수의 화학자와 화공학 기술자를 양성할 필요가 있었다. 그러기 위해서는 다시 견실한 초등 및 중등교육 시스템의 개발과 기술대학의 설립이 필요했다. 또 그것을 달성하기 위해서는 교육에 찬성하는 압력단체들의 동원과 해당 취지에 공감하는 정치인들의 선출, 학교 자체에 대한 투자, 커리큘럼의 개발, 그리고 마지막으로는 학생 집단에 대한 교육이 필요했다. 사회의 재조정은 신속하게 이루어지지 않는다. 그런 이유로 신기술이 제시하는 가능성을 완전히 활용하기까지는 상당히 오랜 시간이 걸리는 것이다.

예상대로 컴퓨팅은 자체적인 조정 기간을 거쳤다. 그 과정도 한번 짚어 볼 필요가 있다. 프로세서 속도의 놀라운 향상과 메모리의 저렴화가 그 자체로 생산성을 신장시키지는 않는다. 그런 일이 일어나려면 컴퓨터 제조 업체는 어떻게 하면 가장 매력적으로 컴퓨팅 부품들을 조합할 수 있는지, 즉 어떻게 해야 기업이나 가정에서 원하는 장치를 만들 수 있는지 알아내야 한다. 메인프레임(중앙 컴퓨터)에 연결할 수 있는 단말기들을 만들어 출시하는 게 좋을까? 아니면 내부 네트워크로 연결되는 PC가 적절할까? 프로그래머들은 그런 기계들이 어떤 문제들을 유용하게 해결하는지, 그리고 어떤 코드를 작성해야 그렇게 할 수 있는지 파악해야 한다. 기업은 하드웨어와 소프트웨어를 어떤 식으로 조합해야 비용을 절감하고 생산성을 높이는 데 도움이 될 수 있는지 판단해야 한다. 직원들에게 PC를 보급하는 게 좋을까 아니면 애플 컴퓨터를 돌리는 것이 나을까? 회사 전체적으로는 어떤 데이터베이스 소프트웨어를 써야 좋을까? 모든 직원들에게 휴대전화를 지니게 해야 하는가? 그렇다면 어떤 종류로?

기업은 이러한 사안들을 확정하고 나면 장비를 구매하고 그것을 다룰 수 있는 인재를 고용하는 동시에 새로운 시스템을 최대한 활용할 수 있도록 운영 방식을 재조정한다. 대학생들은 기업이 어떤 컴퓨터 보완 기술을 지닌 인재들에 관심이 있는지 파악하고 그에 맞춰 학습 계획을 변경한다.

한편 기존 업무를 더 효율적으로 행하기 위해 새로운 기술을 사용하려는 기존 사업체들과는 별도로 새로운 사업체들이 등장해 새로운 기술을 이용하여 기존 문제들에 대해 근본적으로 새로운 접근을 시도한다. 전통적인 소매상들이 재고를 관리하고 소비자 구매를 추적할 수 있는 바코드와 소프트웨어를 도입하는 동안 제프 베조스(Jeff Bezos)는 아마존을 창업한다. 두 가지 유형의 기업이 새로운 접근 방식을 실험하는 동안 다른 한편에서는 소매업의 니즈에 대한 예측을 토대로 보완적인 사업이 형성되거나 발전한다.

새로운 기술의 실험에서 기업과 노동자, 소비자의 적응으로 이어지는 반복적인 사이클은 혁신의 출현과 생산성의 증가나 생활 방식의 현저한 변화 사이에 지연을 발생시킨다. 정보 기술 적용에 관한 연구에 따르면 신기술의 투자와 그 투자와 관련된 생산성의 측정 가능한 성과의 출현 사이에는 일반적으로 5년에서 15년 정도의 공백이 발생한다.[10]

사람들이 직장이나 가정에서 그들을 둘러싼 기술들을 둘러볼 때 사실상 그들은 백미러로 기술의 세계를 보고 있는 셈이다. 1990년대 미국의 생산성 붐은 펫츠닷컴(Pets.com)처럼 슈퍼볼 광고에 아낌없이 돈을 퍼붓고 주된 존재 목적이 기업공개를 통해 창업자들에게 수백만 달러를 안겨 주는 데 있었던 소비자 직거래 닷컴 비즈니스에 대한 대중적인 인기와 관련이 있었다. 하지만 실제적으로 급속한 생산성 붐을 이끌었던 것은 오라클(Oracle)과 SAP가 판매하던 '전사적 소프트웨어'와 같은 보다 오래되고 따분한 기술이었다. 기업들은 컴퓨터를 사용하여 재고와 고객 정보를 추적하고 그 데이터를 활용해 (예를 들어 만약의 상황에 대비해 여분의 재고를 많이 유지하는 것이 아니라 필요에 따라 새로운 보급품을 주문하는 등으로) 낭비를 제거함으로써 대규모의 생산성 향상을 이루었다.

아마존이나 구글과 같은 닷컴 광풍의 생존 기업들은 2000년대 들어서도 사회에 큰 영향을 미쳤다. 애플이 최초의 아이폰을 출시하고 '앱스토어'를 개설한 지 거의 10년이 지난 지금 비즈니스 세계의 큰 기술 사례들은 대부분 앱 기반 회사들에 속한 것이다. 어느 시점에서든 세계를 변화시키는 새로운 비즈니스와 소비자 트렌드는 오래된 기술을 기반으로 삼는다. 만약 인류가 디지털 혁명의 변혁적 잠재력을 과소평가했다면 그것은 새로운 진보의 결과가 종종 진보 자체가 일어나고 꽤 한참이 지난 다음에 나타나기 때문이다.

하지만 디지털 시대가 우리를 감탄하게 만드는 데 그렇게 오래 걸리는 것은 시차 때문만은 아니다. 실제로 큰소리치는 일부 기술 낙관주의자들은 지난 반세기 대부분의 기간에 정보 기술이 그다지 인상적이었던 것은 아니라고 주장한다. 하지만 그들은 마찬가지로 그것이 장래의 진전도 실망스러울 것임을 우리에게 납득시키는 것은 아니라고 말한다. 반대로 오랫동안의 겸손한 진전은 매우 겸손하게 출발해서 기하급수적으로 향상되는 기술에서 일반적으로 기대할 수 있는 그대로라는 것이다.

2011년 출간되어 상당한 반향을 일으킨 『기계와의 경쟁』에서 MIT의 기술 및 비즈니스 분야 학자인 에릭 브리뇰프슨과 앤드루 매카피는 사람들이 (예를 들어 무어의 법칙이 설명한 마이크로칩의 배증과 같은) 기하급수적인 진보의 속도를 평가하는 데는 매우 서툴다고 주장한다.[11] 그들은 미래학자인 레이 커즈와일(Ray Kurzweil)에 의해 많은 사람들에게 알려진 우화를 빌린다.[12] 전설에 의하면 어느 지혜로운 남자가 체스 게임을 발명하여 왕에게 선물한다. 왕은 기뻐서 그 남자에게 무엇이든 원하는 상을 말하라고 한다. 현명한 남자는 자신은 다만 단순한 규칙에 따른 겸손한 보상만을 바란다고 답한다. 그는 체스 판의 첫 번째 사각형에 1알의 쌀을, 두 번째 사각형에는 2알, 세 번째에는 4알, 그렇게 계속 두 배로 늘려 64개의 사각형에 해당하는 양만 갖게 해 주면 더 이상 소원이 없겠다고 한다. 왕은 그 양이 아주 보잘것없게 느껴져 웃으면서 그렇게 해 주겠다고 말한다.

왕이 스스로 대단히 큰 실수를 저지른 것을 알기까지는 그리 오래 걸리지 않았다. 두 번째 열이 끝났을 때 왕은 거의 3만 3000알의 쌀을 줘야 할 판이었으니 마냥 웃을 수가 없었다. 체스 판 절반의 마지막 칸에 이르러서는 쌀알의 개수가 20억이 넘었고 무게로는 거의 10만 킬로그램에 달했다. 하지만 그것도 아직은 아무것도 아닌 셈이었다. 체스 판의 나머지 절반의 첫 번째 사각형에서 왕은 그 두 배를 다시 줘야 할 판이었고 그 후에도 두 배씩 더해 가면 결국 에베레스트산의 규모에 맞먹는 엄청난 양의 쌀을 줘야 할 상황이었다.

이 이야기는 기하급수적인 성장의 기만적인 성질을 보여 주기 위한 것이다. 수십 년간의 진보는 대개 의미 깊은 개선을 초래하면서도 변혁적 변화에는 미치지 못한다. 하지만 진보의 각 세대는 이전에 진행된 모든 진보들의 합계만큼 중요하다. 진보의 과정이 체스 판의 후반부 첫 번째 사각형에 도달할 때쯤이면 최첨단 기술의 역량은 실로 숨 막힐 지경이 된다. 기계들이 갑자기 자동차를 운전하거나 인간의 말을 알아듣거나 사진을 보고서 무엇이 보이는지 정확히 설명할 수도 있다. 수년 전만하더라도 도달할 수 없을 것처럼 보였던 진보가 어느 날 갑자기 눈앞에 펼쳐지는 것처럼 느껴질 수 있다는 얘기다. 이러한 진보들은 극적이면서도 약간은 무서운 새로운 경제적 기회를 열어 준다. 그래서 그러한 기술을 기반으로 한 최초의 비즈니스 모델을 실험하는 스타트업들이 시장에 뛰어들고 그에 따라 기술 진보의 다음 세대는 이전의 각 혁신 세대가 발전시킨 만큼의 새로운 힘을 획득하고 또 업계에 추가한다. 이 모든 과정이 합쳐져 일정 시점에 이르면 가공할 수준의 새로운 기계 역량이 세상을 휘젓는 것이다.

진보에 대한 이 설명에서 우리는 아주 많은 결론을 도출할 수 있다. 처리 능력이 곧 생산성 향상은 아니며, 우리의 주머니 속에 든 값싼 슈퍼컴퓨터는 우리가 그것으로 경제적 변혁을 초래할 무언가를 도출하지 못하면 결국 경제적으로 변혁적인 것이 되지 못한다. 하지만 기술의 범용

성을 고려할 때 컴퓨팅의 기하급수적인 진보가 극적인 경제 변화를 초래하지 못한다면 그것이 오히려 놀랄 만한 일이 될 것이다. 이제 인간이 행하는 작업은 대부분 결국 컴퓨터로 행할 수 있는 것들이다. 즉각적인 기계 번역의 가능성에 대해서도 회의론자들은 단지 언어가 컴퓨팅 이상의 것이라는 이유로 그것이 불가능하다고 주장하지는 않았다. 그들은 정말로 굉장한 컴퓨팅이 필요하기에 그것이 불가능하다고 주장했다. 하지만 정말로 굉장한 컴퓨팅이야말로 정확히 정보처리의 기하급수적 진보가 도움이 되는 부분이다.

운전자 없는 차량이 디지털 혁명이 창출할 수 있는 모든 것이라고 해도 그것의 경제적 및 사회적 영향은 엄청날 것이다. 약 50만 명의 택시 운전기사와 거의 150만 명에 달하는 화물 트럭 운전기사를 포함해 약 500만 명의 미국인들이 '운송 서비스업'에 종사하고 있다.[13] 자율 주행 차량이 그 모든 일자리를 없앨 수 있다. 하지만 그것은 시작에 불과하다. 운전자 없는 차량들이 학교에서 아이들을 픽업해 부모의 사무실이나 방과 후 활동지로 데려가는 보모로서의 역할도 겸할지 모른다. 또한 소매업의 방대한 양이 거의 완전한 자동화를 이루게 될 수도 있다. 와인 한 병이 필요할 때도 습관적으로 스마트폰에 대고 말하는 소비자들이 늘어나는 바람에 수많은 식료품 가게들이 사라질지도 모른다. 그렇게 스마트폰에 대고 말하면 인근의 창고에서 자율 주행차로 곧바로 배달해 주는 시스템이 자리 잡을 것이기 때문이다. 어떤 종류의 차든 즉시 불러올 수 있기 때문에 굳이 차를 소유할 필요가 없을지도 모른다. 교통 정체는 몇 해 안에 사라지고 주차장으로 쓰였던 넓은 토지는 갑자기 보다 생산적으로 쓰일 수 있게 될지도 모른다.

하지만 자동차를 효과적으로 작동할 수 있는 컴퓨터는 다른 수많은 분야에도 강력하게 적용할 수 있는 기술적 역량이 있음을 의미한다. 그러한 역량은 데이터를 검토하고 건강상의 잠재적 우려 사항을 포착할 수 있는 기계에서부터 세금 계산을 대리하거나 사업 전략이나 은퇴 계획에 대한 고민을 상담할 수 있는 기계에 이르기까지 실로 다양한 용도에 적용할 수 있다. 역량의 한계점을 넘어서는 셈이다. 우리는 새로운 기계의 능력을 최대한 활용하는 방법을 개발하는 동시에, 기계 자체 또한 보다 나은 능력을 갖추도록 만들고 있다. 인간인 노동자가 기계에 대해 주로 안심하는 까닭은 기계가 그다지 영리하지 않다고 생각하는 데 있다. 예를 들어 기계가 작성하는 이야기는 건조하고 따분하다고 믿는 것이다. 하지만 그것은 오산이다. 기계가 사람보다 영리해지는 일에 훨씬 더 능하기 때문이다.

잠재력의 역설: 기술 향상의 혜택과 그 대가

주요한 기술혁명은 일반적으로 그것들이 일으키는 혼란과 더불어 막대한 이익을 발생시킨다는 사실을 기억하는 것이 중요하다. 보다 높은 생산성 수준은 기업에 더 많은 임금을 지불할 여유가 생긴다는 것을 의미한다. 마찬가지로 중요한 사실은 기술 진보의 행진이 우리의 삶을 연장시키고 개선하고 풍요롭게 한다는 것이다. 실내 상하수도는 도시를 생활하기에 치명적이지 않은, 그런대로 살 만한 곳으로 만드는 데 도움이 되었다. 조립라인 기법은 자동차나 텔레비전 같은 상품의 단가를 극적으로 줄여 그것들이 부유한 사람들이나 즐기는 물건이 아니라 일반인들의 기본적인 소비재가 되게 했다. 전기는 모든 종류의 산업 공정을 재편해 놓았으며 또한 우리에게 전등과 전화기, 록 뮤직 등을 안겨 주었다.

디지털 혁명도 이런 패턴에서 결코 예외가 될 수 없다. 웹은 출판업자들에게 어려움을 안겨 준다. 뉴스 소비자들이 웹을 통해 매우 값싼 비용으로 엄청난 양의 정보를 누릴 수 있게 되었기 때문이다. 정보 기술로 가능해진 글로벌 공급망은 일부 노동자에게는 어려움을 초래하지만 그 결과 보다 저렴한 가격으로 전자 제품과 의류와 장난감을 살 수 있게 된 구매자들에게는 상당히 환영할 만한 일이다. 사람들은 위키피디아(Wikipedia)와 같은 것으로 생성된 순수하고 거대한 소비자잉여(消費者剩餘)에 경탄한다. 내가 어렸을 때는 여전히 백과사전을 팔려고 찾아오는 사람들이 있었고, 때로는 학교 숙제를 하기 위해 도서관에 가야만 했다. 그곳에서 카드식 목록을 들춰 필요한 자료를 찾거나 책장에 꽂혀 있는 백과사전을 참고하기 위해서였다. 이제는 누구라도 위키피디아의 무료 페이지들을 열람할 수 있다. 훨씬 포괄적이고(하지만 반드시 정확한 것은 아니다. 그렇다고 도서관에 있는 책들이 모두 정확하다고 볼 수도 없었다.) 훨씬 찾기 쉬우며 게다가 즉시 다양한 언어로 자료를 찾아볼 수 있다. 놀라운 일이 아닐 수 없다.

대부분의 유용성을 생성하는 것은 이렇듯 종종 외견상 사소해 보이는 것들이다. 대서양 반대편의 부모와 인스타그램(Instagram)이나 화상 채팅을 하는 능력은 한두 세대 전에 이용 가능했던 통신 선택지의 귀중한 향상 덕분이다. 디지털 혁명은 또한 소비자들이 과거의 것들에서 보다 가치 있는 것들을 끌어낼 수 있게 한다. 뉴잉글랜드의 어느 서점에 꽂혀 있는 먼지투성이의 낡은 책이 오마하에 살고 있는 누군가가 절실히 원하는 것일 수도 있다. 온라인 중고 도서 목록화 덕분에 이제 그 책은 거래될 수 있는 기회를 갖는다. 새로운 앱들 덕분에 사람들은 집의 빈방이나 자동차의 빈 좌석을 보다 잘 활용할 수 있다.

고품질의 온라인 강좌는 강사들의 대량 해고를 야기할 수 있지만 전 세계에 살고 있는 다양한 계층의 사람들이 양질의 교육을 저렴하고 쉽게 제공받을 수 있도록 돕는다. 저렴한 웨어러블 컴퓨터나 컴퓨터 모니터링 및 진단 서비스는 많은 의사와 간호사에게 큰 문제가 될 수 있지만 의료비를 줄이면서도 건강을 향상시킬 수 있도록 돕는다. 자율 주행차가 운전기사들을 대체하겠지만 사고 감소로 수십만 명의 생명을 구할 수 있을 게 분명하다.

디지털 혁명은 인류에게 많은 유익을 제공하는 까닭에 거부할 수 없는 힘이 된다. 그것은 사회적, 경제적 혼란에 대한 대가로 새롭고 좋은 상품이나 서비스 또는 경험을 저렴한 가격으로 누릴 수 있게 한다. 물론 노동시장의 고민은 커지고 있다. 사람들이 단연 디지털 시대의 성과를 선호하고 있기 때문이다. 우리는 줄곧 선택을 내린다. 우버(Uber) 택시를 부를 때, 세계 반대편에서 조립된 저렴한 스마트폰을 구매할 때, 원하는 모든 것을 스트리밍으로 볼 수 있기 때문에 케이블 TV의 수신료 지불을 멈출 때, 옐프(Yelp)에서 배관업자를 평가할 때, 에어비앤비로 휴가지 숙소를 예약할 때 등등, 이 모든 것이 이 시대를 사는 우리의 선택이다.

기술이 향상됨에 따라 우리는 보다 근본적인 변화에 이끌리게 될 것이다. 자동차를 보유하지 않고 살거나 학비가 비싼 대학을 다니는 대신 온라인 강좌로 학위를 따는 일이 이제 더 이상 없는 사람들이 어쩔 수 없이 택하는 희생이 아니라 보다 간편하고 보다 자유로운 의사 결정으로 간주될 것이다. 우리가 미지의 미래에 뛰어드는 것은 우리를 그곳으로 데려가는 기술이 우리에게 더 나은 무언가를 약속하기 때문이다. 그렇기 때문에 기술을 멀리하는 것은 바람직하지 않다. 기술의 진보를 활용해 삶을 향상시킬 수 있는 능력을 사람들에게서 박탈하려고 드는 것 역시 대개 소용없으며 비도덕적인 일이 된다.

하지만 우리가 단지 소비자인 것만은 아니다. 우리의 소비 능력은 생산능력에 좌우된다. 선택지 확대에 따른 가격 하락은 결국 주택과 의료, 식품, 그리고 에너지 분야까지 이어지겠지만 기술은 아직 모든 필수품을 원하기만 하면 가질 수 있는 유토피아의 가능성을 구체화하고 있지는 못하다. 우리는 여전히 주택과 먹을거리 마련을 위한 구매력을 필요로 하고 있다. 그리고 우리 대부분은 여전히 생활하는 데 필요한 구매력의 대부분을 제공하는 '일자리'에 의존하고 있다.

경이로운 디지털의 흐름과 중요한 사회제도로서의 일자리에 대한 의존의 교차점에서 매우 힘들고 장기적인 경제적 불편이 야기될 수 있다. 다음 장에서는 기존의 사회적, 경제적 제도 및 기관들이 어떤 식으로 디지털 혁명의 혼란을 관리하고 있는지, 그리고 어디에서 그 부담이 파열로 이어질 가능성이 높은지 등에 대해 검토해 볼 것이다.

2 과잉 노동력을 어떻게 해결할 것인가

스웨덴 예테보리에 있는 볼보 공장은 수천 제곱미터에 달하는 공간을 로봇이 차지하고 있다. 세 명에서 네 명의 작업자로 구성된 몇 개 조가 최종 조립 공정 라인에서 완성 직전의 자동차에 비교적 소형인 부품을 추가 장착하거나 앞 공정 작업에 이상이 없는지 검사하는 작업을 수행한다. 그러나 생산 라인 앞쪽으로 갈수록 주위는 온통 자동화 기기로 둘러싸인다. 때때로 기술자가 자전거를 타고 잽싸게 돌아다니며 진행 상태를 확인한다. 자동 생산 라인을 타고 한데 모아진 차체 부품을 로봇 팔이 자동차 섀시에 정확하게 용접한다. 유압으로 동작하는 네 개의 팔이 사전에 입력된 대로 정교한 작업을 동시에 수행한다. 로봇 팔의 정교함과 역량도 상상을 초월할 정도지만 생산공정의 유연성도 주의를 끈다. 나는 궁금증을 참지 못하고 차량 오른쪽에 운전대를 설치하는 영국 시장용 자동차를 생산하도록 공정을 변경하는 작업이 어렵지 않은지 투어 가이드에게 물어보았다. 전혀 어렵지 않다는 답변이 돌아왔다. 동일 라인에서 생산하는 앞차와 뒤차의 모델이 서로 달라도, 세부 마감이 달라도 문제 될 게 없다고 한다. 상황에 따라 적합한 부품이 생산 라인을 타고 정확한 순서로 로봇 팔 앞에 당도하기 때문이다. 그러면 로봇 팔은 경차부터 SUV나 세단까지 어려움 없이 만들어 낸다.

자동차 생산 공장에서 로봇을 이용하는 일은 새로운 소식이 아니지만 최신 로봇은 전보다 훨씬 정교하고 복잡한 작업을 수행한다. 인접 공간에서 동시에 작업 중인 다른 로봇 팔의 작업을 방해하지 않고 춤추듯이 우아한 동작으로 구매자 개개인의 요구 사항에 맞춰 차량을 제작한다. 보다 더 새로운 변화는 공장에서 몇 킬로미터 떨어져 자리 잡은, 볼보 캠퍼스 어디에서나 볼 수 있을 것 같은 다소 평범해 보이는 빌딩에서 찾을 수 있다. 여기에서 고도로 숙련된 기술자가 생산공정을 제어하는 코드의 상당 부분을 작성한다. 기술진은 실제 생산 라인을 레이저로 스캔하여 구성한 가상 공장 모형을 이용하여 다양하게 작업장을 설계하고 효율성을 실험한다. 키보드만 몇 번 두드리면 수많은 장치가 재배치되고 그럼으로써 효율이 올라가는지 또는 로봇의 금속 팔이 서로 부딪히지 않는지 확인할 수 있다.

오늘날의 자동차 제조업은 그 산업적 외형과 반대로 무엇보다도 소프트웨어 중심 사업이라 할 수 있다. 자동차가 영리해지면서 내장 소프트웨어의 중요성이 상대적으로 높아지고 있다. 여타의 제조 업체들과 마찬가지로 볼보도 향후 몇 년 안에 스웨덴 거리에서 자율 운행차를 실제 운행하려고 준비 중이다. 자동차들은 이미 길을 찾고 앞차와 안전거리를 유지하는 등 운전에 필요한 정신노동을 충분히 수행할 수 있을 정도로 영리하다.

이민자나 이민 2세가 대다수인 예테보리 도심의 택시 운전기사들은 아직까지는 자율 운행차로 인해 불안을 느끼지 않고 있다. 하지만 산업 인력의 공동화 현상은 이미 그곳에서도 큰 불안감을 조성하고 있다. 평등주의로 유명한 이 나라에서 소득 불평등 현상이 심화되고 있으며,[1] 또한 최근 스웨덴 정부는 자국의 후한 복지 프로그램을 실업자의 취업 활동을 더욱 독려하는 방향으로 개혁했다. 이민자와 이민 2세를 포함한 이민자 집단에 실업수당이 부적절하게 편중된 까닭에 후한 복지 정책에 대한 정치적 지지 역시 그 기반을 상실했다. 실업자들도 그들에게 할당되는 몫에 그다지 만족하는 상황은 아니었다. 결국 2013년 이민자 집단과 극우파 스웨덴인 중에서 취업을 하지 못한 청년층이 거리로 쏟아져 나와 기물을 파괴하고 폭력을 행사하면서 사회적 불안이 표출되었다. 하지만 이에 대한 대안, 즉 더욱 많은 사람에게 구직 활동을 독려하는 정책은 낮은 임금 인상률이라는 문제를 더욱 악화시킬 수 있으며 특히 비숙련 노동자에게 심각한 문제를 초래할 수 있다.[2]

기술 발전과 경제적 변화로 누가 혜택을 입는가? 고소득 시장경제체의 부유층은 창조적 파괴를 기반으로 형성된다. 지난 두 세기에 걸쳐 많은 사람과 기업들이 끊임없이 기존의 낡은 방식을 대체하는, 보다 나은 새로운 방식을 발전시켰고, 그러면서 당대의 방식에 따라 일하는 노동자들을 계속 소모품으로 만들었다. 경제적 변화에 따른 혜택이 타당한 수준으로 폭넓게 체감되려면 자동화나 로봇, 소프트웨어 프로그램 등에 밀려나는 노동자들이 새로운 틈새시장을 찾아야만 한다.

여타의 산업들과 직업군이 해고된 노동자들을 흡수할 정도로 성장하면 바람직하겠지만 사양 산업에서 성장 산업으로 노동력이 재배치되는 과정은 결코 매끄럽게 진행된 적이 없다. 쇠퇴하는 고용 형태에 속한 노동자들을 장래가 유망한 일자리로 매끄럽게 인도하는 정부 당국이 있는 것도 아니다. 보다 많은 이익을 창출하는 새로운 기업들이 침체 산업에서 해고된 노동인구를 흡수하기에 충분하고도 적절한 일자리를 창출하기 마련이라는 철칙이 있는 것도 아니다. 오히려 해고된 노동자들은 대개 재고용되기에는 현저하게 좋지 않은 처지에 놓인다. 그들이 수년 또는 수십 년에 걸쳐 축적한 것이라고는 구식 장비의 사용법이나 구식의 기업 문화에서 살아남는 방법론 등과 같은, 갈수록 가치를 상실하는 노하우뿐이다. 이들 노동자는 또한 재취업에 도움이 되지 않는 지역에 거주하는 경우가 흔하다. 예테보리에 있는 제조 업체에서 근무하다 실직한 노동자가 런던에 있는 소프트웨어 회사의 구인 광고에 응하기란 쉽지 않은 법이다.

소프트웨어 프로그램을 이용하여 새로운 자동차나 플랜트 레이아웃을 설계하는 등의 업무를 수행하는 고숙련 기술자는 신기술 덕분에 생산성이 엄청나게 향상됐다. 이런 생산성은 해고된 공장 노동자뿐 아니라 대다수 노동자가 쉽사리 이룰 수 없는 교육 및 훈련의 성과이다. 결과적으로 기계에 밀려난, 보통 수준의 교육이나 훈련을 받은 많은 사람은 아직까지는 기계가 대신하지 않는 비숙련 작업으로 내몰릴 수밖에 없다. 그런 일이라도 원하는 비숙련 노동력이 과잉 공급되면 당연히 임금은 하락하고 불평등 정도는 심화된다.

다양한 유형의 노동 인력에 대한 수요와 공급의 불균형은 어쨌든 부자연스러운 일이라고 믿고 싶은 마음이 들 수 있다. 또한 만약 정부가 유착 관계에 있는 자와 부자에게 편중되지 않게 좀 더 공평한 경제정책을 시행하면 과거 고용자가 적절한 임금을 주고 도시 도처에 널린 비숙련 노동자를 진공청소기로 빨아들이듯이 고용하던 때와 유사한 형태의 노동시장이 유지될 수 있으리라고 믿고 싶을지도 모른다. 그러나 이런 믿음은 몽상에 불과하다. 국가 정책은 다양한 방식으로 무산 계층보다는 유산 계층을 우선시하는 쪽으로 흘러왔고, 지금도 그러하다. 있는 자에게 더 얹어 주는 셈이다. 노동자들이 현재 처한 불운한 처지는 대부분 경제의 구조적 변화에 기인한다. 그 증거로 지난 15년간 놀라울 정도로 많은 노동 분야에서 임금이 거의 인상되지 않았음을 들 수 있다.[3]

역사적으로 보면 성장하는 경제체에서는 비숙련 노동자가 고생산성 일자리로 이동하는 현상이 발생하곤 했다. 늘어나는 수요에 맞춰 다수의 노동자가 고숙련 기술을 습득하는 교육이나 훈련을 받았고 소수의 노동자만이 저임금을 받는 저생산성 작업에 종사했다. 그러나 기술 발전에 따른 전환기인 오늘날 노동력은 점점 넘쳐나고 있고 그러한 노동력을 숙련이든 비숙련이든 모종의 고생산성 작업으로 이동시키기가 점점 더 어려워지고 있다. 그 결과 점점 더 많은 노동자가 저생산성 일자리라도 얻기를 바라며 낮은 임금을 받아들이는 제3의 범주에 머물게 된다.

산업혁명 시대와 디지털 혁명 시대의 대체 현상

산업혁명 초기의 상황은 지금과 달랐다. 19세기와 20세기 초의 주요 기술 대다수는 가치 있는 상품을 생산하기 위해 상대적으로 덜 숙련된 노동력을 대량으로 이용하는 방식에 기초했다. 공장 일은 종종 끔찍하게 힘들었지만 그럼에도 땅을 경작해서는 생계유지가 힘든 농촌 지역 사람들을 강한 힘으로 끌어당겼다.

초창기 산업은 종종 노동자를 기계로 대체하면서 발전했다. 상당한 임금을 받던 직공 같은 숙련된 노동자들은 더 적은 비용으로 더 빨리 더 많은 직물을 생산해 내는 거대한 새 기계에 밀려 일자리를 잃었다. 이들 기계의 생산성은 상상을 초월했다. 영국에서는 기계로 직물을 대량으로 생산하여 직물과 의류 가격이 하락하는 가운데서도 후한 이윤을 남길 수 있었다. 그러나 이들 기계는 자동으로 가동될 수는 없었기에 기계를 작동할 조작자가 필요했다. 그다지 똑똑할 필요는 없었고 지시를 받거나 지침에 따라 기계가 제대로 돌아가게 할 수 있을 정도면 충분했다. 노동자는 산업기계의 부품으로 전락했고, (지금은 소프트웨어가 담당하는) 관리 감독 역할을 수행했다. 사람에 의한 제어는 대체 불가능했으므로 기계 수요가 증가함에 따라 기계를 작동할 수 있는 노동력의 수요도 따라서 증가했다.

비숙련 노동자와 기계의 공존은 20세기 초 조립라인 형태의 공장에서 그 절정에 이르렀다. 자동차 산업 초창기에는 많은 노동력이 필요했으며 생산성은 낮았고 원가는 높았다. 기계 공장들은 대개 자동차 메이커가 필요로 하는 부품을 제작했는데, 자동차 공장에 고용된 숙련공들은 수작업으로 제작한 자동차 차체에 맞추기 위해 종종 그런 부품들을 깎고 다듬어야 했다. 1908년 포드 사(Ford Motor Company)가 1년 동안 판매한 자동차는 고작 1만 대였다. 당시 450명의 종업원은 대부분 고도로 숙련된 기계공과 장인들이었다. 그 시절 포드 사는 차량 제조에 필요한 부품 대부분을 외부 공급 업체에서 조달하였다. 부품을 받으면 훈련된 기계공이 그것들을 각 차량에 맞게 재가공하였다. 자르고 단조하고 용접하는 공정을 반복했는데 시간이 많이 걸리고 비용도 많이 들었다.[4]

헨리 포드(Henry Ford)는 이러한 공정의 비효율성을 타파하여 유명해졌다. 포드는 자동차 디자인을 하나로 통일한 후 규격화한 부품을 고도로 정밀하게 대량 생산했다. 또한 그는 축산물 가공 업계에서 아이디어 하나를 차용했다. 당시 시카고의 축산물 포장 업자는 '해체 라인'을 운영했다. 도살된 몸통을 동력으로 움직이는 벨트에 달린 갈고리에 매달아 연달아 늘어선 도축 라인을 이동하게 하는 방식이었다. 각각의 라인마다 손칼을 든 작업자가 늘어서서 고기의 특정 부위를 잘라 냈다. 그렇게 라인을 이동함에 따라 몸통은 해체돼 점점 작아지고 부위별 고기는 포장되어 매장으로 옮겨졌다. 포드는 축산물 해체 시스템을 반대로 활용하여 동력으로 움직이는 벨트 위에 자동차 차체를 올리고 작업공들을 라인을 따라 배치해 부품을 차체에 장착하게 하면 점점 차체가 모양새를 갖춰 갈 것이라고 생각했다. 포드는 공장 내에 부품을 운반하는 기계 장치를 도입했다. 그리고 효율을 극대화할 수 있는 순서로 작업공을 라인에 배치했다. 차체는 동력으로 움직이는 생산 라인을 타고 각각의 조립 공정으로 이동되었고 또 다른 별도의 라인으로는 부품이 조립 공정으로 조달되었다. 최초의 현대적인 조립 생산 라인은 그렇게 탄생했다.

조립라인의 탄생으로 자동차 산업의 노동 집약도는 현저하게 떨어졌다. 1909년에 차 한 대를 생산하는 데 400시간의 노동이 필요했다면 20년 후에는 50시간도 채 안 걸렸다. 같은 기간에 자동차 가격은 인플레이션을 감안해도 80퍼센트 정도 하락했고, 모델 T의 생산량은 연간 1만 대 정도에서 1920년대 중반에는 연간 200만 대로 늘어났다. 자동차 가격의 하락은 대단한 사건이었다. 소비자의 호응이 엄청나서 자동차를 생산하는 데 드는 노동력의 감소에도 불구하고 자동차 제조업은 1920년대 내내 고용을 폭발적으로 늘렸다.

생산 라인 노동자 대부분은 특별한 기술이 없었지만 포드가 고안한 영리한 시스템 덕분에 생산성은 환상적으로 높았다. 덕분에 포드는 노동자들에게 후한 급여를 지불할 수 있었다. 후한 급여는 포드의 이타심보다는 단순 노동에 질린 노동자의 이직을 막으려는 의도에 기인했다. 한 노동자의 웅변조 토로를 들어보면 포드 사에서 일할 때 어떤 느낌이 들었는지 알 수 있다. "86번 너트 돌리는 일을 86일만 더 하면 나는 폰티액 정신병원의 86번 환자가 될 겁니다."[5] 그렇지만 정신적인 스트레스에도 불구하고 많은 노동자가 너트 조이는 일을 계속했다. 포드는 1914년 기존의 두 배가 넘는 일급 5달러 임금 체제를 도입했다. 일일 작업 시간은 줄이면서 말이다.

생산 공장 가동에 상대적으로 비숙련된 노동력을 이용하는 것은 제조업에만 국한되지 않았다. 종류를 막론하고 기업의 규모와 복잡성이 증대하자 수익은 방대한 양의 정보, 예컨대 급여 대상자 명단과 재고량, 거래 내역, 매출 등의 정보가 얼마나 잘 전달되느냐에 따라 달라지게 됐다. 그래서 기업은 이들 정보를 수집하고 처리하기 위해 방대한 규모의 사무 조직을 구축했다. 사무실에 들어찬 비서 및 사무원들이 보고서를 타이핑해서 철하고 사업 수행에 필요한 문서의 흐름을 관리하고 운영 실적을 추적 및 기장하는 데 필요한 계산을 했다. 이들 업무 상당수는 (예컨대 총계를 내는 등의) 정신노동을 요구했지만 고도로 정형화되어 기계적으로 행해졌다. 글로벌 기업을 운영하는 방대한 조직도 단순 책무를 수행하는 다수의 사무 노동자를 갖추는 게 우선이었다.

오늘날에는 이런 종류의 단순 사무노동이 창출되는 경우가 극히 드물다. 디지털 혁명은 뭐랄까, 이전 산업혁명의 일정 부분을 되풀이하고 있다. 적당한 예로 우버를 들 수 있다. 그런 생각을 가져봤을지 모르지만 택시 기사는 구시대의 길드 장인에 가깝다. 택시 기사 일자리는 법과 규정(뉴욕시 택시 영업 면허증 등과 같은) 및 얼마 전까지는 진정한 가치를 지녔던 전문 지식(런던에서 택시를 몰려면 꼭 알아야 하는 얽히고설킨 도로망 '지식' 등과 같은)에 의해 보호받는다. 우버는 기술 발전의 이점을 살린 사업 모델로 시장에 진입했다. GPS가 장착된 스마트폰으로 인해 도로망 '지식'은 그다지 중요하지 않게 되었고 승객은 보다 쉽고 신속하게 택시를 잡을 수 있게 됐다.

이런 과정을 통해 상대적으로 숙련도가 떨어지는 방대한 수의 운전기사가 시장에 진입했다. 미로 같은 런던 시내 지리를 배우는 사람보다 스마트폰 사용법을 배우는 사람이 훨씬 더 많다. 택시를 모는 일은 이제 특별한 기술이 필요 없는 일반적인 일이 됐다. 우버에 적용된 기술과 사업 모델의 우수성 덕분에 승객은 일반 택시보다 더 싼 가격에 택시를 이용할 수 있다. 조사에 따르면 전체적으로 봤을 때 우버 기사는 시간당 약 19달러를 벌어 시간당 약 13달러를 버는 일반 택시 기사보다 더 많은 수입을 올린다. (우버의 기술 덕분에 기사들이 시간을 보다 효율적으로 사용할 수 있어 요금이 싸졌는데도 수입이 늘어난 것이다.)[6]

하지만 이 비교가 완벽하다고 할 수는 없다. 우버가 성공한 이유는 택시업 관련 법규를 교묘하게 회피했기 때문이다.(그래서 심각한 법적 조사를 받는 중이고 계속 이런 식의 법적 난관에 부딪히면 더 이상 버티지 못할 수도 있다.) 어쨌든 우버의 비즈니스에서 주목해야 할 부분은 기술 발전이 특정 직업의 전문성을 약화시켜 소비자에게 더 나은 혜택을 주고 해당 직업 종사자 일부에게 더 나은 보수를 안겨 주는 방식이다.

하지만 마냥 고무적인 사례라 할 수는 없다. 디지털 혁명에 의한 사업 모델의 파괴는 비숙련 노동자에게 새로운 일자리를 얻을 기회를 부여하기보다는 직장을 잃게 만드는 경우가 훨씬 많기에 하는 말이다. 또 다른 예로 심부름 같은 일회성 및 단기 일자리에 인력을 고용할 수 있도

록 돕는 노동 집약형 앱 태스크래빗(Taskrabbit)의 경우를 보자. 이 앱의 성
공은 비숙련 노동자의 생산성을 향상시켜서가 아니라 그런 노동력이 풍
부해지고 싸져서 생산성이 높지 않은 일(예컨대 대신 줄서기 등)을 시키는
데 경제성이 생겼기 때문이다.

필경 보다 중요한 부분은 새로운 사업 모델이 작업을 단순화하여
비숙련 노동자에게 기회를 준다 하더라도 궁극적으로는 거의 의심할 여
지없이 그런 작업의 자동화를 향한 길을 닦는다는 사실일 것이다. 만약
지동차 제조업에서 장인들이 각각의 개별 부품을 알맞게 가공하는 방식
을 고수했다면 현 수준의 자동화는 결코 달성되지 못했을 것이다. 가장
진보한 형태의 로봇도 아직은 울퉁불퉁한 바닥에서는 제대로 걷지 못한
다. 그런 기계들이 어수선한 작업장 내부를 알아서 피해 다니는 것도 불
가능에 가깝다.(따라서 금속 부품 가공과 같은 나머지 작업에도 문제가 따른다.) 하
지만 자동차 제조 공정을 여러 단계의 아주 단순한 과정으로 세분화하
자 자동화가 일사천리로 진행되었다. 로봇은 무질서하게 물건이 널려
있는 공간을 자유자재로 돌아다니지는 못하지만 프로그램을 통해 정교
한 용접 작업을 반복해서 수행할 수는 있다.

우버는 승객 찾기와 길 찾기, 요금 수납 등의 일을 앱이 수행하게 하
고 기사는 단순히 자동차 조작만 담당하게 함으로써 택시 운전을 자동
화하는 데 일조하고 있다. 자동차 제조 업체와 첨단 기술 업체가 기사 역
할까지 자동화하는 데 큰 진전을 보이고 있으므로 조만간 택시 기사는
할 일이 없게 될 것이다. 우버의 홍보물은 자사의 서비스로 보수가 좋으
면서도 시간을 활용할 수 있는 일자리를 제공하므로 기사에게 이익이라
고 주장한다. 한편 투자자에게는 자율 운행 택시 개발의 선도자가 되겠
다는 포부를 강조한다.

노동자는 비용이 많이 들 뿐 아니라 때로 문제도 일으킨다. 직무를 정형화할 수 있는 기업은 넘쳐나는 비숙련 노동자들에게 일자리를 제공함으로써 노동자 교섭력을 약화시키고 인간 노동력을 한결 수월하게 다룰 수 있다. 이들 기업은 또한 궁극적으로 자동화를 향해 나아간다. 디지털 기술의 발전으로 자동화가 점점 더 손쉬워지고 있는 것은 물론이다.

따라서 비숙련 노동자가 생산성이 높은 기계를 조작하게 되는 식의 고용 성장 모델은 글로벌 노동시장에 신규 편입하는 노동자나 경제 환경 변화로 해고되는 노동자의 고용 창출에 큰 역할을 하지 못한다. 또한 얼마 안 되는 그런 역할조차 장차 확대되지 못하고 축소될 것이다. 대신에 미래의 노동시장은 다른 두 가지 고용 창출 프로세스에 지배될 것이다.[7]

변화에 대응하기 위한 교육과 그 한계

산업혁명으로 숙련 노동자가 모두 사라지지는 않았다. 다수의 장인이 새로운 제조 기술에 밀려났지만 곧바로 산업 경제는 고학력 노동자를 지칠 줄 모르고 원했다. 공장은 기계공과 직공을 몰아냈지만 화학자, 야금학자, 전기 및 기계 엔지니어 등 유능한 과학자와 기술자를 필요로 했다. 산업혁명이 지속되고 산업 기술이 발전함에 따라 공장에서 필요로 하는 전문 지식은 획기적으로 증가했다. 화학 공장은 이제 더 이상 중등교육을 마친 노동자 손에 400쪽짜리 매뉴얼을 들려서 맡길 수 없는 수준에 이르렀다.

사무실도 고도로 숙련된 노동자로 채워졌다. 경영의 중요성은 더욱 높아졌다. 기업 운영이 더 복잡해지고 국경을 넘어 확장되면서 유능한 변호사, 회계사, 재무 관리자에 대한 수요가 폭발적으로 늘었다. 기업들은 갑자기 국경을 넘나드는 수익에 따른 환 리스크와 국제 재무 및 회계 규칙과 같은 것들이 미치는 영향을 관리하지 않을 수 없게 됐다. 또한 기업들은 마케팅과 홍보 활동에 더욱 복잡한 접근 방식을 취하기 시작했다. 결과적으로 고숙련 노동자의 수요는 더욱 증가했다.

정확히 말해 산업혁명 초창기의 노동력은 연구나 경영 업무를 수행할 준비가 되어 있지 않았다. 19세기 초에는 사무 업무를 감당할 만한 사람이 몇 되지 않았다. 사람들 대부분이 사교 능력보다는 육체 능력을 중시하는 거친 농촌 일에 익숙한 상태였다. 태반이 문맹인 데다가 간단한 산수에도 약했다. 이런 노동자를 농장에서 공장으로 이동시키는 일과 공장에서 사무실로 이동시키는 일은 전혀 별개의 문제였다.

핵심은 교육에 있었다. 사회 개혁가들은 초등 공교육 확대 운동을 전개하여 산업사회로의 전환을 도왔다. 최초로 대규모의 사람들을 대상으로 읽기와 쓰기, 간단한 산수 교육이 실시되었다. 19세기 후반과 20세기 초에는 각국 정부 주도로 전 국민에게 중등교육을 시행했다. 정부는 고등교육의 기회도 확대했다. 1940년대에는 미국의 생산 인구 중 대략 4분의 1이 중등교육 이상을 마쳤고 약 5퍼센트가 학사 이상의 학위를 받았다. 이 비율은 연령대가 내려갈수록 높았다.[8]

그 후 반세기 동안 교육률은 계속 상승해 현대에는 미국의 생산 인구 중 90퍼센트 가까이가 중등교육 이상을 마친 상태이고 41퍼센트가 학사 이상의 학위를 보유한다. 여타의 선진국도 상황이 비슷하다. 영국인 39퍼센트가 학사 이상의 학위를 갖고 있으며 독일인은 26퍼센트가, 일본인은 46퍼센트가 학사 이상의 학위를 보유하고 있다.(OECD 국가 평균은 생산인구 중 약 30퍼센트가 학사 학위 이상 보유자이다.)[9] 지난 수천 년에 걸쳐 바퀴와 도르래, 짐승의 힘, 증기, 전기를 이용하여 육체적 힘을 강화하는 방법을 찾는 데 열중했던 인류가 불과 1세기 만에 막대한 지적 능력을 동원한 것이다.

노동자의 숙련도 향상은 빠른 경제성장을 가능하게 했다. 2차 산업혁명은 전기, 화학, 자동차와 같은 기술을 기반으로 형성됐는데 숙련 노동자의 수가 늘지 않았다면 우리가 목도한 것과 같은 식으로 전개되진 못했을 것이다. 연구소 근무자만 중요한 역할을 담당한 게 아니다. 미국의 급속한 자원 집약형 고도성장은 신생 광산업 덕분이었다. 광산업은 콜롬비아 광산 대학과 같은 전문 기관을 통해 배양된 지질학 전문 지식을 기반으로 성장했다. 미국은 중요한 산업 광물 대부분의 세계 1위 생산자였다.[10]

숙련도의 향상은 성장의 분배를 개선시키는 데에도 기여했다. 1850년도에는 기술직과 관리직을 막론하고 미국 취업자 5퍼센트만이 고숙련 인력이라 할 수 있었다. 1920년도에 이르러 이 수치는 12퍼센트로 상승했고 1990년이 되자 고숙련 인력은 전체 취업자 중 3분의 1에 달했다. 고숙련 직군에 대규모로 고용이 확장될 수 있었던 이유는 그런 직무를 감당할 수 있는 노동자들이 늘었기 때문이다. 교육 기회의 확장 덕분에 취업 시장에 신규 진입하는 인력은 이전 세대보다 교육 수준이 높았다. 이들 노동자가 고숙련 직무를 감당할 능력이 되었기에 미국 노동시장에서 최고 수준의 임금을 주는 직군의 종사 비율도 증가하였다. 또한 같은 이유로 높은 교육 수준을 필요로 하지 않고 임금도 낮은 직군의 노동자 비율은 감소했다. 전보다 많은 노동자가 학위를 보유하고 그들에게 허용된 고임금 소득을 올리게 되었다.[11]

하지만 대학 졸업자 수의 급격한 증가로 인해 학위 취득에 따르던

임금 증가분이 1910년과 1950년 사이에 거의 반으로 줄었다. 임금은 급격히 상승했지만 임금격차는 그리 크지 않았다. 많은 수의 고학력 미국인들이 학위를 취득해 기술자나 회계 관리자로 취업한 것은 바람직한 일이었지만, 그렇게 많은 사람들이 대학에 가는 바람에 공장이나 페인트 업체 또는 청소 업체에서 일할 비숙련 노동자 수는 줄어들었다. 결국 기업에서는 그런 일을 할 노동자를 구하는 데 애로를 겪었고, 덕분에 비숙련 노동 종사자의 임금은 더욱 빠르게 상승했다.

불행히도 산업혁명 시대 대부분에 걸쳐 잘 들어맞던, 교육 훈련 수준의 향상으로 보다 낮고 보다 많은 고용을 창출하는 접근 방식은 동력을 잃었다. 1980년대 초 미국에서 대학 학위 취득자의 수가 더 이상 늘지 않자 이 방식의 표면에 뚜렷한 균열이 나타나기 시작했다. 교육적 성과 면에서 오랫동안 미국에 뒤처져 있던 유럽에서는 이런 정체기가 좀 더 뒤에 찾아왔다. 그러나 여러 선진국을 조사해 보면 중등교육 과정을 이수하는 비율을 90퍼센트 이상으로 끌어올리거나 대학을 졸업하는 비율을 50퍼센트 이상으로 높이는 것은 그저 매우 어려운 일이라는 증거를 찾을 수 있다.[12]

대학 과정은 어렵다. 대학을 나오지 않은 사람 상당수는 그럴 만한 지적 능력이 없기 때문이다. 준비를 좀 더 잘하고 집중력을 높이도록 도우면 대학 과정을 마칠 수 있는 사람들도 일부 있다. 그러나 준비가 덜 된 학생의 성적을 높이는 데 필요한 인적·물적 자원을 고려할 때, 대학 졸업 비율을 40퍼센트에서 45퍼센트로 높이는 일은 20퍼센트에서 25퍼센트로 높이는 일보다 훨씬 많은 비용과 노력이 들어간다. 교육학이나 인지과학에 마법과 같은 혁명이 일어나지 않는 이상 선진국 인구의 교육률은 이미 이상적인 수준에 근접해 있다고 볼 수 있다. 즉 저학력 노동자 대비 고학력 노동자의 비율이 이제는 더 이상 예전처럼 성장을 부추기고 불평등을 줄이는 방식으로는 높아지지 않는다는 의미다.

한편 기술에 대한 수요는 끊임없이 진화하고 있다. 지난 두 세기에 걸쳐 대학 졸업자에 대한 수요는 무섭게 증가했다. 대학 졸업자 수가 정체에 이른 오늘날에도 그러하다. 결과적으로 대학 졸업자가 획득하는 임금 프리미엄은 20세기 초와 같은 수준으로 다시 상승했다. 미국의 경우 1980년 무렵 대학 졸업자는 고등학교 졸업자에 비해 통상 40퍼센트 더 높은 임금을 받았다. 2000년대에 이르러 그러한 임금 프리미엄은 거의 두 배가 되었다. 학위 프리미엄은 기술 분야나 과학 분야 전공자들이 가장 많이 누린다. 영문학 전공자는 고등학교 졸업자에 비해 50퍼센트 더 높은 임금을 받는 데 비해 경제학 전공자는 고등학교 졸업자 임금의 두 배, 전기공학 전공자는 고등학교 졸업자 임금의 2.5배를 받는다.[13]

2000년 이후로 숙련 노동자에 대한 수요는 석사나 박사 같은 상급 학위 소지자로 옮겨 갔다. 대학 졸업자는 여전히 취득한 학위에 걸맞은 프리미엄을 누리지만 학사 학위 소지자의 임금만이 상승했기 때문이 아니다. 오히려 대학 졸업자의 임금은 20세기 말 비숙련 노동자의 임금과 마찬가지로 침체를 겪고 있다. 대학을 마치는 것이 여전히 고임금으로 가는 지름길이지만, 일반적으로 말해서 과거처럼 급격한 임금 상승을 보장한다고 할 수는 없다.

급격한 소득 상승은 기술 수준에 따른 소득분배 피라미드의 격차를 계속 벌린다. 상급 학위 취득자는 학사 학위만 취득한 사람보다 통상 30퍼센트 더 높은 임금을 받는데, 그 격차가 점점 더 벌어지고 있다. 상급 학위 중 가장 수입이 좋은 쪽은 엔지니어링과 컴퓨팅, 재무, 경제 등의 분야다. 현대의 경제 시스템은 기술 발전에 기여한 사람이나 시대를 앞서가는 회사에 투자하거나 경영하는 사람에게 가장 큰 보상을 안겨 준다. 미국 성인 중 10퍼센트만이 종류에 관계없이 대학원 학위를 취득한 상태다. 이 비율은 시간이 지나면 어느 정도 늘어나겠지만 대다수의 대학 졸업자가 까다로운 엔지니어링이나 경제학 상급 학위를 취득하기를 원할 것이라고 볼 수는 없다.[14]

선진국들이 더 이상 교육률을 높이기에 어려운 지점에 이른 것과 더불어 최고 수준의 보수를 받는 분야에서 일하는 데 필요한 교육 수준은 절대 다수의 노동자가 손을 뻗을 수 없을 정도로 까마득히 높아졌다. 실제로 지난 15년간 노동시장의 역학은 당혹스럽게도 대학 졸업자의 하향 이동을 보여 주었다. 학위 소지자들에게 능력에 걸맞지 않은 단순 업무가 주어지면서 저학력 노동자는 보수도 더 낮고 기술도 더 필요 없는 직종으로 밀려났다.

오늘날의 숙련 노동자는 지난 세대의 비숙련 노동자를 강타했던 것과 같은 자동화와 세계화, 생산성 향상이라는 파괴적인 힘에 직면해 있다. 신흥국가들의 세계에도 수십 억의 두뇌가 존재한다. 신흥 시장도 계속해서 기술자와 의사를 배출하고 있다. 이들 신흥 시장이 배출한 노동자들은 가능한 경우 선진국으로 이민한다. 이민할 수 없으면 자신들의 기술로 선진국 시장에서 경쟁할 기회를 노린다. 선진국에서는 이미 병원들이 스캔 영상을 해외에 보내 검사와 진찰을 요청하고 있다. 프로그램 코딩도 역외 외주로 진행하는 경우가 많다. 미래에는 이런 일이 더욱 확대될 것이다.

또한 보고서 작성이나 문서 분석과 같은 숙련 업무를 처리하는 소프트웨어 프로그램들이 점점 더 발전하고 있다. 기술의 발전으로 재무, 언론 또는 교육 분야에서 최고의 성과를 내는 사람들이 보다 많은 고객에게 서비스를 제공할 수 있게 됐다. 교육이라는 과실 중 손쉽게 딸 수 있는 낮은 가지에 열린 열매는 이미 수확이 끝났다. 또한 중간 수준의 숙련도를 요하는 직무에 대한 일자리의 기회는 그러한 산업 분야에 적용할 수 있는 효과적인 노동을 따라잡는 데 급급하고 있다. 그러므로 현시대는 교육을 통해 기술 발전의 보조를 따라잡기에는 역부족인 시기라 할 수 있다. 결국 기술 발전에 보조를 맞추는 부담은 세 번째 메커니즘, 즉 임금 하락이 떠안게 될 것이다.

풍요의 시대가 낳은 임금 하락

2008년 세계가 금융 위기와 불황에 빠져들면서 자동차에서 외식에 이르기까지 전 부문에 걸쳐 소비 심리가 약화되었다. 수요 급감으로 기업은 허리띠를 졸라매지 않을 수 없었다. 평소처럼 생산 활동을 영위할 수 없을 뿐 아니라 존속까지 불투명해 보일 정도로 경기가 끔찍했다. 미국에서는 불황에 대한 대응책으로 기업들이 대규모의 노동자 해고를 단행했다. 2008년과 2010년 사이에 6퍼센트 이상, 즉 900만에 가까운 일자리가 사라졌다. 반면에 영국 역시 기업들이 해고를 단행했으나 그 규모는 미국보다 훨씬 적은 2퍼센트 정도에 불과했다.

영국의 경기 불황이 상대적으로 약해서 그렇게 해고 규모를 줄인 것이 아니었다. 오히려 미국은 GDP가 4퍼센트 하락에 그친 데 비해 영국의 GDP는 7퍼센트가량이나 떨어졌다. 그렇다면 영국의 기업들은 어떻게 고용을 유지할 수 있었는가?[15]

해답은 급여 변동에서 찾을 수 있다. 영국의 실질임금*은 불황기와 경기회복 초기에 걸쳐 8퍼센트나 빠질 정도로 급락했다. 이와 반대로 미국에서는 2007년과 2013년 사이에 임금 인상 폭은 급감했지만 임금 자체는 평균적으로 여전히 상승세를 유지했다. 영국에서는 매출이 감소하면서 노동임금이 하락한 덕분에 고용주는 고용을 유지하며 노동강도를 낮춰 줄 수 있었다. 영국의 생산성은 매출 및 임금 하락과 보조를 맞춰 급격히 하락했다. 그러나 미국에서는 기업이 위기에 처해도 노동자의 임금은 내려가지 않았다. 그러므로 고용주는 선택의 여지없이 대규모 해고를 단행하여 기업의 침몰을 막는 한편, 해고되지 않고 남아 있는 노동자의 노동강도를 최대한 올릴 수밖에 없었다. 결과적으로 미국의 생산성은 불황기와 경기회복 초기에 걸쳐 급상승했다.

임금이 쌀 때 기업은 누구를 고용하여 유지하며 어떻게 활용할 것인가에 대한 선택의 폭이 넓어지게 된다. 불황으로 경제활동이 위축되거나 신기술 발전으로 노동력이 남아돌아 일자리를 놓고 경쟁이 치열해져 노동자의 불안감이 고조되면 임금 하락이 노동자의 구직 활동이나 재직 욕구에 가장 중요한 메커니즘으로 작용한다. 노동자 입장에서 보면 임금 하락은 결코 바람직하지 않다. 저임금과 임금 하락은 근로 의욕을 꺾기 마련이다. 또한 가정경제를 운영하기 위해 어쩔 수 없는 선택을 하게 만들고 생활수준의 하락을 초래한다. 그러나 사실 저임금은 장기적으로 보면 속도는 느리지만 경제의 성장을 견인한다. 노동력이 극단적으로 과잉 공급 상태가 되고 노동자가 자신과 가족의 생계를 위해 일

---

* 임금의 실질적인 가치를 나타내는 금액으로 명목임금을 물가지수로 나눈 값이다. ― 옮긴이

자리를 찾을 수밖에 없게 되면 임금 하락의 압박은 거세진다.

값싼 노동력은 몇 가지 방식으로 고용 확대를 촉진한다. 먼저 저임금은 사람을 써서 하는 일이 늘어나게 만든다. 예를 들어 비숙련 노동자의 임금이 하락하면 청소 용역 업체나 조경 업체를 이용하는 가구가 증가하고, 네일 숍에 손톱 손질을 맡기거나 개인 트레이너를 두는 데 관심을 갖는 사람이 늘어난다. 저임금으로 이용할 수 있는 노동력이 늘어날수록 그러한 저임금 서비스업은 더욱 확대된다. 비숙련 서비스업의 대량 고용이 어떤 양상을 초래하는지 알 수 있는 사례는 무수히 많다. 후진국의 식당이나 호텔에서는 생산성 향상에 기여하는 바가 의심스러운 종업원들이 떼를 지어 몰려다닌다. 18세기와 19세기 영국에서는 드라마 「다운튼 애비(Downton Abbey)」에서 보여 주는 것처럼 가정집이 많은 수의 노동자를 흡수해 주었다.

또한 저임금은 기업의 자동화 의지를 꺾고 고용을 촉진한다. 중국과 인도 일부 지역의 제조 공장들은 임금이 훨씬 비싼 일본이나 유럽에 비해 유사 공정에 더 많은 노동자를 투입한다. 임금이 충분히 싸면 점원 대신 자동 계산대를 도입하거나 창고 물건을 옮기는 데 로봇을 이용할 이유가 없다. 어쩌면 임금이 실로 충분히 하락하면 기업은 자동화 공정의 일부를 다시 인력으로 대체할지도 모른다. 불황기에 영국의 서비스 부문에서 실제로 이런 일이 발생했다는 증거가 있다. 다른 때 같았으면 컴퓨터와 소프트웨어 장비를 유지하거나 업그레이드해서 관리할 업무를 인력으로 대체한 것이다. 로펌들은 숙련된 법률 사무원을 헐값으로 쓸 수 있게 되자 디지털 문서 관리 시스템에 대한 투자를 보류했고 비용이 많이 드는 고속 데이터 처리 회사와의 계약을 갱신하는 대신 값싼 분석 팀을 사내에 고용하여 동일한 업무를 처리하게 했다.

무엇이든 풍부하면 부주의하게 이용하기 마련이다. 물이 풍부하면 사람들은 폭풍우가 지나간 지 채 몇 시간도 지나지 않아 넓은 잔디밭에 물을 대기 위해 수도꼭지를 튼다. 노동력이 풍부하면 차 시중에 세 명이 따라붙는다. 노동력 과잉이 충분히 극적으로 장기간 펼쳐지면 경제의 전체 구조가 뒤틀리는 형상이 발생한다. 기업들이 부가가치가 낮은 업무에 노동자를 투입하게 되기 때문이다. 투자 유인이 바뀌고 성장 패턴이 변한다. 필수 직종에 종사하는 사람들과 눈을 낮추고 낮춰 결국 구한 직업이 예컨대 손님에게 인사하는 일인 사람들 간의 소득과 만족감 격차는 더욱 벌어질 수밖에 없다.

이 세 번째 메커니즘이 디지털 혁명에 의해 해고된 노동자를 새로운 일자리로 몰아넣는 과정에서 갈수록 더 중요한 역할을 하고 있음은 증거를 통해 알 수 있다. 1870년과 1970년 사이에 산업화를 진행한 국가들의 노동자는 엄청난 소득 상승을 경험했다. 예를 들어 미국은 1947년과 1972년 사이에 평균 실질임금이 매년 2.5퍼센트에서 3퍼센트 상승했다. 인플레이션을 감안해도 30년마다 두 배가 되는 상승 속도이다. 그렇지만 1970년대 이후로는 실질임금 상승이 기대에 못 미치는 수준이다. 1970년대 이후로 미국의 실질임금 상승은 매년 평균 1퍼센트에도 못 미쳤다. 임금이 두 배가 되려면 70년 이상이 걸리는 상승 속도이다. 1994년부터 2005년까지의 이례적인 경기 호황기에도 인플레이션을 감안한 임금 상승은 매년 2퍼센트 내외에 불과했다.[16]

생산성 향상도 유사한 경로를 밟았다. 1970년대까지 급성장하다 이후 지지부진해졌고 1994년부터 2005년까지 반짝 상승했다. 그렇지만 임금 상승에 비해서는 양호한 양상을 보였다. 1970년대 초 이전에는 생산성이 가파르게 향상되었고 실질임금 역시 대체적으로 그와 보조를 맞춰 상승했다. 노동자가 더 나은 결과를 낼수록 그러한 성과에 대한 혜택이 노동자 자신에게 임금 인상이라는 형태로 돌아간 것이다. 하지만 그 후로는 생산성 향상이 완만해졌고 노동자는 완만한 성장의 혜택조차 받지 못하게 됐다. 예를 들어 2005년부터 2014년까지 생산성은 매년 1.4퍼센트가량 상승했는데 실질임금과 비교하면 두 배의 상승률이다.

이들 수치만도 암담한데 평균에 초점을 맞춘 탓에 그마저도 희망적으로 보인다는 게 문제다. 소득분포의 중간에 있는 미국 노동자들의 임금 상승, 즉 임금 상승의 중앙값을 보면 상황이 훨씬 좋지 않았다. 실제로 2000년 이후 일반적인 미국인의 실질임금은 전혀 오르지 않았다. 좀더 과거로 거슬러 올라가도 상황은 별반 차이가 없다. 1980년 이후 실질임금의 중앙값은 겨우 4퍼센트 남짓 올랐을 뿐이다. 연간 상승률이 아니라 전체 기간을 통틀어서 그렇다는 얘기다. 중앙에 위치한 남성 노동자의 실질임금만 놓고 보면 임금의 정체는 1960년대부터 시작됐다.[17]

특별히 미국만 그런 것이 아니다. 오히려 다른 선진국에 비하면 미국의 사정은 양호한 편이다. 예를 들면 일반적인 영국인의 실질임금은 2008년까지는 많이 상승했지만 이후로는 선진 대국에서 그 유래를 찾을 수 없을 정도로 급격히 하락했다. 1995년부터 2012년까지 독일과 이탈리아, 일본의 평균 실질임금은 미국에 못 미쳤고, 특히 일본의 실질임금은 사실상 하락하기까지 했다.[18]

이러한 암울한 성과는 쉽사리 설명할 수 있는 사안이 아니다. 물론 일부에서 지적하듯이 지난 반세기 동안 임금과 급여가 총 보상에서 차지하는 비중이 낮아진 것이 사실이다. 연금 부가금과 건강보험 혜택과 같은 복리후생성 보수의 비중이 높아졌다는 얘기다. 미국의 복리후생성 보수는 1950년도에 7퍼센트에 불과했지만 2013년도 기준으로는 총 보상의 4분의 1에 달한다. 그러나 이것만으로는 상황을 설명하기에 부족하다. 복리후생성 보수의 증가 이유가 상당 부분 건강보험 분담금의 상승에 기인하기 때문이다. 건강보험 분담금 상승의 원인은 치솟은 의료비용 때문이다. 따라서 인플레이션을 감안한 보상 수준이 올랐다고 보기 힘들다. 주목해야 할 점은 복리후생성 보수 역시 지난 20년간 거의 상승하지 않았다는 사실이다.[19]

노동자들이 겪는 고초는 여타의 우려스러운 트렌드에서도 잘 드러난다. 하나는 소득 불평등의 확대이다. 소득 증가의 대부분이 상위 계층에서 일어났기 때문이다. 이는 평균 소득이 중간층의 소득보다 더 가파르게 상승한 이유를 설명해 준다. 미국에서는 종종 소득 불평등이 큰 문제가 되지 않는 것으로 치부되지만 사실 소득의 분포가 어느 곳 못지않게 폭넓은 나라가 미국이다. 미국의 경우 지난 30년간 총소득에서 상위 10퍼센트가 차지하는 몫이 1980년대의 3분의 1에서 현재 2분의 1까지 치솟았다. 영국, 독일, 이탈리아, 일본, 스웨덴 등 여타 다수의 경제권에서도 미국처럼 심하지는 않지만 상위 계층으로 소득이 집중되는 현상을 경험했다. 충격적인 사실은 빠른 경제성장을 이루고 있는 중국이나 인도 같은 신흥국에서도 소득 격차가 심해지고 있다는 점이다. 후진국이 선진국에 비해 성장률이 높았으므로 최근 수십 년 사이에 국제적인 소득 격차는 낮아졌으나 선진국이든 후진국이든 자국 내 소득 격차는 대체적으로 커졌으며 그러한 격차가 완화될 조짐도 보이지 않는다.[20]

전체 소득 중 노동 소득 비율은 감소하고 자본이나 토지 같은 노동 외 생산요소의 소유자 몫은 증가하는 현상이 확산되고 있는 것도 소득 격차 확대와 유사한 불안 요인이 되고 있다. 20세기 전반에 걸쳐 경제학자들은 노동 소득 비율이 기간의 경과에 관계없이 거의 고정되는 것으로 간주했다. 안정된 노동 소득 비율은 케임브리지 대학의 저명한 경제 학자인 니콜라스 칼도어(Nicholas Kaldor) 박사가 1957년에 주창한 '경제 성장의 정형적 사실' 여섯 가지 중 하나였다.[21] 그러나 대략 1990년 이후부터 노동 소득 비율은 전 세계적으로 하향하는 추세를 보이고 있다. 일부 연구 조사는 상위 계층의 가파른 소득 증가가 없었더라면 노동 소득 비율의 하락은 현재보다 더 심했을 것으로 시사한다. 어쨌든 노동 소득 비율 하락은 생산성 향상이 임금 상승을 상회하는 경우에 발생하는 것으로 알려져 있다. 생산성과 임금의 차액은 누군가의 소득이 되는데, 그 누군가가 노동자가 아니라면 경제 생산에 일익을 담당한 다른 주체가 취하게 되는 것이다.[22]

이러한 트렌드들이 1970년대와 1980년대에 거의 동시에 나타난 것은 우연이 아니다. 이들 현상은 과거와는 확연히 다른 경계를 나타낸다. 그 이전 수십 년 동안에는 실질임금이 생산성 향상과 보조를 맞추어 과거 어느 때보다도 빨리 상승했다. 20세기 초 극단적으로 벌어졌던 소득 불평등은 1930년대와 1950년대 사이에 극적으로 좁혀졌고, 이후 20년간 그러한 상태를 유지했다. 또한 노동 소득 비율도 소폭 오르내렸지만 지난 30년처럼 뚜렷한 하향 추세를 보여 주지는 않았다.

이들 트렌드는 우리에게 어떤 영향을 미치는가? 일정한 직무를 담당하던 노동자가 해고되면 고도의 지식이 필요한 다른 분야로 나아가 고숙련 노동자와 경쟁하는 사람도 일부 있을 수 있지만 대부분은 그렇지 못하다. 사실 시를 쓰는 일부터 새 경제학 이론을 정립하는 일까지 인간의 장점을 최대한 살릴 수 있는 일은 무수히 많지만 대다수의 노동자는 그런 일을 효과적으로 수행할 능력이 부족하다. 교육에 대규모로 투자하면 일부 노동자의 취업 전망을 향상시킬 수 있겠지만 어떤 교육도 일반 노동자를 최첨단 과학 분야에 기여하도록 만들 수는 없다.

결국 해고된 노동자는 대부분 교육을 받기보다는 비숙련 일자리를 놓고 경쟁하게 된다. 그리고 비숙련 일자리에 취업을 희망하는 노동자가 계속 증가함에 따라 임금이 하락한다. 그러면 다시 기업은 더 많은 노동자를 고용하게 된다. 역설적이게도 기업은 자신들의 역량으로 가능한 자동화의 이점을 덜 살리게 되는 것이다. 다시 말해서 기술적 진보와 생산성 향상은 자체적인 한계를 보유한다. 경제 시스템의 급격한 변화는 수많은 노동자를 해고로 내몰아 비숙련 직군의 임금 하락을 유발하고 저임금 노동자를 양산하여 비숙련 부문의 경기를 침체시킨다. 그리고 이들 비숙련 부문은 값싼 노동자를 전보다 많이 흡수하면서 스펀지처럼 늘어난다.

이런 일이 지속되면 사회적 안정에 중대한 영향을 미쳐 불안을 야기할 것이다. 하지만 실로 그럴 수밖에 없을까? 다음 장에서는 기술 발전 자체가 노동력 과잉의 부정적 측면을 완화할 수 있는지 살펴보기로 하자.

3 고용 스펀지는 어디에 있는가

새로운 직업은 뜻하지 않게 만들어진다. 과거를 돌이켜 보면 분명 점등원이나 전신 기사 또는 소셜미디어 전략 코디네이터 같은 직업의 필요성을 상상도 못 하던 시절이 있었다. 그러므로 기술 발전에 따라 어떤 새로운 고용의 기회가 창출될 것인가를 고려할 때는 겸손한 태도를 유지해야 한다.

가까운 장래에 디지털 기술의 발전과 함께 신규로 창출될 직업이 무엇일지 확신할 수는 없으나 대규모로 고용을 창출하려면 어떤 형태가 되어야 하는지 알아보는 시도는 할 수 있다. 또 어느 정도 규모로 고용을 창출할 수 있을지 추정해 볼 수는 있다. 지금까지 그랬듯이 과학기술은 우리를 놀라게 하겠지만 보수가 좋고 생산성이 높은 대규모 고용 창출을 가능하게 할 것인지는 의심스럽다.

문제는 노동력의 순전한 과잉이다. 고생산성 직군의 일자리가 가용 노동력 상당수를 포용할 정도로 성장하면 상품이나 서비스의 공급 과잉을 피할 수 없다. 결국 가격은 하락하고 산업의 성장과 노동자의 임금 상승 모두 제한을 받게 된다.

한편 값비싼 노동을 제거하는 기술적 역량은 계속 향상될 것이며 그러한 역량은 인건비가 생산 비용 중 많은 부분을 차지하는 산업에 집중되는 경향을 보일 것이다. 보수가 좋고 생산성이 높은 형태의 대규모 고용은 스스로 사라질 운명을 내포하는 셈이다. 그 규모와 비용으로 두드러져 기술에 의한 우선적 제거 대상이 되기에 하는 말이다. 신기술은 비숙련 노동자에게 혜택이 돌아갈 만한 훌륭한 직업을 새로이 생성할 가능성이 높다. 그러나 고용 창출이 대규모로 발생하지는 않을 것이며 노동력 과잉 문제는 여전히 해결되지 않고 남을 것이다.

로봇과 블루칼라의 공존

국제 우주정거장에 머물고 있는 우주인은 지구의 밤에 들어선 대륙들을 지나치며 세계의 거대도시를 관찰할 수 있다. 북미 대륙을 지나갈 때면 내려다보이는 도시 불빛으로 익숙한 미국 대도시의 지형을 그려 볼 수 있다. 그러나 최근 몇 년 동안 국제 우주정거장을 찾은 우주인은 아래를 내려다보며 이상한 점을 발견했다. 미시시피강 유역 동부 도시들의 휘황찬란한 불빛이 사라지고 어두운 적막이 흘렀다. 그 대신에 아무것도 없어야 할 미니애폴리스 서쪽과 덴버 북쪽의 북부 평원에는 시카고만큼이나 큰 불빛이 환하게 빛을 발했다.

노스다코타를 밝힌 그 불빛은 거대한 신도시가 아니라 미국의 비범

한 에너지 혁명을 표상하는 바켄 셰일 가스(Bakken shale) 유정의 프래킹*
현장이었다. 여기저기 산재한 수백 개의 유정이 밤을 밝혔고 과다 분출
된 천연가스를 태우는 불이 빛의 향연을 연출했다.

　과거 산업화 시대의 대규모 고용과 닮은 신규 일자리 가운데 프래
킹 관련 직종이 산업화 시대의 제조업 직종과 가장 유사하다고 할 수 있
다. 프래킹은 사실 20세기 중반에 나온 기술이다. 그러나 전 세계의 유가
가 극적으로 상승하는 시점에 이르러서야 비로소 수평 시추와 같은 기
술 혁신이 이뤄졌고 그와 더불어 경제성이 입증됨으로써 셰일 가스 매
장 층에 대한 개발이 시작된 것이다. 그 결과 미국에서 셰일 가스 매장지
를 중심으로 석유와 가스 생산에 이례적인 붐이 일어났다.

　미국의 석유 생산량은 1980년대에 급격한 하향세에 들어섰다가
2008년 이후 두 배 이상으로 늘어났다. 2014년에는 하루 1400만 배럴을
생산해 사우디아라비아를 능가하는 최대 산유국이 됐다.[1] 이러한 생산
붐은 엄청나게 많은 일자리를 새로이 만들어 냈다. 2010년부터 2015년
까지 미국의 전체 고용은 8퍼센트 증가에 그친 데 비해 셰일 가스 혁명
의 중심지 중 한 곳인 노스다코타주의 고용은 미국 전역의 석유 및 가스
채굴 분야와 마찬가지로 30퍼센트가량 치솟았다.[2] 2012년 버락 오바마
는 한 연설에서 프래킹 덕분에 블루칼라 노동자 중심으로 60만 명 정도
가 일자리를 얻게 될 것이라고 추산했다.

　60만은 현재 트럭 운송업에 종사하는 미국인의 절반에 가까운 수다.
이들 트럭 운송업 종사자 대다수는 블루칼라 노동자로 조만간 자동화로

---

* fracking: hydraulic fracturing(수압 균열법)의 줄임말로 물과 화학품, 모래 등을 혼합한 물
질을 고압으로 분사해서 바위를 파쇄하여 석유와 가스를 분리해 내는 채굴 공법 — 옮긴이

인해 고용이 위협받게 될 것이다. 2015년 10월 메르세데스 벤츠(Mercedes Benz)는 슈투트가르트 인근의 아우토반에서 완전 자율 주행 트럭의 로드 테스트를 실시했다.[3] 그럼에도 프래킹 직군의 블루칼라 고용에 대한 일반적인 희망은 현재 아주 낙관적인 양상을 띤다. 미국의 석유 및 가스 시추 관련 일자리는 2014년 말 20만 개 이상으로 늘어났다. 그러나 원유 공급의 급격한 상승은 가격 하락을 초래했다. 2010년부터 2014년 사이에 대략 배럴당 100달러를 호가하던 가격이 2014년 여름부터 떨어지기 시작해 배럴당 50달러 선에 이르렀다. 생산 과잉으로 새로운 유정에 대한 시추 작업이 급격히 줄어들었고, 결과적으로 고용도 감소했다. 시추 작업을 계속 진행하는 유정의 소유주는 인건비를 줄일 방안을 강구하기 시작했다. 프래킹에 대한 투자가 다시 살아날 때쯤이면(분명 다시 살아나겠지만), 해당 산업 분야에 노동 집약도를 낮추는 방안이 마련돼 있을 것이다.

미래의 고용 기회는 작업의 자동화와 노동력 과잉 때문에 심각하게 제약을 받을 것이다. 이들 두 요인은 고용과 관련하여 3자 택일의 궁지, 즉 3중 딜레마(trilemma)를 초래한다. 새로 형성될 일자리들이 다음의 세 가지 조건 중 기껏해야 한 개나 두 개만 충족시킬 가능성이 높기 때문이다. ① 높은 생산성과 고임금, ② 자동화에 대한 저항성, ③ 대규모 노동력의 고용 잠재력. 프래킹 관련 일자리는 생산물의 가치가 높고 아직까지는 자동화가 어렵기 때문에 보수가 높다. 그러나 불행히도 프래킹 직군이 계속 규모를 키우며 성장할 수는 없다. 종사자 수가 기하급수적으로 늘면 생산량이 급증하고 결국 원유와 가스 가격이 하락하여 성장을 제한한다.

앞으로 블루칼라 고용의 잠재적인 원천으로 간주되는 다른 산업 역시 프래킹 산업이 직면한 것과 같은 종류의 3중 딜레마에 빠지게 될 것이다. '친환경 일자리'를 예로 들어 보자. 친환경으로 분류할 수 있는 일자리 가운데 풍력 터빈이나 태양 전지판의 생산 같은 생산성이 높고 고용 규모도 커질 수 있는 직종이 있다. 그러나 불행히도 이들 직종은 쉽사리 자동화할 수 있다. 예를 들어 2000년 이후로 태양 전지판의 가격은 생산이 급증하면서 계속 내려가고 있다. 중국의 태양 전지판 제조 역량은 2004년에 50메가와트 용량 생산에서 2012년 2만 3000메가와트 용량 생산으로 크게 성장했다. 이러한 비범한 급성장은 가격 하락을 초래했다. 태양 전지판의 가격은 2011년에서 2014년 사이에 절반으로 하락했다. 가격 하락은 중국의 제조 업체들을 압박하여 제조비 절감을 위해 자동화 설비를 구축하게 했다. 이제 새로 설치된 태양 전지판 생산 라인 다수가 소수의 품질 검사 인력을 제외하고 완전 자동화된 상태다.[4]

태양 전지판의 가격이 싸지자 가정용 태양에너지 발전 시스템 설치에 대한 관심이 늘어났다. 가정용 발전 시스템의 설치 수요는 중급 숙련 노동자의 일자리를 만든다. 그러나 태양 전지판 가격의 대폭 하락은 태양에너지 발전 시스템의 설치 비용 대부분을 인건비가 차지한다는 의미이다. 이것은 결국 설치 기사의 임금 수준에 제한을 가한다. 비용이 지나치게 높아지면 일반 가정은 태양에너지 시스템의 설치 대신에 기존 배전망에서 전력을 공급받는 쪽을 택할 것이다. 전력 회사 역시 태양에너지를 대규모로 활용할 수 있다. 그러나 가정집 옥상에 태양 전지판을 설치하는 일에 비해 태양광 발전소를 구축하고 운영하는 일에는 노동력이 훨씬 덜 들어간다. 소수의 고급 숙련 노동자들만 필요하다는 의미다. 미국 노동통계청(BLS)의 추산에 따르면 현재 미국에는 약 5000명의 태양에너지 발전 시스템 설치 기술자들이 활동하고 있다. 보수도 좋은 편이다. 설치 기사 소득의 중앙값이 3만 7000달러로 전체 미국인의 중위 소득을 상회한다. 통계청은 태양에너지 발전 시스템 분야의 고용이 2020년 초까지 6000명으로 늘어날 것으로 추정하고 있지만, 그 정도는 고용 시장이라는 물통에 떨어지는 한 방울의 물방울에 불과하다. 수는 물론 더 늘어날 수 있지만 설치 기사의 임금에 의해 제약을 받게 될 것이다. 설치 비용이 낮아져 옥상에 설치하는 태양에너지가 노동 집약도가 상대적으로 떨어지는 다른 선택지에 비해 경제성이 높아지면 설치 기사의 수는 늘어난다. 설치 기사의 증가는 임금 하락으로 이어지고 이는 다시 종사자의 수를 줄이는 요인이 된다. 수월하게 진행되는 과정은 아니지만 갈수록 흔해지는 직업적 트레이드오프*라 할 수 있다.[5]

설치 작업은 자동화에 대한 저항성을 갖는다. 설치 작업의 미래 모습은 고용은 늘면서 임금이 정체하거나 (인력당 에너지 생산율이 훨씬 높은 태양광 발전소에서 훨씬 더 많은 태양에너지가 생산되기 때문에) 생산성은 높아지고 고용은 정체되는 두 가지 경우 중 하나가 될 것이다.

다른 분야에도 이와 유사한 기회가 생길 수 있다. 혁신정책연구소(Progressive Policy Institute)의 최고 경제 전략가 마이클 맨델(Michael Mandel)은 신기술의 일자리 창출 능력에 회의적인 사람들에게 의사들이 새 장기를 3D프린터로 만들어 내는 세상을 상상해 보라고 권한다. 그런 미래 세상에서는 사람들이 이를테면 낡은 간을 새 간으로 교체하는 데 많은 시간을 소비할 것이고 그런 수술 모두에 기본적인 간호 서비스를 필요로 할 것이다. 맨델이 맞을 수도 있지만, 그의 견해는 생물 의학의 진보를 보는 매우 특정한 시각에 의존하는 전망일 뿐이다. 만약 장기를 교체하는 대신에 장기를 인체 내에서 배양하거나 장기를 비외과적 방법으로

---

* trade-off: 하나를 이루려면 다른 하나가 희생되는 경제 관계 ─ 옮긴이

수리하는 쪽으로 혁신이 일어나면 의료 처치의 필요성이 급격히 감소할 수도 있다.[6]

교육과 의료 같은 분야가 미래의 고용 창출원이 될 것이라는 믿음이 오랫동안 지배적이었다. 하지만 그러한 믿음은 이들 산업의 생산성이 낮은 상태로 유지될 것이라는 가정을 전제로 한 것이다. 그러나 실상은 그렇게 전개되지 않을 수도 있다. 교육과 의료 분야의 미래는 사회가 3중 딜레마를 해결하기 위해 어떤 선택을 내리느냐에 달려 있다.

비용 질병*과 그것이 일자리 창출에 미치는 부정적인 영향

윌리엄 보몰(William Baumol)은 오랜 경륜의 미국 경제학자로서 많은 성과를 냈다. 1922년생으로 1949년에 박사 학위를 땄는데 2012년에도 저서를 출간했다. 보몰의 가장 큰 업적은 대다수의 현대 경제체가 겪고 있는 생산성 침체의 배경을 설명한 것이다.

교육 같은 필수 불가결한 부문을 포함한 다수의 서비스 산업은 보몰이 "비용 질병"이라 칭한 현상을 필연적으로 겪는다. 경제학자는 대체적으로 임금과 생산성이 일치하기 마련이라고 가정한다. 노동자의 생산성이 높아질수록 기업의 임금 지불 여력이 늘어나기 때문이다. 하지만 임금이 늘 이런 식으로 돌아가는 것은 아니다.

경제가 성장하고 발전함에 따라 생산성이 여타의 산업보다 훨씬 더 높은 산업들이 나타난다. 예를 들어 자동차 제조업 노동자들은 더 적은

---

* cost disease: 노동 생산성의 증가가 없는 직군에서 임금이 상승하는 현상 — 옮긴이

비용으로 보다 품질이 높은 자동차를 생산하는 방법을 습득하면서 생산 가능한 자동차의 수도 증가시킨다. 이러한 생산성 향상은 해당 업계의 임금 상승으로 이어진다.(헨리 포드를 기억하는가?) 그러나 성장하는 경제체의 자동차 제조업이나 전자 산업은 비용이 낮아지고 효율은 높아지는 반면 다른 부문은 그런 모양새를 보이지 못한다. 시간당 테이블 6개를 서빙하는 레스토랑 웨이터가 어느 순간 테이블 600개를 서빙하는 수준으로 효율이 높아질 수는 없는 법이다. 이발사는 동시에 8명을 이발할 수 없고 콘서트 바이올리니스트는 현재 수준보다 월등히 나은 실력으로 협주곡을 연주할 수 없으며 치과 의사는 한 번에 한 명의 입속만 들여다볼 수 있다.

그러나 생산성이 아주 느리게 향상되거나 전혀 향상되지 않는 서비스 산업들에서도 임금은 시간이 지남에 따라 오르는 경향을 보인다. 예를 들어 오케스트라 연주자로 일하며 부자가 될 수는 없지만 현재의 바이올린 연주자는 17세기의 연주자에 비해 얼마라도 더 받는 게 사실이다. 이들 직종의 임금이 상승하는 이유는 매일 자동차 공장으로 무거운 발걸음을 옮기는 노동자들이 속한 것과 동일한 노동시장에서 이들이 움직이기 때문이다. 생산성이 높은 업종의 임금이 오르면 레스토랑 종업원이나 미용사 또는 그와 유사한 업종의 종사자는 서비스 부문 일을 그만두고 제조업 일자리를 구한다. 그러면 이들 서비스 직종의 노동자 수가 희소해지지만 그 희소성이 계속되지는 않는다. 준수한 임금을 받는 제조업 노동자들은 근무를 마친 후나 쉬는 날에 머리를 하거나 외식하는 데 돈을 쓰고자 한다. 그러므로 저생산성 직군의 임금과 가격도 미용이나 그와 유사한 서비스의 수요를 충족할 정도로 충분한 수의 노동자가 공장에서 서비스 업종으로 다시 복귀하고 싶어질 만한 수준으로 오른다. 레스토랑이나 미용실은 종업원의 생산성이 향상되지 않더라도 임금 인상의 압력을 받는다. 생산성이 높은 기업들이 경제체 전반에 걸쳐 생활비를 끌어올리기 때문이다.

보물의 비용 질병이 의미하는 바는 결국 경제체 전체의 생산성이 높아지거나 부가 증가하면 시간이 지남에 따라 여러 필수 부문의 원가가 상승한다는 것이다. 의사와 간호사가 한두 세대 전보다 더 많은 환자를 치료하지 못하더라도 병원은 그들에게 점점 더 높은 보수를 제시해야 한다. 교사가 가르치는 학생 수, 즉 학급당 학생 수는 19세기 말이나 현재나 별 차이가 없지만 교사의 보수는 사람들이 마땅하다고 여기는 수준보다 낮을지는 몰라도 1세기 전과 비교하면 훨씬 더 높아진 상태다. 일반적으로 공공 부문 고용도 이런 법칙을 따른다. 민간 부문과의 경쟁력을 유지하려면 공공 부문의 생산성이 혹여 아주 느리게 오를지라도 급여는 올라야 한다.

이러한 역학은 일반적으로 바람직하지 않은 것으로 간주된다. 교육비와 의료비가 치솟는 이유가 여기에 있다. 저생산성과 높은 비용의 필연적 결과는 해당 직종 종사자의 양산이다. 1990년 이후로 미국의 전체 고용은 30퍼센트 조금 넘게 상승했다. 그에 비해 교육과 의료 부문 고용은 두 배로 성장했다.[7] 일자리의 미래에 관한 한 전망에서는 이들 교육과 의료, 정부 부문이 계속해서 성장할 것으로 본다. 다른 경제 부문들은 급격히 높아지는 생산성으로 인해 노동력을 방출할 것이고, 그렇게 방출된 인력들은 저생산성 스펀지에 의해 흡수될 것으로 예상한다. 하지만 이것은 여러 면에서 미래에 대한 암울한 예측이다. 예컨대 중요한 공공 서비스는 결코 저렴해지지도 않고 폭넓게 이용할 수 없을 것임을 암시하기 때문이다. 더욱이 의료와 관료 제도에 할당되는 국가 예산의 증가로 비용 절감이나 이용 제한에 대한 압박이 거세질 것이므로 지속 불가능한 미래가 펼쳐질 수도 있다.

디지털 혁명은 이러한 역학을 바꿀 수 있는 잠재력을 보유한다. 고등교육에 대해 생각해 보자. 대학의 교수 방법은 지난 1000년 동안 그리 크게 바뀌지 않았다. 아득한 과거에도 학생들은 지금처럼 방에 모여 수학이나 역사에 대한 학자의 강의를 들었다. 학생 수를 늘리고 싶으면 강의실만 넓히면 될 것 같지만 머지않아 건물을 늘리고 교수를 충원해야 한다. 고등교육의 생산성 향상은 역사적으로 볼 때 거의 무에 가깝다.

고등교육의 빈약한 생산성 향상에 따른 결과로 위에 언급한 것처럼 고등교육 부문의 고용은 한 세대 만에 두 배로 증가했다. 교육비는 인플레이션을 크게 웃돌며 꾸준히 극적으로 늘어났다. 오르는 교육비는 학생과 정부 모두에게 부담이 됐다. 미국에서 오른 수업료는 전에는 수업료가 없던 영국 등의 다른 나라들에도 영향을 미쳤다. 국가가 지불하는 보조금 부담은 늘어났고 학자금 대출도 증가했다.[8]

이 모든 것에도 불구하고 대학의 교수 방법은 향상되지 않았다. 선진국 전반에 걸쳐 대학 입학생과 졸업생의 비율은 더 이상 늘어나지 않고 있다. 미국에서는 1970년대 이후로 거의 늘지 않았다. 그리고 앞서 살펴본 것처럼 2000년 이후 선진국의 대졸자 임금은 정체 상태를 면치 못하고 있다. 고용과 비용이라는 관점에서 봤을 때 선진국에서 고등교육이 차지하는 경제적 비중은 계속해서 올라가고 있으나 인구의 교육적 성취나 학위 취득에 따른 보상이라는 측면에서 보면 그렇지 않다.[9]

뚜렷한 성과를 내지도 못하면서 비용만 상승하자 기업가들과 기술자들이 문제 해결에 적극적으로 나섰다. 학생과 강사 그리고 교수 간의 온라인 다자 통신 또는 쌍방향 통신 기술의 발전과 온라인 강좌의 품질 향상으로 온라인 교육 모델이 부상하기 시작했다. 이들 교육 모델은 흔히 '대규모 온라인 공개강좌(massive open online courses)'를 의미하는 무크(MOOC)라고 불린다. 현재 다양한 종류의 무크가 실행되고 있으며 그것들을 중심으로 많은 다양한 교육 형태가 계속 발전해 나올 것으로 보인다. 무크의 개발은 교육 분야에서 매우 중요한 의미를 갖는다.

무크는 통상 온라인 강의와 과제 그리고 종종 쌍방향 통신으로 구성되는 온라인 강좌이다. 학생은 강좌 수강을 신청한 후 비디오 강의와 교재를 통해 학습하고, 의문이 있으면 이메일로 강사에게 질문하거나 토론 게시판을 통해 의문점을 해결할 수 있다. 완성한 과제물을 제출하면 다른 학생들이 점수를 매기기도 한다. 그러고 나서 온라인 시험을 치른다. 무크는 일단 개설되면 수강하고자 하는 학생 거의 모두를 수용할 수 있고 개설과 강의에 드는 비용도 100명이 수강하든 100만 명이 수강하든 별로 차이가 나지 않는다. 사실 강의 비용의 차이는 기본적으로 없다고 볼 수 있다. 학생은 인터넷만 연결돼 있으면 전 세계 어디에서나 무크를 수강할 수 있다. 일과가 끝난 밤이든 점심 식사 중이든 주말이든 어느 때고 편리한 시간에 수강할 수 있다.

무크가 어떤 식으로 변화를 초래할 것인가를 예상하기는 어렵지 않다. 학생 증가에 따른 추가 비용이 거의 들지 않으므로 무크의 경제 모델은 전통적인 대학의 강좌 형태와 다르다. 무크 제작자의 투자 유인은 고품질의 무크를 개설하는 고정비용에 많은 돈을 투자하고 가능한 한 많은 수의 수강 신청을 받아 강좌 개설 비용을 상쇄한 후 경제적 이득을 취하는 것이다. (비용은 수강 신청비 형식으로 받기도 하지만 강좌를 마친 학생이 수료증을 취득하고자 할 때 부과하는 게 더 일반적이다.) 학생 입장에서는 여러 서비스 업체의 다양한 전공과 강좌를 싼 가격에 쉽게 체험하고 시도해 볼 수 있다. 저비용으로 쉽게 한 강좌를 여러 번 수강할 수도 있고 조금씩 나누어 수강하며 학위 취득을 향해 나아갈 수도 있다. 물론 무크를 전통적인 교육이나 직무 훈련의 보충 과정으로 활용하는 경우에도 저비용으로 쉽게 이용할 수 있다.

그렇지만 모든 교육적 요구를 충족시켜 주거나 기존 고등교육 전체를 대체할 수 있는 단일의 온라인 교육 모델은 존재하지 않는다. 무크는 특정 종류의 교육을 대체할 수 있는 더 나은 선택지일 뿐이다. 고등교육 전체를 온라인으로 옮길 필요는 없다. 그랬다가는 교육산업 전체가 붕괴되고 말 것이다. 사람들 대부분이 상상하는 대학은 탐구심에 넘치는 학생들이 빅토리아풍의 건물에 모여 교수의 지도하에 품위 있게 토론을 벌이는 낭만적인 이미지다. 그러나 사실 중위권 대학의 경험은 이와 많이 다르다. (지원자 대부분을 입학시키는) 특별히 입학 경쟁이 치열하지 않은 대학에서는 명망 없는 교수가 대형 강의실에서 평범한 강의 자료로 강의를 진행한다. 이런 정도의 경험은 손쉽게 온라인 강좌로 대체할 수 있고 품질도 거의 그대로 유지할 수 있다. 실제로 플립러닝(flipped learning)을 도입해 많은 부분을 온라인 강좌로 전환하는 대학들이 늘고 있다. 플립러닝이란 학생이 온라인으로 대부분의 수업을 들은 후 강의실에 출석해 토론을 하고 교수와 조교의 도움을 받아 어려운 문제를 해결하는 수업 방식이다.

시간이 흐르고 경험이 축적됨에 따라 온라인 강좌의 품질은 향상될 것이다. 여러 가지 교육적 정황을 고려하면 대면 강의를 온라인 코스로 대체하는 것이 올바른 방향이다. 온라인 교육은 학생 대부분에게 오프라인 교육과 동일한 수준의 만족감을 주면서 대학과 학생 모두 비용을 줄일 수 있는 방법이다. 온라인 교육에는 당연히 능력 없는 교수가 끼어들 틈은 없게 된다.

무크 강좌 중에는 일류 강사와 능력 있는 제작자가 개설한 아주 훌륭한 경제학 개론 코스들이 있다. 이런 강좌는 수많은 초급 경제학 강사의 일자리를 위협한다. 일부 뛰어난 무크 제작 팀은 많은 돈을 벌어들이겠지만 교육에 쓰이는 전체 비용은 감소할 것이다. 한때 강의 교수로 풍족한 생활을 누리던 학자들은 더 적은 보수를 받고 온라인 교육을 못 따라가는 학생에게 개별적으로 보충 지도를 하는 보잘것없는 업무에 종사하게 될 것이고, 그러면 그전에 그런 업무에 종사하던 보조 강사들은 교육산업에서 밀려나게 될 것이다. 또한 대학을 유지하는 데 필요한 수많은 관리 인력과 서비스 인력이 일자리를 잃게 될 것이다. 과학기술을 활용한 비용 질병의 치유는 결국 소비자에게는 보다 나은 서비스를 더 적은 비용에 제공하겠지만 일자리는 크게 줄일 가능성이 다분하다.

의료 분야 역시 완전히 똑같지는 않겠지만 교육 분야에 부는 바람과 비슷한 힘의 영향을 받을 것으로 보인다. 점점 더 많은 진단 업무가 원격으로(또는 기계로) 수행될 것이고, 원격 의료 모델을 구축하는 사람이 돈을 버는 시대가 올 것이다. 그러면 결국 의사의 직무는 지금과는 다른 형태로 조정되고 보수도 더 낮아질 것이다. 그에 따라 의료 분야 고용 시장 전반에 걸쳐 하향 이동 현상이 일어날 것이다. 의료 행위에서 사람들이 원하는 대면 치료 서비스는 앞으로 값비싼 전문 지식과 결부되는 서비스의 범주에서 벗어날 것이다. 대면 치료는 친절한 태도나 유대감 형성 또는 사람 손이 필요한 기본적이면서 종종 불쾌함이 수반되는 처치 등과 결부된 서비스가 될 것이라는 얘기다. 스마트폰에 설치된 원격 모니터링 장치를 이용하여 현재 병원에서 하는 상호작용의 대부분을 할 수 있게 되면 여러모로 환자에게 이익이다.(물론 필요한 경우 대면 치료나 상담이 가능하다는 전제하에서 말이다.) 이 일이 현실화되면 방대한 양의 비효율적인 노동력이 의료 시스템 밖으로 밀려날 것이다.

교육과 의료는 지난 세대에 거대한 고용 스펀지 역할을 수행했다. 하지만 디지털 혁명은 이들 분야의 질은 높이면서 비용은 훨씬 저렴하게 만들 수 있는 잠재력을 보여 준다. 지금까지 수많은 사람이 적잖은 보수를 받고 하던 일을 소수 인원이 하게 될 것이라는 의미이다. 결국 고용 창출의 3중 딜레마는 미래에 공공 부문에서 고용률을 높이려면 대형 병원과 값비싼 수업료와 높은 세금을 유지하며 저생산성을 감수해야 한다는 사실을 말하고 있다.

저임금을 토대로 한 신경제 시스템

좋은 직장에서 일하고 싶어 하는 사람 모두를 위한 대규모 고용 시장이 세상에 꼭 필요한가? 혹자는 디지털 혁명이 중간 수준의 숙련도를 지닌 노동자들에게 한두 세대 전에 비해 더 나은 종류의 일자리를 제공해 줄 가능성이 높다고 생각할지도 모른다. 어쩌면 3중 딜레마를 완전히 해소할 수 있는 방법이 있을 수도 있지 않은가?

웹은 시장의 규모를 확대하는 동시에 시장에서 사람들이 원하는 바로 그것을 손쉽게 찾을 수 있도록 돕는다. 그로 인해 실로 흥미를 끌 만한 틈새 일자리가 새로이 탄생했다. 보다 규모가 큰 시장은 전문화 내지는 특화의 여지를 증가시킨다. 가망 고객이 늘어나면 생산자는 전체 시장에서 전처럼 광범위한 영역을 대상으로 홍보 활동을 벌이며 돈을 벌 이유가 없어진다. 판매 중인 특화 상품을 사람들이 직접 찾아낼 수 있는 훌륭한 방법들이 있는 경우에는 말이다.

예를 들어 보자. 몇 년 전 매사추세츠공과대학(MIT)에 근무하는 두 명의 경제학자 글렌 엘리슨(Glenn Ellison)과 사라 피셔 엘리슨(Sara Fisher Ellison)은 책 한 권을 구하고 있었다. 의약품 시장을 분석하는 내용의 30년 된 책자였는데, 이미 (놀랍게도!) 절판되었고 MIT 도서관 소장 도서 목록에도 들어 있지 않았다. 이들 경제학자는 현대의 경제학자라면 다들 그렇게 하는 것처럼 웹을 열고 온라인 중고 책 사이트를 검색해서 책을 찾아냈는데 20달러에 판매 중이었다.

이들 경제학자는 배송된 책의 표지 뒷면에서 0.75달러라는 가격을 연필로 썼다가 지운 흔적을 발견했다. 그들이 구입한 중고 책은 중고 서적 판매점 선반에 놓여 먼지만 쌓이는 가운데 그것을 필요로 하는 임자가 우연히 나타나기를 하염없이 기다렸을 터였다. 책 판매자는 다른 책을 찾으러 들른 고객이라도 그 정도면 관심을 갖지 않을까 하는 마음으로 공짜에 가까운 가격을 책정해 놓았을 것이다. 그러다가 판매자는 온라인에서 그 책을 절실히 원하는 누군가를 발견했다. 구매자는 그 책이 절실하던 터라 실제로 20달러를 훨씬 넘는 금액도 지불할 의사가 있었다. 웹은 이렇게 중고 책 판매자와 구매자 모두에게 이익이 되는 거래를 성사시켜 주었다.[10]

그렇다면 노동자가 특정 분야에서 고도의 전문성을 갖춘 후 웹이 창출한 대규모 시장에 의존해 해당 전문 기술에 후한 보수를 지불할 용의가 있는 고객, 즉 고용주를 찾는 노동시장을 구축할 수 있지 않을까? 노동자도 위의 의약품 책과 같이 될 수 있지 않을까?

몇 가지 경우를 보면 그 답은 분명히 긍정적이다. 그런 식의 전문화 효과는 유튜브에서 쉽게 찾을 수 있다. 유튜브에는 개인 채널을 통해 수십만 달러에서 수백만 달러의 수입을 올리는 비디오 게이머들이 활동하고 있다. 이들이 개인 채널에 새로운 게임에 대한 공략법을 소개하는 비디오를 올리면 엄청난 수의 플레이어들이 방문한다. 웹이 없었다면 이들 비디오 스타는 기존 미디어에서 자신의 길을 찾아야만 했을 것이다. 아니면 그저 대학 룸메이트의 기억 속에만 비디오 게임을 놀라울 정도로 잘해서 상대방이 누가 됐건 승리를 거두고 최신판의 공략법도 쉽사리 파악하던 친구로 남았을 것이다.

취미 활동가들이 제작하는 공예품의 거래 시장에서도 이와 유사한 현상이 나타나고 있다. 공예품 제작자를 위한 수많은 온라인 장터가 생성되고 있다는 얘기다. 예를 들어 미국의 전자상거래 사이트 엣시(Etsy)의 직원 수는 채 1000명이 되지 않는데 대부분 뉴욕 브루클린의 본사에서 근무한다. 하지만 엣시가 거느리는 제휴 판매자는 100만 명이 넘는다. 이들은 독립 제작자들로 예술품이나 의상, 보석, 공예품, 자질구레한 장신구 또는 작고 특이한 수집품 등을 사이트에 내놓는데 이들의 2013년 매출 총액은 13억 5000만 달러에 달한다. 엣시 덕분에 벽걸이용 천에 자수로 록 음악 가사를 집어넣는 게 취미인 사람이 바로 그런 제품을 사겠다는 사람을 찾아 적당한 소득을 올릴 만큼 충분한 수량을 판매하는 일이 가능해진 것이다.[11]

몇몇 연구자는 이런 유형의 틈새 일자리가 많은 사람이 부수입을 올릴 수 있는 부업거리로서 '긱 경제'*의 한 부분을 차지하게 될 것이라고 주장한다. 직무가 잘 정의된 대기업의 정규 일자리는 임금 인상이 미

---

* gig economy: 산업 현장에서 필요에 따라 관련자를 임시로 고용해 일을 맡기는 경제 형태 — 옮긴이

미하고 근무시간이 짧기 때문에 노동자들은 갈수록 우버 택시를 몇 시간 몰거나 공예품을 파는 등의 부업거리를 찾아 소득을 보충하려고 할 것이라는 얘기다. 그리고 결국에는 많은 노동자에게 긱 경제가 정규 경제가 될 수도 있다는 게 그들의 주장이다. 부업만으로도 안심하고 생활을 꾸려 나갈 수 있을 정도로 소득 기회의 흐름이 커지면 그렇게 된다는 것이다. 긱 경제 덕분에 개발도상국의 노동자들은 현지의 빈곤한 시장을 벗어나 세계시장에 직접 뛰어들 수도 있다. 실례로 뭄바이 슬럼가에 사는 일부 주민은 수제 가죽 제품 같은 공예품을 뭄바이에 사는 사람이 아닌 전 세계 고객을 상대로 판매할 수 있도록 돕는 이베이(eBay) 프로그램에 참여하여 수입을 크게 올리고 있다.

이런 긱 경제의 영향력은 얼마나 커질 것인가? 비록 그 시작은 미약했지만 긱 경제는 날로 성장하고 있다. 긱 경제의 시대를 여는 데 큰 공헌을 한 우버는 전 세계에 수십만 명에 달하는 기사를 두고 있다.[12] 물론 수십억에 달하는 전 세계 노동시장에 어떤 중요한 영향력을 행사하는 수치라 말할 수는 없다. 2008년과 2009년의 경제 위기 기간 중에 시간제 일자리의 중요성이 상당히 증가했지만 경기가 회복되면서 다시 줄어들었다. 하지만 의심의 여지없이 미래에는 그 중요성이 상당히 증가할 여지가 충분하다 하겠다.

문제는 긱 경제가 3중 딜레마의 효력 정지를 이끌어 낼지 여부이다. 3중 딜레마는 긱(단기 계약)에 대한 소비자 수요를 충분히 창출하려면 그 가격(예컨대 우버 택시 요금이나 태스크래빗 심부름 값)이 저렴해야 한다고 암시한다. 이는 다시 임금이 낮아야 한다는 의미다. 우버 기사의 임금이 너무 오르면 우버는 자동화에 박차를 가할 것이다. 임금이 일정 수준 이상으로 오를 수 없는 구조라는 얘기다. 마찬가지로 태스크래빗의 서비스 대가도 일정 수준 이상으로 비싸질 수 없다. 너무 비싸면 사람들은 그만한 돈을 들일 가치가 있는 경우에만, 다시 말해서 아주 드물게 서비스를 이용할 것이고 태스크래빗 서비스의 노동력 흡수력은 축소될 것이다.

3중 딜레마의 효력 정지란 고도의 전문화 세상이 도래한다는 의미다. 그러려면 전 세계 수십억에 달하는 노동자 거의 모두가 자신만의 세분화된 특기를 이용하여 생계를 꾸리기에 충분한 보수를 받을 수 있는 틈새 일자리를 구할 수 있을 정도로 웹의 시장 확대 기능과 알선 기능이 성장해야 한다. 또한 그러한 틈새 일자리는 궁극적으로 소프트웨어로 할 수 없는 무엇이어야 한다. 이런 식의 기묘하고 흥미로운 세상이 다가올 것이라는 희망이야 드러낼 수 있다고 해도 그렇다고 숨죽이고 기대까지 해서는 안 될 일이다.

보다 가능성이 높은 미래 시나리오는 프래킹을 통해서든 서비스 산업의 붕괴나 긱 경제를 통해서든 기술 발전에 의한 새로운 기회는 그것이 창출하는 것보다 더 많은 일자리를 파괴할 것이라는 내용이다. 그러나 소비자 대다수에게 꼭 필요한 서비스나 생필품의 가격은 하락할 것이다. 따라서 미래는 더 나은 세상이 될 잠재력을 지닌다. 노동자의 임금은 정체되더라도 실질적인 생활수준은 향상될 수 있기에 하는 말이다.

그러나 이런 세상의 실현은 거의 필연적으로 사회 복지제도의 상당한 진화를 수반해야 한다. 더 많은 노동자가 일자리를 놓고 경쟁하는 상황이 전개되므로 특별한 기술이 없는 노동자의 임금은 정체하거나 하락할 것이기 때문이다. 결국 그들의 임금은 경제학자들이 '유보 임금(reservation wage)'이라고 부르는 수준 아래로 하락할 것이다. 유보 임금은 사람들이 구직 활동을 단념하는 게 낫겠다고 판단하는 수준의 임금을 말한다. 그 이하이면 일할 의사가 없어지는 최저의 임금, 즉 최저 공급가격이라는 얘기다. 대다수의 사회에서는 복지 프로그램과 가족 또는 자선가의 부양을 통해 최저 소득을 보장한다. 노동시장에서 얻을 수 있는 소득이 최저 소득 아래로 하락하면 사람들은 구직 활동을 단념하고 대신에 실업수당이나 국가가 지원하는 생활비를 챙기며 가족에게 얹혀사는 쪽을 선택한다. 기술 발전으로 필수불가결한 서비스의 비용이나 여가 생활의 비용이 줄면 이런 경향은 더욱 심화될 것이다. 부모나 형제의 집 소파에 앉아 비디오나 시청하는 인생은 무척 비참할지 모르지만 할 수 있는 일이라고는 좌절감이 들 정도로 보수가 형편없는 일이라면 차라리 노는 게 더 매력적인 선택지로 보일 수 있다.

저임금 세상에서는 일을 그만두는 사람이 늘어날 것이고, 그로 인해 사회 안전망의 부담이 증가할 것이다. 사회는 일을 해서 사회보장 비용을 부담하는 측과 거기에 기생하는 측으로 양분될 것이다. 국가는 선택의 기로에 놓일 것이다. 이러한 역학을 피할 수 없는 것으로 보고 가능한 한 효율적으로 작동하도록 할 것인지 아니면 무산 계층에 대한 유산 계층의 지원을 줄여 두 계층 간에 격렬한 정치적 분쟁이 유발되도록 할 것인지 선택해야 할 것이다.

정치적 분쟁은 이들 계층 중 어느 쪽이 더 효과적으로 힘을 행사하느냐에 따라 그 양상이 결정될 것이다.

2부

미래 노동시장의
운명

디지털 혁명으로 가장 큰 혜택을 보게 될 집단은 누구인가. 바로
'희소성이 높은 자원을 보유한 사람'이다. 앞으로 경제 시스템은
기술 발전에 기여한 사람이나 시대를 앞서가는 회사에 투자하는
사람에게 가장 큰 보상을 안겨 줄 것이다. 디지털 시대에는
소규모의 영리한 기업이 막대한 경제적 가치의 창출을 책임지며,
공급이 부족한 자원을 소유한 집단이 가장 강력한 교섭력을
지니게 된다.

이와 반대로 노동력 과잉 시대의 노동자는 힘이 없다. 성장의
과실에서 더 많은 몫을 요구하기 위해 노동시장에서 교섭력을
사용할 수 없는 상황이다. 그렇다면 정치 시스템에 도움을 청하는
것 외에는 달리 선택의 여지가 없는 것일까.

4 노동시장의 운명은 '희소성'에 달려 있다

역사적으로 노동시장의 운명은 노동력이 희소성이나 잉여성을 갖는 정도에 따라 결정되었다. 그에 따라 경제체 내에서 노동력이 활용되는 방식과 노동에 부여되는 보상, 노동의 정치적 영향력 등이 결정되었다는 의미다. 노동력이 희소한 자원일 때는 경제성장이 주로 기술 발전에 기인해도 성장의 과실에서 많은 몫을 노동자가 취할 수 있다.

1990년대 말 샌프란시스코의 베이 에어리어는 대규모 경제 붐의 중심지였다. 세계는 인터넷의 가능성에 눈뜨고 있었고 기업가는 눈을 돌리는 어디에서든 기회를 발견했다. 기업가와 은행가, 전문가들에게, 그리고 궁극적으로 온라인 주식거래 계좌를 개설한 모두에게 사람들이 앞으로 웹을 이용해 사실상 모든 일을 하게 되리라는 사실이 명확해 보였다. 많은 사람이 은행과 레코드점, 애완동물 가게, 대학 등 기존의 실물경제에 존재하는 어떤 역할이든 온라인에서도 똑같이 생성되리라고 예상했다. 웹으로 인해 경쟁 구도가 변화할 이들 시장 중 어느 하나라도 선점하는 것은 지폐를 찍을 라이선스를 사는 것과 마찬가지였다.

감을 잡은 누구라도 도메인 명을 구입해 얼렁뚱땅 사업 모델의 골격을 짜고 주식을 상장한 다음 백만장자가 되어 은퇴할 수 있는 거대한 닷컴 열풍이 불기 시작했다. 당시는 앞서 언급한 온라인 애완용품 소매업체 펫츠닷컴이나 온라인 패션업체 부닷컴(boo.com)에 대한 전망도 무척 밝던 시기였다. 펫츠닷컴은 홍보에 엄청난 돈을 쏟아부은 후 결국 도산했고 부닷컴 역시 무너졌다. 하지만 과대광고가 홍수를 이루는 와중에도 보다 중요한 프로젝트는 진행되고 있었다. 펫츠닷컴이나 그와 유사한 업체가 무너지더라도 오랫동안 살아남을 미국 정보 기술 네트워크의 하드웨어 및 소프트웨어 인프라가 구축된 것이다. 주역은 시스코(Cisco)나 오라클(Oracle) 같은 기술 붐의 심장부를 진정으로 대표하는 기업들이었다.

그 당시에는 기술 열풍으로 가장 큰 혜택을 보게 될 집단이 어떤 사람들인지 분명치 않았다. 기술에 투자한 대형 투자사? 아니면 신기술을 활용하게 된 고객? 아니면 붐의 배후에서 만용을 부리는 기업가? 밝혀진 정답은 여기 언급된 누구도 아니라는 것이다. 이 시기의 엄청난 과실은 다른 곳으로 흘러들어 갔다. 과실을 취한 참여자들은 투자자나 창업가 또는 고객들에 비해 더 희소성이 높은 자원을 보유한 사람들이었다.

나중에 밝혀졌지만 닷컴 열풍은 사람들이 상상하던 것만큼 그렇게 창업의 열기를 이끌어 내지는 않았다. 1996년에서 2000년 사이 실리콘밸리의 창업률은 미국의 나머지 지역의 창업률보다 낮았다.[1] 당시에는 노동자들의 절대적인 공급 부족으로 인해 대기업의 근무 조건이 넘칠 만큼 좋았기에 회사를 그만두고 창업을 하는 일이 그다지 매력적으로 보이지 않았던 것이다.

샌프란시스코 베이 에어리어 지역의 실업률은 기술 붐이 최고조에 이르렀을 때 약 2.5퍼센트 수준까지 떨어졌다. 평균 소득 상승률은 캘리포니아주의 다른 곳이나 미국의 전체 평균보다 높았고, 대부분의 다른 대도시 지역보다도 훨씬 높은 수준이었다. 더욱이 상당수의 종업원은 월급 외에 보수로 스톡옵션을 받았다. 주식 가치가 치솟던 시절에 말이다. 기존 회사에서 그대로 근무하는 것이 훨씬 매력적이었다. 1990년대 실리콘밸리의 창업률은 미국의 여타 지역보다 10에서 20퍼센트 정도 낮았던 것으로 추산된다.[2]

당시 샌프란시스코 베이 에어리어의 지역 경제를 설명하는 또 하나의 방법은 자본이 노동에 비해 약세였기 때문에 창업률이 낮았다고 말하는 것이다. 자본은 희소하지 않았다. 미국을 포함한 전 세계에서 기술 경제에 자금을 쏟아붓고 있었다. 하지만 당시 실업률이 최저점에 이른 것으로 알 수 있듯이 노동은 희소했다. 실리콘밸리에는 종류를 막론하고 잉여 노동력이 없었다. 특히 기술 기업이 도약하는 데 꼭 필요한 숙련 엔지니어는 남는 인력이 없었다. 벤처를 창업하고 직원을 확충하려면 창업가는 다른 회사의 직원을 끌어올 수밖에 없었다. 결국 기업이 창출하는 수익 중 많은 부분을 종업원에게 주겠다고 약속해야 했고, 그에 따라 기업가 자신에게 남는 몫은 작아졌다.

그러나 노동자가 기술 열풍의 최대 승자는 아니었다. 최대 승자는 부동산이었다.

샌프란시스코 베이 에어리어 내의 노동 희소성은 사실 이해하기가 쉽지 않다. 실리콘밸리는 오지에 떨어져 있는 요새가 아니다. 미국의 방대한 국내 노동시장에 속하는 지역이다. 샌프란시스코는 훌륭한 공항도 갖추고 있어 세계 각지의 항공편이 정기적으로 드나든다. 만약 노동자를 구하는 데 필사적인 기업들이 능력을 갖춘 누구에게든 아낌없이 돈을 지불하려 든다면 보다 능력 있는 사람들이 몰려들기 마련이다. 1997년부터 2000년까지 이 지역의 평균 소득은 40퍼센트 가까이 상승했다. 미국 전체의 평균 소득 상승률에 비하면 두 배 이상으로 높은 수치다.[3] 또한 아이디어를 지닌 예비 창업자들과 자금을 보유한 자본가들의 수가 능력 있는 노동자들보다 많았기 때문에 기업들은 능력 있는 노동자를 확보하기 위해 경쟁을 벌여야 했고 노동자는 자신에게 유리한 조건을 강제할 수 있었다.

그러나 이상하게도 이런 황금 같은 기회를 잡기 위해 미국의 다른 지역 노동자들이 몰려드는 러시 현상은 발생하지 않았다. 샌프란시스코 베이 에어리어의 인구가 폭발적으로 증가하지 않았던 것이다. 오히려 인구조사에 따르면 붐이 이는 동안 샌프란시스코 베이 에어리어의 거주자 총수는 줄어든 것으로 드러났다. 이해하기 어려운 현상이다. 샌프란시스코 베이 에어리어는 생활 여건이 좋은 지역이다. 엔지니어링 전공 졸업자가 샌프란시스코 베이 에어리어에 눈길만 한 번 주면 여섯 개 회사가 수십만 달러의 연봉을 제시하던 시절이었다. 그런데도 붐이 한창이던 1990년대 말에 사람들은 짐을 꾸려 다른 지역으로 이동했다.

사람들을 몰아낸 힘은 노동력의 공급 부족보다 더 강력한 희소성의 힘, 즉 주택 공급 부족의 힘이었다. 어떤 노동자든 캔자스주에서 거주하면서 샌프란시스코 베이 에어리어의 연봉을 챙길 수는 없는 법이다. 그러려면 샌프란시스코 베이 에어리어로 출퇴근할 수 있는 위치에 집을 구해야 했다. 하지만 토지사용제한법과 여타의 규제로 인해 그 지역은 주택을 새로 짓는 일이 몹시 어려웠다. 신규로 유입되는 노동자를 수용할 정도로 주택 공급을 늘릴 수 없었다는 얘기다. 샌프란시스코 베이 에어리에서 일하고자 하는 노동자는 제한된 주택 재고를 놓고 다른 희망자들과 경쟁해야 했다. 그로 인해 주거 비용이 가파르게 치솟았다. 해당 지역의 임금이 40퍼센트 정도 오르는 동안 주택 가격은 거의 두 배로 뛰었다.[4]

노동자는 샌프란시스코 베이 에어리어의 성장에 따른 과실 중 많은 몫을 기업 소유주에게서 받아 낼 수 있었지만 지주와 건물주들은 이들 노동자들이 추가적으로 취한 이득의 사실상 거의 전부를 앗아 갔다. 주택의 희소성이 가장 높았기 때문에 주택 소유주가 기술 붐의 가장 큰 수혜자가 된 것이다.

정리하자면 1990년대 말 샌프란시스코 베이 에어리어에서 노동력은 이례적으로 희소했고 그 덕분에 노동은 상당한 보상을 받았다. 주택은 희소성이 더 높았고 그 덕분에 건물주는 더 많은 보상을 받았다. 하지만 지난 세대 대다수가 경험한 세계는 노동력이 넘쳐났다. 노동자는 결코 희소한 자원이 아니었다. 디지털 혁명으로 자동화와 세계화가 급속도로 진행되며 소수 숙련 노동자의 생산성이 급성장하는 바람에 잉여 노동자가 넘쳐나는 현상이 발생하고 있다.

과거를 통해 알 수 있는 것은 노동력이 넘쳐나는 세상은 노동력 제공자에게 그리 편안한 세상이 되지 않을 가능성이 높다는 사실이다. 노동자가 처한 곤경을 알려면 희소성의 경제적 역할을 이해하는 것이 중요하다.[5]

경제사와 경제사상 속의 희소성

희소성은 경제학의 근본적인 구성 요소 중 하나다. 인간은 모든 것을 다 가질 수 없고 제한된 자원을 놓고 종종 트레이드오프를 수용하며 선택해야 한다. 그래서 경제학이 중요성을 갖는 것이다. 경제학자들은 산업혁명의 초창기에 희소성이 경제 참여자 가운데 누가 경제성장에 따른 과실 중 제일 좋은 몫을 취할 것인지를 결정하는 역할을 수행한다는 사실을 깨달았다. 신기술과 기업들이 경제체 내의 총소득을 증가시키지만 그 소득이 기술 개발자나 기업 창업자, 근로자 또는 다른 누구에게 어느 정도 흘러가는지는 전적으로 각 참여자들의 상대적인 교섭력에 따라 정해진다. 공급이 부족한 자원을 소유한 집단은 (모두가 경쟁적으로 그 집단의 협력을 구할 수밖에 없으므로) 강력한 교섭력을 지니게 된다.

토머스 맬서스(Thomas Malthus) 목사[6]는 19세기 초 애덤 스미스의 저술을 계승 발전시키고 경제 법칙을 도출하는 일을 과업으로 삼은 영국의 정치경제학자 중 한 명이다. 맬서스의 경제 이론은 우울한 상황을 가정한다. 토지의 본질적인 속성인 희소성으로 인해 인간이 고통을 겪을 수밖에 없다고 본 것이다. 그는 농업 생산성을 높일 수 있는 어떤 발견이든 1인당 가용 식량(또는 소득)의 증가 대신 인구 증가만 이끌어 낼 뿐이라고 추론했다. 인구가 증가하면 부족한 식량을 두고 쟁탈전이 벌어지고 결국 전쟁과 질병이 발발해서 보다 지속 가능한 수준으로 인구수를 떨어뜨린다고 그는 설명했다. 맬서스는 극빈자가 길거리에서 죽어 가는 것을 방지할 목적으로 입안된 영국 빈민 구제법에 반대했다. 빈자는 어쨌든 그럴 수밖에 없는 운명에 처한 것이므로 그들을 연명시켜 봤자 비참함만 더하고 고통받는 기간만 늘려 주는 것뿐이라는 이유에서였다. 다행히도 맬서스가 틀렸다. 예상외로 농업 생산성은 급속도로 증가했고 가정에서는 아이를 덜 갖기 시작했다. 인류는 고맙게도 맬서스의 비극은 피할 수 있었다.

맬서스와 동시대에 살았던 데이비드 리카도(David Ricardo)는 토지의 희소성과 사회의 자원 분배 사이의 관계에 대해 좀 더 복잡한 견해를 취했다. 리카도는 영국으로 이민한 지 얼마 안 된 포르투갈 가정에서 17명의 형제 중 한 명으로 1772년 런던에서 태어났다. 리카도는 금융 투자로 돈을 벌었다. 워털루 전쟁에서 승리했다는 소식이 전해진 후 영국의 정부 채권 가격이 치솟았을 때 크게 한몫 잡은 것이다.(이 이야기의 어떤 버전에 의하면 리카도가 먼저 영국이 패배했다는 소문을 퍼뜨려 채권 가격을 떨어뜨렸다고 한다.) 그러나 리카도는 초창기 경제학의 이론 정립에 기여한 것으로 가장 유명하다. 그는 '비교 우위(comparative advantage)' 개념의 개발로 유명해졌다. 예를 들면 한 국가가 모든 산업에서 다른 국가에 비해 생산성이 높은 경우에도 무역을 통해 양국이 모두 이익을 볼 수 있다는 이론이다. 각자가 상대적으로 우위에 있는 분야에 특화한 후 교역을 통해 양쪽 모두 이익을 볼 수 있다는 얘기다.

토지 희소성의 영향에 관한 리카도의 통찰도 이에 못지않게 중요하다. 리카도는 희소한 자원인 토지의 소유주가 경제성장의 과실을 전부 또는 거의 전부 먹어치워 정치와 경제에 위기를 불러일으킬 것을 우려했다. 리카도는 어떤 사회에서든 주민들은 일반적으로 자신들의 필요를 충족시키는 것 이상으로 노력을 기울일 마음을 갖지 않기 때문에 생산성이 가장 높은 토지, 즉 최소의 노력으로 최대의 식량을 생산할 수 있는 토지를 먼저 경작한다고 주장했다. 생산성이 높은 농경지는 인력 및 자본의 측면에서 최소 비용으로 식량을 생산하므로 식량의 시장 가격이 아주 낮더라도, 즉 식량 공급이 풍부하더라도 이익을 내며 운용할 수 있다.

하지만 마을의 인구가 증가하면 식량 수요가 늘어나고 늘어난 수요는 가격 상승을 견인한다. 그러한 가격 상승은 경작하는 데 더 많은 노동력과 장비가 들어가는, 즉 식량 가격이 상대적으로 높을 때만 이익을 낼수 있는 토지들도 경작하게 만드는 유인이 된다. 이런 과정은 끝없이 계속된다. 인구가 증가하면 식량 수요가 늘고 수요가 늘면 가격이 상승하고 그러면 농부는 더 많은 농경지를 경작한다. 가격이 충분히 높아지면 바다를 매립하기 위한 제방 축조 같은, 아주 비용이 많이 드는 생산 기법의 도입까지 타당성을 갖기 시작한다.

그렇지만 리카도의 핵심적인 통찰은 이런 과정을 통해 지주 대다수가 뜻밖의 횡재, 즉 대량의 불로소득을 얻는다는 데 있었다. 돌투성이이거나 황폐하거나 까마귀가 들끓거나 또는 상습적으로 침수되어 버려진, 생산성이 최저인 토지를 경작해서 얻는 수확물로도 충분한 수익을 얻을 수 있는 정도까지 식량 가격은 올라간다. 하지만 그러한 한계 토지에 대한 경작을 유인할 정도의 가격은 다른 지주에게는 상당한 이익의 생성을 의미한다. 가장 먼저 경작된 토지, 즉 가장 생산성이 높은 토지의 소유주는 생산량을 늘리거나 곡물 품질을 높이려는 아무런 노력을 기울이지 않았음에도 전과 마찬가지로 저비용으로 풍부한 결실을 거두어 많은 이익을 내며 수확물을 팔 수 있다. 생산성이 높은 경작지의 소유주에게 흘러들어 가는 그런 이윤은 경작 가능한 토지의 전반적인 희소성의 결과이다.

리카도에 따르면 성장이 가파른 경제체에서는 식량 공급이 지속적으로 압박 상태에 놓이기 때문에 토지가 희소 자원이 된다. 식량 가격 상승으로 더 많은 경작지가 경작될수록 노동자에게 돌아가는 임금 가운데 점점 많은 몫이 지주에게 넘어간다. 결국 지주가 엄청난 불로소득을 올리는 셈이다.

이 불로소득을 경제학자들은 (차액지대에 따른) 초과이윤이라고 부른다. 이 초과이윤은 가치 있는 일을 통해서가 아니라 사람들이 필요로 하는 희소 자원을 지배하에 둠으로써 얻는 경제적 이득을 말한다. 토지는 다른 생산요소에 비해 점점 더 희소해지므로(달리 표현하자면 노동력 등과 같은 다른 요소가 토지에 비해 풍부해지므로) 국민소득 중에서 갈수록 더 많은 몫을 차지할 수 있다. 제조 업자나 재단사 또는 주점 주인은 자신들의 소득을 값비싼 식량 구입에 쓰고 결국 지주의 주머니를 불려 준다. 토지의 병목현상이 심화될수록 식량 가격이 필연적으로 올라 한계지의 경작을 유인하고, 그럴수록 생산성이 높은 양질의 토지 소유주는 더 많은 불로소득을 올리게 된다. 다른 지역에서 질이 더 안 좋은 토지를 활용할수록 지주는 더 많은 소득을 올린다. 이것을 토양의 역설 또는 생산성의 역설이라 한다.

과거 19세기 초 리카도는 이런 역학이 유럽 국가에 암울한 그림자를 드리운다고 생각했다. 토지 공급은 한정되었는데 당시 국가들과 경제는 급성장하고 있었다. 다른 모든 요소에 비해 경작지가 점점 더 상대적으로 희소해져 결국 지주가 사회의 소득 전부를 차지하는 지경에 이를 것이라고 리카도는 판단했다. 사회는 분명 이런 결과를 참지 못할 것이므로 위기를 피할 수 없으리라는 것이 리카도의 생각이었다.

그러나 최소한 몇 가지 측면에서 리카도의 판단은 틀렸다. 리카도 사후 약 50년이 지난 1870년부터 2005년까지 농업 생산성은 비약적으로 높아졌다.[7] 이 기간에 지구의 인구가 다섯 배로 늘었는데도 1인당 농업 수확물은 약 두 배로 증가했다. 농업 생산성의 향상은 식량 가격 상승에 제동을 걸었고 전체 소비 비용 중 식량에 소비하는 비용의 비중도 극적으로 낮아졌다. 결과적으로 농업 종사자 수와 농업이 경제 생산에서 차지하는 비중도 낮아졌다.

또한 이 기간에 토지는 더 이상 경제에 병목현상을 일으키지 않게 됐다. 토지가 경제에서 차지하던 희소 요소라는 축복받은 지위를 상실했기 때문이다. 이런 변화는 일정 부분 전 세계의 경작지가 확대된 데 기인했다. 전 세계의 경제가 성장하고 서로 경제적으로 밀접한 관계를 맺게 되자 미국의 중서부 지역과 아르헨티나의 대초원과 같은 방대한 곡창지대에서 나온 수확물이 세계시장에 더해졌다. 동시에 과학기술의 발전으로 자본 설비(농장의 기계 장비 등)와 비료(질소고정을 통한), 종자 자체에 혁신이 일어 수확량이 비약적으로 늘었다.

달리 표현하면 기술 발전과 세계화가 토지를 희소 요소가 아닌 잉여 요소로 만든 것이다. 토지 생산성이 증가함에 따라 가격은 하락했다. 그리고 지주에게 흘러가던 불로소득은 거의 전무한 수준으로 줄어들었다. 농업 부문은 국가 경제에서 산업 및 서비스 부문과 동일선상에서 논할 가치가 없는 부차적인 것으로 그 위상이 떨어졌다. 토지 공급의 과잉으로 지주의 경제적 교섭력은 약화됐다. 사회에 토지가 남아돌면 경작 가능한 토지의 일부가 휴경지로 바뀌고 인위적으로 생산량을 제한하여 가격을 올리려는 다른 지주들의 시도를 저지하는 역할을 하게 된다.

국제 원유 시장은 경제적으로 희소한 요소가 소득 중 막대한 몫을 차지하는 또 다른 두드러진 사례를 제공한다. 2000년대에 들어 상대적으로 원유 공급은 고정된 반면 원유 수요는 급증해서 원유 가격이 치솟았다. 가격이 치솟자 가장 생산성이 높은 유전을 소유한 사우디아라비아 같은 국가가 막대한 불로소득을 얻었다. 원유의 희소성으로 인해 막대한 부가 자동차에 기름을 넣어야 하는 노동자에게서 산유국으로 이전됐다.

그러나 곧 세계화와 기술이 개입했다. 세계 각지에서 새로운 유전들이 생산에 들어갔다. 프래킹 같은 신기술로 미국 등지에서 채굴 가능한 원유의 양이 방대하게 늘어났다. 원유 채굴의 생산성이 높아지자 원유 가격은 하락했고 산유국이 누리던 초과이윤도 낮아졌으며 원유 가격을 쥐락펴락하며 산유국이 행사하던 경제적 영향력도 미미해졌다.

생산성과 희소성 그리고 수익성의 연관 관계는 토지나 천연자원뿐 아니라 노동력에도 적용할 수 있다.

노동자 대다수의 생산성이 극도로 높은 경우를 가정해 보자. 아니 아예 극단적으로 높아서 한 사람이 한 사회 전체에 필요한 모든 노동력, 즉 그 사회의 구성원 모두가 원하는 모든 것을 수급하는 데 필요한 모든 노동력을 제공할 수 있다고 치자. 그러면 이 한 명의 노동자가 경제적으로 막강한 영향력을 발휘할 것이라고 생각하기가 쉽다. 결국 이 한 명이 모든 사람에게 모든 것을 제공하니까 말이다. 그러나 실상 이 유일한 노동자는 경제적 영향력을 거의 갖지 못한다. 그 노동자가 초과이윤을 취할 목적으로 생산을 제한하면 그다음으로 생산성이 높은 노동자가 즉시 개입하여 전체 시장을 장악해 버리기 때문이다.

위와 반대로 사회의 전체 노동자가 쉬지 않고 일해야 사회의 필요를 충족시킬 수 있는 경우를 상상해 보자. 전쟁이 계속되고 있어 군대에 물자를 보급하기 위해 모든 가용 노동력을 이용하여 공장을 돌려야 한다고 가정해 보라. 여자와 아이까지 포함해서 마지막 한 사람까지 노동력을 제공하고 있다면 토지나 기계의 소유주에게는 가용 잉여 노동력이 더 이상 남지 않는다. 노동자가 한 명이라도 일을 그만두면 공장주는 그가 복직에 동의할 때까지 임금을 올려야 한다. 그러므로 노동자에게 경제적 영향력이 생긴다.

이러한 사실이 오늘날의 노동자에게 주는 교훈은 명확하다. 노동력이 남아돌면 노동력의 경제적 영향력은 처량할 정도로 낮아진다. 결국 노동자는 전체 소득에서 줄어든 몫을 받는 데 만족해야 하고 중요한 경제적 결정에서도 점점 배제된다.

노동 희소성을 만들어 내는 힘

노동자들은 다른 생산요소에 비해 자신들이 상대적으로 풍부한 상황에 대해 정확히 무엇을 할 수 있는가? 역사적으로 노동력은 때때로 특이한 이유로 희소해지곤 했다. 예를 들면 중세 시대에 흑사병의 창궐에 따른 유럽의 인구 감소로 경작지 대비 노동력 공급이 급감했고 노동자 임금은 지속적으로 올랐다. 미국의 건국 초기도 노동력이 희소해서 임금이 높은 시절이었다. 광활한 대륙의 토지와 자원에 비해 유럽계 미국인은 처음부터 공급이 부족했다. 개척민과 토착 부족 간의 적대적 관계와 유럽의 탐험가들과 최초로 접촉한 부족들에 발생한 대규모 인명 손실 때문에 미 대륙의 원주민이 노동력에서 차지하는 비중 역시 적었다.

희소성에 큰 배당이 주어진다는 사실은 역사적으로 그리 큰 비밀이 아니었다. 사람들은 단체를 만들어 희소성이라는 경제적 지위를 획득하려고 투쟁했다. 한 집단의 희소성 획득은 다른 노동자 집단의 희생을 의미했다. 노동자들은 다른 이들의 경쟁력을 제한하는 방식으로 자신들의 희소성을 유지하고자 했다.

이 전략의 목표는 노동력 공급을 억제하여 노동 대가에 영향력을 행사하는 것이다. 동일한 방식으로 예컨대 원유의 독점 판매자는 시장을 장악하고 한 번에 소량의 원유만을 판매하여 이익을 올릴 수 있다. 노동력의 공급 제한은 생산물로부터 얻는 수익의 일부를 소유주나 관리자 또는 소비자에게서 노동자에게 돌리게 하므로 부분적으로 효과가 있다. 교섭력을 통해 기업이 노동자에게 제멋대로 굴지 못하게 제한하고 생산물에서 나오는 수익의 전부는 아닐지라도 보다 많은 몫을 취함으로써 노동자는 이득을 볼 수 있다. 하지만 이 전략의 핵심이 노동력의 공급 제한인 이상, 전염병이나 신대륙에 대한 도전 등으로 공급 부족이 발생하지 않으면 인위적으로 노동 희소성을 유지하는 유일한 방법은 특정 집단의 노동 희망자들을 배제하는 것이다. 역사적으로 노동자의 영향력은 종종 외부인에 대한 배제를 기반으로 구축되었다.

그러한 배제는 종종 차별을 조장했다. 사실상 역사적으로 복합사회는 모두 성별이나 민족성, 인종, 국적, 종교 또는 사회계층에 따라 접근을 제한하는 경제적 기능이 있었다. 차별의 동기는 다양했지만 체계적인 배제 정책의 중심에는 늘 경제적 이해관계가 자리했다. 예를 들어 미국 남부 지역에서 흑백분리법이 확산된 배경에는 여러 가지 우려가 깔려 있었는데, 단순히 백인이 흑인과 엮이기 싫어한다는 이유는 그에 속하지 않았다. 백인은 노예제가 폐지된 후 자신들의 경제적 지위가 어떻게 변할지 우려했다. 그리하여 흑백분리법은 단순히 흑인은 공공장소에서 어디에 앉아야 한다는 문제뿐 아니라 어떤 직업이 허용되고 어느 수준까지 교육을 받을 수 있는가 하는 문제로까지 치달았다. 차별은 법령과 더불어 노동시장에 극히 효과적인 경쟁 장벽을 만들었다. 남부 흑인 노동자의 교육 기회에 대한 제도적인 박탈은 백인들로 하여금 자신들이 태어나면서부터 우월하다는 신념을 강화하게 만들었고 1960년대에 연방 정부가 진지하게 흑백분리법을 폐지하려고 나선 이후에도 흑인 노동자들의 앞길을 가로막는 거대한 장애물이 되었다.[8]

미국의 역사에서는 여러 시기에 걸쳐 차별을 받는 다른 집단이 흑인의 대열에 합류했다. 천주교도와 유대교도, 아일랜드인과 이탈리아인, 중국인과 라틴아메리카인도 다양한 방식으로 배척당했다. 유럽에서는 민족과 민족 간에, 그리고 종파와 종파 간에(개신교 대 천주교, 기독교 대 유대교 식으로) 수 세기에 걸쳐 차별이 성행했다. 이런 식의 차별은 오스트레일리아에서 아르헨티나에 이르기까지, 인도에서 중국에 이르기까지 국가를 막론하고 언제나 존재했고 앞으로도 그럴 것이다. 비극의 정도를 비교하는 게 내키지 않겠지만 역사상 가장 지독한 차별은 여성에 대한 차별이었다고 할 수 있다. 법률과 규범으로 여성의 전면적 경제 참여를 제한한 것은 단순히 멍청한 편견으로만 치부할 일이 아니었다. 그 핵심에는 경제력이 자리했다. 남성이 지닌 경제상의 배타적 지위를 보호하기 위한 조치였다는 얘기다. "우리와 경쟁하려고 들면 당신들과 결혼하지 않겠다." 19세기적 사고로 무장한 19세기 경제학자 앨프리드 마셜(Alfred Marshall)이 조롱조로 내뱉은 말이다.[9] 경제적 배제가 항상 차별을 설명하고 정당화하는 데 이용되는 내러티브의 핵심에 자리한다고 할 수는 없지만, 사실상 언제나 그런 차별이 발생하는 동기가 되는 것은 맞다.

인위적인 희소성을 만드는 차별 가운데 가장 강력하며 항구적인 형태는 국경에 의한 차별이다. 예를 들어 미국의 노동시장에서 가장 이상한 점은 전 세계 대부분의 사람들이 합법적으로 그곳에 참여할 수 없다는 사실이다. 장기적인 안목으로 보면 선진 경제체로의 이민은 해당 국가의 문화와 경제에 활력을 주는 동시에 이민자 자신들의 생활수준도 상당히 높인다는 사실을 알 수 있다. 그러나 단기적 관점에서는 이민이 경제와 문화에 혼란을 초래하는 요소가 될 수 있다. 특히 노동력이 대규모로 유입되면 희소성을 유지하는 균형을 깨고 임금 상승률에 영향을 줄 수 있다. 예를 들면 20세기 초 뉴욕 시의 섬유 산업 노동자들은 날마다 보트를 타고 상륙하는 잠재적 노동자들로 인해 임금 인상을 요구하는 데 어려움을 겪었다.[10]

논의를 명확히 하자면 이민으로 인해 그 나라 노동자의 생활수준이 나빠지지는 않는다.[11] 장기적으로 보면 이민자의 대규모 유입은 경제에 활력을 불어넣는다. 이민자는 구직 활동을 하고 취업을 하지만 동시에 소비도 하고 투자도 한다. 기업을 창업하여 세금을 내고 새로운 아이디어를 내놓으며 경제의 탄력성과 유연성에 기여하기도 한다. 반복해서 새로운 이민자를 받아들이는 노동시장은 이민 노동자를 적재적소에 배치하는 일에 갈수록 능숙해지는 경향을 보인다.

이민자가 토착 노동자에게 단기적으로 어떤 영향을 미치는지는 사실 그다지 명확하지 않다. 몇몇 사례를 보면 이민자는 단순히 해외 아웃소싱이나 자동화를 대체한다. 풍부한 한 종류가 풍부한 다른 종류를 대체하는 셈이다. 또 다른 사례에서는 토착 노동자들이 일반적인 이민 노동자들보다 더욱 숙련된 기술과 경험을 요하는 업무 형태에 특화하여 더 높은 임금을 받을 수 있는 것으로 보인다. 예를 들어 건설 분야에서는 토착 노동자들이 관리직이나 도급업으로 이동하고 이민 노동자들은 단순 노동에서 보다 많은 부분을 맡게 된다.

이렇게 경제의 어떤 부문은 어렵지 않게 확장하여 유입 노동자를 흡수하고 이민 노동자들이 발생시킨 새로운 수요에 대응할 수 있지만, 모든 부문이 그럴 수는 없다. 청소 용역 업체나 택시 업체는 큰 어려움 없이 규모를 늘릴 수 있다. 그러나 식당업이나 건설업 또는 제조업처럼 수용에 한계가 있는 업종은 좀 더 많은 시간을 필요로 한다. 유입 노동자의 흡수 과정이 진행되면 새롭게 노동력이 풍부해진 분야에서는 임금 하락의 압력이 생긴다. 좀 더 일반화하면 기존 노동자와 협상하는 대신 선택할 수 있는 대안이 온갖 종류의 사업주에게 주어진다. 결국 기존 노동자는 강하게 요구를 관철시키려는 의지를 키울 수가 없다. 언제든 구할 수 있는 기초 서비스 산업의 일자리는 비숙련 노동자들이 갑작스러운 실업에 대처할 수 있는 안전망 역할을 해 준다. 이들 안전망 산업에 저임금 이민 노동자들이 몰리면 그보다 나은 일자리를 잃는 데 따르는 대가가 커지므로 노동자의 교섭력은 약화될 수밖에 없다. 이민이 장기적으로 사회 전반에 걸쳐 이익이 되는데도 왜 사람들이 분야를 막론하고 엄격한 이민 제한 정책을 선호하는지 이해되는 부분이다.

노동시장의 폐쇄주의가 모두 그렇게 노골적인 형태의 차별로 드러나는 것은 아니다. 노동자는 길드나 노동조합 또는 전문직 협회 같은 단체를 만들어 희소성을 인위적으로 조성하기도 한다. 겉모습만 보면 길드 같은 기구는 상당히 유순해 보인다. 전문직에 필요한 자격 수준을 유지하는 역할을 자청해서 수행한다. 예컨대 미국의사협회(American Medical Association)는 의사 자격을 아무나 취득하지 못하게 만드는 일을 한다. 결국 자격 취득을 어렵게 만들어 의사의 급료를 높이는 역할을 하는 것이다. 옳건 그르건 의사 협회가 만든 장벽이 의사의 자격 수준을 보장한다고 보기 때문에 일반 대중은 이런 일을 용인한다. 전문직 협회는 교육기관과 유사한 기능을 수행하기도 한다. 중세 시대에 나타난 유럽의 각종 길드는 종종 특정 직군에 속한 구성원들의 도제 단계에서부터 장인 수준에 이르는 직업적 경로를 설정하기도 했다.

또한 이들 조직은 상대적인 희소성으로 노동력과의 협상에서 우위를 점하는 여타 생산요소(토지나 자본)의 소유주에 대해 중요한 평형추 역할을 수행하는 것으로 인식된다. 노동자는 열악한 환경과 임금으로 고통 받고 자본가는 부귀영화를 누리는 격동의 시기였던 19세기에 노동조합 조직이 강력한 정치 세력으로 부상한 것은 결코 우연이 아니다.

상대적으로 풍부한 노동력이 야기한 곤경을 해소해 준 것은 바로 노조의 단체교섭이었다. 조합이 없었을 때는 노동자가 개별적으로 이윤에서 자신에게 지급되는 몫을 늘려 달라는 압박을 기업에 거의 가할 수 없었다. 임금이 성에 안 차면 노동자가 그만두는 수밖에 없었고 그러면 그 자리를 차지하려고 대기하는 행렬이 이어졌다. 조합은 대체 고용 대기자들을 제거할 방법을 모색했다. 노동력이 아무리 풍부하더라도 기업은 노조 지도부와 협의한 임금에 노동자를 고용해야 했다. 그렇지 않으면 아예 노동력을 보유할 수 없었다.

그러나 지난 30년에 걸쳐 전부는 아니라 해도 대부분의 선진국에서 노조 가입률이 때로 급락하기도 하면서 꾸준히 하락하는 현상이 일고 있다.[12] 이런 가입률 하락은 일부분 기술 변화와 세계화의 부작용이다. 기술 변화와 세계화로 공장 직공에서 항만 노동자, 인쇄공 등에 이르는 중간 수준의 숙련도를 지닌 블루칼라 노동자의 역할이 축소되었다. 노조의 쇠퇴는 또한 정치적 변화에 기인한다. 1970년대와 1980년대의 자유주의 정치인들이 맥이 풀린 성장을 견인하는 한 방편으로 노동조합의 세력 약화를 꾀한 것이다. 그 이후 미국과 영국에서는 서비스 부문 노동조합이 민간 부문 노동조합의 광범위한 쇠퇴를 막는 역할을 수행했다. 서비스 부문 노동조합은 어느 정도 성공을 거두었다. 예컨대 최저임금의 인상을 이끌어 낸 것이다. 그러나 노동조합의 정치적 파워는 특히 앵글로 색슨계 경제체에서 더 이상 예전과 같지 않게 되었다.[13]

또 다른 형태의 노동력 보호 장치인 면허증 제도는 별다른 검증 과정도 밟지 않은 채 선진 경제체 전반에 퍼졌다. 많은 국가가 면허증 제도를 도입한 연유로 미용부터 실내장식에 이르기까지 무척 광범위한 직종의 서비스 전문 인력들이 합법적으로 일하려면 면허증을 취득해야 한다. 이들 면허증은 진입 장벽으로 작용하여 해당 분야 전문 인력의 희소성을 보호하고 그런 제도가 없던 시절보다 높은 임금을 보장하는 기능을 한다. 그러나 면허증 제도는 지나치게 남용되고 있다. 2012년 루이지애나주에 거주하는 일단의 수도승은 약간의 부수입을 올리려고 손수 제작한 나무 관을 팔 수 없다는 사실을 알게 됐다. 그들에게 장례용품 제조 면허가 없었기 때문이다.(해당 면허를 취득하려면 관 전시실과 방부 처리 작업장 등을 갖춰야 했다.)* 면허증을 취득하는 데 드는 시간과 비용은 비교적 적게 들어도 면허증 취득자의 임금을 보호하기에 충분할 정도로 지망자들을 단념시킬 수 있다.(일주일에 두세 시간 정도만 부업으로 미용 일을 하려는 사람을 생각해 보자. 면허증이 있어야만 합법적으로 그 일을 할 수 있다면 굳이 그것을 따는 수고까지는 감수하지 않으려 할 것이다.)

단체에 속한 노동자들의 여건이 비슷할수록 필요한 배타적 제도를 구축하기가 더욱 쉬워진다. 전문직 단체는 강력한 이해관계로 묶여 있기 때문에 자신들의 직종에 자격증 제도를 도입하기 위한 로비를 벌이는 일에 적극적으로 협조한다. 단체 회원 모두는 이를테면 척추 지압 치료 업종의 경쟁을 제한하는 조치를 통해 큰 이익을 본다. 이런 자격증을 취득하는 데 드는 높은 비용은 결국 고객이 치르게 되는데도 자격증 폐지 운동에 관심을 갖고 시간과 노력을 들이려는 사람은 없다. 그렇기 때문에 1000여 개에 달하는 직업 면허가 범람하고 있는 것이다.

소수의 노동자로 구성된 수많은 조직이 존재하며 전체 노동자의 복

---

* 수도승들은 해당 사안을 들고 법정을 찾았고, 결국 승소했다. ─지은이

지에 대한 보다 폭넓은 시각을 취하는 세상이 훨씬 나은 것 아니냐고 주장하는 사람도 있을 수 있다. 그러나 소단위 전문직 조직이나 길드 또는 노조의 범람은 산업 전반에 걸쳐 노동자들의 이동을 방해하여 경제의 경화와 정체를 초래한다. 일부 노동자의 이득은 종종 상품과 서비스에 비싼 비용을 치러야 하는 다른 노동자의 희생으로 얻어진다. 반대로 거대한 조합이 있으면 그들의 관심은 조합원 모두의 복지를 극대화하는 것이 된다. 조합 지도부는 폭넓은 시각을 갖고 공공복지에 가까운 무언가에 대해 생각하지 않을 수 없게 된다. 노동자들을 대표해 교섭력을 발휘하면서도 다른 산업이 성장하는 동안 특정 산업은 쇠퇴하게 놔둘 수밖에 없으며 경제성장을 향상시키는 그런 정책이 지지를 받아 마땅하다는 사실을 받아들이게 된다는 얘기다.

스칸디나비아 반도의 경제체들과 독일의 노동조합은 현재 비교적 이에 가까운 모델을 고수하고 있다. 이들 국가는 상대적으로 임금격차는 작으면서도 소득수준은 높은 환경을 이루어 냈다.(스웨덴의 최상위 소득 불평등은 놀라울 정도로 높은 수준이긴 하지만 말이다.) 반면에 이들 국가에서도 다른 국가에서와 마찬가지로 노동자에게 돌아가는 몫은 줄어들었다.[14] 아이러니한 점은 이들 경제체의 노동조합 총연맹들이 주기적으로 임금 통제를 수용한다는 사실이다. 다시 말해서 임금 인상 요구를 자제하는 결정을 내린다는 얘기다. 교역 상대국들에 대한 경쟁력을 높이기 위해서다. 이들의 사례는 다른 나라의 경쟁자들이 생성할 수 있는 공급을 미연에 차단함으로써 자국의 남는 노동력을 보호하는 노동조합의 전략을 보여 준다.

노동력 과잉 시대의 정치

앞에서 살펴본 바와 같이 노동 희소성이 경제에 미치는 영향을 논하려면 정치적 이유나 배경을 빼놓을 수 없다. 생산에 따른 이득을 차지하려는 투쟁은 지주와 자본가 또는 노동자가 희소성이라는 정치적 권리를 획득하기 위해 벌이는 노력이 그러하듯이 정치적 행위가 될 수밖에 없다.[15] 『국부론』에서 애덤 스미스는 다음과 같이 고찰했다.

노동자가 단결했다는 말은 많이 듣지만 고용주가 단합했다는 말은 거의 들리지 않는다. 고용주가 단합하는 경우가 거의 없기 때문에 그렇지 않느냐고 하는 사람은 이 주제뿐 아니라 세상 물정도 잘 모르는 사람이다. 고용주는 언제 어디서든 암묵적이면서도 지속적이고 획일한 종류의 단합을 이뤄 노동자의 임금을 실제 시세 이상으로 올리지 않으려 한다…… 이런 단합이 회자되지 않는 이유는 너무나 일상적인 일이기 때문이다. 화젯거리가 되지 못할 정도로 자연스러운 일이라고 할 수도 있다……그렇지만 그러한 단합은 종종 노동자들의 방어적인 단결에 의해 저항을 받는다. 또한 때때로 노동자들은 노골적으로 도발하는 대신에 노동의 대가를 올리기 위해 자기들끼리 협정을 맺기도 한다…… 이 경우 고용주는 야단법석을 떨며 상대방을 비난하고 소리 높여 사법기관의 조력과 엄격한 법 집행을 요청한다. 이들 법은 하인이나 노동자 또는 직공의 단결에 대해 가혹한 처벌을 규정하고 있다.[16]

스미스가 칼 손잡이는 의당 고용주가 쥔다는 것을 당연하게 받아들였다면, 그것은 그가 인구 폭발로 노동력이 넘쳐나 노동자가 교섭력을 거의 가질 수 없었던 시대에 살았기 때문일 것이다. 스미스가 언급했듯이 그 당시에도 노동자는 조직을 구성하거나 그러한 시도를 할 수 있었지만, 고용주는 재빨리 정부에 요청하여 그들을 굴복시킬 수 있었다. 노동조합은 영국과 대다수 국가에서 19세기에 접어들고도 한참을 지날 때까지 불법이었다.

하지만 노동자의 영향력이 전무했던 것은 아니었다. 19세기에 영국 의회는 일련의 법령을 통해 선거권을 대략 성인 남성 60퍼센트에 이를 때까지 극적으로 확대했다. 선거권의 확대는 노동당 창당의 토대가 되었고 20세기에 복지국가와 (공영주택 건설 등의) 진보 정책을 탄생시킨 중요한 배경이 되었다.

MIT의 경제학자 대런 애서모글루(Daron Acemoglu)와 하버드 대학의 경제학자 제임스 로빈슨(James Robinson)은 각자의 연구를 통해 당시의 선거권 확대는 사회적 불안의 광범위한 확대나 혁명과 같은 보다 위험한 결과를 막기 위해 정치 계급이 내린 합리적 결정이었다고 결론지었다.[17] 영국에서는 정치적 급진주의의 확대와 주기적으로 터지는 정치적 폭동이 그런 것이 없었으면 권력을 결코 포기하지 않았을 지도층을 움직였다. 갈수록 동원력이 거세지는 노동 계층의 불만을 잠재우려면 선거권 확대와 같은 조치를 취할 수밖에 없다는 인식을 심어 준 것이다. 급진주의 정치 이념의 부상은 독일과 스웨덴 같은 다른 유럽 국가에서도 선거권 확대를 이끌어 냈다.

오늘날의 노동자는 노동력 과잉의 시대에 살고 있다. 성장의 과실에서 더 많은 몫을 요구하기 위해 노동시장에서 교섭력을 사용할 수 없는 상황이다. 또한 산업 부문 거의 전반에서 강력한 노동조합의 정치적 영향력에 기댈 수도 없는 입장이다. 기업과의 직접적인 협상에서든 정치적 교섭에서든 노동조합이 전처럼 위세를 떨칠 수 없기 때문이다.

그러므로 노동자는 정치 시스템에 도움을 청하는 것 외에 달리 선택의 여지가 없다. 기존 정치제도로부터 도움을 적게 받을수록 개별 노동자들은 정치적, 경제적 영향력을 안겨 줄 가능성이 있는 급진주의 정치 운동에 더욱 깊숙이 빠져든다.

반면에 희소한 생산요소의 소유주들은 앞으로도 장기간 지속될 것으로 보이는 막대한 이익을 거둬들이느라 바쁘다. 시장을 장악한 IT 억만장자와 석유 왕, 언론 황제 그리고 금융 재벌은 막대한 부를 축적하고 있으며, 이렇게 축적한 부를 이념 운동을 지원하거나 자신의 선거운동을 벌이거나 후보자에게 기부하는 데 써서 자신의 구미에 맞는 정치 지형을 조성하려 시도할 것이다.

희소성은 경제적 보상의 분배에 지대한 영향을 미치므로 디지털 혁명이 창출한 잉여 노동력은 중대한 정치적 결과를 초래하지 않을 수 없을 것이다.

5 미래의 기업

사람들 대다수는 대기업에서 일한다. 선진 세계에서는 전체 고용 인구의 3분의 1이 직원 수 250명 이상인 기업에서 일하고 반 이상이 직원 수 50명 이상인 기업에서 일한다.[1] 선진 경제체에서는 측정 가능한 경제적 가치 가운데 매우 많은 몫을 대기업이 생산한다. 이는 곧 기업 내에서 발생하는 일이 직무가 진화하는 방식과 기술 이동 같은 경제적 변화가 노동자에게 미치는 영향 등에서 중요한 역할을 수행한다는 의미다. 기업은 복잡한 피조물이다. 또한 어느 정도는 사회적 피조물인데 갈수록 그 정도가 늘고 있다.

따분해하며 하품을 해대는 신입생들에게 경제학 개론을 가르쳐야 하는 불운한 교수는 불가피하게 위젯(widget)을 예로 삼는다. 위젯은 경제학자가 예컨대 가격이 오르면 어떤 현상이 발생하는지 설명하기 위해 단순화해 가정하는 세상에서 공장들이 만들어 내는 생산품의 통칭이다.

위젯의 생산은 간단하다. 약간의 노동력에 자본을 결합하면 순식간에 위젯이 생산된다. 위젯 공장의 위젯 생산자는 사업이 전반적으로 어떻게 돌아가고 자신들의 위젯 생산 활동이 사업에 어떤 식으로 들어맞는지 명확히 알고 있다고 가정된다.

실제 세계경제도 한때는 지금보다 훨씬 더 위젯 세계를 닮았었다. 나는 16세 때 처음으로 돈을 받는 진짜 일자리를 가졌다. 약국 체인점 내에 있던 '1시간' 사진 현상소에서 사진을 현상 및 인화하는 일이었다. 에커드 드럭(Eckerd Drug)이라는 약국 체인으로 내가 살던 노스캐롤라이나주의 동네들에서 흔히 볼 수 있는 체인점이었다. 내가 하는 일의 목적은 상쾌할 정도로 명료했다. 사람들은 추억을 사진으로 간직하고 싶어 했다. 사진을 간직하고 즐기려면 필름을 현상해야 했다. 그 당시 그 일을 하는 기계는 사람이 조작해야 했다. 그래서 나 같은 인력이 필요했다. 그렇게 나는 부가가치를 창출하는 프로세스에서 중요한 역할을 할 수 있었다. 고객에게서 상점으로 그리고 다시 내 급료로 들어오는 돈의 흐름은 이치에 딱 들어맞았다.

그러나 세월이 흐르면서(그리고 기초 수준의 소매업이나 제조업에서 벗어나 고난도 분야로 옮겨 감에 따라) 상황은 매우 복잡해졌다. 예를 들어 2004년 나는 경제 컨설팅 회사에서 사원으로 일했다. '사원'과 '컨설팅'이라는 용어만으로는 일의 목적이 무엇인지 명확하게 알 수 없었다. 사원인 나의 업무는 데이터를 준비하고 문서를 분석해 선임 컨설턴트에게 보고하는 일이었다. 선임 컨설턴트는 기업에 전문 지식을 제공하거나 경제적 요소가 포함된 기업 소송이 생기면(예컨대 특허 침해와 관련된 경우) 조언을 제공하거나 증언을 하곤 했다. 누가 한 어떤 일이 성과에 주요한 영향을 미쳤는지 명확히 알 수가 없는 업무였다. 우리가 했던 일은 추적 관찰에 어려움이 따르는, 정보 기반 팀 작업이었다.

컨설팅 회사의 사장은 월말에 위젯을 얼마나 생산했는지(혹은 현상소라면 몇 통의 필름을 현상해 주었는지) 산출할 수가 없어서 급여를 인상해 주어야 할지 잔소리를 퍼부어야 할지 알 수 없었다. 그래서 대신에 회사는 작업 흐름과 인센티브 구조를 창출해 고객을 만족시키는 작업 결과를 산출하는 데 필요한 성실성과 협동심 같은 일련의 행동 방식을 유도하기 위한 노력을 기울였다. 현대의 경제에서는 위젯 생산자들이 차지하는 역할이 줄어들고 있다. 반면에 고부가가치 위젯 서비스(예컨대 생산성을 극대화하려고 새로운 네트워크 위젯의 사용법을 가르치기 위해 기업에 제공하는 전문 지식)의 판매자가 차지하는 역할은 늘고 있다.

디지털 시대의 노동자, 그중에서도 특히 높은 연봉을 받는 고생산성 직무에 종사하는 노동자의 업무는 거의 대부분 정보를 옮기는 일이다. 성공적인 대기업은 고객이 원하는 바에 부응하는 방식으로 내부의 정보 흐름을 구조화해 광고 캠페인과 판매 전략, 생산성 향상 소프트웨어, 공급망 최적화 계획 등의 업무를 수행하는 기업이다.

아주 묘하게도 기업 내에서 정보가 흐르는 방식이 기업의 실적에 중요한 영향을 미친다는 의미다. 노동자 간의 소통 방식 또는 어떤 정보를 상사에게 보고할 것인가를 결정하는 방식이 성공과 실패를 가름한다. 그러나 여기에는 중대한 문제가 하나 따른다. 기업의 경제적 가치 대부분이 노동자의 상호작용 방식에 좌우된다면 기업이 성공했을 때 누가 수익 중 제일 좋은 몫을 차지해야 하는가?

반세기 전에는 본질적으로 경제활동이 더 단순했고, 무엇이 기업의 가치를 창출하는지 파악하는 것도 더 쉬웠다. 예를 들면 자동차도 구조가 간단해서 아마추어 기계공이 남는 시간을 활용해 재미삼아 뜯어고칠 수 있을 정도였다. 자동차 제조 업체에서 생산하는 차종과 모델 종류가 비교적 적었고 옵션도 별로 없었다. 생산에 필요한 부품을 대량으로 주문했기 때문에 늘 재고가 많았다. 차량은 딜러에게 인도되어 야적장에서 팔려 나가길 기다렸다. 1980년대가 되자 이런 시스템에 변화가 일어났다. 도요타 같은 급부상한 제조 업체는 린 생산 기법을 도입했다. 공급망에 속한 모든 기업과의 긴밀한 협업과 정교한 재고 관리 그리고 자동차 디자인 및 생산공정의 부단한 혁신을 중시하는 기법이었다. 전자 부품의 크기가 줄고 성능은 향상됨에 따라 자동차 조작은 더욱 정교해졌다. 운전자의 머릿속에서 진행되던 정보처리가 이제 내장 컴퓨터에 의해 수행되었고, 옵션과 맞춤형 제작의 중요성이 점점 높아졌다. 지금은 구매자가 온라인으로 자동차를 맞춤 주문할 수 있고 제조 공장에서는 (스웨덴 예테보리의 볼보 캠퍼스 공장에서 볼 수 있듯이) 다른 사양을 갖춘 전혀 다른 모델을 동일 생산 라인에서 생산할 수 있다.

다른 경제 부문 다수에서도 이와 유사한 진화가 전개되었다. 오늘날 소매업은 고객 수요에 대한 방대한 정보를 수집 및 처리하고, 전 세계에서 제품을 수급해 상점이나 고객의 문 앞에 며칠이 아닌 몇 시간 만에 배달되도록 조율하는 게 주 업무이다.

이러한 변화가 일어나자 일반 기업의 구조도 보조를 맞춰 진화했다. 기업은 과감한 슬림화를 진행했다. 디지털 혁명 덕분에 기업은 정형화와 정량화가 손쉬운 단순 업무를 아웃소싱하거나 자동화할 수 있었다. 매입 매출 장부 기장과 회계 등의 관리 업무는 상당 부분 소프트웨어로 이관되었고 그렇지 않은 부분은 다른 지역의 다른 회사로 아웃소싱되었다. 제조와 물류가 차지하던 공간도 점차 줄어드는 추세다. 제조와 물류가 고도로 자동화되거나 아웃소싱되고 있기 때문이다. 디지털 기술로 수많은 단순 업무가 자동화되고 그에 해당하지 않는 업무는 아웃소싱 업체에 위탁되고 있다. 정보 시스템 덕분에 팰러앨토에 있는 관리자가 중국 광둥에서 생산되는 제품을 엄격한 눈으로 지켜볼 수 있기 때문에 품질 하락이나 통제 관련 리스크가 거의 따르지 않는다.

이제 기업에 남는 업무는 전략 수립이나 제품 설계 또는 엔지니어링 같은 전문 지식을 필요로 하는 핵심 역량으로 줄어들고 있다. 최고의 자동차 제조 업체는 자동차 디자인 모델링과 생산 계획, 동작 제어 등에 소프트웨어를 가장 잘 활용하는 기업이다. 소매 업종을 선도하는 기업은 대량의 데이터를 분석해 고객이 누구며 그들이 이전에 무엇을 구매했고 앞으로 무엇을 구매할 것인지 그리고 제품의 마케팅과 판매, 배송은 어떻게 수행해야 좋은지 등을 가장 잘 파악하는 기업이다.

오늘날의 기업은 정보를 처리하는 조직이며 갈수록 정보처리가 기업의 전부가 될 것이다. 생산성과 자산 가치가 가장 높은 기업의 업무에서는 점점 더 인간관계와 전문 지식이 중요해진다. 그런 기업의 내부 업무는 보람이 있고 보수가 높으며 해당 경제체 전체 노동자 가운데 비교적 적은 수에게 기회가 주어진다. 일류 기업 내에서조차 창출되는 가치는 노동자의 협업으로 생산되는 과실을 취하기에 가장 유리한 위치에 있는 소유주와 경영진에게 불평등하게 흘러들어 간다. 생산망의 가장 가치가 높은 부분이 규모는 더 작지만 수익성이 더 높은 기업에 집중된다는 것은 경제체의 나머지 부문에 속한 노동자들이 성장의 과실을 나누는 데 참여하기 어려워진다는 의미이다.

디지털 시대에는 소규모의 영리한 기업들이 막대한 경제적 가치의 창출을 책임진다. 그 결과 부의 분배는 큰 혼란에 빠진다.

기업의 본질

기업의 존재 이유는 무엇인가? 경제학자라면 어렵지 않게 답할 수 있는 질문으로 보인다. 하지만 로널드 코즈(Ronald Coase)가 1937년 학술 논문으로 이 주제를 심도 있게 고찰한 이후 결코 쉽지 않은 문제라는 인식이 빠르게 퍼졌다.[2] 코즈는 영국의 경제학자로 아주 장수하면서 많은 업적을 남겼다. 102세까지 살았는데 100세 때에도 저술 활동에 힘을 쏟았다. 그러나 코즈가 20대였던 1930년대의 연구가 코즈의 핵심 업적이다. 코즈는 연구 논문에서 경제학의 하위 부문적 가치를 갖는 몇 가지 불가사의한 문제를 제기했는데, 그것이 오늘날 산업조직학으로 알려진 부문의 토대가 되었다. 코즈는 1991년 해당 연구에 대한 업적을 인정받아 노벨상을 수상했다. 그러나 코즈가 던진 최초의 질문, 즉 기업의 목적과 관련된 질문은 여전히 학계의 숙제로 남아 있다.

기업의 작용 원리에 대한 연구 조사에서 코즈는 단순한 가정을 시발점으로 삼았다. 사람들은 시장 거래를 통해 자신이 필요로 하는 온갖 것들을 이뤄 낸다. 우유가 필요하면 상점에 가서 산다. 식기세척기를 수리할 필요가 생기면 전화로 수리공을 불러 돈을 지불하고 일을 맡긴다. 따라서 예컨대 식당 사장도 사업에 필요한 다양한 노동력을 확보하려면 이와 유사한 방식을 이용해야 할 것으로 생각할 수 있다. 식당 사장이 요리사와 종업원, 바텐더를 프리랜서로 고용해 필요한 직무를 수행하도록 보수를 지급할 수도 있지 않은가. 식당이 하나의 사업체이고 요리사도 또 다른 사업체이며 종업원 역시 또 다른 사업체가 되는 식으로 말이다.

그러나 그것은 식당 대부분의 운영 방식이 아니다. 식당은 통상적으로 식당 주인과 단기 계약을 체결한 수십 또는 수백의 일인 기업이 모여 구성되지는 않는다는 얘기다. 식당은 조직 내에서 일할 사람을 고용하는 방식으로 사업을 시작한다. 그렇다면 그 이유는 무엇인가?

코즈가 낸 탁월한 답은 모든 일을 시장을 통해 처리하는 것이 지나치게 혼잡스러워질 때 기업이 형성된다는 것이다. 사장이 노동자를 찾아 고용하고 노동자가 자신의 역량에 꼭 들어맞는 직업을 찾는 데는 시간과 노력이 소요된다. 식당 주인과 요리사는 마주 앉아 계약을 체결해야 한다. 거기에는 직무를 만족스러운 수준으로 수행하려면 어떤 일을 어느 정도 수준으로 해야 하고 새로운 메뉴를 개발하면 수익은 어떻게 분배해야 하는지 또 요리사가 식당 장비를 이용해서 신 메뉴를 개발할 수 있는지 그리고 사장은 요리사가 하는 일을 어느 정도 간섭하거나 감독할 수 있는지 등 수많은 세부 사항이 포함된다. 영업상의 비밀 노하우(예를 들어 상표가 등록된 버거에 들어가는 비밀 소스)를 지닌 고용주는 계약 노동자의 합류로 영업 비밀이 노출될 리스크를 갖는다.

코즈는 기업을 설립하여 일할 사람을 직접 고용하면 위의 모든 과정에 들어가는 비용을 줄일 수 있다고 설명했다. 기업은 노동자에게 급료를 지불하고 그 대가로 노동자는 해당 기업의 관료 체계 내에서 노동을 제공한다는 것에 동의한다. 그렇게 조직 체계를 갖추면 경영자는 종업원의 직무를 변경하고 싶을 때마다 직무를 재입찰에 붙이는 일에 대해 걱정할 필요가 없어진다. 그 대신 직무 배치 현황을 살펴보고 직원들이 지시에 따를 것이라는 확신하에 상황에 맞춰 조정을 할 수 있다. 따라서 월급은 노동력에 대한 대가만이 아니라 노동자의 복종에 대한 대가이기도 하다.

코즈의 연구는 그 중요성에도 불구하고 완전하지는 못하다. 한 예를 들면 기업 설립으로 거래 비용이 마법처럼 사라지지는 않는다. 사장은 전지전능하지 않으며 기업은 노동자를 독립 계약자가 아닌 직원으로 채용한다고 곧바로 노동자의 행동 방식을 관리 감독하고 영향을 미칠 수 있는 역량을 갖출 수 있는 게 아니다. 그 대신에 기업은 노동자가 어떻게 행동해야 승진하거나 보너스를 받는지(혹은 어떻게 행동하면 해고되는지)를 규정하는 내부 인센티브 구조를 구축해야 한다. 그런 구조를 구축하는 일이 수많은 프리랜서와 계약을 맺는 것보다는 쉽겠지만 비용이 들지 않는 것은 아니다. 경영진은 근로자가 달성할 목표에 대해 명확한 개념을 갖고 인센티브 구조를 활용하여 근로자가 목표에 도달하도록 동기를 부여해야 하고 모든 것을 두루 살펴 시스템이 바람직하게 작동하도록 만들어야 한다.

디지털 혁명으로 몇몇 특정 분야의 노동자를 감독하거나 실적을 평가하는 일이 훨씬 싸고 쉬워졌다. 그 결과 기업의 전형적인 경계가 이동하고 있다. 기업 내에서 수행되지 않으면 안 되었던 업무가 기업 외부로 옮겨 가는 것을 두고 하는 얘기다. 전에는 생산 라인을 감독하고 노동자를 훈련시키거나 근로 의욕을 고취시키고 현황을 파악하려면 현장 감독을 고용해 일을 맡겨야 했다. 하지만 이제 경영자는 이를 테면 중국 공장에서 들어오는 데이터를 확인하고 만약 계속해서 규격에 미달하는 부품이 기준 수량을 초과해서 나오면 중국 하도급 업체에 계약을 종료하겠다는 경고를 던지기만 하면 된다. 노동자가 생산한 결과물의 수량과 품질을 쉽게 검사할 수 있으면 도급 계약은 충분히 매력적이다.

고도의 협업이 필요한 공동 작업같이 개별 노동자의 기여도를 측정하기가 곤란하다면 직접 고용이 더 유리하다. 이런 경우에 기업은 특정 생산 목표를 충족하는 것에 대한 보상책보다는 조직 내에 바람직한 행동 방식을 독려하기 위한 인센티브 구조를 개발하는 데 주력한다. 거듭

강조하지만 디지털 시대에 기업은 단순 업무나 정량화가 가능한 업무는 하도급을 주고 핵심 직무만을 내부에 남긴다. 그러한 핵심 직무는 인간 관계와 협업이 중요하고 넓은 의미의 인센티브라고 할 수 있는 기업 문화가 이끌어 간다.

인센티브 구조는 보통 유연성을 가지므로 시간이 지남에 따라 진화한다. 다시 말해서 진화하는 내부 문화가 기업을 움직인다는 얘기다. 기업 문화의 진화는 기업을 경쟁이 심한 시장 환경에서 살아남기 위해 애쓰는 유기체처럼 보이게 만든다.

어떤 분야에서든 고용주는 지식을 중요하게 여긴다. 따라서 많은 종류의 지식이 국경을 넘나들게 된다. 예를 들면 외국어나 소프트웨어 언어에 대한 재능, 데이터를 조직화해 통계적 회귀분석을 수행할 수 있는 능력, 가솔린 엔진을 능숙하게 다루고 수리할 수 있는 지식, 간결하고 명료하게 글을 쓰는 능력 등이 경제체를 넘나들게 된다는 얘기다. 그러나 한 경제체에서 경제적으로 중요한 지식의 상당수는 특정 기업에 대한 한정성을 띤다. 특정 기업에서 개발해 운용하는, 특허가 등록된 소프트웨어에 대해 노동자가 깊이 있게 안다 해도 그 지식 전부를 다른 곳에 이전할 수는 없다는 뜻이다. 소프트웨어 코드를 자체 개발하면서 얻은 지식의 일부는 다른 곳에서도 쓸모가 있겠지만 일부 지식은 그저 다른 곳에서 쓰는 소프트웨어에 적용하는 것 자체가 불가능해질 것이다.

어떤 지식은 상대적으로 더욱 이전이 어렵다. 예를 들면 특정 기업의 노동자 중 누가 어떤 작업에 능숙한지 알고 있다든가 또는 특정한 기업 문화에서 논란의 소지가 있는 결정이 왜 통상적으로 내려지는지 이해하고 있다든가 하는 경우의 지식이 그렇다. 특정 기업에서 일정 기간 근무해야 하는 사람은 누구든 조직이 제대로 굴러 가려면 전체가 어떻게 어우러져야 하는지를 알려 주는 사소하면서 분류하기도 애매한 수많은 정보를 잽싸게 주워 모은다. 이런 종류의 지식은 시간이 경과함에 따라 쌓이고 진화한다. 그중 일부는 해당 기업 직원의 머릿속에서만 존재하는 지식이다. 또 일부는 기업 강령이나 홍보물 또는 사내 화장실의 사기 진작 포스터에 적혀서 존재하기도 한다. 이런 지식 대다수는 비공식적으로 탄생하지만 나중에 효과가 입증되면 회사의 구조 안에 제도화된다. 수년간 한 가지 방식으로만 공동 업무를 수행해 온 팀이 어느 날 자체 협의만으로 일하는 방식을 조금 변경했다가 얼마 후 다시 완전히 방식을 바꿔 일할 수도 있다.

기업의 정보처리 시스템을 움직이는 것의 일부는 모든 근로자의 머릿속에 든 지식, 즉 그 기업의 문화이다.

기업 문화가 곧 기술 자산이다

대기업 근무자는 매일매일 진화하는 기업 문화 속에서 일한다. 기업에 입사하면 일상 업무와 관련된 온갖 종류의 지식을 배우지만 그 가운데 공식 훈련을 통해서 배우는 것은 일부에 불과하다. 일과 중에 어떻게 행동해야 하는지, 누구에게 지시를 받고 작업 완료에 필요한 자료는 어떻게 구해야 하는지 그리고 가장 중요한 지식인 어떻게 행동해야 보상을 받는지 등을 일상적으로 배운다. 회사에 근무하는 사람은 누구나 이런 환경에서 일한다. 그리고 그들의 업무 취지는 정보를 취득하여 선별한 다음 의사 결정권자에게 이르도록 보고해 적극적인 반응을 이끌어 내는 것이다. 그러한 정보의 흐름이 어떤 제품을 어떻게 생산할 것인지,

어떤 거래를 성사시킬 것인지 또는 새로운 기술 플랫폼의 중점을 수익성과 유저의 확대 중 어디에 둘 것인지 등을 결정한다. 정보 흐름에 따라 내려진 결정이 기업의 성패를 가름한다.

내가 근무하는 《이코노미스트》는 1843년부터 주간지를 발행한 회사로 강력한 문화를 발전시켜 왔다. 그래서 다양한 업무 관행과 복잡하면서도 유연한 주간 생산 리듬을 보유한다. 세월이 흘러 그 기원은 잃어버렸지만 아직도 여전히 살아 움직이는 오랜 관행도 있다. 예를 들면 완성된 조판을 인쇄기에 걸기 전에 거치는 여러 단계는 지난 세기를 거치면서 모양새가 갖춰졌다. 인쇄 기술이 극적으로 발전하고 인쇄 노동조합의 영향력이 급변한 그 100년 동안에 말이다.

인쇄가 디지털 방식으로 바뀌고 나서도 전통적인 방식을 고수하는 이유는 무엇인가? 기존 방식이 생산과 관련해 뜻밖의 이점이 있어서 계속 그렇게 해야 하는 건지 아니면 그저 폐기해야 할 과거의 유물일 뿐인지 우리 중 누구도 자신 있게 말할 수 없다. 원래 《이코노미스트》는 전통을 바꾸는 일에 종종 그렇게 신중한 자세를 취하지만 그것은 단순히 (적어도 내부 관리 방식이) 다소 보수적인 조직이라서 그런 것만은 아니다. 그보다는 《이코노미스트》의 역사적인 성공이 여기저기 흩어져 있는 저널리스트와 편집자의 식견과 능력을 결집시켜 훌륭한 주간지를 발행하고 수익을 내는 편집 체제에 근간을 두고 있다고 보기 때문에 변화를 꺼리는 것이다. 편집 업무의 프로세스는 때로 마술처럼 보인다. 마치 효율적인 하나의 정보처리 유기체가 잡지 편집 업무를 수행하는 것처럼 느껴진다.

《이코노미스트》 기업 문화의 일부 면모는 공공연히 드러난다. 근무 조직은 공개돼 있고 기업의 '하드웨어' 역시 일목요연하게 밝혀져 있다. 런던 본사를 비롯해 물리적 사무실이 여러 개 있고 네트워크 내에 좀 더 느슨하게 구성된 조직도 몇 개 두고 있다.《이코노미스트》에는 수십 년간의 출간 역사를 통해 진화해 온 세부 문체 지침도 있어 집필자들이 참조할 수 있다.

《이코노미스트》의 기업 문화에는 말로 다 설명할 수 없는 부분들이 있는데 거기에는 아주 중요한 것들도 많이 포함된다. 어떤 기사는 금융 부문에 실리고 여러 분야가 혼합된 기사는 어디에 실려야 하는지 그리고 원고는 어디에 보관해야 하는지 등에 대한 내용이 어딘가에 명시되어 있을 수도 있다. 그렇지만 어디에 명시돼 있는지는 모르겠다. 금융 부문 담당자들 역시 이와 같은 것들을 생각할 때 지침서 같은 것을 참조하지 않는다. 우리 모두의 머릿속에 들어 있는《이코노미스트》가 실제의 지침서인 셈이다. 일의 진행 방식에 대한 일반적인 감각은 고참 직원들의 머릿속에 들어 있다. 시간이 흐르면서 오랜 관행을 계속 접한 신참 직원들이 그런 지식을 흡수한다. 우리 회사를 우리 회사답게 만드는 것은 주간지를 출간하는 사업이 아니라 수많은 일련의 과정으로 구성된 일을 수행하는 방식이다. 그렇게 구성된 프로그램을 돌려서 얻는 결과가 바로《이코노미스트》라는 주간지이다.

직원은 직업 안정성과 더 나아가 급여 인상을 원한다. 종업원의 그러한 욕구는 가시적인 실적표와 연계된다.《이코노미스트》에서는 집필자가 기대된 주기로 기대된 기사를 기대된 품질로 내놓는 것을 중요시한다. 그러나 그게 전부는 아니다. 승진은 해당 기업 문화에서 직원이 어느 정도까지 성장할 수 있는가의 문제다. 개인적 성장의 요소가 기업 문화에 달려 있다는 얘기다. 상관에게 아부하며 늦게까지 일하는 것이 그 요소인 기업도 있고 사무실에서 권모술수를 쓰며 정치적으로 구는 것이 요소인 기업도 있으며 독창력을 발휘하여 새로운 아이디어나 제품을 고안하는 것이 중요 요소가 되는 기업도 있다.《이코노미스트》에서는 개인적 성장이 여러 가지를 의미한다. 거기에는 기사의 수준에 대한 연대책임 의식도 포함된다. 그렇기 때문에 집필자들이 편집 과정에 참여하여 격렬한 논쟁을 벌이기도 하고 기사에 대해 사심 없이 협력하며 관련 직원들의 집합적 지혜를 활용하기 위해 몇 단계에 걸쳐 수행하는 편집 과정을 두말없이 따르는 것이다. 이곳의 기업 문화는 강력하며 몇 가지 방식을 확고하게 고수한다. 그리고 그것이 지금 하는 일을 해낼 수 있는 이유이다.

거대 복합기업의 업무 방식은 어느 정도 이와 같을 것이다. 기업이 성공하려면 직원들의 행동 규범이라고 할 수 있는 기업 문화가 올바른 정보를 적절한 사람에게 적시에 전달하는 역할을 해야 한다. 이런 식의 정보처리를 촉진하는 많은 기업 조직의 진화적 속성에도 불구하고 실제로 이상적인 시스템은 존재하지 않는다. 관련성이 퇴화한 과정과 절차를 분별하여 폐기하는 일은 쉽지 않다. 편협한 인센티브 정책은 갖가지 불필요한 행동 방식을 장려할 수 있다. 기업은 실패할 수 있고 실제로 실패하기도 한다. 경쟁자가 더 나은 제품이나 서비스를 공급하기 때문만은 아니다.

경제학에서 종종 '무형자산'이라고 부르는 기업 문화가 갈수록 더 기업의 가장 중요한 기술 자산이 되고 있다. 중요한 정보를 인지하고 그것으로 무엇을 해야 하는지를 제대로 아는 능력이 광대한 수익을 올리는 회사와 파산하는 회사를 가르는 요소다.

기술의 시대, 정보처리 유기체로서의 기업과 '파괴' 현상

무형자산은 현대 기업을 움직이는, 파악하기 쉽지 않은 행동 방식 인프라로 구성된다. 그것은 애플에서 골드만삭스, 혼다(Honda)에 이르기까지 성공한 기업의 심장부에 자리하며 사람들의 업무 방식과 그 보상으로 받을 수 있는 급여를 결정한다.

무형자산에는 특허와 상표권 같은 지적 자산이나 높은 인지도의 브랜드 같은 진부하지만 중요한 것들이 포함된다. 또한 일반적인 내부 노하우도 무형자산에 포함된다. 기업은 무형자산에 투자할 수 있다. 사실 기술이 급격히 변화하는 시기라면 기업은 필수적으로 무형자산에 투자해야 한다. 신기술은 보다 효과적으로 업무를 수행할 수 있는 가능성을 제시하지만 그런 가능성을 이용하려면 기업은 일을 행하는 새로운 방법을 습득해야 한다. 그러한 무형자산을 구축하는 데 시간이 걸린다는 의미다. 그래서 예컨대 공급망 관리 소프트웨어와 같은 강력한 신기술의 등장과 그에 따른 생산성 향상 사이에 지체 현상이 발생하는 것이다. 소프트웨어를 제대로 활용하려면 기업은 보충적인 기술을 지닌 노동자를 신규로 고용해야 한다. 재고를 관리하기 위해 컴퓨터와 스캐너 등의 장비에도 투자해야 한다. 또한 공급 업체를 시스템 안으로 들여놓아야 하고 전체 노동자에게 새로운 소프트웨어의 활용법을 훈련시켜야 한다. 가장 중요하게는 새로운 업무 처리 방식을 기존의 기업 문화에 융합하기 위한 내부 프로세스를 개발해야 한다. 모든 기업 문화가 새로운 기술과 양립하여 살아남을 수는 없다. 신기술의 등장과 그것이 생산성에 미치는 영향 사이에 지체가 발생하는 또 다른 이유는 새로운 기업이 나타나 기존 기업을 몰아내는 데 시간이 걸리기 때문이다.

무형자산의 중요성은 갈수록 더욱 커지고 있다. 1970년대의 대기업은 유형적 실체였다. S&P 500에 속한 평균 기업을 그대로 복제하려면 얼마가 드는지 알아본 최근의 분석 자료가 있다. 건물과 기계장치, 기술 노하우, 노동자 등 그런 기업의 가시적 구성 요소를 취득하는 데 어느 정도의 비용이 소요되는지 분석한 것이다. 1970년대에는 이들 가시적인 요소의 총합계가 기업 가치의 80퍼센트 이상을 차지했다. 나머지 가치는 외부에 나가 사올 수 없는 무엇, 즉 당시 '암흑 물질'로 정의된 무엇으로 구성되었다. 현대에는 이 비율이 역전된 상태다. 일류 기업의 기업 가치 중 80퍼센트 이상이 어떤 것이라고 쉽사리 설명하기 어려운 무형자산에 속한다는 얘기다. 건물과 급여, 그리고 기타 등등은 가치 있는 기업을 가치 있게 만드는 작은 조각일 뿐이다.[3]

기업이 외부 업체에 아웃소싱할 수 있는 단순 업무들을 털어 넘에 따라 그런 중대한 전환이 일어났다. 반세기 전 미국의 주요 제조 업체들은 공장을 본사에서 가까운 미국 내에 유지할 필요가 있었다. 그러나 현재 미국의 주요 제조 업체인 애플은 거의 모든 제조 작업을 다른 대륙에 있는 도급 업체에 맡길 수 있다. 지구 반대편에 있는 다른 회사가 생산하는 물건을 쿠퍼티노에 있는 기술 담당 중역이 면밀히 모니터링하고 관리한다. 애플의 남은 부분, 즉 핵심 부분은 상상을 초월할 정도로 가치가 높지만 그 자산은 속성상 무형자산의 비율이 놀라울 정도로 높다. 가치는 그들의 브랜드와 지적 자산에도 존재하고, 다른 회사들이 모방하려고 안달하는 제품을 고안하도록 돕는, 애플의 엔지니어들 사이에 도사리는 그 신비한 마법 속에도 존재한다. 사회 속의 가치는 점점 더 아이디어를 기반으로 창출되며 가장 잘나가는 기업은 그런 사회에서 아이디어를 가장 효과적으로 활용할 수 있는 기업이다.

기업의 정보처리 역할은 '파괴' 현상을 이해하는 데 도움이 된다. 기존 기업들로 하여금 강력한 신기술이나 시장 기회에 적응하기 위해 분투를 벌이도록 만드는 그 파괴 현상 말이다. '파괴적' 기술의 개념을 최초로 자세히 설명한 인물은 하버드 경영대학원의 클레이턴 크리스텐슨(Clayton Christensen) 교수이다.[4] 파괴는 사업 및 경영 분야에서 지난 30년 사이에 부상한 아이디어 중 가장 중요하다고 할 수 있다. 클레이턴 크리스텐슨은 업계의 선두 주자들이 관심을 기울이는 실적표에 나쁜 영향을 끼치기 때문에 처음에는 환영받지 못하지만 곧 대세로 자리 잡아 기존 기업을 휘청거리게 만들고 업계 전체를 뒤흔드는 혁신이 바로 파괴적 혁신이라고 말한다.

크리스텐슨은 한때 용량이 크고 속도가 빠른 8인치 디스크가 시장을 장악했던 디스크 업계를 예로 들어 자신의 의견을 피력했다. 디스크 드라이브 제조 업체나 소비자 모두 처음에는 그 소형 드라이브가 실용성이 거의 없다고 생각했다. 크기가 작고 저렴한 것은 사실이지만 기존의 대형 드라이브에 비해 너무 느리고 용량이 적어 사용자를 만족시킬 수 없었다. 그러나 소형 드라이브는 퍼스널컴퓨터(PC)라는 틈새시장을 찾아냈고 놀라울 정도로 단기간에 품질 개선을 이루었다. 그러자 컴퓨팅 업계 전반에 걸쳐 고객들이 집단적으로 소형 드라이버를 택하기 시작하며 대형 드라이브 제조 업체들을 혼란에 빠뜨렸다.

크리스텐슨이 지적했듯이 이런 사례는 아주 흔하게 찾아볼 수 있다. IBM은 메인프레임 컴퓨터 시장에서 누구도 넘보지 못하던 거대한 공룡이었지만 PC가 시장에 몰아닥치자 경쟁자를 따라잡는 데 어려움을 겪었다. 시어스(Sears) 같은 유서 깊은 백화점 체인도 대형 마트들의 기습 공격에 덜미를 잡혔다. 디지털 사진과 온라인 사진 공유 앱은 거대한 필름 산업을 먹어치웠고 무력한 10대 청소년이 택한 사진 현상 기술자라는 직업을 놀랍도록 짧은 기간에 없애 버렸다.

사람들은 파괴라는 개념을 온갖 것들에 갖다 붙였다. 2014년 《뉴요커(New Yorker)》는 아무데나 '파괴'라는 용어를 갖다 붙이는 세태를 풍자한 질 레포어(Jill Lepore)의 글을 실었다. 그중 일부를 소개한다.

> 사람들 모두가 파괴하거나 파괴당하고 있다. 파괴 컨설턴트가 있고 파괴 컨퍼런스나 파괴 세미나가 성행한다. 서던캘리포니아 대학은 금년 가을 '학위는 파괴 속에 있다'라는 새로운 프로그램을 개설한다고 발표했다. 벤처 투자자인 조시 링크너(Josh Linkner)는 새로 출간한 저서 『재창조의 길(The Road to Reinvention)』에서 '파괴하라, 그렇지 않으면 파괴당할 것'이라고 경고했다. 그는 '변덕스러운 소비자 트렌드와 마찰 없는 시장, 정치적 불안'과 더불어 '아찔한 속도와 기하급수적인 복잡성 증가, 정신을 멍하게 만드는 기술 진보'는 곧 전에 겪어 본 바 없는 패닉의 시대가 도래함을 의미하는 것이라고 주장했다.[5]

기술 발전으로 스타트업들이 막대한 수익을 올리는 강대한 기업을 넘어뜨릴 수 있는 길이 열린다고 생각하는 것은 사실 매우 고지식해 보인다. 정말로 상황이 매번 그런 식으로 돌아간다고 확신할 수 있는가? 수익성이 좋은 대기업은 보유 현금이 많으므로 신기술에 투자할 수도 있고 경쟁사를 인수할 수도 있다. 대기업은 보통 숙련된 노동력을 보유한다. 따라서 대기업은 상대적으로 변화에 적응할 수 있는 유리한 위치에 있는지도 모른다.

하지만 변화에 적응하지 못하는 대기업이 많은 게 사실이다. 역설적이게도 기업 가치에서 상당 부분을 차지하는, 조직에 내재된 바로 그 무형자산 때문에 불리한 입장에 처하는 것이다. 기업 문화는 조직이 특정한 경쟁 환경에서 성장하도록 돕는 방식으로 서서히 진화한다. 성공적인 기업은 고객이 제품에 추가되기를 원하는 새로운 기능 등과 같은 시장 신호를 포착하고 기업의 경쟁력을 유지할 수 있는 방향으로 그에 반응하며 성장한다. 그러나 기존과 완전히 다른 솔루션이 소비자에게 대안으로 제시되는 경우, 정보 흐름과 관련된 기존 기업의 습성과 행동 방식, 패턴이 종종 그러한 위협을 다루는 데 적합하지 않은 것으로 드러난다.[6]

뉴스 출판 사업은 파괴적 환경에 맞춰 변화하는 일의 어려움에 관한 생생한 사례를 보여 준다. 앞서 살펴봤듯이 2004년과 2014년 사이에 미국의 신문광고 수익은 절반 이상 하락했다. 2006년 이후 뉴스 작성실의 고용은 3분의 1이 감소했다.[7] 《뉴스위크(Newsweek)》와 같은 명망 있는 잡지사가 도산했다. 여타 출판사는 손실이 나는 기업을 억만장자들이 부양해 준 덕에 도산을 면할 수 있었다.

신문이나 잡지의 광고 수익은 온라인 벼룩시장 크레이그리스트 같은 다른 웹 사이트에 안내 광고와 부동산 광고를 빼앗기면서 타격을 받았다. 또한 간행물 대다수는 구독자를 잃었다. 대체 뉴스 미디어의 급증으로 구독자 수가 줄고 있는 것이다. 급부상한 대체 미디어 몇몇은 무수히 많은 청중을 확보하며 전통적인 미디어를 파괴하고 있다.

세계 전역의 편집자와 발행인들의 레이더망에 웹 저널리즘이 최초로 잡혔을 때는 큰 위협거리가 되지 않는 것으로 보였다. 우선 한 가지 이유는 수백만 명의 구독자가 데스크톱 스크린으로 투박한 웹 사이트를 읽기 위해 기존 미디어를 버릴 것이라고는 상상할 수 없었기 때문이다.

특히 콘텐츠의 품질을 볼 때 타당한 추정이 아닐 수 없었다. 초기의 웹 저널리즘은 기사의 내용이 형편없었고 편집도 엉망이었다. 진실성이 결여되기 일쑤였고 취재의 범위도 편중되었다. 초창기 웹 사이트나 블로그는 정치와 스포츠, 기술 분야에 지나칠 정도로 집착하면서 여타의 중요한 주제를 무시했다. 다수의 블로거가 무료로 제공하는 콘텐츠로 화면을 채우는《허핑턴포스트(*Huffington Post*)》가 2005년도에 나타났을 때만 해도 독자와 편집인 모두 이 웹 매체가《이코노미스트》나《뉴욕타임스》,《가디언(*Guardian*)》의 경쟁자가 될 거라고는 생각하지 않았다. 마이크로소프트가 1996년에 만든 온라인 매거진《슬레이트(*Slate*)》같은 전문 웹 간행물은 전문성으로 인정은 받았지만 사업 모델로는 부족한 것으로 보였다.

대부분의 기존 출판사 역시 시류를 좇아 웹 사이트에 투자했지만 웹을 미래의 중요한 뉴스 시장으로 보고 초점을 맞추지는 않았다.

그러나 세상은 변했다. 지구촌의 독자들은 다양한 크기의 스크린을 통해 기사를 읽는 것을 점점 더 편안하게 받아들였다. 블로그리더(blog reader)와 구글뉴스(Google News) 같은 뉴스 수집 앱과 소셜네트워크 덕분에 흥미 있는 기사 및 관련 콘텐츠를 온라인에서 찾는 일이 점점 더 쉬워졌다.

그에 못지않게 중요한 점은 온라인 저널리즘이 경쟁자인 기존 저널리즘에 비해 커다란 이점을 누리고 있다는 사실이다. 하나는 가격인데 무료인 경우가 많았다. 전개되는 사안에 대한 빠른 반응 시간과 독자가 참여하는 대화형 기사 그리고 새로운 형식을 시도하는 실험 정신 등의 이점도 따랐다. 그러나 가장 중요한 것은 출판 및 인쇄의 낡은 인습에 얽매일 필요가 없다는 점이었다. 신생 웹 출간 업체는 내부 조직과 인센티브 체계, 즉 자신들의 문화를 아무것도 없는 상태에서 완전히 새롭게 구축했다. 그들은 기존의 출판 및 인쇄 문화를 새로운 세상에 맞추는 방법을 찾을 필요 없이 온라인 저널리즘 사업 구조에 맞게 자신들의 프로세스를 자유로이 개발할 수 있었다.

오늘날 디지털 저널리즘이 출판 기반의 미디어에 위협이 될지 여부는 더 이상 논란의 대상이 되지 않는다. 기존 출간 업체는 모두 경쟁자의 도전을 인식하고 있다. 그러나 디지털 출간의 위협을 이해한 기존 출간 업체가 자신들의 전략을 수정하여 과거 인쇄 간행물의 세계를 장악한 것처럼 웹 저널리즘의 세계를 장악할 가능성도 있다. 결국 기존의 대형 출간 업체에는 수많은 직원과 재능 있는 저널리스트, 출중한 편집자들이 포진하고 있지 않은가. 해외 지국에다 높은 명성과 가치를 자랑하는 브랜드도 보유하고 있지 않은가 말이다.

하지만 현재 막대한 자금이 디지털 스타트업에 투입되고 있는 반면 기존 출간 업체에서는 여전히 휘갈겨 쓴 메모가 돌아다니고 있고 잉크에 찌든 베테랑들의 사고를 디지털로 전환시킬 방법만 논의하고 있다. 역사가 오래된 회사에서는 젊은 저널리스트라 해도 다른 식으로 생각하기가 쉽지 않다. 당면한 인센티브 체계에 반응하고 기존의 문화에 부딪혀 흡수하게 된다. 단순히 기술에 익숙한 밀레니엄 세대를 데려온다고 디지털 조직이 되지는 않는다. 행동 방식 규범을 다시 써야 한다.

모든 경제적 변화가 파괴적인 것은 아니다. 상대적으로 지엽적인 경제적 변화는 오래된 기업의 기존 체제도 완벽하게 수용할 수 있다. 기술 변화가 시장에서 가치를 갖는 것에 대한 본질적인 속성을 크게 바꾸지 않는 한, 기술 변화로 인해 기존 기업이 곤경에 빠지는 경우는 드물다. 오히려 아주 잘 풀리는 경우도 있다. 디지털 혁명 초창기 몇십 년은 다수의 기존 출판사에게 호시절이었다. 컴퓨터 덕분에 출판 원가가 엄청나게 절감되었고 출판물의 외양은 더욱 근사해졌다. 또한 이메일 덕분에 해외 특파원과의 통신이나 해외 정보 수집이 훨씬 수월해졌다. 그러나 보다 극적인 변화가 일어나자 문제들이 대두하기 시작했다.

《이코노미스트》의 경우 온라인 미디어라는 경쟁자들의 도전을 이미 오래전부터 인지했다. 그래서 그에 대한 대응 차원에서 일련의 디지털 상품을 개발했다. 웹 사이트와 구색을 갖춘 블로그들, 종이 출간물의 태블릿 및 스마트폰 버전 그리고 영상 사업부 등이다. 그러나 인쇄 간행물을 만들 때는 그토록 효율적이던 내부 조직이 디지털 작업에는 걸림돌이 되었다. 편집국의 모든 것이 주간 근무 일정부터 뉴스거리를 식별하는 감, 기사를 쓰는 익숙한 방식(즉 정해진 문체와 기사 길이, 제시 방법 등)에 이르기까지 특정한 간행물을 창출하도록 설계되어 있었기 때문이다. 이러한 내부 구조가 우리의 상상력에 제동을 걸었다. 온라인 기사 이외의 다른 일은 신경 쓸 필요가 없는 다른 조직에 비해 온라인 기사를 올리는 일에 창의성을 발휘하기가 더 어려웠던 것이다. 우리의 업무 구조는 웹에 접근하는 우리의 접근 방식에도 미묘하게 영향을 끼쳤다. 우리는 디지털 출간 업체들이 들여다보는 곳과는 다른 장소에서 흥미 있는 기사거리를 찾았다. 소셜미디어보다는 전통적인 일간지 기사나 여타 인쇄 간행물의 저널리스트들과 나누는 대화 또는 우리가 보유한 기존 자료에서 찾았다는 얘기다.

이런 식의 관행은 기존 출간 업체가 디지털 작업에 투입하는 자원에도 영향을 미친다. 파괴의 도전에 직면한 기업을 조사한 결과 그들이 급진적으로 다른 방향으로 진행되는 프로젝트보다는 점진적인 혁신에 더 많이 투자하는 경향이 있다는 사실이 밝혀졌다.[8] 예를 들어《이코노미스트》는 오프라인 인쇄판의 태블릿 버전을 최고 수준의 품질로 제작하는 것을 최우선 순위에 두었다. 유용한 디지털판이었지만 여전히 인쇄판을 기본으로 삼았으며, 그렇게 온라인 주간 뉴스 패키지를 구성해 구독료를 부과했다.(실로 인쇄판 구독자가 우편으로 받는 주간지와 똑같은 내용이었다.) 멀티미디어 부서를 신설하는 등 좀 더 급진적인 변화에도 투자했다. 하지만 연구 조사 결과는 또 이미 체계가 확립된 기업의 급진적인 투자는 스타트업의 유사한 투자에 비해 생산성이 훨씬 낮다고 말하고 있다. 그 이유는 기존의 인센티브 구조가 제약을 가하기 때문이다.

기존의 인센티브 구조는 《이코노미스트》를 포함해 위협에 직면한 모든 기업에서 실질적인 장애로 작용한다. 《이코노미스트》에서 기존의 인센티브 구조가 직원들에게 미치는 가장 중요한 영향은 여전히 가장 중점을 두어야 할 것은 오프라인 간행물이라는 강한 신호를 보낸다는 점이다. 편집자들은 저널리스트들에게 블로그 포스팅이나 멀티미디어 등의 온라인 콘텐츠에 좀 더 시간과 관심을 쏟으라고 일상적으로 말한다. 하지만 늘 시간에 쫓기는 저널리스트들은 나름대로 우선순위를 정해야 한다. 그들의 기업 문화는 마감이 임박하면 오프라인 간행물에 우선순위를 두라고 지시한다. 오프라인 간행물 관련 작업을 정상적으로 마친 후에 최고 수준의 온라인 간행물이든 뭐든 시도하라고 내부 신호가 소리 지르는 환경에서 최고 수준의 온라인 간행물을 개발하기란 쉽지 않은 법이다.

미디어 분야만 이런 역학에 직면한 것이 아니다. IBM 같은 컴퓨터 제조 업체들은 메인프레임 사업 시스템의 개발에서는 누구도 따라잡기 어려운 수준의 고도로 정교한 내부 구조를 발전시켰다. 그러나 그러한 내부 구조는 데스크톱 컴퓨터의 위협에 대한 인식을 지연시켰고 마침내 데스크톱 시장에 진출했을 때는 서투른 행보를 밟게 만들었다. 사실 IBM은 사내 메인프레임 문화의 영향을 피하기 위해 PC 사업만을 진행하는 준(準)자치 부서까지 설치하는 노력을 기울였다. 하지만 기존 메인프레임 사업부 직원들이 PC 사업부로 인해 자신들의 제품 판매에 부정적인 영향이 발생한다고 불평하자 결국 PC 사업부를 병합해 버리고 말았다.[9]

일류가 되기 위해 수십 년간 사내 문화를 특정 경제 환경에 최적화시켜 온 기업이 새로운 환경에 그 문화를 적응시키려면 실로 대단한 노력을 기울여야 한다. 구시대에 직원들의 일과를 돌아가게 만들었던 그 모든 인센티브 구조가 신시대에서는 커다란 부담으로 작용할 수 있다. 물론 역사가 오래된 기업이 환경 변화에서도 살아남아 번성하는 경우가 없는 것은 아니지만 새로운 기회를 활용하는 측면에서는 신생 기업들이 훨씬 뛰어난 면모를 보여 준다. 그 주된 이유는 신생 기업들이 백지 상태의 조직 구조로 경쟁에 임하기 때문이다.

기업 문화의 결실

기업에 존재의 이유를 제공하는 것, 즉 기업의 심장은 결국 내부에서 진화하는 체계인 기업 문화와 인센티브 구조이며, 그것이 이제 기업을 정보처리 기계로 변신시키고 있다. 기업 문화는 기업이 성공할지 또는 실패할지 아니면 근근이 명맥을 이어 갈지를 결정하는 요소다. 혁신적인 신기술이 출현하면 기업 문화에 따라 기업의 대응 양상이 달라진다. 기업가의 중요한 역할 중 하나는 새로운 기업 문화가 형성될 공간을 창출하는 것, 다시 말해서 보다 성공적인 기업의 레이더망을 피해 신기술을 최대한 활용할 수 있는 새로운 업무 처리 구조를 만드는 것이다.

직원들은 기업 문화를 보다 개인적인 것으로 인식한다. 그것이 일상적인 근무 환경을 지배하기 때문이다. 또한 기업 문화는 연봉 협상 시 직원이 가진 교섭력에도 영향을 미친다. 기업 문화는 일을 즐거운 것으로 만들 수도 있고 고통스러운 것으로 만들 수도 있으며 직원이 따를 수 있는 직업적 경로를 형성한다.

기업 문화의 목적은 사장이 원하는 종류의 사업적 결실을 맺는 행동 방식을 독려하는 것이다. 그 결실은 혁신일 수도 있고 평판을 높일 만한 배당금일 수도 있으며 매출이나 이익일 수도 있다. 돈은 중요하다. 직원은 월급을 받기 위해 일하고 기업은 때로 특정한 성과 목표에 급여나 보너스를 연계시키기도 한다. (기업 문화에 따라 연봉 협상에 접근하는 방식에도 차이가 있다. 직원들이 금전적 보상을 참고 기다리는 게 관행인 회사가 있는가 하면 '우는 아이에게 젖 주는' 식이 관행인 회사도 있다.)

돈은 사람들 대부분이 회사에서 일하는 궁극적인 이유이지만, 일상적인 행동 방식을 형성하는 데 금전적 보상을 이용하는 일은 용이하지 않다. 업무는 대개 협업과 고도의 사회성을 필요로 한다. 그리고 금전적 인센티브는 승진 기회와 밀접하게 연계되기 마련이다. 직원들이 열심히 일하는 이유는 보수가 더 높은 지위나 책임 및 결정권이 더 큰 지위에 올라가기 위해서다. 기업 문화 속에서 성장하는 사람에 대한 장기적인 보상은 승진과 급여 인상이다.

기업 문화를 배우고 기업 문화 속에서 성장하는 것이 바로 회사에서의 성공을 의미한다. 상호작용이 중요하고 일을 정량화하기가 쉽지 않은 복합기업에서는 별개의 작업 산출물이 직원의 주된 성과가 될 수 없다. 그보다는 업무 절차에 따라 진행하는 과정이 직무의 중요한 부분이며 업무 절차 자체가 생산 프로세스의 필수 부분을 이룬다. 삼류 기업에서 업무 절차는 의미 없는 회의나 무분별한 사내 정치를 의미한다. 우량한 회사의 업무 절차는 목적을 갖는다. 예를 들면 관련자 사이에 정보를 공유하기 위한 목적 또는 해당 정보를 토대로 최선의 조치를 취할 수 있는 아이디어를 구하기 위한 목적 등을 들 수 있다.

이런 종류의 환경에서 근무는 동료 직원과 관계를 맺으며 조직 내에서 자신의 역할을 찾는 것을 의미한다. 어떤 종류의 행동 방식을 보이면 상사가 좋아하거나 눈살을 찌푸리는지 그리고 완료된 작업의 어떤 측면이 철저한 검토의 대상이 되는지 등을 습득해야 한다는 뜻이다. 또한 상사에게 필요한 정보와 불필요한 정보가 무엇인지, 어떤 결정은 상사가 직접 내리길 좋아하고 어떤 결정은 자신이 직접 내릴 필요가 없다고 생각하는지 등을 알아내야 한다.

동급 직원이나 상사 또는 부하 직원과의 관계에서는 이들을 움직이는 직접적인 동기가 무엇인지 이해해야 한다. 어떤 직원은 다른 사람을 돕고 싶다거나 실망시키고 싶지 않다는 이타심이 동기가 되어 무언가를 한다. 직무에 대한 존중도 예로 들 수 있다. 어떤 사람에게는 일에 대한 자부심에 호소하는 것이 동기부여의 유용한 방법이 된다는 얘기다. 또 어떤 직원은 '기브 앤드 테이크'식의 거래 관계를 원한다. 나중에 도움을 받을 수 있을 거라고 생각되면 도움을 주는 사람들인 셈이다. 많은 사람들이 특정한 평판을 쌓거나 유지할 목적으로 과업을 받아들이거나 특별한 방식으로 완수한다. 예컨대 항상 잔업을 받아들이는 사람이라든가 또는 초자연적으로 세심한 사람, 혹은 많은 일을 신속하게 완수할 수 있는 사람이라는 등의 평판 말이다.

그러나 가장 성공적인 기업 문화는 진정한 동료 의식을 고취시키는 문화이다. 이런 회사에서는 직원들이 동료를 좋아하고 존경하며 돕는다. 다른 이유가 있어서가 아니라 협력이 유익하다고 믿기 때문이다. 직원들은 주인 의식을 고양한다. 회사와 한 몸이라고 생각하고 회사가 잘되기를 바라기에 열심히 일한다. 또한 회사의 사업을 자랑스럽게 생각하며 회사가 잘되면 자신들도 잘될 거라고 믿기에 열심히 일한다. 이런 문화는 실로 매력적이고 강력하다. 서로 협력해서 놀라운 결과물을 만들어 내는 재능 있는 사람들, 서로 친구가 되어 진정으로 가치가 있다고 믿는 임무를 수행하는 사람들에 둘러싸여 일하면 기업이라는 것이 어느 정도 중요한 수준으로 이익과 손실에 초점을 맞추는 조직이라는 사실을 잊기도 한다.

이러한 환경의 인센티브 구조는 사회주의적 성격이 강하다. 어떤 면에서는 공산 사회주의적이기도 하다. 그것이 종국에는 개별 보상이 있을 것이라는 믿음을 갖고 특정한 공동 목표를 달성하기 위해 해야 할 일을 찾는 사람들을 대변하기 때문이다. 훌륭한 회사는 인간 본성과 사회적 상호작용을 복잡한 정보처리 메커니즘의 한 부분으로 만든다. 인간으로 구성된 컴퓨터를 만드는 셈이다. 금전적 필요와 시장의 규율이 사업을 움직이는 힘의 원천을 대변하지만, 실제로 업무를 실행시키는 인센티브 구조는 자본주의보다는 사회주의에 가깝다.

기업을 이런 시각에서 보면 기이하게 보일 수도 있는 많은 현상을 이해할 수 있다. 예컨대 대안으로 재택근무를 선택할 수 있는데도 사무실을 없애지 않고 존속시키는 것과 같은 현상 말이다. 개개인의 작업 결과만을 중요시하고 손쉽게 평가할 수 있다면 재택근무는 합리적인 대안이 될 수 있다. 그러나 사회적 상호작용이 생산 프로세스의 핵심부를 이룬다면 사람들이 같은 사무실에 모여 서로 부딪히며 동일 문화 속에서 생활하는 것이 극도로 중요하다.

21세기 기업의 사회주의적 성격은 또한 사업의 과실을 누가 취하는지를 결정하는 데 영향을 미친다. 지난 세대 전반에 걸쳐 진행된 미국 내 소득 불평등의 확대는 많은 부분이, 아마도 대부분이 기업과 기업 간의 임금 차가 커졌기 때문이지 기업 내 임금 차가 커졌기 때문이 아니다.[10] 기업이 보유하는 정보처리 역량과 기업 문화의 중요성이 커지면서 성공적인 기업에서 일하는 노동자들이 그렇지 않은 기업에서 일하는 노동자들에 비해 훨씬 큰 혜택을 누리게 된 것이다.

성공적인 기업에서도 날로 중요성이 커진 기업 문화가 보상의 분배 방식을 결정했다. 미국 전역에서 고위 중역들의 보수는 기업의 평균치보다 더 많이 상승했다. 그 이유는 무엇인가?

예를 들어 어떤 기업이 강력한 내부 문화를 지니고 있고 그 문화가 기업이 향유하는 성공의 주요 요소라고 하자. 그런 문화는 해당 기업에서 일하는 모든 사람의 머릿속에서 살아 숨 쉬며 모든 구성원의 생산성을 높인다. 그것이 사회적 상호작용(그리고 결과적으로 정보의 흐름)에 영향을 미치는 방식 때문에 그러하다.

그런 기업 문화는 공동의 자산이다. 어떤 직원도 퇴사하면서 그것을 가지고 나가겠다고 위협할 수는 없다. 오히려 직원들은 성공적인 기업 문화 속에서 벌 수 있는 소득이 다른 곳에서 벌 수 있는 소득에 훨씬 못 미친다는 사실을 깨닫게 된다. 기업 문화는 누가 됐건 한 개인의 소유가 아니다. 노동자들이든 고위 경영진이든 쉽사리 바꿀 수 없는 게 문화다. 기업 문화가 성공을 불러일으키는 단 하나의 이유는 직원들이 그것을 회사에서 일을 처리하는 당연한 방식으로 받아들이고 학습하기 때문이다. 하지만 강력한 문화를 지닌 기업이 창출한 이익도 결국에는 분배해야 한다.

이때 노동자는 대부분 교섭력이 부족한 입장에 처한다. 해당 기업 문화에 아무리 익숙하다 해도 다른 기업에서는 아무짝에도 소용이 없을 것이고 대체 채용 인력은 가능한 한 빨리 내부 문화를 마스터하고자 하는 강력한 유인을 가질 것이기 때문이다. 경영자와 간부들은 그럴듯한 말로 더 많은 몫을 요구할 수 있다. 기업 문화와 경영진의 주도력이나 솔선이 혼동되기 쉽기 때문이다. 게다가 관련 경험을 갖춘 노련한 경영자와 중역은 프로젝트 관리자나 사원급 직원 또는 저널리스트 등에 비해 전반적으로 희소하지 않은가. 회사가 높은 수익을 올릴수록 이들은 다른 곳으로 가겠다는 위협을 내비치기가 쉬워지고 회사는 합당한 대체 인력을 찾아나서야 하는 상황이 벌어질까 봐 우려하게 된다. 그래서 기업의 이익 중 더욱 많은 몫이 고위 경영진에게 돌아가게 되는 것이다. 직원 한 명을 해고하고 충원하는 것보다 CEO를 해고하고 대체하는 것이 비용도 훨씬 많이 들 뿐 아니라 리스크도 더욱 크기 때문이다. 이사회와 주주는 기업의 잉여 이익을 할당해야 할 필요에 직면했을 때 중역의 요구를 들어주는 편이 낫다고 판단할 가능성이 크다. 그 편이 그를 해고하고 잉여분을 노동자들에게 돌리는 것보다 인력 대체 비용이 덜 들어가므로 매력적으로 보일 수밖에 없다.

물론 직원 모두를 해고하고 대체 인력을 구하는 일은 시장에 노동력이 펑펑 남아돌 때조차 비용이 엄청나게 많이 들고 커다란 리스크가 따른다. 노동자 전체를 바꾸는 것은 당연히 중역 한 명을 대체하는 것보다 기업 문화를 훨씬 더 위태롭게 만든다. 기업의 문화 자본은 직원 모두의 머릿속에서 살기 때문이다. 직원 한 명이 그만두는 것은 위협이 되지 않지만 대다수가 그만두는 것은 커다란 위협이 된다. 결국 노동자가 조직력을 갖추면 마땅히 받아야 할 이런 문화 자본의 결실을 취할 수 있다는 얘기다. 그러나 조직을 갖추지 못하면 결실의 대부분은 중역들에게 쉽사리 넘어간다.

기업 문화가 기업의 성공에 중대한 요소라면 가장 큰 수혜자는 잔여 이익을 취하는 소유주(즉 대주주)이다. 대부분 이것은 소유주에게 뜻밖의 환상적인 행운이 된다. 일부 대주주는 대개 처음부터 사업을 일으켜 키워 온 기업가이므로 그럴듯한 말로 기업을 성공으로 이끄는 기업 문화를 형성하는 데 지대한 공헌을 했다고 주장할 수 있다. 하지만 강력한 기업 문화는 스스로 진화하면서 형성되는 것이다. 기업 문화는 기업 내부의 사회적 맥락에서 발생해 도전에 대한 구성원의 반응에 의해 형성된다. 그런 기업 문화의 결실이 누구에게 흘러가야 마땅한지는 명확하지 않다. 하지만 그것이 어디로 흘러가는지는 명확하다.

6   21세기의 사회적 자본

페나인산맥과 아일랜드해 사이에 위치한 영국의 옛 산업 중심지에는 주요 도시 몇 개가 자리한다. 그 중심에 인구 200만 명이 넘는 번화한 대도시 맨체스터가 있다. 맨체스터의 경기는 활기를 띠고 있다. 남동쪽으로 320킬로미터 넘게 떨어진 런던과 크게 다르지 않게 맨체스터 시민들은 새로 지은 유리 외벽의 고층 빌딩들과 멋진 빅토리아풍의 사무실 건물들에 출근해 경영 관리와 재무, 전문직 등에 종사한다. "한때 쇠퇴했던 노던쿼터(Northern Quarter)와 같은 지역에는 멋진 음식점과 술집들이 들어섰다. 낡은 창고들은 아파트나 나이트클럽으로 변신했다. 1991년 수백 명에 불과했던 도심 인구가 2011년 기준 1만 7000명으로 증가했다." 《이코노미스트》의 2013년 기사 내용이다.[1]

두 세기 전 맨체스터의 삶은 이와 사뭇 달랐다. 프리드리히 엥겔스(Friedrich Engels)가 기록한 다음의 내용을 보자.

더럽고 비좁은 데다 낡은 오두막, 마차바퀴에 움푹 파이고 배수구가 없거나 포장이 안 된 탓에 고르지 못한 거리, 사방에 널린 쓰레기 더미와 오물로 가득 찬 웅덩이, 그로 인해 악취가 진동하는 공기, 12개 공장의 높은 굴뚝에서 나오는 매연으로 탁해진 대기, 이런 환경에서 누더기를 걸친 여자들과 아이들이 쓰레기 더미와 진흙구덩이에서 뒹구는 돼지같이 지저분한 모습으로 북적인다. 한마디로 빈민굴이 보여 주는 광경은 구토가 나올 정도로 혐오스럽다…… 부서진 창문은 방수포로 대충 땜질하고 휘어진 문짝에 문설주는 썩어 가는, 그런 다 쓰러져 가는 오두막이나 어둡고 축축한 지하에서 오물 덩어리와 악취 속에서 사는 이들은 마치 누군가가 모종의 목적을 갖고 그런 환경에 가둔 것 같다. 그들은 실로 인간성의 가장 낮은 단계에 이르렀음에 틀림없다.[2]

맨체스터는 엥겔스와 그의 사상적 동지인 칼 마르크스(Karl Marx)에게 최종 단계에 이른 자본주의의 끔찍한 모습을 그 어느 곳보다 잘 대변하는 지역이었다. 이윤을 증대하려는 자본가들의 가혹한 공세가 자본주의 자체의 종말을 초래할 수밖에 없을 정도로 극단에 도달한 모습이 그곳에 있었다.

현재 맨체스터의 존재가 보여 주듯이 그들이 예상했던 필연적인 종말은 그다지 필연적이지 않았다. 오늘날 맨체스터의 1인당 평균 소득은 산업혁명의 가장 암울했던 시기에 비해 인플레이션을 감안하면 약 20배에 달한다. 자본과 자본주의는 일반 대중과 투쟁하기보다는 일반 대중의 편에 서게 되었다.

하지만 오늘날 노동과 자본의 관계는 또다시 노동에 적대적인 관계로 변모하고 있다. 1980년대 초 이후로 노동보다는 자본으로 흘러들어

가는 소득의 비율이 세계 전역의 경제체들에서 꾸준히 증가하고 있으며 그러한 증가의 원인을 놓고 격렬한 논쟁도 벌어지고 있다. 일부 전문가들은 디지털 기술의 도입 비용이 급격히 하락해 인적 자원을 자본 장비로 대체하는 것이 점점 더 매력적으로 변하고 있는 데서 그 원인을 찾는다. 또 일부는 자본의 몫이 증가한 주된 이유를 자산의 가치가 치솟은 탓으로 돌린다.

사실 둘 다 옳은 말이며 둘 모두가 '사회적 자본(social capital)'의 수익 증가라는 보다 포괄적인 현상의 전조가 되고 있다. 사회적 자본은 새로운 개념이 아니다. 이 용어는 지난 수십 년 동안 소셜네트워크들과 그것을 기반으로 흐르는 정보(신뢰와 가치를 포함하여)를 설명하는 데 사용되었다. 1990년대에 정치학자 로버트 퍼트넘(Robert Putnam)은 (사회단체 및 시민단체에 참여하는 인구의 감소를 근거로 삼아) 미국의 사회적 자본의 감소가 범죄 증가에서 소외 문제에 이르는, 미국 사회에 만연한 각종 병폐의 원인이라고 주장했다.[3]

사회과학자들은 다양한 방식으로 사회적 자본을 설명한다. 개인 간에 맺는 관계의 양과 질에 초점을 맞추는 사람도 있고, 특정 그룹 내에서 얻는 신뢰도 같은 것들의 폭과 깊이를 측정하여 사회적 자본의 질에 대한 척도로 삼으려는 사람도 있다. 하지만 여기서 나는 사회적 자본이라는 용어를 구체적으로 한정해서 사용하고자 한다. 이 책에서는 그 용어를 '임계수치 이상의 사람들이 공유할 때 가치가 높아지는, 맥락 의존적인 노하우'라는 의미로 사용할 것이다. 성공한 기업의 사회적 자본은 갈수록 더욱 성공의 필수 요소가 된다. 회사가 해야 할 일을 어떤 방식으로 하는지에 대한 이해의 공유는 회사가 보유한 기계 장비나 특허권보다 더 높은 가치를 지닌다.

어떤 사회가 됐건 소득의 수준과 성장 및 분배를 결정하는 데 가장 중요한 것은 사회적 자본의 깊이, 즉 정량화한다면 근로자 1인당 사회적 자본이 된다. 사회적 자본은 여러 면에서 산업자본과 다르다. 가시적이지도 않고 거래 대상이 되지도 않는다. 측정 가능한 모든 것을 계산하고 남는 잔여 가치로 평가하는 방법 말고는 측정하기도 쉽지 않다. 그러나 그것이 교섭력의 판도에 변화를 안겨 주었고 그 과정에서 성장의 혜택을 소수의 손에 집중시켰다는 측면에서 사회적 자본은 실물 자본과 매우 흡사하다. 오늘날 사회적 자본은 2세기 전의 산업자본과 유사한 경제적 역할을 수행하고 있다. 과거 노동자가 산업자본의 배치로부터 상당한 혜택을 취할 능력이 되는지 수십 년 동안 의심스러웠듯이, 우리 역시 현재의 경제 시스템을 대대적으로 개혁하지 않고는 사회적 자본이 대부분의 사람들에게 더 나은 경제 환경을 만들어 주지 않으리라는 사실을 우려해야 한다.

자본과 사회적 자본

시작하기 전에 몇 가지 용어부터 정의하자. 자본과 사회적 자본은 서로 다르지만, 나는 기업 내에서 보상의 분배를 결정할 때 둘이 유사한 역할을 한다고 주장하고 싶다. 자본은 생산에 사용하는 재화이다. 건물과 기계 및 컴퓨터 등등 사람들이 구매욕을 느끼는 상품이나 서비스를 생산하기 위해 노동자가 이용하는 모든 것을 말한다. 또한 건물과 기계, 회사 등에 대한 소유권도 자본이다. 사람들이 보유하는 부의 상당 부분은 기업의 일부에 대한 소유권인 주식의 형태를 띤다. 주식을 보유한 사람들은 배당금을 받아 자본소득을 얻거나 매수 가격보다 높은 가격에 매도하여 자본 이득을 취한다. 경제학자들이 기술 변화가 노동자들에게 어떤 영향을 미치는지 알아내려고 할 때 가장 우선적으로 생각하는 것은 신기술이 노동과 자본의 관계에 어떤 영향을 끼치는가 하는 부분이다.

이전 장에서 살펴보았듯이 각 생산요소가 취하는 소득은 생산성 및 희소성에 좌우된다. 기업은 노동력을 고용하고 자본에 투자한다. 무엇을 생산하든 기업은 생산물을 고객에게 판매한다. 판매를 통해 벌어들인 돈은 각 생산요소들에게 대가를 지불하는 데 쓰인다. 그중 일부는 노동의 대가로 지불되는 임금으로 흘러가고, 일부는 예컨대 기계류를 임대했거나 돈을 빌려 회사를 설립했다면 회사 외부의 자본 소유주에게 흘러간다. 또 일부는 예컨대 세무 당국 같은 다른 곳으로 흘러간다. 그리고 최종적으로 남은 것이 이윤이다. 기업의 소유주들은 이윤을 바로 지급받는 방식으로 직접적인 혜택을 받을 수도 있고 소유 지분의 가치를 높이는 방식으로 간접적인 혜택을 누릴 수도 있다.

이윤이 풍부하게 발생하면 노동자들은 더 높은 임금, 즉 더 큰 파이 조각을 받아야 마땅하다고 생각한다. 교섭력이 있다면 그럴 수 있다. 개별 노동자라도 시장에 희소한 기술을 보유하고 있으면 교섭력을 갖는다. 요구를 들어주지 않으면 회사를 나가겠다고 위협할 수 있기 때문이다. 이들은 회사가 결국은 더 높은 임금을 줘야 하는 사람을 뽑게 될지도 모르는 데다가 많은 비용까지 들어가는 인력 대체 절차를 가급적 피하려 한다는 사실을 잘 알기에 퇴사 위협을 가할 수 있다. 시장에 노동력이 희소한 자원으로 통하면 노동자들은 전체적으로 교섭력을 가질 수도 있다. 국가적으로 잉여 노동력이 거의 없어 기업이 공석을 채우는 데 어려움을 겪는다면 노동자들의 임금은 올라가기 마련이다. 그리고 노동자들은 단체를 구성함으로써 전체적으로 교섭력을 가질 수도 있다. 요구를 들어주지 않으면 생산을 전면 중단하고 파업에 들어가겠다는 위협에 무게를 실을 수 있기 때문이다.

그러나 노동자들이 조직력을 갖춘다 해도 교섭력에는 한계가 있을 수 있다. 예를 들어 노동자들의 무리한 요구로 인해 임금이 이윤을 낼 수 있는 수준 이상으로 오른다고 치자. 그러면 기업은 이윤을 회복하기 위해 가격 인상을 시도할 수 있지만 해당 상품의 시장에서 경쟁이 치열하면 그 역시 불가능한 일이 된다. 그러면 기업은 어떻게 하겠는가? 고임금은 결국 생산원가를 절감하고 골치 아픈 노동조합의 교섭력을 약화하기 위한 자동화를 촉진하는 결과를 낳을 수 있다. 물론 노동조합의 영향력이 충분히 강하다면 새로운 기술의 채택 속도를 통제할 수는 있겠지만 말이다.

이론상으로는 노동과 자본 모두 상대적인 생산성에서 크게 벗어나는 소득을 올릴 수 없다. 그러나 실제로 임금과 생산성은 장기간 다른 방향으로 나아갈 수도 있다. 이런 괴리 현상은 산업혁명의 초기 단계에서 수십 년 동안 진행되었다. 그런데 그런 현상이 오늘날에도 나타나고 있다. 두 경우 모두 그러한 괴리 현상을 이해하는 핵심은 자본이다.

사회적 자본은 자본이라는 오래되고 분명한 개념처럼 직관적이지 않다. 건물이나 컴퓨터 등 실물 자본은 직장에서 사람들의 행동 방식에 영향을 미친다. 우리 머릿속에 거주하는 행동 패턴인 사회적 자본 역시 마찬가지이다.

경제학자들은 국가 간 생활수준의 폭넓은 차이를 초래하는 장기적인 성장은 사회제도의 질에 달려 있다고 생각한다. 여기서 사회제도란 당연히 사유 재산권 및 법치주의 같은 것들을 말한다. 양질의 게임 규칙이 교육이나 물리적 자본 또는 지적 자산에 대한 장기 투자를 가능케 하기 때문이다.

그러나 그런 사회제도는 세상 밖 어딘가에 존재하는 유형의 실체가 아니다. 워싱턴이나 런던에 가더라도 법치주의가 보관된 장소를 방문할 수는 없다. 사회제도는 결국 다른 사람들도 똑같이 준수할 것이라는 믿음을 토대로 개개인이 준수하는 행동 방식이다. 그런 사회제도는 우리 머릿속에만 존재한다. 사회는 다양한 유형의 조직을 만들 수 있는데 이들 조직은 구성원들이 특정한 행동 방식 유형을 공유하는 공동체를 이룬다. 그런 공동체에는 정부 기관에서부터 교회, 영리기업, 크리켓 클럽 등에 이르기까지 모든 형태가 포함된다. 이들 사회제도의 집합이 그것이 소속된 사회의 사회적 자본 재고다.

사회적 자본은 특정한 사회적 맥락에서만 가치를 갖는 개별적 지식이다. 예를 들어 재산권 인정은 같은 의견을 지닌 사람들의 공동체 내부에서 지켜지는 경우가 아니라면 아무런 가치가 없다. 마찬가지로 생산성이 높은 기업의 내부 문화에 대한 이해는 그것이 행동 방식을 규정하는 해당 조직에서만 유용하다. 사회적 자본은 임계수치 이상의 사람이 모여야 기능을 발휘한다는 점에서 인적 자본과 차이가 있다.

직장 생활에서든 개인 생활에서든 우리는 항상 다른 사람과 의사소통을 하며 우리가 중시하는 것이 무엇이고 그 이유는 무엇인지 신호를 보낸다. 경제적 관점에서는 이런 소통이 별다른 의미가 없어 보일지 모른다. 하지만 기업이 아무런 이유 없이 막대한 비용을 들여 주요 도시에 사무 공간을 마련하겠는가. 사람들을 불러 모아 동료와 고객 그리고 경쟁자들과 교류하게 하기 위해서다. 그리고 그것이 사회적 자본을 육성하는 길이다.

그러나 문제는 사회적 자본이 경제를 움직이는 사람들의 머릿속에 거주하는데도 그 혜택은 금융자본의 소유주에게 불균형적으로 흘러들어 간다는 사실이다. 이러한 불일치가 심각한 경제문제의 원천이다.

자본의 부상과 그에 대한 길들이기

사회적 자본이 현대 경제에 미치는 영향은 몇 가지 중요한 면에서 19세기 산업자본의 역할과 유사한 면모를 보인다. 19세기의 처음 몇십 년은 산업시대에서 가장 참혹한 시기였다. 시골에서 제조업 도시로 몰려든 노동자들은 떼를 지어 사망했다. 질병과 범죄 그리고 불결함을 견뎌 낸 사람들은 끔찍한 환경에서 일을 했고 일과를 마치면 정신을 잃을 정도로 술을 마셨다. 산업화는 이 기간에 소수의 산업 분야에서 인상적인 생산성 향상을 안겨 주었지만 일반적으로 임금은 생필품 비용을 따라 잡지 못했으며 이는 대부분의 산업 노동자들이 이전보다 더 가난해졌음을 의미했다. 서유럽 전역에 걸쳐 성장한 체제가 몰락의 단계에 들어선 것처럼 보였다.

1760년에서 1860년까지 산업혁명의 첫 번째 세기를 거치면서 영국 경제는 성장했고 생산성도 향상되었다. 하지만 생산성이 크게 오른 것은 아니었다. 경제사학자들은 1700년부터 1830년 사이에 1인당 생산성 증가율이 평균 0.3퍼센트 정도였고 이후 가속이 붙어 1830년부터 1860년 사이에는 평균 1퍼센트를 상회한 것으로 추정한다. 그러나 비록 성장률은 낮았지만 지속적인 성장은 그 시점까지의 세계 역사와 뚜렷이 구별되는 성과였다.[4]

그럼에도 이 기간 내내 노동자들은 성장으로 인한 혜택을 거의 보지 못했다. 대신 주로 이윤만 증가시켰다. 18세기 중반부터 19세기 중반 사이에 이윤은 두 배로 올랐고[5] 노동자와는 대조적으로 자본 소유주가 차지하는 소득 비율은 약 20퍼센트에서 거의 절반으로 증가했다. 자본가들은 국민소득에서 갈수록 많은 몫을 챙겼고, 그에 따라 엄청난 부를 축적했다. 마르크스가 1848년에 쓴 선언문은 상상에 기반을 둔 것이 아니었다.

두 가지 중요한 경제 발전이 이런 결과를 초래한 것으로 보인다. 첫째 새로 지은 대규모 공장에 배치된 기계류와 같은 신기술이 노동자 1인당 생산량을 대폭 증가시켰다. 이는 도시로의 노동자 유입과 결합하여 국가의 유효 노동력 수를 엄청나게 증가시켰다. 동시에 기술의 진보는 자본 투자의 수익을 크게 향상시켰다. 고용 기회보다 노동자가 많았고 투자할 수 있는 자본보다 투자 기회가 더 많았다. 그 결과 자본에 높은 수익성이, 노동에 낮은 수익성이 따랐다. 그렇게 이윤이 풍부해진 것이다.

마르크스는 이러한 역학에서 노동과 자본 사이의 필연적인 대립 관계를 보았다. 자본가 계급은 끊임없이 이윤 극대화를 추구하면서 노동자의 역할을 기계의 톱니바퀴처럼 축소시키려고 부단한 노력을 기울였다. 마르크스는 이렇게 기술했다. "과도한 기계화와 노동 분업으로 인해 노동자계급의 노동은 개별적 특성을 모두 잃었고 결과적으로 노동이 갖는 매력도 모두 사라졌다. 노동자는 기계의 부속물로 전락했으며 가장 단순하고 가장 단조롭고 가장 쉽게 습득할 수 있는 기술만을 노동자에게 요구했다."[6]

당시 제조 부문은 갈수록 많은 부분이 공장 모델로 옮겨 가고 있었다. 이런 이동은 부분적으로 대규모 자본 장비를 이용한 생산의 경제적 논리에 기인했다. 이들 기계는 대개 수력 동력기나 증기기관으로 움직이며 연료를 많이 소모하는 대형 장치였다. 거대한 기계에 엄청난 액수의 돈을 투자한 자본가들은 기계가 부주의로 인해 손상을 입지 않도록 지대한 관심을 기울이며 가능한 한 최대한 부지런히 가동되기를 원했다. 따라서 대형 기계류는 노동자를 중앙 집중식 공장으로 이동시킨 강력한 배후 원동력이었다.[7]

인간은 산업경제 체제와 이를 구동하는 기계의 요구에 맞춰 변화해야 했다. 자본가들이 이윤을 늘리는 동안 빈약한 임금을 벌기 위해 불쾌한 도시에 몰려들어 비인간적인 거대한 산업 장치의 톱니바퀴가 되도록 강요받는 소외된 노동자들이 스스로를 적대적인 엘리트 계층의 장난감으로 인식한 것은 놀라운 일이 아니다. 산업사회의 체제를 반영하는 실제 정치운동이 일어나게 된 것도 결코 놀라운 일이 아니다. 대중은 동원하고 선동할 수 있는 힘이었고 이데올로기는 대중을 가장 효과적으로 지배하기 위해 다투었다.

마르크스는 이런 체제가 무한히 지속될 수 없다고, 다시 말해서 두 가지 재앙 중 하나가 결국 그 종말을 초래할 것이라고 생각했다. 하나는 자본가들이 한계 투자 수익이 제로(0)가 될 때까지 부를 축적해 파이가 성장을 멈추면 자본가들 사이에서 더 큰 조각을 차지하기 위한 투쟁이 벌어지게 되는 것이었고, 다른 하나는 그 전에 자본가의 손에 축적된 부가 먼저 노동자에 의한 혁명을 유발하는 것이었다.

하지만 그 두 가지 가운데 어떤 것도 실제로는 발생하지 않았다.(이상하게도 산업화 이전에 갑작스럽게 러시아에서 일어난 혁명을 제외하고는 그렇다.) 19세기 후반에 이르러 자본가들의 손에 축적된 부와 그것을 이용한 새로운 기업 및 산업에 대한 막대한 투자로 결국 자본 수익률은 낮아졌고 자본 소유주에게 흘러들어 가는 소득 비율도 더 이상 증가하지 않았지만 이것이 자본가에 대한 자본가의 투쟁으로 이어지지는 않았다.(어쨌든 아직까지는 그렇다.) 그 대신에 자본가들은 경제적 산출량에서 일정한 몫을 지속적으로 취하는 상황에 만족했다. 계속되는 기술 진보의 결과로 경제적 산출량이 계속 증가했기 때문이다. 마르크스가 예상하지 못한 결과였다. 자본가들은 그렇게 계속해서 자본을 축적하고 투자해서 상당한 수익을 올렸고, 경제활동이 확대됨에 따라 노동자가 받는 임금도 올라갔다. 이러한 상승 조류는 소득 불평등을 몰아내지는 못했지만 혁명을 저지하기에는 충분할 정도로 자본과 노동 모두를 만족시켰다. 1875년부터 제1차 세계대전이 발발하기 직전까지 세계의 선진 경제체는 매우 불평등했으나 노동자들의 생활수준이 향상된 덕분에 혁명의 열기는 발화점에 이르지 못했다.

그러나 사회들은 서로 조화를 이루며 살지 못했다. 토마 피케티가 『21세기 자본』에서 지적했듯이, 20세기 전반기 50년 동안 19세기에 심화된 불평등을 해소하기 위한 혼란의 물결이 일었다. 전쟁과 과세, 인플레이션 그리고 경제 불황으로 산업 시대가 일궈 놓은 그 거대한 부의 상당 부분이 파괴되었다. 그 결과 완전히 새로운 국가 체제가 도입되었다. 새로운 체제는 대대적인 복지 제도에 필요한 기금을 마련하기 위해 포괄적인 과세 제도를 채택했다. 그리고 이 새로운 체제는 제2차 세계대전 이후 급속히 전개된 수십 년 동안의 경제성장이 고도로 공평한 분배를 추구하도록 도왔다.[8]

그러나 자본주의를 길들이는 과정은 거칠고 험난했으며 필연적으로 이루어지지도 않았다. 노동자들은 수 세대에 걸쳐 산업화에 참여한 성과도 과시하지 못한 채 고통 속에서 죽어 갔다. 살아남은 노동자들은 정치적 권리와 경제적 교섭권을 놓고 격렬한 투쟁을 벌였다. 또 어떤 노동자들은 두 차례에 걸친 세계대전에 참전해 싸웠다. 세계대전은 전후 현대의 포괄적 자본주의 환경을 조성하는 데 일조했다. 20세기 중반의 평등한 성장과 생활수준의 급상승은 결코 저절로 이뤄진 게 아니었다.

1970년대에 접어들며 선진국에서는 노동이 아닌 자본으로 흘러드는 국민소득의 비율과 갑부에게 흘러드는 노동 소득의 비율이 모두 역사적 저점에 도달했다. 공산주의 국가들의 경제 침체는 마르크스가 자본주의의 대안으로 제시했던 체제의 종말을 재촉하고 있었다. 한편 마르크스가 주장한 자본주의의 종말은 결코 실현되지 않았다. 그러나 기술 진보가 19세기의 불안정한 정치 환경을 완화하는 데 도움이 되었다고 한다면, 자본주의의 전후 황금시대는 자유주의 시장의 절대적인 승리의 결과가 아니었다. 오히려 그러한 황금시대는 도시의 현대적 지식 노동자를 탄생시킨 사회적 혁명과 30년에 걸쳐 선진 세계를 거의 초토화시킨 참혹한 무력 충돌 그리고 그러한 참상의 자취 속에서 부상한 새로운 사회계약의 결과이기도 했다.

사회적 자본의 부상

경제에서 차지하는 사회적 자본의 중심 역할은 시간이 지남에 따라 증가하고 있으며 특히 지난 세대에 매우 중요한 역할을 한 것으로 보인다. 하지만 사회적 자본은 아주 오래전부터 경제생활의 한 기능으로 역할을 맡아 왔다. 협동 작업을 수행해야 하는 엄격한 공장 환경에서 일하려면 노동자는 기본적인 사교 기술을 습득해야 했다. 노스웨스턴 대학의 경제사학자 조엘 모커(Joel Mokyr)는 공장 기반 산업과의 경쟁으로 가

내수공업이 붕괴하자 가구의 구조도 변화했다고 지적한다.[9] 과거에는 가내 생산 활동이 곧 아이를 양육하고 교육하는 과정이었으나 작업 장소가 바뀌자 교육의 부담을 기업과 사회가 떠안게 되었다. 그런 교육이 특별히 중점을 두는 부분이 있었다고 조엘 모커는 말한다.

> 하지만 이런 교육은 본질적으로 기술이 아닌 사회성과 도덕에 주된 초점을 맞췄다. 항상 집에서만 일했던 노동자들은 지시를 준수하고 타인의 공간과 재산권을 존중하고 시간을 지키고 유순하게 굴고 때와 장소를 가려 술을 마시도록 다시 교육해야 했다. 초기의 산업자본가들은 노동력의 사회화 교육에 많은 관심을 기울였는데, 특히 회사가 필요로 하던 동기에 보다 민감하게 만들고 '하위 계층에 근면과 신앙의 습관을 훈련시키기 위해' 중산층의 가치와 태도를 주입시키도록 설계된 주일학교에 많은 시간과 노력을 쏟았다.[10]

노동자에게 기강과 복종심을 심어 주기 위한 사장의 노력은 특정 형태의 사회적 자본에 대한 투자로 나타났다. 공장 환경에 속한 모든 근로자들에게 협력을 증진시키는 특정 행동 방식을 공유하도록 만드는 경우 생산성의 향상을 기대할 수 있었기 때문이다.

공장의 출현은 또한 다른 한편으로 보다 미묘한 의미에서 사회적 상호작용의 증진을 필요로 했다. 산업 경제체가 직면한 기술 및 경제의 복잡성은 과학 및 경제의 진보에 근원을 두고 있었다. 산업적 생산에 사용되는 장비 및 공정의 복잡성은 기업 조직 자체의 복잡성과 상호작용하여 매우 혼란스러운 경제 상황을 만들어 냈고, 그로 인해 사업 경영자들은 정보를 절실히 필요로 하게 되었다.

경영의 복잡성이 증가함에 따라 기업은 노동 분업에 부가하여 정보 분업에도 점점 더 의존하게 되었다. 모든 직원이 생산공정과 관련된 세부 기술과 실무를 상세히 알기는 거의 불가능했기 때문이다. 또한 알 수 있는 모든 지식을 모든 사람이 알게 만들려면 막대한 양의 자원이 낭비될 게 뻔했기 때문이다. 포드와 같은 기업이 공정을 하위 과업으로 분할하여 효율성을 높일 수 있었던 것과 마찬가지로 공장 역시 설비를 가동하는 데 필요한 지식을 여러 다른 장소, 즉 여러 다른 사람들에게 저장함으로써 이익을 볼 수 있었다. 그러면 문제를 보다 신속히 진단하고 해결할 수 있기 때문이었다. 기업 내 노동자들에게 특정한 형태의 지식을 할당하고 필요할 때 해당 지식을 도출해 내는 의사소통의 방법을 인식하는 것은 기업이 가진 사회적 자본의 중요한 구성 요소에 해당했다.

다시 말해서 산업 시대에 인간의 노동은 단순히 기계의 일부뿐만이 아니라 회사의 보다 큰 지식 체계의 일부도 되었다는 얘기다. 이전 장에서 논한 바와 같이 공장과 기업은 대규모 정보처리 유기체이다.

1970년대부터 시작해 1980년대까지 지속된 일련의 중대한 경제적 변화가 사회적 자본의 경제적 중요성을 부각시켰다. 경제 자유화와 규제 철폐의 물결이 바로 그러한 변화였다. 영국과 미국은 1980년대에 접어들며 세율을 낮추는 한편 공공 부문을 자유화하고 민영화했다. 다른 유럽 국가들은 1990년대에 본격적으로 이를 뒤따랐다. 전후 수십 년 사이에 시작되어 긴 여정을 밟아 온 무역 자유화는 박차를 가하기 시작했고 자본시장을 국경 너머로 개방하라는 압력이 그 대열에 합류했다. 세계경제의 통합이 가속화되어 더욱 복잡해진 경제 환경을 관리할 수 있는 사회조직의 경제적 이익이 상승했다.

동시에 디지털 혁명이 대중의 의식 속에 중요한 무엇으로 인식되기 시작했다. 딱 하나만 예로 들면 계속 발전하는 고급 제조 기술로 인해 자동차 제조 공장의 일자리 다수에 대한 자동화가 가속화되었다. 컴퓨터는 이전과 전혀 다른 방식으로 직장에 자리 잡기 시작했다. 전화 통화는 더욱 저렴해졌으며 해당 업계는 휴대전화 실용화를 향한 최초의 큰 걸음을 내디뎠다.

그 결과 세계화는 더욱 진행됐지만 선진 경제체들의 생산과 무역은 '비물질화(dematerialization)' 단계에 접어들었다. 마치 컨테이너를 가득 싣고 대양을 건너는 선박이 공기 말고는 아무것도 싣지 않았다는 말처럼 들리지만, 여기서 비물질화는 서비스 부문에서 생성되는 가치의 비율이 물질적 재화의 가치에 비해 높아졌다는 의미이다.[11] 공기가 아닌 실물 자동차가 바다를 건너 옮겨졌지만 이제 생산되는 자동차의 가치 중 상당 부분은 과거에 비해 훨씬 더 효율적이고 안정적이며 안전하게 굴러가도록 만든 설계자와 엔지니어 그리고 소프트웨어 프로그래머로부터 창출되었다. 이런 현상의 전형적인 예로 아이팟을 들 수 있다. 아이팟의 부품은 여러 국가에서 조달되고 중국에서 최종 조립되지만 대부분의 가치는 미국의 기업 및 노동자에게서 생기며 가장 큰 몫은 애플 자체에서 발생한다. 애플은 제조 작업에는 일절 관여하지 않았지만 설계와 엔지니어링 작업을 수행했다. 애플은 제품을 제작하는 데 필요한 지식을 만들어 냈고 그 지식이 제품에서 가장 큰 가치 있는 부분이었다는 얘기다.[12]

생산의 비물질화는 노하우의 부상을 대변한다. 할 수 있는 일이 무엇이고 어떻게 해야 하는가에 대한 지식의 중요성이 실제 일을 하는 것보다 더 커졌다는 뜻이다. 비물질화 경제에서는 정보 흐름이 전부다. 사회적 자본은 정보 흐름을 관리하는 인간 소프트웨어이다.

노동 및 경제성장과 관련된 용어 중 서로 밀접한 연관성은 갖지만 근본적으로 다른데도 구별하기 어려운 몇 가지 개념이 있다. 인적 자본은 개인적 시간과 노력의 투자로 축적한 가치 있는 지식이지만 맥락 의존적이지 않다. 예를 들어 대수학에 대한 명확한 이해는 다양한 맥락에서 유용하게 쓰인다. 한편 자전거 타는 법이나 저글링 하는 법 같은 암묵적 지식은 다른 사람들과 쉽게 공유할 수 없는 인적 자본이다. 암묵적 지식은 반복적으로 밀접하게 접촉해야 공유할 수 있는 유용한 지식이지만 맥락 의존적이지는 않다. 영업 비밀은 특정 조직이나 회사 내에서 유지되는 지식 형태이지만 그 가치는 그다지 맥락 의존적이지 않다. 예를 들면 한 회사가 다른 회사에서 까다로운 연산 문제를 푸는 데 사용하는 소프트웨어 코드를 알아냈다면 코드를 작성한 회사의 문화를 도입하지 않아도 그것을 유용하게 사용할 수 있다.

사회적 자본은 인적 자본과 유사한 면을 갖는다. 그 역시 개인이 시간과 노력을 투자하여 축적하는 것이기 때문이다. 그러나 사회적 자본은 임계수치에 달한 다수의 사람들이 동일한 사회적 자본을 공유하는 특정한 맥락에서만 가치를 지닌다. 《이코노미스트》에서 잡지 제작에 도움을 받기 위해 아트 디자이너를 고용했다고 가정해 보자. 그 디자이너의 이미지 편집 소프트웨어 사용 기술은 이전 직장에서 현 직장으로 완벽하게 이전되어 《이코노미스트》의 다른 누군가가 해당 소프트웨어를 이해하든 그렇지 않든 관계없이 작동한다. 이런 지식은 인적 자본이다. 하지만 이미지 디자인을 《이코노미스트》의 제작 리듬에 어떻게 맞추어야 하는가에 대한 지식은 《이코노미스트》에 근무하는 다른 모든 사람이 유사한 사회적 자본을 공유할 때에만 가치를 지닌다. 이런 지식은 《이코노미스트》가 아닌 다른 출판 업체에서는 특별한 가치가 없으며 디자이너가 새 직장인 《이코노미스트》에서 이전 직장의 상응하는 사회적 자본에 의존하려 할 때에도 별로 도움이 되지 않는다.

선진 경제체에서 사회적 자본이 더욱 부각되기 시작하자 기업 내부에서만 사회적 자본이 그 중요성에 걸맞은 주목을 받지 못하고 있다는 사실이 명확해졌다. 사회적 자본의 성장은 수많은 숙련 노동자가 거주하는 대도시의 부를 키워 주었다. 1970년대 말이 되자 탈산업화와 교외화로 선진 세계의 거대 산업도시 다수가 위기에 빠졌다. 인구가 급격히 줄었기 때문이다. 1975년 뉴욕 시는 파산 직전에 이르렀다. 공동화된 도시의 거리를 펑크족이 지배하는 디스토피아적 비전으로 도시의 미래를 그린 영화가 인기를 끌었다.

그러나 1980년대에 접어들며 그와 같은 곤경을 겪은 도시 중 일부에서 전환의 조짐이 명백히 드러났다. 고도로 숙련된 인력을 상당수 보유했던 대도시는 재기의 기지개를 켰고 점차 호황의 물결을 탔다. 현재 뉴욕 시 인구는 그 어느 때보다도 많은 상태다. 샌프란시스코는 경제의 동력원이 되었고 보스턴은 호황을 누리고 있다. 새로운 고층 빌딩들이 들어서면서 런던의 스카이라인은 해마다 급변하고 있다.

전 세계에서 호황을 누리는 거대도시들은 지식의 생성과 유통을 조장하는 능력 덕분에 번창하고 있다. 이는 언제나 도시가 갖는 필연성의 일부였다. 위대한 경제학자 앨프리드 마셜은 1890년에 이렇게 설파했다. "도시에서는 거래의 마법이 전혀 신비롭지 않다. 사실상 그런 마법이 공기 중에 떠돌기 때문에 아이들이 거래의 마법 상당수를 무의식중에 배운다."[13]

지난 30년 동안 도시의 이런 기능은 더욱 중요해졌고 그것의 수익성도 더욱 높아졌다. 부분적으로는 혁신적인 아이디어의 잠재 시장이 전 세계로 확장되면서 그 가치가 상승했기 때문이다. 독창적인 금융 상품을 전 세계에 판매할 수 있고 유용한 기업용 소프트웨어를 도쿄에 있는 회사부터 탈린 및 테구시갈파에 있는 회사에까지 판매할 수 있다. 도시가 아이디어를 만들어 내는 장소이므로 아이디어의 가치가 높아지면서 도시도 같이 번성하는 것이다.

세계경제의 복잡성이 증가함에 따라 도시의 아이디어 창출 역할은 더욱 중요해졌다. 글로벌 경제 환경에서 사업체를 경영하는 것은 복잡한 일로서 세계 전역의 시장과 지사에서 정보를 수집하고 처리할 것을 요구한다. 많은 기업의 근간이 되는 정보도 복잡해졌고, 금융, 컴퓨팅, 생명공학 등 거의 모든 분야에서 기술이 발전하면서 한 사람이 여러 분야의 전문가가 되는 일도 어려워졌다. 따라서 프로젝트나 사업 전략을 실행에 옮기는 데 둘 이상의 분야에 대한 전문 지식이 필요한 경우 공동 작업은 필수적이다. 더 나은 아이디어를 도출하려면 똑똑한 사람들이 가까이 모여 복잡한 주제를 놓고 의사소통을 해야 한다. 기업과 도시는 그러한 과정을 용이하게 한다. 사회적 자본이 생산적일 수 있는 맥락을 제공하는 것이다.

그렇다면 사회적 자본은 어떻게 적용해야 생산성으로 연결되는가? 대개 수익을 내는 노하우의 개발을 통해 생산성으로 연결된다. 작금의 디지털 기술은 온갖 새로운 일을 할 수 있는 가능성을 창출하고 있다. 새로운 형태의 미디어를 개발하고 자율 운행 자동차가 도로를 달릴 수 있도록 프로그래밍하고 인간의 음성을 인식하거나 사진의 이미지를 판독하는 인공지능을 만든다. 우리 앞에는 새로운 가능성이 수없이 놓여 있다. 문제는 그런 가능성을 최상으로 활용할 수 있는 방법이다.

사회적 자본의 생산적인 적용 사례 하나는 스타트업 및 신생 기업의 커뮤니티에서 볼 수 있다. 그런 커뮤니티에서는 신기술을 활용하는 새로운 사업 모델을 시험해 보고 어떤 사업 모델이 성공하는지 확인한다. 또 다른 사례는 디지털 환경에서 성공하는 기업의 운영이나 경영 체제에서 찾을 수 있다. 그들은 나름의 기업 문화를 형성해 세계 전역의 정보를 대량으로 흡수한 후 받아들일 것과 버릴 것을 분별하여 수익성을 개선하는 방식으로 사업에 적용한다.

산업 혁명 초기에는 자본이 노동자의 생산성을 훨씬 향상시켜 유효 노동력이 남아돌게 만들었다. 자본을 생산적으로 배치할 기회가 풍부했기 때문에 자본 수익률도 높았다. 자본 투자는 경제성장을 가속화하는 데 도움이 되었지만 그러한 성장의 혜택은 생산적인 자본 투자의 기회가 다소 줄어들 때까지 이윤의 형태로 자본 소유주에게 과도하게 흘러 들어 갔다.

디지털 혁명은 현재 그런 역사를 반복하고 있다. 새로운 디지털 기술의 영리한 적용으로 유효 노동력이 또다시 풍부해지고 있다. 사회적 자본 역시 생산적으로 배치할 기회가 풍부해진 덕분에 그 수익률이 높다.

여기서 우리는 몇 가지 어려움에 직면한다. 사회적 자본에 대한 투자는 성장을 불러일으키는 데 도움이 되지만 소비를 진작시킬 수 있는 한도 내에서만 그렇다. 산업 시대에 거대한 기계 장비를 구입한 회사는 국민총생산에 직접적으로 기여했다. 구입 금액은 투자로 간주되어 국가 통계 보고서에 포함되었다. 디지털 시대에는 사회적 자본에 대한 투자가 데이터에 등록되지 않는다. 일단의 사람들이 뛰어난 사업 모델을 제시해도 국민총생산에 잡히지 않는다. 기업이 디지털 기술을 최대한 활용하기 위해 조직을 혁신해도 국민총생산에 잡히지 않는다. 이것이 어려움 중 하나이다.

또 다른 어려움은 훨씬 더 중요한 의미를 지닌다. 성장의 이익이 과도하게 이윤으로, 즉 자본의 소유주에게로 흘러들어 간다는 점이다. 그러나 자본과 사회적 자본은 이미 논한 바와 같이 동일하지 않다.

회사 내에서 실물 자본의 소유권은 일반적으로 명확히 드러난다. 회사는 외부인이 소유한 자본의 사용료를 지불하거나(건물 임대료 또는 아마존 소유의 서버 공간 사용료 등) 회사가 사용하는 자본을 직접 소유한다.(책상, 컴퓨터, 사업 운영에 필요한 지적 재산 등.) 회사가 폐업하고 자산을 매각하기로 결정하는 경우 회사에서 해고되는 노동자는 일반적으로 매각으로 얻는 자금에 대해 아무런 권리도 주장할 수 없다.

한편 인적 자본은 노동자에게 속한다. 직원이 MBA를 취득하거나 프로그래밍 언어를 배우는 데 필요한 비용을 댄다 하더라도 그 직원이 나중에 이직을 결심하면 회사는 그에게 이전에 얻은 지식을 반납하라고 요구할 수 없다. 지식은 머릿속에 들어 있어서 노동자가 미래에 맡을 업무에 계속 도움을 준다. 회사가 폐쇄되어 자산을 매각하는 경우라도 직원의 코딩 기술을 매각하지는 못한다.

그렇다면 사회적 자본은 어떠한가? 기업 문화는 해당 조직 내에서 임계수치에 달한 다수의 사람이 공유하는 경우에만 가치를 창출할 수 있다. 그러므로 사장이 사명 선언문을 발표한다고 해서 그것이 곧바로 기업 문화가 되는 것은 아니다. 충분한 수의 직원이 선언문의 내용을 회사가 현재 하고 있는 일과 자신들이 회사에서 취해야 할 행동 방식에 대한 이해에 포함시켜야만 비로소 기업 문화의 일부가 된다.

기업이 사회적 자본을 매각하려 한다면 어떻게 되는가? 이것은 무엇을 의미하는가? 회사는 온갖 종류의 지식과 개인 간의 인센티브 구조, 회사를 성공적으로 움직이게 만드는 행동 방식의 유형 등을 체계적으로 분류하고 모든 내용을 매뉴얼화한 다음 누군가에게 매뉴얼을 들려 보내 이질적인 사회적 자본을 갖춘 일단의 신규 직원들로 구성된 신생 기업의 교육을 시도할 수도 있다. 그러나 기업 문화의 어떤 측면이 유용한지 또는 구성원들의 행동 방식 중 어떤 것을 기업 문화로 간주해야 하는지 등이 명확하지 않은 경우가 많다.(직원들이 화장실에 얼마나 자주 들락거리는지는 따져 볼 것도 없이 회사마다 다르지만 이런 차이점은 아마도, 아마도, 문화의 일부라 할 수 없을 것이다.) 더욱이 사장의 사명 선언이 문화로 자리 잡으려면 그 내용이 회사의 일하는 방식에 대한 직원의 이해 속에 깊숙이 내재화되어야 하므로 기업 문화의 수출은 그것을 받아들이고자 하는 쪽에서 충분한 수의 예비 수용자들이 자신들의 행동 방식을 교정할 때에만 성공할 수 있다. 그러나 신생 기업이란 새로운 기업 문화를 받아들여야 하는 이유에 대한 이해 같은 것을 할 필요가 없는 집단이다. 신생 기업에서는 기업 문화에 대한 의문이 발생하지 않기 때문이다. 신생 기업에 합류한 사람들은 새로이 접하는 기업 문화를 내재화하여 성공하거나 내재화하지 않고 실패하거나 둘 중 하나에 속할 뿐이다.

문화는 비슷한 생각을 가진 임계수치 이상의 사람들 머릿속에서 숨 쉬는 집단 현상이다. 문화를 수출하려면 해당 문화를 공유하는 임계수치 이상의 사람들, 즉 사고방식이 비슷한 충분한 수의 사람들을 보내 외부의 새로운 문화를 받아들이려는 쪽에서 적응하고 배우는 것 외에는 다른 선택의 여지가 없게 만들어야 한다. 문화를 파괴하는 유일한 방법은 문화를 임계수치 이하로 축소시키는 것, 즉 구문화를 계속 답습하는 것이 새로운 문화에 적응하는 것보다 아무런 이득이 없는 수준 이하로 축소시키는 것이다.

그렇다면 기업은 사회적 자본을 매각할 수 있는가? 해당 사회적 자본을 공유하는 충분한 수의 사람들을 이전시키는 경우에만 가능하다.

바로 여기서 소유권 문제의 뚜렷한 윤곽이 잡힌다.

그렇다면 회사는 어떻게 직원들을 대량으로 이전시킬 수 있는가? 회사를 통째로 팔면 가능하다. 이 경우 직원이 아닌 회사의 소유주가 이전 수익을 취한다. 회사는 또한 이전에 대한 협상 자리에 해당 직원들을 포함시킬 수도 있다. 그러면 노동자도 일부 혜택을 취할 수 있다. 또는 회사에 노동조합이 있고 집단 퇴사도 불사하겠다는 합의가 이루어진다면 노동자들은 독자적으로 (자신들의 머릿속에 있는) 사회적 자본의 판매 협상에 임하여 판매 이득을 취할 수 있다. 그렇지 않으면 기존의 회사 소유주를 상대로 자신들의 머릿속에 든 사회적 자본에 대한 보상을 요구할 수도 있다.

사회적 자본은 공동 소유 성격의 자본이다. 사회적 자본을 소유한 노동자들이 단체행동을 할 수 있다면 해당 사회적 자본이 창출하는 수익 중 많은 몫을 취할 수 있다. 그들이 단체행동을 하지 못하면 사내에서 더 많은 교섭력을 지닌 소유주와 경영진이 수익 중 큰 몫을 차지하게 된다.

스타트업에 대해 고찰할 때는 사회적 자본을 염두에 두는 것이 유용하다. 그들이 성취하고자 하는 것이 바로 사회적 자본이고 사업의 방법 역시 사회적 자본이 중심이 되기 때문이다. 스타트업이 진정으로 독창적인 기술이나 사업 모델을 확보하는 수도 있다. 다른 기업들의 경쟁 위협 자체를 불허할 정도로 참신하고 비범한 경우 말이다. 그러나 그러한 경우는 생각보다 드물다. 대개 어떤 아이디어나 특정한 주제에 대한 모종의 변형을 들고 스타트업을 출범한다. 산업 분야가 새로 형성되면 초기 단계부터 성공을 바라보고 많은 기업이 뛰어들지만 살아남는 회사는 소수에 불과하다. 20세기 초반의 자동차 제조 분야 역시 마찬가지였다. 미국 디트로이트 시에는 한때 자동차를 생산해 돈을 벌 수 있는 방법을 알아내려는 예비 자동차 메이커들이 득실거렸다. 얼마 지나지 않아 자동차 산업은 크게 성공을 거둔 몇몇 거대 제조 업체가 장악했다. 인터넷 사업 분야도 빈번히 이와 유사한 패턴을 보이고 있다. 인터넷이 출현하고 지금까지 다양한 시점에 수많은 회사들이 대형 온라인 소매 업체나 검색 엔진 등이 되겠다고 벌떼처럼 몰려들었다. 그러나 각 부문에는 대개 한두 기업만 살아남았다.

이러한 경쟁의 승자는 운이 좋았거나 창업자가 천재적이어서 부상한 것일 수도 있다. 그러나 생존한 기업은 곧 생존한 문화라는 점에 주목해야 한다. 흔히 후자가 전자의 원인이 된다. 생존에 적합한 문화가 기업을 살린다는 얘기다.

브리지워터 어소시에이트(Bridgewater Associates)는 세계에서 가장 성공한 헤지 펀드 중 하나다. 1975년에 설립된 이후로 지금까지 창업자 레이 달리오(Ray Dalio)는 약 450억 달러에 달하는 순익을 올렸다. 레이 달리오는 또한 브리지워터를 1500명의 직원을 거느린 규모 있는 회사로 키워 냈다. 브리지워터는 레이 달리오가 자리에서 물러나 막대한 부를 향유하는 시점 이후에도 오랫동안 계속해서 잘 굴러갈 것이다.

규모가 커지는 동안 지속적으로 뛰어난 성과를 올리려면 기업은 헌신적인 창업자의 의지와 방향 제시 이상의 것이 필요하다. 회사의 사업 규모가 커지고 복잡해지면 최고경영자의 개별적인 관리 감독은 그 중요성이 떨어지고 대신 조직의 여타 직위에서 내리는 의사 결정의 힘이 더 중요해진다. 결국 누가 무슨 정보를 받고 누가 그 정보에 따라 조치를 취할 권한을 가지며 어떻게 그러한 조치를 조직 전반에 퍼뜨리느냐 하는 문제, 즉 정보 흐름에 모든 것이 의존하게 된다. 지금까지 살펴본 바와 같이 성장하는 회사는 정보 흐름을 관리하기 위해 내부 문화를 진화시킨다. 다시 말해서 자신들의 사회적 자본에 투자한다는 얘기다.

브리지워터와 같은 기업들은 치밀하게 계획을 세우고 준비를 해서 사회적 자본에 투자한다. 브리지워터는 독특한 문화로 유명하다. 달리오가 설정한 200개가 넘는 원칙에 따라 운영된다. 직원들은 언제 어디서든 서로에 대한 정보를 수집하여 항상 소지하고 다니는 아이패드에 기록한다. 이들은 가차 없는 투명성과 책임 의식을 요구하는 시스템을 받아들이도록 훈련된다. 《월스트리트저널》은 탐방 기사에서 다음과 같이 기술했다.

> 회사 측에 따르면 신규 채용자의 약 25퍼센트가 입사 18개월 이내에 브리지워터를 떠나지만 그 이후에는 이직률이 감소한다. 브리지워터는 하버드 대학과 다트머스 대학, 매사추세츠 공대(MIT)와 같은 일류 대학에서 최근 졸업한 학생들이 주로 취업한다. 회사에 남는 직원은 브리지워터의 철학을 받아들인다.[14]

철학, 그렇다. 보다 중요한 점은 직원들이 브리지워터 문화 속에서 성장하기 위해 그 철학을 있는 그대로 받아들이고 수용한다는 사실이다. 그들은 조직에서 정보가 어떻게 흐르는지 습득한다. 누가 누구에게 어떤 생각을 어떤 상황에서 전달할 수 있는가에 대한 이해를 넓힌다는 뜻이다. 사람들 간의 상호작용을 관할하는 규범이 외부인이 보는 회사의 행동 방식을 결정하고 회사의 발전을 돕거나 방해하는 것이 무엇인지 가름하는 것이다.

약간 더 젊은 회사인 버즈피드는 미디어와 엔터테인먼트, 광고의 세계를 장악하기 위한 노력을 기울이며 고유한 문화를 구축하고 있다.

버즈피드는 2000년대에《허핑턴포스트》의 공동 창업자인 요나 페레티 (Jonah Peretti)가《허핑턴포스트》의 분사 형태로 설립한 회사다. 2010년대에 접어들어 버즈피드는 신세대 디지털 미디어 스타트업의 선두주자로 부상했다. 버즈피드는 탐사 보도 기사든 리스트 형식의 기사든 인기 있는 동영상이든 사람들이 좋아하고 공유할 만한 것이면 어떤 디지털 콘텐츠든 수집하거나 제작해서 게재하는 웹 사이트다. 이들은 공유할 만한 콘텐츠를 제작하는 자체의 역량을 활용하여 플랫폼과 국가를 넘어서 독자를 확대하며 광고처럼 느껴지지 않는 광고를 결합시켜 수익을 올리고 있다.(기업들은 당연히 그런 광고에 기꺼이 높은 비용을 지불한다.)

버즈피드는 어떻게 성공한 것인가?《패스트 컴퍼니(*Fast Company*)》의 한 기사는 이렇게 설명한다.

버즈피드의 성공은 학습 중심의 역동적인 기업 문화에 뿌리를 두고 있다. 버즈피드는 자사 웹 사이트의 모든 기사와 동영상을 인풋으로 삼아 정교한 데이터 연산을 하는 일종의 무한 피드백 루프와 같다. 그들은 그러한 학습 과정을 통해 광고를 어떻게 제작하고 어떻게 유포하는 게 최상인지 파악한다. 그 시스템이 어떻게 작동하는지 보여 주는 다이어그램에서 페레티는 그것을 '데이터, 학습, 달러'로 간단히 함축했다.[15]

버즈피드는 빠르게 성장하며 수익을 올리고 있다. 버즈피드의 전략에는 특별한 미스터리가 숨어 있지 않다. 버즈피드는 현재 데이터 수집과 처리를 보조하는 새로운 시스템을 구축하고 있지만 그런 시스템이 회사의 핵심 우위를 대변하지는 않는다. 핵심 우위는 버즈피드의 전 직원이 버즈피드 직원답다는 것이 무엇인지를 알고 있다는 점에 있다. 매일 출근해 버즈피드 프로그램을 운영하고 버즈피드를 생성하는 그 사람들 말이다. 버즈피드의 설립을 주도한 페레티와 고위층은 기업 문화의 윤곽을 잡아 주는 역할을 했으며, 이제 회사가 성장했으므로 그 윤곽에 영향을 미칠 책임이 있다. 그렇지만 회사가 성장함에 따라 문화는 스스로 진화하며 정보의 흐름을 형성하고 버즈피드 조직의 행동 방식에 영향을 미친다.

이와 같은 성공적인 문화는 환상적인 경쟁 우위를 이룬다. 《이코노미스트》의 경영진이 버즈피드의 세부 기업 전략을 모두 알고 데이터와 기술에 자유로이 접근할 수 있어서 버즈피드 복제 기업을 만들기로 결정한다 해도 그 일은 실패로 돌아갈 수밖에 없다. 버즈피드의 최고경영진을 모두 고용하더라도 결과는 마찬가지다. 심지어 버즈피드를 통째로 인수하여 자회사로 운영한다 해도 실패할 확률이 높다. 버즈피드의 가치는 《이코노미스트》의 가치와 마찬가지로 단순히 수행하는 업무로 매겨져서는 안 된다. 다른 기업이 버즈피드처럼 그런 업무를 손쉽게 해낼 수 없다는 사실을 고려해서 매겨야 한다. 그 이유는 문화의 역할 때문이다.

내가 보기에는 이것이 스타트업이 달성하고자 하는 목표를 고찰하는 올바른 방법이다. 예를 들어 《이코노미스트》의 직원들이 아마추어 인류학자들 같은 분위기 속에서 연구 중인 뉴미디어의 세계를 생각해 보자. 그 세계에 복스(Vox)라는 온라인 전용 간행물이 있다. 복스는 재능 있는 젊은 저널리스트들이 팀을 이뤄 창간한 일반 뉴스 및 문화 간행물이다.(이 책의 집필 당시 복스는 다수의 출판물을 소유한 대형 미디어 회사 복스미디어/Vox Media 산하에서 운영되었다.) 복스는 데뷔하면서 몇 가지 전략적 자산을 보유하고 있다고 발표했다. 하나는 코러스(Chorus)라는 뛰어난 콘텐츠 관리 시스템으로, 복스는 그것을 활용하여 혁신적인 방식으로 기사를 제시했다. 다른 하나는 예컨대 미얀마나 원유 시장에 새로운 사건이 발생하면 관련된 배경과 맥락을 같이 제공해 독자들의 뉴스 이해를 돕는, 저널리즘에 대한 설명식 접근 방식이었다.[16] 세 번째는 설립자의 재능과 신뢰성, 그리고 설립자가 기존에 확보하고 있던 독자였다.

　그중 어느 것도 간행물의 특별한 성공 조건이라 할 수 없다. 많은 출판 업체가 뛰어난 출판 플랫폼을 보유하며 그중 최고의 플랫폼이라 해도《이코노미스트》같은 기존 출판 업체에서 사용하는 투박한 시스템보다 그렇게 더 뛰어난 것도 아니다. 새로운 방식으로 저널리즘에 접근한 점은 훌륭하지만 몇 세기에 걸친 저널리즘 역사는 경쟁 출판 업체의 괜찮아 보이는 형식이나 스타일만큼 베끼기 쉬운 것도 없다는 사실을 거듭 보여 주었다. 신뢰성이나 확보된 독자도 반감기를 갖기 마련이다. 어쨌든 복스는 나름대로 설득력 있는 주장을 펼친 덕분에 무사히 이륙해서 훌륭한 직원을 채용하고 몇 번의 펀딩 라운드도 성공리에 수행할 수 있었다. 그러나 장기적으로 생존하려면 그 이상의 것이 필요하다. 기업 문화가 있어야 한다는 뜻이다. 성공적인 창업자들은 벤처 기업의 성공을 촉진하는 문화를 구축한다.

　앞으로 복스가 성공 가도를 달릴지 어쩔지는 알 수 없다. 뉴스는 경쟁이 치열한 힘든 사업이다. 광고 수익을 올리기는 점점 더 어려워지고 무료 독자를 유료 구독자로 전환하는 작업은 결코 장난이 아니다. 업계의 상식을 바탕으로 생각해 보면 복스는 이 책이 출판될 무렵 훨씬 더 큰 미디어 기업에 매각될 가능성이 높다. 복스 브랜드와 복스 기업 문화를 갖춘 플랫폼에서 이득을 취할 수 있다고 판단하는 인수 기업이 나올 수도 있다는 의미다. 만약 복스가 매각되면 직접적인 이득을 얻는 쪽은 주주들일 것이다.

창업자나 소유주가 스타트업의 사회적 자본에 대한 수익 중 더 나은 몫을 취하는 것은 왠지 공평해 보인다. 한 가지 이유는 초창기에 스타트업에 합류하는 직원들은 종종 지분을 지급받고, 그럼으로써 창출되는 사회적 자본에 대한 직접적인 소유 지분을 갖기 때문이다. 또 다른 이유는 창업자가 전무한 상태 또는 거의 전무한 상태에서 기업 문화를 일구어 내며 그러기 위해 종종 자신이 가진 모든 것을 쏟아붓기 때문이다.

하지만 동시에 기업 문화는 창업자의 헌신 정도에 관계없이 강권으로 구축할 수는 없다. 제프 베조스가 아무리 거침없는 외골수 보스라 해도 아마존의 기업 문화는 직원의 참여 없이는 지속될 수 없다. 또한 직원 수가 친밀한 핵심층을 형성하는 수준 이상으로 늘어나면 기업 문화는 오픈소스 코드가 되어 구성원들이 끊임없이 다시 쓰고 편집한다.

기업의 주식을 보유한 사람들은 퇴사한 후에도 지분을 보유하고 있는 한 사회적 자본의 수익 중 일정한 몫을 취할 수 있다. 반면에 지분이 없는 노동자는 사회적 자본에 대한 투자로 인해 더 불리한 상황에 처한다. 기업 특유의 문화는 회사 외부에서는 가치를 잃기 때문에 노동자는 상사인 임원들보다 회사를 상대로 더 약한 교섭력을 갖게 되는 것이다.

회사 밖의 사회적 자본

회사만 사회적 자본이 중요성을 갖는 결합체가 아니다. 숙련 기술을 보유한 도시는 기업의 사회적 자본이 육성될 수 있는 풍토를 조성함으로써 디지털 혁명의 물결을 타고 번성한다. 이들 도시는 노동자들이 문화와 아이디어를 교환하기 위해 모이는 물리적 공간이다. 그러나 가장 중요한 사회적 자본 공동체는 단언컨대 국가일 것이다. 보스턴(~76,000달러)과 같은 부유한 미국 도시의 1인당 실질 GDP는 잭슨빌(~45,000달러)과 같은 빈곤한 도시의 1인당 실질 GDP보다 훨씬 높다.[17] 미국의 일류 로펌 파트너는 일반 로펌의 파트너가 받는 연봉의 10배를 번다. 그러나 미국의 1인당 실질 GDP는 아프리카 최빈국의 50배이며 세계 평균의 4배 이상에 달한다. 가난한 미국 도시의 별 볼 일 없는 변호사라도 극소수의 엘리트를 제외한 모든 신흥국 국민보다 매년 더 많은 수입을 올릴 거라고 기대할 수 있다.

그 이유는? 이것은 1세기 넘게 경제학자들을 괴롭히고 있는 의문이다. 나 역시 확실한 답을 제시할 수 있는 척하지는 않겠다. 그 대신에 나는 경제학자들이 '사회적 자본'이라는 제목 아래 제시한 모호한 설명을 재분류해서 내가 말하고자 하는 요점을 명확히 하겠다.

국가는 생산 과정에 더 많은 '요소'를 추가함으로써 더 부유해질 수 있다. 중국과 같은 국가가 극심한 빈곤 상태에서 중간 소득 상태로 성장할 때 일어나는 일 중 하나는 '자본 심화', 즉 노동자 1인당 할당되는 자본의 증가다. 그러나 자본 심화는 수익의 감소로 이어진다. 일단 도로 포장이나 광섬유 인프라 조성, 컴퓨터 구매 등이 대규모로 이루어지고 나면 그 후에 발생하는 추가적인 도로 포장이나 광섬유 인프라 조성, 컴퓨터 구매 등은 소득 증가에 그다지 기여하지 못한다. 그 대신 도로를 운전하고 컴퓨터를 사용하는 사람이 자신들이 보유한 자본을 보다 잘 활용할 수 있는 방법을 알아내야 한다.

내가 논하고자 하는 것은 사회적 자본의 심화 과정이다. 국가 간 빈부 격차에 대한 설명은 종종 강력한 기술을 생산성 향상에 활용하는 '기술 역량'과 법치주의, 재산권 보호, 시장 기능 등과 같은 '제도의 질'에 초점을 맞춘다. 두 가지 모두 사회적 자본이 뒷받침되어야 제대로 역할을 할 수 있다. 미국은 실체적 헌법과 법치주의 그리고 법원과 무장 경찰을 보유하며 국민들에게 끊임없이 법을 지키도록 강요한다. 하지만 미국에서의 생활은 주로 미국에서 살 때 적절한 행동 방식이 무엇인지에 대한 공통된 생각에 따라 이루어진다. 때로는 그런 공통된 생각이 주 정부(주 정부 자체가 미국 유권자의 의사를 전달하기 위해 만들어진 제도이다.)가 취하는 조치에 영향을 받는다. 법률과 법원 판결의 변화는 국민들의 행동 방식에 영향을 미친다. 제도는 국민이 사회적 자본을 수용하고 보증하기 위해 만드는 것이다. 그러나 우리의 행동 방식은 주변 사람들이 전하는 신호와 우리가 주의를 기울이기로 선택하는 문화의 수단을 통해서도 영향을 받는다.

미국을 대변하는 공유 지식은 무엇인가? 그것은 어떤 행동 방식이 적절한지, 어떤 행동 방식이 눈살을 찌푸리게 하는지 그리고 사람들이 '정상적인' 행동 방식에서 벗어났을 때 어떤 조치를 취하는 것이 적절한지에 대한 생각들로 구성된다. 또한 사회의 어떤 공식 및 비공식 제도가 신뢰할 만한지에 대한 생각들이 공유 지식을 구성하며 '훌륭한 인생'의 요소는 무엇이고 훌륭한 삶을 사는 최상의 길은 무엇인지에 대한 생각들 역시 공유 지식을 구성한다. 공유 지식은 역사에 대해 공유하는 내러티브이며 국가에 소속된 사람과 그렇지 않은 사람을 구별하는 개념이다.

모든 국가(그리고 국가가 아닌 여타의 다양한 정치 주체)는 부분적으로 사회적 자본을 토대로 세워진다. 예를 들어 영국인에게는 어떤 사람이 영국인인지에 대한 개념이 있다. 그리고 일부 국가는 다른 나라에 비해 더 많은 사회적 자본 재고를 보유한다. 스코틀랜드인이 지닌 스코틀랜드인에 대한 개념이 영국인이 지닌 영국인에 대한 개념보다 더 명확할 수 있다.

강력한 사회적 자본이 언제나 성장에 기여하는 것은 아니다. ISIS는 분명히 상대적으로 강한 사회적 자본 토대를 보유하고 있을 것이다. 그러나 그것은 혐오스러울 뿐 아니라 악의적인 유형이다.

지속 가능한 민주주의와 같은 훌륭한 통치 체제는 강하고 건전한 사회적 자본이 만들어 내는 자산이다. 강한 사회적 자본을 지닌 사회는 정부에 대한 신뢰의 위기와 같은 제도적 혼란이 닥쳐도 극복하고 살아남을 수 있다. 보완적인 사회적 자본을 갖추지 못한 사회는 외부 세력이 들어가 새로운 형태의 통치 체제를 시행해도 거기서 많은 혜택을 보지 못한다.

이런 식으로 사회를 고찰하면 경제적 성과의 차이를 좀 더 잘 이해할 수 있다. 사회적 자본은 오랜 기간에 걸쳐 진화하여 사회에서 활동하는 사람들의 머릿속에 살아 숨 쉬며(종종 정부나 기업과 같은 제도에 포함되기도 한다.) 경제적 행동 방식에 영향을 미친다. 어떤 형태의 사회적 자본은 성장에 부합하고 어떤 형태의 사회적 자본은 그렇지 않다. 선진국에서는 규범과 제도가 새로운 아이디어를 영리하게 적용해서 수익을 올리도록 뒷받침하고, 혁신을 도모하는 사람들은 자신의 노력이 시장에서 정당하게 평가받을 것이라는 확신과 벌어들이는 소득을 다른 사람들이나 국가가 부당하게 채 가지는 않을 것이라는 확신을 가질 수 있다.

그러나 사회에 대한 이와 같은 개념은 두 가지 중요한 질문을 제기한다. 첫째, 사회적 자본에 더 많이 그리고 더 잘 투자하는 방법은 무엇인가? 사회적 자본의 심화를 촉진하는 방법이 무엇이냐는 의미다. 위에서 언급했듯이 사회적 자본은 쉽게 이전할 수 없다. 과테말라에서 원한다 해도 미국이 과테말라에 사회적 자본을 빌려주거나 강제로 접목할 수 없다. 사회적 자본이 풍부한 국가는 사회적 자본이 부족한 국가에 건전한 사회적 자본의 축적을 장려하는 환경이 조성되도록 도울 수 있을 뿐이다. EU는 그러한 노선을 따라 필요한 조치를 취하는 하나의 거대한 노력이라고 할 수 있다. EU는 사회적 자본이 취약한 유럽 추변부 국가들에 개방주의와 법치주의 그리고 자유시장주의를 고무하는 유형의 사회적 자본에 투자하고 심화하도록 인센티브를 부여한다. 세계무역기구(WTO)와 같은 국제 무역협정 및 기구는 선진국들이 후진국의 사회적 자본의 심화를 적극적으로 육성하는 또 다른 방식을 대표한다. 선진국들은 문제를 일으키는 인접 국가들의 행동 방식을 개선하기 위해 지정학적 영향력을 지속적으로 활용하고 있으며, 그러한 노력은 때때로 결실을 맺기도 한다. 그러나 전반적으로 어떤 국가든 다른 나라에 사회적 자본의 축적을 독려하는 데 그다지 능숙하지 않다는 사실을 우리는 인식해야 한다.

다행히도 1인당 사회적 자본을 신장하는 매우 효과적인 방법이 하나 있다. 사회적 자본이 빈약한 국가의 국민을 사회적 자본이 풍부한 국가에서 받아들이는 방법이다. 사회적 자본은 단순히 행동 방식에 대한 정보일 뿐이다. 누군가가 어떤 회사나 국가의 사회적 자본에 내재되어 있는 정보를 습득한다 해도 해당 회사나 국가에 속한 사람들의 머릿속에 든 정보가 없어지는 것은 아니다. 내가 《이코노미스트》에 입사하여 그 조직의 문화를 내면화하기 시작했을 때 그로 인해 내 동료들이 《이코노미스트》의 업무 관련 지식을 잊어버리지는 않았다. 사회적 자본의 재고를 늘리는 가장 확실한 방법은 사회적 자본이 낮은 곳에서 높은 곳으로 사람들의 이동을 허용하는 것이다.

그렇다면 사회적 자본을 깊이 축적한 국가는 축적한 사회적 자본의 침식이나 변화를 겪지 않고 새로운 사람을 제한 없이 받아들여 동화시킬 수 있을까? 사회적 자본의 속성상 사회 안에서 활동하는 누구든 사회적 자본에 변화를 가할 수 있다. 사회적 자본이란 단순히 특정한 사회 집단 내에서 일이 돌아가는 방식에 대한 구성원의 내적 감각이라는 사실을 기억할 필요가 있다. 중요한 역학은 새로 합류한 사람들이 새로운 사회적 자본 가운데 어느 부분을 수용하기로 결정하느냐 하는 것이다. 새로 진입한 사람들이 새로운 사회적 자본을 내면화하는 것이 자신들의 이해관계와 합치한다고 느끼면 진입을 받아들이는 주체의 사회적 자본에는 큰 변화가 발생하지 않는다. 이 경우 해당 사회의 기존 구성원들은 사회적 당위성에 대한 시각을 변경할 유인을 거의 느끼지 못하게 된다.

부의 확산과 가치 분배 문제

두 번째 핵심 질문은 사회적 자본이 창출한 가치의 분배에 관한 것이다. 지난 세대 동안 사회적 자본에 따른 소득은 가장 큰 교섭력을 지닌 사람들에게 불평등한 비율로 흘러갔다. 즉 최고 경영진이나 실물 자본 또는 금융자본의 소유주 또는 토지 소유주에게로 흘러갔다. 노동자가 남아돌기 때문에 노동자들은 사회적 자본을 머릿속에 담고 있음에도 사회적 자본으로 인해 늘어난 수익 중 많은 몫을 요구할 수 없었다.

수익의 분배 방식은 결정하기가 쉽지 않다. 이후의 장에서는 이 문제와 씨름할 것이다. 그렇지만 산업 역사를 돌아보는 것은 도움이 된다. 마르크스는 노동자가 봉기해 자본의 소유권을 탈취해야 한다고 생각했다. 하지만 노동자들은 통치 수단에 접근하는 것으로 만족했다. 일례로 1840년대의 정치 혼란은 프랑스와 독일에서 정부에 변혁을 꾀하도록 직접적인 영향을 미쳤고, 그로 인해 대중의 참정권이 확대되었다. 프랑스에서는 비록 곧이어 전개된 정치 혼란으로 효력이 정지되긴 했지만 잠시나마 남성 모두가 참정권을 누리는 진보가 이뤄지기도 했다.[18] 그리고 정치 개혁이 경제정책의 변화를 이끌어 산업혁명이 수반한 최악의 측면에 제동이 걸린 경우도 있었다. 예컨대 아동의 노동시간에 대한 제한 조치이다.

그다음 세기를 거치며 노동자의 힘은 증가했다. 노동조합이라는 특정한 유형의 사회적 자본에 투자가 이루어진 덕분에 노동자는 자본 소유주의 이해관계와 균형을 이루어 경제성장의 과실과 정치적 영향력에서 더 큰 몫을 요구할 능력을 갖추었다. 선진 경제체에서 노동조합이 합법화되기 전에도 정치적이거나 심지어 혁명적인 집단행동의 위협은 정부가 노동자들의 요구를 진지하게 받아들이게 만들었다. 시간이 지남에 따라 노동조합은 합법적인 정치적 영향력을 손에 넣었다. 영국에서는 1924년에 최초로 노동당 소속 총리가 선출되었다.

산업국가는 세계대전 비용을 충당하기 위해 부자들에게 무거운 세금을 부과했다. 그리고 전후 수십 년 동안 확대된 노동의 정치적 영향력은 포괄적 복지국가를 탄생시켰다. 대부분의 국가에서 노동자들은 생산수단을 소유하지 못했지만 생산으로 발생한 소득 중 정당한 몫을 취하는 데 소극적이지 않았다.

현대로 들어서면서 상황은 또 바뀌었다. 로버트 퍼트넘은 1990년대와 2000년대에 미국에서 쇠퇴한 대표적인 사회적 자본으로 노동조합을 꼽았다. 실제로 지난 30년 동안 선진 경제체 대부분에 걸쳐 노동조합 산하에 있는 일자리의 비중이 줄어들었다. 이러한 쇠퇴는 그 토대를 이루는 경제적 트렌드들을 반영하는 동시에 더욱 악화시켰다. 성장과 그에 따른 수익을 좌우하던 사회적 자본의 변화는 그 재고의 감소보다는 그 것이 중요한 분야와 방식의 이동에서 더욱 두드러졌다.

주요한 기술혁명이 일어나 경제적으로 '유리한 고지'를 대표했던 것들의 안전을 훼손하자, 사회적 자본의 결정적인 중심은 산업을 성장시키기 위해 만족할 만한 수익의 분배에 중점을 두던 결속 및 연대에서 벗어나 새로운 사업 환경에서 신기술을 활용하여 수익을 내는 데 중점을 두는 더 적응력이 뛰어난 창업 지향적인 사회적 자본으로 이동했다. 이는 필연적인 이동으로 봐야 한다. 그리고 기술혁명의 최첨단에 선 기업과 도시에서 사람들 사이에 새로운 체제를 최대한 활용하는 동료 및 이웃과 사명감을 공유하며 성공을 열망하는 정체성이 두드러졌다. 이러한 특별한 사회적 성향이 경제성장에 가장 큰 기여를 했다고 볼 수 있다. 하지만 그런 성향이 분배에서 갖는 의미는 평등주의와 다소 거리가 멀다.

다음 장에서는 사회적 자본의 수익을 사회제도를 공유하는 공동체 전반에 걸쳐 더욱 폭넓게 공유해야 한다는 결정을 노동자가 내릴 수 있는지 여부를 계속 살펴볼 것이다. 이는 좀 더 평등한 소득 및 부의 분배를 향한 길을 살펴보는 방법이라 할 수 있다. 만약 그것이 목표라면 거기에 이르는 길에는 사회적 부의 확산을 놓고, 그리고 누구를 사회 공동체의 일원으로 간주할지를 놓고 치열한 정치적 투쟁이 동반될 것이다.

3부   디지털 경제의
오류

이른바 선진국은 전 세계 인구의 15퍼센트에 불과한 약 10억의
인구가 거주하는 소집단에 지나지 않지만, 전체 GDP의 절반을
창출한다. 그러나 인류의 미래는 대부분 선진 부국을 제외한
나머지 국가에서 일어나는 일에 좌우될 것이다.
그러나 신흥 시장의 급속한 성장은 이제 끝나 가고 있다.
디지털 혁명이 성장의 둔화에 기여하고 있으며, 빈곤 국가들이
과거 20년 동안의 성과를 반복하기는 더욱 어려워질 것이고
선진 부국들은 다시 한 번 소득 창출에 필요한 각종 사회적 자본을
거의 독점적으로 향유하게 될 것이다.

역사적으로 선진 부국은 계속 부유하고 빈곤국은 계속 가난한
경향이 있다. 이 불균형을 현실적으로 해결할 방안은 무엇인가.

7   1퍼센트의 놀이터

런던은 유럽에서 가장 부유한 도시다. 런던 중심부의 1인당 실질 생산은 EU 평균의 거의 4배이며 암스테르담, 파리 등 유럽의 다른 부유한 대도시의 2배에 가깝다. 놀라운 것은 런던의 경제적 풍요로움이 영국 내 차상위 지역에 비해 2배 이상이라는 점이다. 어느 모로 보나 런던의 경제적 특이성은 평범하지 않다.

런던 도심 지역의 부는 거리와 상점들에서 열기처럼 발산된다. 내가 근무하는 지역인 세인트제임스의 사무실 임대료는 세계에서 가장 높다.《이코노미스트》*의 편집국 사무실 주변의 거리에 늘어선 화랑들은 최소 수백만 파운드를 호가하는 미술 작품들로 가득하다. 화랑 거리와

★《이코노미스트》의 사옥은 2016년 초반에 매각되었다. 이 책의 집필 당시에는 경영진을 포함한 직원 전체가 2017년 내에 새로운 사옥으로 이전할 예정이었다. ─ 지은이

교차하는 저민 스트리트에서 양복과 셔츠를 맞춰 입으려면 터무니없는 거금을 지불해야 한다. 근처에는 요트를 구매할 수 있는 곳도 두 군데나 있고 도로를 달리는 마세라티와 벤틀리 같은 고급 승용차도 어렵지 않게 눈에 띈다.

영국 왕실의 본가도 이 지역에 위치한다. 버킹엄과 세인트 제임스 궁전이 지근거리에 있다. 하지만 이 지역에서 5000파운드짜리 그랑크뤼 등급의 고급 와인을 싹쓸이 하는 소비자는 왕실이 아니다. 그런 소비자는 증권업자들이다. 이른바 '스퀘어 마일(Square Mile)'(런던에서 가장 오래된 도심 지역)이나 카나리 선창 지역을 움직이는 것이 대형 은행이라면 웨스트엔드 지역은 헤지 펀드와 사모 펀드 기업들이 장악해 나가고 있다. 금융 산업의 부상으로 이 지역의 멋스러움에 새로운 수준의 세련됨이 더해진 셈이다.

반면 한때 런던 북부의 올드 스트리트를 중심으로 한 '실리콘 라운드어바웃' 부근에 집중되었던 기술 분야 스타트업들은 이제 동부의 쇼디치 지역이나 템스 강변의 사우스뱅크, 남서쪽의 원즈워스 지역에서 주로 볼 수 있다. 그런 곳이 바로 내가 사는 도시다. 나는 내가 엄두도 못 낼 정도의 호화로운 저택들과 출세를 위해 맹렬히 돌진하는 다양한 분야의 전문가들 틈에서 살고 있는 셈이다. 부자들과 상당한 부자들 그리고 엄청난 부자들의 놀이터로 변모한 도시에서 상류사회 생활 방식을 영위하는 전문가들에 둘러싸여서 말이다.

런던은 뉴욕이나 샌프란시스코 등과 더불어 글로벌 경제를 주도하는 실로 몇 안 되는 선진 대도시 중 하나다. 이들 선진 대도시는 디지털 경제의 기술과 제도에 완벽히 부합하는 기량과 습성을 지닌 일하는 부자들의 거주지이기도 하다. 일하는 부자들은 선진 부국의 경제적 가치 중 막대한 부분을 창출하고 관리하는 사람들이다.(그들의 소득이 국민소득의 상당부분을 차지한다.) 비숙련 노동자의 과잉 현상은 바로 일하는 부자들의 생산성에 기인한다.(일부 비숙련 노동자들은 보모나 개인 트레이너, 쇼핑 도우미 등의 형태로 부자들의 가계 소비에 다시 흡수된다.) 일하는 부자들은 선진국의 부유한 대도시에 집중적으로 거주함으로써 자신의 경력을 안정적으로 유지한다. 또한 자신의 거주 지역을 상류층의 놀이터로 바꿔 놓으며 경제성장에 따른 수익의 지나치게 많은 부분을 자신들이 점유하는 상황을 방조한다. 번영의 정점이라 할 수 있는 대도시의 상상을 초월하는 부동산 가격은 대다수의 노동 인력이 실질적으로 도시에 접근할 수 없는 원인이다. 상위 1퍼센트에 속하는 급여를 받을 수 없는 노동자나 불편한 지역의 초소형 아파트에 거주하는 대가로 엄청난 비용을 지불할 의사가 없는 노동자들은 도시 밖으로 나갈 수밖에 없다. 뉴욕이나 샌프란시스코 그리고 비범하게 번창한, 손에 꼽을 만한 대도시들과 마찬가지로 런던은 디지털 경제가 가치를 창출하는 도시이며 그 가치는 충분한 교섭력을 휘두를 수 있는 사람들에게로 흘러간다.

이들 대도시는 디지털 혁명이 소수에게 경제적 기회를 집중시키는 방식을 명확히 보여 준다. 이는 경제적 기회의 공평한 분배를 달성하는 데 관심이 있는 사람들이 직면한 도전 과제이다. 도시는 부자들의 안락한 본거지 역할을 수행하고 있고 부자들은 그것을 바꿀 생각이 없다.

거리의 생성과 소멸

몇몇 도시가 그러한 상황에 처한 것은 놀라운 일이다. 1997년《이코노미스트》의 기자 프랜시스 케언크로스(Frances Cairncross)가 쓴 『거리의 소멸, 디지털 혁명(The Death of Distance)』[1]이 출간되었다. 그녀의 저서는 디지털 혁명이 우리의 일상과 비즈니스에 어떤 변화를 가져왔으며 앞으로 어떻게 변화시켜 나갈 것인가에 대해 다루고 있다. 케언크로스의 저서는 거리를 없애야 한다고 주장하는 것처럼 보였지만 사실은 안전하고 행복하고 활기 넘치는 거리가 존재하는 세상을 예견한 것이다. 실제로 케언크로스는 과학기술 덕분에 우리가 거리를 '수용'할 수 있을 것이라 예측했다. 새롭고 더 나은 운송 기술 덕분에 공급망이 전 세계로 자유롭게 뻗어 나갈 것이고 사업도 마찬가지가 될 것이라고 했다. 기업이 각기 다른 대륙에 회계사와 변호사를 두면서도 정보 기술 덕분에 그런 거리에 구애받지 않을 것으로 본 것이다. 사람들 또한 확산될 수 있었다. 온라인 상호작용과 디지털 정보의 전송이 보다 저렴하고 쉬워질수록 가까운 거리를 유지하기 위해 도시에 밀집해야 할 필요성이 줄어들 것이기 때문이었다. 각자 조용하고 편안한 어딘가에 자리를 잡고 데이터를 주고받는 것이 훨씬 낫지 않겠는가.

케언크로스의 저서가 출간된 지 거의 20년이 지난 오늘날 디지털 기술은 실로 눈부시게 발전했다. 지구 반대편에 위치한 공장의 생산공정을 면밀하게 주시하면서 동시에 서로 다른 대륙에 있는 사람들과 화상회의를 진행할 수도 있다. 심지어 생산공정을 아예 폐기하고 필요한 것은 무엇이든 '프린트'할 수도 있다. 빛의 속도로 지구 반 바퀴를 돌아올 수 있는 디지털 사양에 따라서 말이다. 하지만 그럼에도 우리는 케언크로스의 예측과 달리 아직 거리를 수용하지 않고 있다.

우리는 오히려 거리를 말살하기 위해 아주 맹렬하게 애쓰고 있다. 사람들은 한 장소에서(혹은 필요한 경우 몇몇 장소에서) 모든 일을 해결하려

든다. 나와 타인 사이에 한 치의 거리도 용납하지 않음으로써 그것을 영원히 제거하고자 작정한 것처럼 보인다. 이 글을 쓰는 지금, 뉴욕에서 두 번째로 높은 고층 빌딩은 파크애비뉴에 위치한 주거용 건물이다. 서로 포개어져 살기로 작정한 억만장자들이 거기에 거주하고 있다.

인류 역사상 경제적 힘은 언제나 지리적으로 집중되는 양상을 보였다. 19세기 이전까지 약 1만 2000년이 넘는 기간에 인류는 주로 소규모의 정착촌에 거주했다. 도시의 인구 규모가 100만 명에 근접한 경우는 거의 없었다. 그 정도 규모의 인구는 고대 로마나 아바스 왕조 시대의 바그다드와 같은 위대한 문명국가의 수도에서나 가능했다.

근대 경제 시대, 다시 말해 산업화 시대는 단언컨대 도시의 시대였다. 산업화가 진행 중이던 1825년의 런던은 135만 명의 인구가 거주하면서 역사상 가장 큰 도시 중 하나가 되었다. 1850년에 이르며 런던의 인구는 거기서 또 100만 명이 증가했고 제1차 세계대전 직전에는 약 740만에 육박했다. 말 그대로 거대도시가 된 것이다.[2] 그러나 얼마 지나지 않아 인구 규모 면에서 런던을 능가하는 도시가 등장했다. 바로 뉴욕이다. 뉴욕 도시권역의 인구는 1860년을 전후로 100만 명 문턱에 도달했고 그로부터 100년 후에는 1500만 명에 이르렀다. 오늘날 뉴욕의 인구는 2000만을 넘어섰으며 계속 증가하고 있다.[3]

과학기술은 인류에게 유례없는 거대도시를 주거지로 제공했다. 철과 전기가 없었다면 불가능했을 일이며 근대적 농경의 발전이 없었어도 그랬을 것이다. 그러나 대도시는 산업혁명이 야기한 특이한 부작용인 것만은 아니다. 대도시는 속성상 그 자체로 과학기술이다. 대도시가 없었다면 인류는 지금보다 더 빈곤했을 것이고 더 저조한 생산성을 보유했을 것이다.

경제학자들은 도시의 번영과 성장이 이른바 규모 수익 체증(increasing returns to scale)에 기인한다고 본다. 도시의 규모가 커질수록 생산성도 증가한다는 뜻이다. 수익이 증가하지 않으면 도시는 일정 규모 이상으로 커질 수 없다. 새로운 이주자들은 도시를 더욱 혼잡스럽고 불편하게 만들 뿐 지역 경제의 생산성에 기여하는 것은 아니다. 생활수준이 떨어지면 사람들은 결국 도시를 포기하고 빠져나가기 마련이다. 이와 같은 외부 효과는 산업 역사 초기에 매우 기본적인 사실을 토대로 확인되었다. 육상 운송이 해상운송에 비해 훨씬 큰 비용이 드는 것이 그 사실이었다. 항구를 중심으로 모여든 인구는 해외시장에 대한 접근성을 극대화하였다. 그리고 그렇게 형성된 도시의 밀집성은 새로운 이주자를 유인했다. 기업은 종업원과 고객을 찾았고 노동자는 자신들을 고용해 줄 기업을 찾았기 때문이다. 도시의 성장은 그렇게 저절로 이루어졌다.

하지만 그 당시에도 도시들은 성장을 더욱 교묘하게 지원했다. 대규모의 도시 경제는 고도의 전문화를 조장했고 전문화는 생산성의 향상을 이끌어 냈다. 이에 비해 소도시가 제공할 수 있는 일자리는 소수의 상근 기계공 정도였다. 소도시의 노동자는 필연적으로 어설프게나마 온갖 기계류를 손 볼 수 있는 일반 기계공이 될 수밖에 없었다. 그런 일반화의 대가는 전문성의 결여였다. 어쩔 수 없이 온갖 기계류를 다룰 수밖에 없는 기계공은 어느 한 종류의 기계에 능통한 전문가가 될 수 없었다는 뜻이다. 그와 반대로 대도시에는 고도로 전문화된 수많은 기계공들에게 일자리를 제공할 충분한 수의 대규모 공장이 존재했다. 특정한 종류의 인쇄기 또는 타발기만을 다루는 전문 기계공이 손쉽게 일자리를 구할 수 있었다. 전문화된 노동자들은 보다 신속하게 문제점을 진단하고 해결할 수 있었다.

오늘날에도 전문화의 경제적 역할은 작지 않다. 소도시의 변호사는 일반 변호사여야 한다. 그에 비해 대도시에서는 경제의 특정 분야에만 적용되는 특정한 기업법을 전문적으로 다루는 로펌이 종류별로 등장한다. 전문화는 소비의 측면에서도 동일하게 작용한다. 소도시의 식당은 지나치게 특화된 메뉴로 틈새시장을 노리기가 힘들다. 그랬다간 가게 문을 닫을 가능성이 농후하기 때문이다. 이와 대조적으로 다양한 요리와 식사 스타일을 원하는 충분한 수의 소비자가 존재하는 대도시에서는 틈새시장이 형성될 수 있다. 대단히 다양한 고품질의 음식 문화는 잠재적 도시 이주민을 유인하는 동력이 되고 성장의 기반이 될 수익의 증대로 이어진다.

대도시는 불운에 대비할 수 있는 보험도 제공한다. 뉴욕과 같은 고밀도 미디어 시장에서 일하는 저널리스트라면 회사가 망하더라도 새로운 일자리를 구하는 것이 그리 어렵지 않은 일이다. 이에 비해 소도시는 원천적으로 미디어 분야의 일자리가 적을 뿐만 아니라 구직의 기회 또한 훨씬 적게 주어진다. 생산성이 높은 대도시에서 주로 형성되는 인적 네트워크는 도시의 보험 기능을 강화시키는 요인이다.

가장 중요한 것은 도시가 정보의 신속한 수집과 분석, 전달을 가능하게 한다는 점이다. 역사적으로 볼 때 도시는 온갖 종류의 정보를 전달하는 주요 통로 역할을 수행했다. 예전에는 실시간 금융 데이터에 접근하기를 원하는 금융 업자라면 동종의 업자들이 주로 모이는 찻집이나 선술집에 자리를 잡고 앉아 시간을 보낼 필요가 있었다. 방대한 양의 정보가 순식간에 전 세계를 돌아다니는 오늘날에는 다양한 유형의 커뮤니케이션에서 근접성의 중요도가 감소하고 있다.[*] 그러나 도시는 이메일이나 짧은 문자 메시지를 활용해 손쉽게 전송할 수 없는 정보, 다시 말해 디지털 시대에 고부가가치 생산의 기반이 되는 생산적 행동 방식의 패턴이나 복잡한 아이디어의 전달을 가능하게 함으로써 계속 번성하고 있다.

도시가 그런 역할을 수행하는 순전한 예로는 아마 샌프란시스코의 베이 에어리어가 대표적일 것이다. 그곳에서는 재능 있는 엔지니어와 야심찬 기업가 그리고 전문 투자자들이 상호 교차적인 수많은 대화에 지속적으로 참여한다. 대화의 주제는 어떤 기술이 가장 유망하며 어떤 기술이 불발탄에 그칠 것인가, 어떻게 하면 유망한 기술을 실현 가능한 비즈니스 모델로 전환할 수 있는가, 어떻게 새로운 스타트업을 지배적 기업으로 육성할 것인가 등이 주를 이룬다. 스탠퍼드 출신의 젊은 엔지니어들은 신생 스타트업에서 경험과 전문 지식을 흡수한다. 그들 중일부는 동료들과 협력해 창업에 나서고 성공한 기술 기업가들은 벤처기업 이사회에 참여해 조언과 도움을 제공한다. 실리콘밸리는 그런 행동 방식 패턴, 즉 세계 어디에서도 쉽게 복제할 수 없는 문화가 창출되는 환경을 제공한다. 동시에 외부인이 쉽게 접근할 수 없는 특정한 형태의 노하우가 순환되는 것 또한 실리콘밸리이기에 가능한 일이다.

2013년 실리콘밸리의 똑똑한 프로그래머들과 기업가들로 구성된 팀이 '슬랙(Slack)'이라는 새로운 제품을 출시했다. 슬랙은 온라인 게임 개발 과정에서 사내 협업용으로 만든 커뮤니케이션 플랫폼이었다. 게임 개발은 결국 실패로 돌아갔지만 그들은 슬랙을 만드는 과정에서 엄청난

---

* 그렇지만 기이하게도 기본적인 금융 데이터와 관련된 일부 커뮤니케이션에서는 여전히 거리가 중요시된다. 알고리즘에 기반해 극초단타 매매를 하는 중개인들은 새로운 정보에 대한 반응 및 처리 속도가 믿기 힘들 정도로 빠르다. 그래서 중개 회사들은 광섬유 케이블을 통한 정보 전송에 필요한 시간의 1000분의 1초라도 줄이기 위해 사무실을 거래소 근처로 옮기려 한다. 자체 서버를 조금이라도 거래소와 근접한 위치에 두려는 단순한 이유로 말이다. —지은이

가능성을 발견했다. 이메일이나 용량만 차지하는 여타의 사무용 커뮤니케이션 도구를 보다 자연스럽고 재미있기까지 한 무언가로 대체할 수 있으리라는 가능성이었다. 슬랙은 정해진 조직 구성원들이 사용할 수 있는 일종의 대화방으로 (프로그램 개발을 위한 코딩 작업부터 퇴근 후 회식 약속을 정하는 일까지) 목적별 대화 채널로 나눠 쓸 수 있었다. 거리의 장벽을 무너뜨릴 디지털 도구였던 셈이다. 전 세계 어디서든 진행 중인 대화방으로 들어가 동료들 간에 오가는 대화를 지켜보며 자신의 생각도 올릴 수 있었다.

슬랙은 여러 도시들에서 이루어지는 활동을 조정하는 유용한 방법이다. 그럼에도 그것은 근접성의 이점을 약화시키기보다는 오히려 강화하는 경향이 있다. 직접 대면을 통한 대화나 사무실 내에서 이루어지는 대화를 대체하기보다는 그것을 연장하는 방식이기에 그렇다. 바로 몇 분 전 커피자판기 주변에서 잡담을 주고받지 않았거나 슬랙 상에서 정해진 점심 약속에 동참하지 않았던 사람이라면 슬랙에서 교환되는 대화의 숨은 의미를 놓칠 수밖에 없지 않겠는가. 슬랙의 본사는 샌프란시스코에 있으며 전 세계의 주요 첨단 산업도시에 몇 개의 지사가 효율적으로 흩어져 있다. 슬랙의 최고 경영진과 투자자들은 실리콘밸리의 여타 기업에서 창업자들과 동료 관계나 협력 관계를 이뤘던 사람들이 주를 이룬다. 강력한 디지털 기술은 주변의 고도로 숙련되고 생산적인 사람들과 교류하는 일의 가치를 증강시킨다.

이는 현대 도시경제를 분석한 자료에도 반영되어 있다. 에드 글레이저(Ed Glaeser)와 매튜 레세거(Matthew Resseger)에 의하면 기술 중심의 도시는 성장함에 따라 생산성이 높아지지만 다른 곳은 그렇지 않다.[4] 그들은 그러한 연관성이 "근접성으로 인해 노동자의 기술 숙련도 향상과 기업가의 생산성 증대에 영향을 미치는 지식이 전파될 수 있기 때문에 도시의 밀집성이 중요하다."는 사실의 결과로 보인다고 상정했다. 기술 중심의 대도시는 노동자의 생산성을 향상시키는 데 기여한다. 실리콘밸리의 근로자는 다른 도시의 유사한 근로자에 비해 높은 임금 프리미엄을 누리지만 그렇다고 거기에 새로 도착한 사람들에게 즉시 그런 혜택이 주어지는 것은 아니다. 시간이 지남에 따라 그런 여건이 만들어지는 것이다. 이는 곧 도시가 노동자들의 지식 향상과 고용 가능성 증대에 기여하고 있다는 증거이다.

기술 중심의 도시들은 또한 지난 세대에 걸쳐 신종 직업 상당수를 창출하는 도가니가 되었다. 미국의 직업명과 직무 내용에 관한 연구를 살펴보면, 1980년대 이전까지는 신종 직업이 인지적 유형의 직무와 특별한 연관성을 갖지 않음을 알 수 있다. 그대신 보다 판에 박힌 활동의 성향을 보였다. 또한 숙련된 기술을 보유한 노동인구가 지나치게 많은 대도시는 기술의 변화에 적응하는 속도가 상대적으로 느렸던 것으로 나타났다. 그러나 이런 패턴은 미국 경제 전반에 컴퓨터가 빠르게 확산되던 1980년대 초반부터 갑작스럽게 변했다. 신종 직업들이 갑자기 인지적 성향을 띠기 시작했고 대부분 대학 졸업자의 수가 많은 도시에서 발생했다. 그런 도시들은 또한 다른 숙련된 노동자를 끌어당기는 자석이 되었다.[5] 지난 세대를 거치는 동안 수십 년 전부터 고등교육을 받은 노동자의 수가 많았던 도시에서는 대졸자 비율이 증가했지만 교육 수준이 낮은 노동자가 많았던 도시는 그 비율이 정체 또는 저하되었다.[6]

(앞서 6장에서 다루었던) 두 가지 유형의 정보가 가지는 경제적 중요성은 현대 도시의 성공을 이끄는 동력이다. 한 가지는 암묵적 지식이다. 인적 자본은 반복적이고 개인적인 상호작용 없이 쉽게 이전될 수 없다. 암

묵적 지식은 다른 사람의 수행 과정을 지켜보거나 시행착오를 거치며 피드백을 얻는 과정에서 학습될 수 있는 특별한 기술을 포함한다. 예를 들면 복잡한 글로벌 비즈니스의 경영 방법 같은 것 말이다. 지역의 기술 변화의 본질에 관한 주요 세부 사항들 또한 암묵적 지식의 구성 요소이다. 진화하는 미디어 환경으로 돌아가 보자. 디지털 출판에 대한 접근 방식은 적용 기술과 저널리스트들의 기사 생산 방식 그리고 따르는 비즈니스 모델 등의 측면에서 회사마다 각기 다르다. 동료는 물론 경쟁자를 관찰하고 그들과 상호작용하는 업계 내부자에게는 특정한 의사 결정이 내려진 이유와 그로 인해 야기된 결과가 기억의 형태로 남을 것이다. 이런 지식은 신기술을 사용하여 보다 나은 미디어 비즈니스를 구축하고자 하는 사람들에게 그 가치가 매우 높다. 궁극적으로 핵심적인 교훈은 언론 보도나 학술 논문, 서적 등의 형태로 등장하지만 유용한 지식의 전체적인 몸통은 비공식적으로 보존되는 법이다. 공동체 내에서 일하고 살아가는 사람들의 머릿속에 말이다. 지식은 사회적인 것이다. 특정 공동체 내에서 널리 공유된다는 점에서 그렇다. 하지만 맥락 의존적이지는 않다. 시애틀에 있는 야심찬 신흥 미디어 거물에게 뉴욕에 있는 미디어 기업가의 머릿속에 저장된 살아 있는 정보는 얼마든지 유용하다. 어렵지 않게 다운로드해서 이용할 수만 있다면 말이다. 정보는 처음 생성된 공동체로부터 분리되더라도 그 가치가 크게 저하되지는 않는다. 다만 분리하기가 쉽지 않을 뿐이다.

대도시가 육성하는 정보의 흐름 중 두 번째 유형인 사회적 자본은 지금까지 살펴본 바와 같이 전혀 다른 이야기다. 특정 공동체에 속한 구성원의 행동 방식을 결정짓는 맥락 의존적 지식이기 때문이다. 도시는 기업의 사회적 자본을 위한 물리적 환경을 마련해 줌으로써 경제체의 사회적 자본에 핵심적인 지원을 제공한다. 《이코노미스트》의 사회적 자본을 사용하고 유지하는 일은 대부분 런던의 본사에서 이루어진다. 기업 내 사회적 자본의 중요성 증대는 많은 생산 기업을 유치하기 위한 최상의 입지라는 도시의 경제적 역할을 촉진시킨다.

대도심권의 부활 역시 경제적 기회와 보편적인 삶의 만족도라는 두 가지 측면에서 사회적 유대가 제공하는 점점 늘어나는 보상에 그 기반을 두고 있다. 도시는 기업 및 산업에 생산적인 방식으로 인적 자원을 연결하는 중첩된 사적 네트워크라는 사회적 구조를 제공한다. 부유한 도시에 사는 부유한 사람들은 부유한 친구들과 어울린다. 이들 부유한 사람들은 퇴근 후 술 한 잔을 나누기 위해 끼리끼리 뭉치고 함께 디너파티를 즐기거나 휴가를 보낸다. 학교에 자녀들을 태우러 가서 함께 기다리며 아이들의 축구 시합을 지켜보는 관중석에서 담소를 나누는 등 대체로 우호적인 방식으로 상호작용을 한다. 현재 1퍼센트에 속하거나 1퍼센트에 속하고자 노력하는 사람들의 네트워크는 지난 세대를 거치면서 선택 결혼의 증가로 보다 풍요롭고 더 중요해졌다. 고액 연봉의 전문직 남성은 고액 연봉의 전문직 여성과 결혼할 가능성이 예전보다 높아졌다. 영향력이 큰 부부는 역시 영향력이 큰 다른 부부와 친분을 맺고, 그렇게 영향력이 큰 집단을 형성해서 움직인다.

몰개성적이고 유해한 행태로 인식될 수도 있다. 하지만 일반적으로는 그렇지 않다. 우리가 세상을 살아가는 방식과 대체로 일치하기에 그렇다는 얘기다. 우리는 흥미롭거나 재미있거나 혹은 함께 있으면 기분이 좋은 사람들과 친구 또는 연인 관계를 맺고 그들로부터 바람직한 행동 방식의 단서를 얻지 않는가. 사회적 삶을 구축하는 방법이나 자녀를 좋은 학교에 보내는 방법, '행복한 삶'을 영위하는 방법 등의 단서 말이다. 이런 삶이 제공하는 경제적 보상은 상당히 중요하다. 친구와 전문가들 사이의 중첩 네트워크는 좀 더 근사한 직장으로 옮기는 일을 용이하게 만든다. 전문적 협력 관계에 합류하거나 같은 부류끼리 결혼하는 일까지 네트워크의 도움을 받을 수 있다. 책을 출간하거나 새로운 레스토랑을 열거나 헤지 펀드에 투자하는 일 등 개인적인 사업에도 여러 모로 도움이 되며 일자리를 잃는 경우에도 일종의 보험으로 작용한다.

특정 부류의 숙련된 고소득자들에게 대도시는 실익을 취할 수 있는 의식 고양적인 장소이다. 직업적 성공을 이루고 흥미로운 친구나 연인을 찾아내고 '행복한 삶'을 가꾸고 영구화할 수 있는 환경을 제공하기에 그렇다. 하지만 상당히 부유한 사람들을 제외한 모든 사람들에게 그런 대도시에 대한 접근성은 점점 감소하고 있다.

빗장 도시

전 세계 부유한 대도시의 주택 가격은 지난 세대를 거치며 급등했다. 주택 가격의 그런 엄청난 상승이 2008~2009년에 발생한 금융시장 붕괴와 경기 침체의 핵심적인 원인이었다. 금융시장의 급격한 몰락으로 많은 경제체에서 일시적으로 물가 하락이 초래되었지만 주택 가격의 상승 탄력은 신속히 회복되었다. 런던과 샌프란시스코의 주택 가격은 새로운 고점을 찍으며 수많은 노동자들에게 폭넓은 생계비 위기를 겪도록 만들고 있다.

주거비가 급등하는 이유를 설명하기란 어렵지 않다. 여타의 물건 가격과 마찬가지로 주택 가격 역시 수요와 공급의 법칙에 따라 결정된다. 갈수록 높은 임금을 지불하는 기술 기반의 도시에 거주하고자 하는 수요가 지난 세대에 걸쳐 급격히 증가했으며 그 이유는 명확하다. 반면 주택 공급은 대부분의 경우 수요와 보조를 맞추는 데 어려움을 겪었다. 몇몇 대도시의 경우에는 아예 그 근처에도 미치지 못했다.

건축업자들의 관심이 부족했던 것은 분명 아니다. 주거비가 상승함에 따라 매물로 나온 주택의 가격과 건축 비용 사이의 마진이 커졌기 때문에 개발업자들에게는 순이익을 실현할 수 있는 절호의 기회였을 것이다. 그러나 런던이나 실리콘밸리 같은 곳에서 그런 기회를 잡기란 쉽지 않은 일이다. 법률과 각종 규제로 인해 건축 가능한 건물의 종류가 엄격히 제한된다는 단순한 이유 때문에 그렇다. 법적 제약의 틈새를 찾아내 실제로 프로젝트를 추진하더라도 님비족들이 시위를 벌여 신규 개발 프로젝트를 축소하거나 폐기하는 방향으로 관련 규정을 바꾸도록 지역의 행정 당국에 압력을 가하기 일쑤다.

1980년대 들어 도심 지역 거주에 대한 관심이 되살아나기 시작하자 당시까지 지속되던 장기간에 걸친 주택 공급의 정체 현상이 가격에 영향을 미치는 요인이 되었다. 수십 년에 걸친 인구 감소로 많은 도심 지역에 상당한 주택 공실이 발생했지만 이용 가능한 주택은 대부분 상태가 심히 불량하거나 범죄와 빈곤이 중대한 문제로 남아 있는 지역에 위치했다. 보다 나은 주거 환경에 위치하며 유지 관리가 잘된 주택의 수가 사실상 매우 제한적이었기 때문에 도심 주택에 대한 새로운 수요는 빠르게 가격 상승을 부추기기 시작했다. 그러한 수요가 축적됨에 따라 도심 지역이 폭발적인 인구 증가를 예전처럼 수용할 수 없다는 사실이 명확해졌다.

그 이후 주거비와 건축비 사이의 격차는 꾸준히 벌어졌다. 주택 공급이 수요에 자유롭게 대응할 수 있고 사람들이 도심 지역 거주를 위해 기꺼이 지불하는 금액이 건축비를 상회하는 경우 건축업자는 그 차액을 챙기기 위해 더욱 많은 주택을 짓기 마련이다. 그렇지만 공급이 수요에 쉽게 대응하지 못하면 기존의 주택 재고를 가격 메커니즘에 따라 할당하는 수밖에 없다. 도심 지역 거주에 소요되는 생계비 지출이 그 혜택에 비해 더 이상 가치가 없다고 판단하는 잠재적 주민의 수가 충분해지는 시점까지 주거비는 상승할 수밖에 없다. 최근의 한 추정치에 따르면 미국 경제 전반을 살펴볼 때 주택 가격은 공급이 수요에 쉽게 대응할 수 있는 상황에 비해 약 38퍼센트 높아지는 것으로 나타났다.[7] 맨해튼이나 샌프란시스코처럼 가장 공급이 경색된 시장에서는 가격에 미치는 영향이 상당히 폭넓게 나타난다. 주거비의 대부분은 보다 많은 건물을 지을 수 없는 어려움에 기인한다.

사실 여타 선진 부국의 도시들은 미국에 비해 새로운 이주민의 수용 역량이 현저히 떨어진다. 프랑크푸르트 도심의 사무실 공간은 적정 비용의 6배를 들여야 사용할 수 있다. 런던 웨스트엔드의 사무실 공간은 건축 업자가 어렵지 않게 공간을 추가 공급할 수 있는 경우에 비해 9배나 높은 비용을 지불해야 한다. 지리적 요건은 분명 부동산 시장에 영향을 미친다. 평평하고 개방된 지형으로 둘러싸인 휴스턴이 샌프란시스코나 뉴욕에 비해 건축 관련 규정이 까다롭지 않다는 것은 우연의 일치가 아니다. 그러나 도시는 고층 빌딩의 건축을 통해 임의로 많은 수의 주민을 수용할 수 있다. 뉴욕은 런던에 비해 고층 빌딩의 건축 허가를 기꺼이 허용해 왔다. 이는 주거비 면에서 런던의 부동산 가격이 뉴욕에 비해 훨씬 높은 이유 중 하나이다. 2015년, 뉴욕 도심 지역 주거 공간의 수는 런던 도심 지역에 비해 3배 이상 늘어났다.[8] 하지만 뉴욕 또한 상당히 넓은 지역의 토지에 건축 규제가 적용되어 불과 몇 층짜리 건물만 허용되고 있다. 첨단기술을 기반으로 하는 선진 부국의 도시들이 주택 공급 면에서 가장 공격적인 규제 기관인 셈이다. 보스턴, 뉴욕, 샌프란시스코, 런던 등은 금융과 기술, 미디어 등 지식 집약형 산업의 숙련된 노동자들이 집중적으로 거주하는 도시인데도 말이다.

주택 공급의 한계와 급증하는 주거비는 선진 경제체의 구조에 극적인 영향을 미친다. 주목할 점은 생산성과 소득이 엄청나게 증가한 도시들에서 그에 부합하는 인구 증가 현상이 나타나지 않았다는 사실이다. 산업혁명 시대 도시의 경제적 중요성은 급속하게 인구가 증가하는 경이적인 현상으로 발현되었다. 디지털 혁명 시대는 그렇지 않다.

뉴욕과 런던 등의 대도시 인구는 여전히 상당한 증가 추세를 보이고 있다. 그러나 미국의 경우, 나름 탄탄하게 경제성장은 이뤘지만 보스턴이나 샌프란시스코 베이 에어리어와 같은 수준의 생산성 및 소득의 향상은 보이지 못한 피닉스나 애틀랜타와 같은 선벨트 지역(Sunbelt: 날씨가 연중 따뜻한 미국 남서부 지역) 도시에서 오히려 인구가 훨씬 빠르게 증가했다. 실제로 2000년대에 고임금 지불 도시로 알려진 보스턴, 뉴욕, 산호세, 샌프란시스코, 워싱턴 등에서 300만 명 정도의 주민이 다른 도시로 이주했다.(그럼에도 이 도시들의 순 인구 성장은 외국인의 이민과 인구의 자연적 증가가 기존 미국인 가구의 유출을 상쇄할 정도로 컸기 때문이다.) 이와 대조적으로 순 국내 이주의 가장 큰 수혜지인 10개 도시는 미국의 여타 지역에서 빠져나온 300만의 이주민을 흡수했다. 애틀랜타, 샬럿, 댈러스, 휴스턴 등이 포함된 10개 수혜 도시의 임금 수준은 국내 가구가 빠져나가는 경향을 보였던 도시들에 비해 평균 25퍼센트 정도 낮았다. 그뿐만 아니라 주민이 유입된 이들 도시는 고생산성과 고임금 직종이 고용에서 차지하는

비중이 주민이 이탈한 도시들에 비해 현저히 낮은 것으로 드러났다.[9]

국내 이주의 원인은 모두 동일하다. 바로 불균형적인 주거비의 격차이다. 단언컨대 샌프란시스코에서 텍사스의 오스틴으로 이주하는 노동자는 임금 인하를 감수해야 한다. 그러나 급여에서 주거비 비중이 줄어들므로 실질 소득은 훨씬 커진다. 뉴캐슬에서 런던으로 이주하는 노동자는 직종이 배관공이든 은행원이든 상관없이 이주 후 급여가 두 배로 오를 것이라는 합리적인 기대를 할 수 있다. 하지만 런던에서의 주거비는 네 배로 오를 가능성이 높다. 선진국의 많은 노동자가 실질임금을 보전하기 위한 방편으로 비교적 생산성과 임금 수준이 낮은 도시에 거주하거나 그런 도시로의 이주를 택한다. 생산성과 임금 수준이 상대적으로 낮은 도시에서는 뉴욕이나 런던에 비해 임금 인상의 속도가 느릴지도 모른다. 그러나 주거비가 그보다 더 느리게 상승할 것이므로 생산성과 임금 수준이 높은 도시에 비해 실질임금이 꾸준히 앞서 나갈 가능성이 높다.

저생산성 도시로 대규모 노동력의 체계적인 이동이 발생하는 바람직하지 않은 현상은 막대한 손실이라는 대가를 수반한다. 최근의 경제 연구에 의하면, 노동력의 분배가 제대로 이루어지지 않은 결과로 미국의 생산량이 그렇지 않은 경우에 비해 최대 13.5퍼센트 감소할 수 있는 것으로 나타났다.[10] 미국의 경제 규모가 16조 달러인 것을 감안하면 매년 13.5퍼센트의 생산량 감소는 엄청난 손실이 아닐 수 없다. 경제활동을 하는 미국인 1인당 1만 5000달러 이상의 손실과 맞먹는 수치다. 또 다른 연구 결과를 살펴보면, 1880년과 1980년 사이에는 상대적으로 빈곤한 지역에 거주하는 미국인의 소득이 보다 부유한 지역 거주자들의 소득에 근접했으며 빈곤한 지역의 거주자가 부유한 지역으로 이주하는 경

향도 나타났지만, 1980년대 이후로는 그와 같은 추세가 사라진 것으로 드러났다.[11]

부유한 도시 안에서는 보다 치명적인 분배의 오류 비용이 지속적으로 발생하고 있다. 우리는 엄격한 공급 제한이 불러온 주거 수요의 상승이 곧 주거비의 상승으로 전환하는 현상을 목도한 바 있다. 주거비의 상승은 부동산 소유주의 부의 상승 및 임대인의 자본소득 흐름의 상승을 의미한다. 물론 주택 자산에 따른 부와 소득의 증대는 보다 많은 주택 건설을 위한 투자의 유인책으로 작용해야 마땅하지만 실상은 강력한 건설 규제로 인해 그렇게 흘러가지 않는다. 대신 주택 자산은 경제적인 의미에서 순수한 임대 수익만을 대변한다. 희소한 자원을 통제할 수 있는 행운을 거머쥔 사람들에게 주어지는 우발적인 소득인 셈이다. 1900년 무렵 영국의 주택 자산 가치는 GDP보다 그 규모가 작았지만 지금은 세 배나 된다. 같은 기간 미국은 GDP 대비 주택 자산의 가치가 약 두 배로 늘어났다. 그러는 사이에 주택 자산의 분배에서 불평등의 정도도 심해졌다. 1960년대에는 미국 가구의 하위 90퍼센트가 주택 자산의 절반 이상을 보유했다. 현재 주택 자산 보유 가구의 비율은 현저히 낮아져 30퍼센트 남짓에 불과하다. 경제학자 매트 로그닐(Matt Rognlie)은 토마 피케티가 제시한 자료에 의거하여 자본의 지배력이 증가한 원인이 대부분 급등하는 주택 가격에 기인한다고 주장했다. 피케티는 오늘날 임대에서 나오는 소득이 자본소득의 10퍼센트를 차지한다고 추산했다. 1950년대의 3퍼센트에서 증가한 수치다.[12]

높은 주거비는 고용 성장을 저해하고 경제 전반에 걸쳐 임금과 생산성의 축소를 야기하며 성장으로 인한 이득을 모조리 부자들에게 쏠리도록 만든다. 그렇다면 우리는 이 문제를 어떻게 해결할 수 있을까?

계급 전쟁을 유발하는 주택 규제 법규

토지 용도 법규를 비롯한 여타의 주택 규제는 인구 밀집 현상과 그로 인해 야기되는 비용 간의 경제적 균형을 유지하기 위해 존재한다. 교통망이 구축된 지역 주변으로 인구를 집중시키거나 최소한의 건축 기준을 지정하는 것과 같은 법규는 도시의 안전과 번영을 위한 조치이다. 그러나 토지 용도 법규의 가치를 실제적으로 평가하려면 그것을 작동시키는 지역 정치를 현실적인 눈으로 바라볼 필요가 있다. 현실주의적 시각은 토지 용도 법규가 이른바 잘나간다는 지역 및 도시들의 독점권을 지키는 중요한 수단에 지나지 않는다는 사실을 어쩔 수 없이 인정하게 만든다.

님비족들이 뜻을 관철시킬 수 있는 것은 지역 권력의 비대칭성에 기인한다. 사실 새로운 이주민이 유입되면 도시의 모든 구성원은 혜택을 입는다. 보다 큰 도시는 전문화와 거래의 기회를 확대하며 지역 시장이 좀 더 확장될 수 있는 환경을 제공한다. 그러나 신규 이주민 수백 명 남짓으로 인한 경제적 혜택, 예컨대 새로운 주거용 고층 빌딩을 차지하게 될 신규 이주민들에 의한 경제적 혜택은 그 도시에서 생활하고 일하는 모든 사람에게 그다지 큰 파급효과를 미치지 못한다. 오히려 그 대가로 따르는 비용이 훨씬 더 집중적인 형태를 띤다. 새로운 주거용 고층 빌딩 주변에 거주하는 주민들은 공사로 인한 불편함을 겪을 수밖에 없을 것이고 자신들이 소중하게 여기던 조망권을 상실할 수도 있다. 단언컨대 교통체증 또한 증가한다. 새로운 주거용 고층 빌딩의 건설은, 적정 가격 수준의 소규모 임대용 주택의 경우는 특히, 보다 젊고 가난한 주민의 유입으로 이어지는 경우가 많다. 이들 신규 이주민들은 근처 술집에서

늦은 시간까지 머물며 불쾌할 정도의 소음을 유발할지도 모른다. 그들의 자녀가 지역의 학교에 배치되면서 다른 아이들이 밀려나거나 이질적인 사회경제적 배경이 도입될 수도 있다. 무엇보다 중요한 것은 시장에 나온 새로운 주택으로 인해 기존 주택의 가치가 위협받는다는 점이다. 풍부한 주택 공급은 부동산 가격 상승에 의한 지역 경제성장의 가치를 포착할 수 있는 주택 소유자의 능력을 약화시킨다.[13]

치러야 할 비용이 집중적이기 때문에 해당 지역의 공동체는 반대 운동을 벌여 가능하다면 규모를 줄이거나 아예 원천적으로 차단하려는 강력한 동기를 가진다. 사적 보존 지구로 지정된 지역이라면 특히 운이 좋은 경우다. 사적 보존 지구 내에서는 상당한 규모의 신규 건축이 이뤄지는 일이 매우 어렵기 때문이다.

개발에 찬성하는 주민들과 개발자들이 종종 지역의 정치 싸움에서 이길 때도 있다. 그러나 그것은 대개 도시 내에서 이루어지는 최대 규모의 개발 프로젝트에 한해서 그렇다. 막대한 규모의 신규 개발 프로젝트라면 개발 찬성 쪽의 주민들이 협력하도록 동기를 부여할 뿐 아니라 큰 돈이 걸려 있는 건축업자의 입장에서도 어느 정도 로비 활동을 벌일 동기를 갖는다. 하지만 그렇게 로비 활동을 벌여 고층 빌딩이나 재개발 프로젝트에 대한 승인을 얻어 내더라도 신규 건축을 거부하는 움직임이 도시 내 어디에서든 발생할 수 있다. 투입되는 자금의 규모가 크지 않은 곳에서는 조직화된 주민들이 이기는 경향을 보인다. 새로운 고층 빌딩의 증가는 경제적 측면에서는 환영할 일이지만 종종 주택 공급 규제의 강화를 수반할 수 있다.

님비 활동에 참여하거나 성장에 반대하는 정치 세력에 투표하는 사람들의 개인적인 동기는 내가 알 수 없는 부분이다. 그들 중 다수는 자신이 다른 사람들에게 최소한의 대가를 치르게 하며 지역사회 삶의 질을 보호한다고 믿는 것이 분명하다. 자신의 재산 가치를 염려하는 주택 소유자들이 그런 행동에 나선다고 해서 나쁜 사람인 것은 아니다. 실제로 그런 행동 방식에 박수갈채를 보내고 싶은 사람도 있을 것이다. 어쨌든 그것은 개인적, 직업적 측면에서 보상이 주어지는 장소, 다시 말해 살고 싶은 도시의 살고 싶은 동네를 만드는, 사회적 자본의 토대 위에 형성되는 시민운동을 대변하지 않는가.

하지만 그들의 집합적 행동은 명확하면서도 극도로 해로운 결과를 초래한다. 그것이 배타적 행동을 통한 부와 특권의 보호를 대변하기에 그렇다. 토지 소유자들이 자신이 '소유하지 않은' 것에 대한 재산권을 주장하는 것과 다름없지 않은가. 누가 내 이웃이 될 것인지에 대한 결정권 말이다.

개발에 반대하는 주민들의 협력은 사회적, 직업적 네트워크가 중첩되는 곳에서 번성하는 사회적 자본의 지원을 받는다. 저녁 모임이나 오찬 파티가 종종 지역 보호에 관심이 있는 주민들의 커뮤니케이션 자리가 된다. 어쩌면 계급 정체성이나 공통의 목표를 강화하는 것이 보다 중요한 목적일지도 모른다. 그러한 정체성 공유는 지역 공동체의 정치적 영향력을 신장시킨다. 공통의 목표를 향해 시간과 노력을 투입하는 것은 지역의 사회적 자본에 대한 투자를 의미하며 그러한 투자가 지역 공동체와 구성원의 입지를 강화하기 때문이다.

개발 제한이 주거비의 급등을 초래할 때 살던 곳에서 쫓겨나는 것은 부유한 전문직 엘리트 계층이 아니라 한계점에 보다 가까운 가계들이다. 주거비 상승으로부터 어떤 혜택도 취하지 못하는 세입자 또는 값이 오른 주택을 팔아 현금을 확보한 후 자신의 월급으로 더 잘 버틸 수 있는 다른 곳으로 이주하는 소득수준이 낮은 주택 소유자들 말이다. 결국 해당 지역에는 상위 1퍼센트이거나 1퍼센트에 속하기를 열망하는 계층이 주로 남아 절대적 다수를 차지하게 된다. 특정 계급의 공동체 지배는 공통의 정체성을 향상시키고 사회적 자본의 심화를 촉진한다. 결국 주거비가 높고 배타적인 도시는 부유하고 고집스러운 지배 계층이 만들어지는 용광로와 같다.

사회적 자본은 기여자들이 개인적인 이해관계가 있는 것에 지속적으로 기여하는 환경에서 번성한다. 사회적 자본은 본질적으로 공동체의 일부를 구성하는 사람들에게 보상이 되는 한편 공동체의 경제적 잠재력을 신장시키는 역할도 수행한다. 하지만 그것은 또한 지대에 따른 초과 이윤을 추구하는 강력한 집단을 형성한다. 타인을 배제함으로써 공동체의 부를 보호하는 것을 사명의 일부로 여기는 공동체 말이다.

8 초세계화와 결코 발전하지 못하는 세계

지금까지는 선진 부국을 주로 다루었다. 이른바 선진국이라고 하는 국가들은 전 세계 인구의 15퍼센트에 불과한 약 10억의 인구가 거주하는 소집단에 지나지 않지만, 전 세계 GDP의 절반을 창출한다. 그러나 인류의 미래는 대부분 선진 부국을 제외한 나머지 국가에서 일어나는 일에 좌우될 것이다. 전 세계 인구의 85퍼센트에 해당하는 60억 인구의 거주지에서 어떤 일이 발생하느냐에 따라 인류의 미래가 결정된다는 얘기다. 2100년까지 증가할 것으로 예상되는 인구의 대다수(97퍼센트) 역시 이들 비선진국에서 나올 것이다. 산업혁명의 혜택이 오랜 기간 개발도상국들을 우회하는 동안 유럽과 북미 지역의 소득은 급등했다. 그리고 마침내 개발도상국에도 산업화는 도래했지만 완전하게 이뤄지지는 못했다. 불행히도 디지털 혁명 또한 그와 같은 전철을 밟을 가능성이 크다.

근대의 산업 역사는, 어쨌든 그 대부분은, 소득과 생활수준의 측면에서 신흥국의 경제가 선진국에 비해 점점 뒤처졌음을 보여 준다.[1] 선진국 부의 성장의 토대가 된 노하우, 즉 사회적 자본은 지난 200년 동안 대다수의 빈곤 국가를 교묘히 비켜 나가며 간헐적인 성공 사례만 남겼다. 일본과 한국이 그 대표적 성공 사례일 것이다.

지난 20년에 걸쳐 그와 같은 양상은 디지털 혁명을 포함하는 경제적 힘의 조합이 수십억의 새로운 노동자를 글로벌 경제에 통합함에 따라 매우 극적인 방식으로 붕괴되었다. 그렇게 글로벌 경제에 통합된 신흥 시장 노동자들은 오늘날 노동력 과잉 현상의 주요 원인 중 하나다. 그들이 글로벌 노동시장으로 진입하면서 글로벌 중산층이 형성되었으며 선진국의 비숙련 노동자들의 소득은 저하되었다.[2]

그러나 결정적으로 이들 신흥 시장의 호황은 폭넓은 제도 개선의 토대 위에서 일어난 것이 '아니었다.' 중국과 인도에서 경제개혁이 없었다면 그런 호황기도 없었을 테지만 중국이나 인도는 물론 여타의 신흥 시장 어디에서도 깊이 있는 사회적 자본이 형성되지는 않았다. 선진국에서 한 세기 이상 꾸준하고 안정적인 속도로 성장을 견인했던 그 사회적 자본 말이다. 그 대신 신흥국들은 자체 사회적 자본의 병목 현상을 피해 가는 경로를 찾아냈다. 신흥국들은 경제활동 전반에 걸쳐 아이디어나 노하우를 유용하고 수익성 있는 사업으로 전환하는 능력을 개발하는 고생스러운 과정 대신에 다른 방법을 취할 수 있다는 사실을 알아챘다. 그것은 바로 부유한 경제권에서 이루어지는 활동의 상당 부분을 물어뜯는 방법이었으며, 그들은 그런 과정을 통해 선진 경제권의 성장 역량이 맺는 과실의 일부를 취할 수 있었다.

이제 신흥 시장의 급속한 성장의 시대는 끝나 가고 있다. 디지털 혁명은 그런 성장의 둔화에 기여하고 있으며, 그로 인해 앞으로는 빈곤 국가들이 과거 20년 동안의 성과를 반복하기가 더욱 어려워질 것이고 선진 부국들은 다시 한 번 소득 창출에 필요한 각종 사회적 자본을 거의 독점적으로 향유하게 될 것이다.

신흥 시장의 성장세 둔화는 몇 가지 심각한 결과를 초래한다. 가장 중대한 문제는 수십억에 달하는 인구가 합리적으로 기대할 수 있는 수준보다 훨씬 더 빈곤한 상태에 머물 것이란 점이다. 빈곤 국가의 소득 정체 현상은 일부 지역에서 정치적 긴장을 가중시킬 것이며 신흥 경제체에 속한 인구가 기후변화와 같은 당면한 어려움에 적응하는 일을 더욱 힘겹게 만들 것이다.

하지만 이는 선진국이 가치 있는 사회적 자본을 개발도상국으로 좀더 효율적으로 이전할 수 없다는 추정에 근거한다. 사회적 자본을 빈곤 국가로 이전하는 일은 쉽지 않다. 선진국과 국제기구, 각종 자선단체의 협력에도 불구하고 거의 불가능한 일이었음을 역사를 통해 알 수 있다. 그러나 개인에게 이전하는 것은 그리 어려운 일이 아니다. 사회적 자본이 풍부한 공동체로 이동하여 부유한 세계의 사회적, 경제적 생활 방식에 완전히 참여할 수 있도록 허용하는 정도의 노력이면 충분하다. 하지만 선진 경제체에 속한 대다수의 사람들은 이런 생각에 여전히 극도로 적대감을 드러내고 있다.

선진 경제체는 빈곤 국가로부터 얼마나 많은 수의 이민을 수용해야 하는가? 이는 21세기의 가장 중요한 도덕적 문제다. 근거를 토대로 단언컨대 부유한 경제체들은 이 문제를 잘못 해석할 확률이 높다. 부유한 경제체에 속한 사람들은 사실상 이렇게 말하고 있다. 가난한 자들은 스스로 부자가 되는 법을 터득해야 한다. 하지만 그것은 수 세대에 걸쳐 마땅히 그래야 하는 것보다 훨씬 빈곤한 상태에 머물러야 하는, 고통스러울 정도로 느리게 진행되는 과정이다.

따라잡기 위한 분투

지난 20년 동안 신흥 경제체들이 보여 준 놀라운 경제적 성공을 감안하면 이런 주장을 선뜻 이해하기 어려울 수도 있다. 조금 더 그 배경을 살펴보기로 하자. 부유한 세계의 회원 자격은 실로 커다란 혜택이다. 해당 지역의 생계비에 따라 조정했을 때 평균적으로 약 4만 6000달러의 1인당 소득이 주어진다. 미국의 1인당 국민소득은 5만 6000달러이며 국제통화기금(IMF)이 부유하다고 간주하는 국가들 중 가장 가난한 라트비아가 2만 5000달러이다.[3]

이와 대조적으로 개발도상국의 1인당 평균 소득은 1만 1000달러에 불과하다. 중국의 평균 소득은 약 1만 4000달러이며 빈곤 국가 중에서도 최빈국인 중앙아프리카공화국은 637달러로 미국 평균 소득의 1퍼센트 남짓에 불과하다. 의학의 발달은 선진 부국과 빈곤 국가의 실제 생활 수준의 격차가 소득수준이 암시하는 것보다 작다는 것을 의미하지만 어떤 기준에서든 신흥 경제체가 선진 부국에 비해 가난한 것이 사실이고 신흥 경제체에 속한 사람들의 삶 또한 그만큼 힘겨운 것이 사실이다. 온갖 리스크를 감수하면서까지 선진 부국에서 더 나은 삶의 기회를 얻고자 하는 이민자의 수가 수백만에 이르는 데에는 그만한 이유가 있는 것이다.

그러나 과거에 비해서는 엄청나게 상황이 나아진 것이다. 개발도상국의 1인당 실질소득 1만 1000달러는 1940년대 미국의 수준과 비슷하다. 반면 2000년도 신흥국의 평균 실질소득은 4000달러로 1900년의 미국 실질소득과 동일한 수준이었다. 1980년에는 고작 1500달러로 1830년의 미국과 비슷했다.[4] 어쨌든 평균적으로 신흥국들은 대략 130년 동안 이루어진 경제성장을 불과 40년 만에 달성한 셈이다. 여기에서 '평균적으로'라는 어구에 유념할 필요가 있다. 국가 내에서도 적지 않은 소득의 격차가 여전히 존재하기에 하는 말이다. 중국을 예로 들면, 선전이나 상하이 등과 같은 지역의 소득은 일부 선진 부국의 소득과 비슷한 수준이다. 그러나 내륙으로 갈수록 일반적인 소득이 감소한다. 중국 내륙의 일부 지역은 사하라 사막 이남의 아프리카와 생활수준이 동등하다.[5]

2000년도 신흥국 인구의 약 30퍼센트는 하루 1.25달러 이하의 소득으로 생계를 이어 갔다. 2015년 기준으로 그 수치는 10퍼센트 혹은 그 이하로 떨어졌다. 생계비 산출 방식에 따라 다소 차이가 있다. 어쨌든 그러한 향상 덕분에 현재 실로 절망적인 빈곤에서 벗어난 인구가 대략 5억에서 10억에 달한다.[6] 그런데 가난한 나라는 애초에 왜 그렇게 가난한 것인가?

왜 선진국은 계속 부유하고 빈곤국은 계속 가난할까?

성장률의 장기 격차에 관한 주목할 만한 설명은 거시경제학의 성배와도 같다. 노벨상 수상 경제학자인 로버트 루커스(Robert Lucas)[7]는 국가들 사이에 나타나는 성장률의 지속적인 격차를 고찰한 논문에서 다음과 같은 유명한 문장을 남겼다. "한번 (그런 문제들에 관한) 생각을 시작하면 다른 것은 생각하기 어렵다."[8]

1990년대 말 이전까지 부국과 빈국 사이의 격차 감소는 규칙적이라

기보다 예외적인 현상이었다. 미국은 20세기 초 과학기술 부문에서 영국을 추월해 세계적 리더의 위치에 올랐고 이후 한 번도 선두를 놓치지 않고 있다. 20세기 중반에 접어들면서 유럽의 선진 부국과 일본이 미국과의 격차를 좁히기 시작했고 이후 몇몇 아시아 지역 경제체들이 일본의 항적을 따라 부상했다. 홍콩, 싱가포르, 한국, 대만 등이 완전한 선진 부국의 위치로 도약하는 데 성공했다. 그럼에도 선진 부국의 소득수준과의 수렴은 여전히 복권에 당첨되는 일과 같아 보였다. 주어지는 보상은 엄청났지만 확률이 희박했다는 뜻이다.

그 이유는 도대체 무엇인가? 오랫동안 이 문제와 씨름해 온 경제학자들은 몇 개의 가설을 도출했다. 먼저 매우 기본적인 의미에서 빈곤 국가는 자본이 부족하기 때문에 빈곤하다는 가설이 나왔다. 금융 및 산업 자본의 부족이 성장을 가로막는 최대 장애물인 것처럼 보이던 시기가 있었다. 당시 빈곤 국가가 빈곤한 이유는 그들에게 제철 및 제조 산업에 금융 투자를 할 수 있는 수단이 없기 때문인 것으로 보였다. 하지만 20세기를 지나는 과정에서 선진 부국의 소득수준에 도달하진 못하더라도 제조업의 발전은 가능하다는 것이 점차 명백해졌다.

이어서 경제학자들은 인적 자본, 즉 인구의 기술 수준이 중요한 변수라고 생각했다. 국가가 성장의 사다리를 끝까지 오르려면 첨단기술의 개발과 혁신을 가능케 하는 인적 자원을 보유할 필요가 있다는 결론에 이른 것이다. 하지만 그것도 빈부 격차에 대한 설명으로는 부족한 것처럼 보였다. 국가 구성원의 교육 수준이 상대적으로 낮을 때 선진 부국으로 발전하지 못하는 경향을 보이는 것이 일반적이다. 그러나 교육 수준이 높음에도 가난한 국가가 있고 교육 수준은 낮지만 매우 부유한 국가도 존재한다. 보다 중요한 것은 교육 수준이 높은 빈곤 국가의 노동자가 부유한 국가로 이주하면 더욱 높은 생산성을 발휘한다는 점이다. 이는 빈곤 국가에는 구성원이 보유 기술을 효율적으로 적용하는 데 걸림돌이 되는 내부 요인이 있다는 것을 짐작케 한다.

고소득 창출에 있어 물질적, 인적 자본의 역할이 중요한 것은 사실이나 사회적 자본 또한 필수불가결한 요소이다. 선진국은 훌륭한 제도를 갖추고 있다. 예를 들면 사유재산권의 보호에 헌신하는 강력하고 안정적인 정부가 있다. 사회적 자본은 성장을 촉진하는 제도의 진화와 발전을 지원하며, 이는 다시 사회적 자본이 지속적으로 축적되는 결과로 이어진다.

부유한 경제체에 속한 사람들은 어떤 행동 방식이 사회적, 경제적, 정치적으로 적절한지 이해한다. 또한 사회 전체가 종종 개인에게 적절한 행동 방식을 권장한다. 가족이나 유명한 스포츠 스타, 대중의 관심을 끄는 연예인 등이 모두 직업적 성공은 좋은 것이라는 생각을 강화시킨다. 하지만 부유한 경제체는 국가의 지원을 받아 마땅하다고 여겨지는 특정 행동 방식을 강화하기 위해 제도를 만들고 거기에 권한을 부여하기도 한다.(개인의 자유나 재산권 등에 대한 상황별 제한을 예로 들 수 있다.) 또한 지나치게 많은 권한이 축적되는 것을 방지하기 위해 제도에 대한 점검 방안도 고안한다. 이들 제도는 부유한 경제체의 사회적 자본을 구성하는 매우 중요한 부분인 까닭에 종종 성장과 부의 '원인'으로 잘못 간주되기도 한다. 그러나 근본적인 사회적 자본이 부족한 사회에 건전한 민주주의와 시장경제를 강요할 수는 없다. 민주주의와 시장경제는 적합한 유형의 사회적 자본을 보유한 국가에서 발생하는 창발 현상(emergent phenomena)이기 때문이다.

역사적으로 볼 때 선진 부국은 계속 부유하고 빈곤국은 계속 가난한 경향이 있다. '부'와 '빈곤'이 안정 균형(stable equilibrium)을 이루는 셈이다. 선진 부국은 오랜 기간에 걸쳐 적절한 속도의 성장을 지속한 결과 부유한 국가가 된 데 비해 빈곤 국가들은 단기간의 급성장을 누리다가 급격한 반전으로 막을 내리는 경향을 보인다. 빈곤 국가가 빈곤 상태에서 부유한 상태로 변모하기에 충분할 정도로 장기간에 걸쳐 빠른 성장 속도를 유지하는 경우는 흔치 않다.

그 이유는 장기간에 걸쳐 빠른 성장 속도를 유지하려면 그것을 뒷받침할 수 있는 사회적 자본, 다시 말해 물질적 및 인적 자본에 대한 장기간에 걸친 투자를 조장하는 사회적 자본이 필요한데, 적절한 유형의 사회적 자본을 개발하는 일이 매우 어렵기 때문일 것이다. 물론 논쟁의 여지는 남는다. 안타깝게도 사회학자들은 그런 일이 어떻게 발생하는지에 대한 만족스러운 설명을 제시하지 못하고 있다.

신흥 시장의 급성장

최근 수십 년간 다양한 유형의 신흥 시장이 급성장하면서 사회적 자본의 중요성을 등한시하는 일도 쉬워졌다. 하지만 지난 20년 동안의 경제적 성과는 근현대 경제사에서 보기 드문 일탈로 봐야 한다. 제2차 세계대전 말기부터 1990년대 후반 사이에 비교적 소수의 신흥 경제체들이 특정 시점에 선진 부국을 따라잡았다. 다시 말해서 그들의 1인당 실질 GDP가 선진국보다 빠르게 성장하는 시기를 누렸다는 얘기다. 한 평가에 의하면 속도가 아주 느린 경우에도 연간 성장률이 대략 1.5퍼센트 포인트 정도 앞서 나갔다.[9] 하지만 1990년대 후반 이후 신흥 경제체의 거의 75퍼센트가 이른바 '따라잡기 성장'을 경험했다. 그것도 선진 부국에 비해 약 3.3퍼센트 포인트씩 앞서 나가는 맹렬한 속도로 말이다. 그때가 바로 BRIC 시대였다. 2001년 골드만삭스의 자산 운용 책임자 짐 오닐(Jim O'Neill)은 급속한 성장에 힘입어 글로벌 경제와 금융시장을 재편할 가능성이 높은 거대 신흥 시장으로 브라질과 러시아, 인도, 중국을 지목했다.[10] 하지만 그런 성장의 가속도는 개발도상국 대부분으로 확장되었다.

무슨 일이 일어났던 것인가? 그 대답은 아주 간단하다. 중국의 부상이다. 1980년 당시 지역 생계비 수준을 고려한 중국의 1인당 GDP는 미국의 2.5퍼센트 수준이었다. 2015년에 이르러 그 수치는 25퍼센트로 상승했고 중국은 세계 최대의 경제체로 변모했다. 중국은 몇 가지 측면에서 신흥 경제체들 전반에 걸쳐 (선진국과의) 격차 축소를 이끌었다. 먼저 중국의 급속한 경제성장이 구리, 오일, 쌀 등의 원자재에 대한 폭발적인 수요를 창출하며 원자재 수출을 중심으로 삼던 신흥 시장의 견인차가 된 것이다. 또한 중국은 원활한 원자재 수급 체계의 확보를 위해 그들 신흥 시장에 막대한 돈을 투자했다. 사회간접자본에 대한 투자가 주를 이루었지만 여타 다른 분야에 대한 투자 또한 그 규모가 작지 않았다.

피터슨국제경제연구소(Peterson Institute for International Economics)의 경제학자들은 중국이 경제적 성장을 통해 '거대 무역국(mega-trader)'으로서의 위상을 확립했다고 표현한다. 이것은 중국 경제에서 무역의 역할이 대단히 중요하며(GDP의 거의 절반을 차지한다.) 중국의 무역이 글로벌 경제에서도 매우 중요하다는 것을 의미한다. 중국과의 무역이 전 세계 수출 물품의 10퍼센트 이상을 차지하기에 하는 말이다. 거대 무역국 중국은 그렇게 '아시아 공장(Factory Asia)'의 중심지가 되었다. 중국은 주변 지역으로부터 흡입하듯 물품을 수입했다. 일부는 내수를 위한 것이었지만 대부분은 수출품으로 가공하기 위한 원자재 수입이었다. 중국을 중심으로 하는 무역 네트워크의 성장은 중국의 성장이 곧 개발도상국 전체의 부의 증진과 직결되는 메커니즘을 창출했다.

중국이 글로벌 경제성장의 유일한 동력이었던 것은 아니다. 10억이 넘는 인구를 보유한 인도 또한 지난 20년간 인상적인 경제적 성장을 누렸다. 다만 중국의 상승효과로 말미암아 이웃나라의 성과가 왜소해 보였을 뿐이다. 중국의 부흥은 인도에 비해 장기간 지속되었고 보다 강력했으며 훨씬 더 수입 집약적이었기 때문에 그 영향력이 미치는 범위가 클 수밖에 없었다.

신흥 시장 성장의 배후 동력으로 중국에 초점을 맞추는 것으로 얻을 수 있는 답은 여기까지다. 이제 우리는 후속 질문과 마주해야 한다. 중국은 정확히 어떤 방식으로 그런 성취를 이룬 것인가?

한 가지 추정은 그 이전에 일본과 한국이 그랬던 것처럼 중국의 제도가 자본과 기술 노하우의 축적을 권장하는 방향으로 진화했다는 것이다. 이에 대한 평가는 쉬운 일이 아니다. 수십 년간 이어진 공산당 통치는 중국 시민사회 전반에 걸쳐 사회적 자본을 왜곡시켰다. 하지만 1970년대 후반 덩샤오핑이 이끌던 공산 정권하에서 시장 활동의 허용과 무역 개방이라는 실험이 시작된 것은 분명한 사실이다. 그 이전까지 중국에서 재산권은 한 번도 안정적으로 인정된 바 없었고 시장이 자본을 배분하는 주된 영향력이었던 적도 없었다. 그러나 개방과 더불어 중국 경제에 직접 투자하길 원하거나 중국 기업과 계약하길 원하는 수많은 다국적 기업을 만족시키기에 충분할 정도로 재산권이 안정적으로 인정되기 시작했다.

중국의 부상에 기여한 또 다른 힘은 외국 자본의 역할이다. 그것이 없었다면 중국의 자유화는 훨씬 보잘것없는 수익을 생성했을 것이다. 지난 세대를 거치는 동안 기술의 변화는 글로벌 공급망(상품의 연쇄적인 생산 및 공급 사슬)의 폭발적인 성장을 가능케 했다. 그리고 공급망 중심 무역은 전 세계의 발전에 지대한 영향을 미치는 결과를 낳았다.

　수출 시장의 성공은 한때 경제체들에 모든 역량을 동시에 개발할 것을 요구했다. 한국과 일본의 경우 전자 제품이나 자동차를 수출하기 위해 전 과정을 아우르는 고품질의 공급망을 국내에 구축할 필요가 있었다. 부품을 설계하고 제조할 수 있는 다수의 공급 업체와 설계의 기획과 조정, 복잡한 상품의 생산과 판매를 수행할 수 있는 조직화된 기업들이 필요했다는 얘기다. 그것은 상당한 시간이 소요되는 작업이었다. 처음에는 비교적 간단한 제품, 예를 들면 장난감이나 라디오와 같은 제품을 생산하는 전체 공급망을 구축하고 그것을 완전히 터득하는 과정을 밟았다. 그렇게 축적된 역량을 바탕으로 서서히 그리고 조금씩, 컴퓨터나 자동차, 산업용 기계 등 보다 복잡한 제품의 생산으로 확장한 것이다. 이는 국내 경제를 선진 산업화 경제로 바꾸는 근본적인 전환의 일부였다.

　공급망 중심 무역은 모든 것을 변화시켰다. 캘리포니아의 기술 기업이 아시아 6개국에서 생산한 부품을 중국의 항구도시로 집결시켜 조립한 다음 완제품을 소비자에게 배송할 수 있는 환경이 만들어졌다. 그로 인해 이전에는 단일 기업이나 단일 국가 내에 위치해야 했던 생산망이 여러 곳의 경제체에 산재할 수 있게 되었다.[11] 정보 기술은 이런 발전을 가능하게 한 유일한 원인이 아니었다. 더 나은 운송 기술과 무역 자유화의 기여도 또한 컸다는 의미다. 하지만 생산에 대한 효율적인 실시간 조정 능력이 없었다면 이런 시스템은 결코 구축되지 못했을 것이다.

　공급망 무역은 엄청난 파급효과를 보여 주었다. 신흥 경제체들은 더 이상 플라스틱 장난감 생산부터 시작해 산업용 로봇 제작 수준에 이르는, 느리고 고통스러운 지식과 역량의 축적 과정을 거칠 필요가 없었다. 중국과 같은 국가는 글로벌 공급망을 이용함으로써 첨단 전자 제품 수출 경쟁에 즉각적으로 참여할 수 있었다. 값싼 노동력과 비교적 낮은 수준의 역량이 어느 순간 첨단 제품의 생산에 참여하기에 충분한 조건이 되어버린 것이다. 국제적인 공급망이 발달함에 따라 무역도 늘어났다. 특히 과거에는 수출로 간주하지 않았던 공급 업체 간의 거래가 눈에 띄게 증가했다. 공급망에 포함된 국가들 또한 급속한 성장을 이룰 수 있었다.

전 세계의 신흥 경제체들이 공급망 무역의 혜택을 입었다. 유럽과 중남미에서는 일부 국가에서 부품을 제작해 조립 및 수출을 위해 다른 나라들로 보내는 지역 클러스터가 개발되었다. 그러나 공급망 혁명의 가장 근원적인 결과는 '아시아 공장'의 부상이었다. 초세계화(hyperglobal-ization)는 수억 명의 저임금 노동자들이 선진 부국의 비숙련 노동자들과 직접적으로 경쟁할 수 있게 만들었고 중국에 세계 최대 경제체라는 지위를 안겨 주었다.

오늘날 전 세계 생산량의 약 절반을 신흥국가들이 담당한다. 한때 선진 부국의 경제 위기와 경기순환에 휘둘렸던 개발도상국들이 이제는 선진국 경제에 거대한 그림자를 드리울 수도 있고 그들을 번영으로 이끌 수도 있는 위치에 올라 있다. 한편 글로벌 소득의 분배 또한 근본적인 변화를 맞이했다. 2000년대 이전의 글로벌 소득은 선진 세계의 많은 사람들이 고소득층에 몰려 있고 개발도상 세계의 아주 많은 사람들이 저소득층에 몰려 있는 이원화 분배 양상을 보였다. 하지만 지금은 이른바 글로벌 중산층이라는 새로운 계층이 등장했고, 그로 인해 글로벌 소득의 분배를 나타내는 그래프는 하나의 커다란 혹 모양을 이룬다. 적정 소득을 올리는 다수가 중간 부분에 포진하고 글로벌 인구 중 매우 높은 소득을 버는 극소수가 꼭대기에 자리한다는 의미다.

기술 시대의 급격한 격차

실로 대단했던 신흥 시장의 호황은 이제 끝났다. 2015년 신흥 시장의 성장 속도는 2001년 이후 가장 느린 추세를 보였다.(세계적 불황기였던 2009년을 제외하면 그렇다.) 1인당 GDP 측면에서 미국의 소득수준을 따라잡을 수 있는 성장 속도 또한 둔화되어 실질적으로 정체 상태에 이르렀다. 가장 근접한 원인은 불가피하게 도래한 중국 경제성장의 둔화였다. 중국의 호황기는 14퍼센트 이상이라는 놀라운 GDP 성장률을 달성한 2007년에 정점을 찍었다. 2015년에는 그 절반 이하의 성장률을 보였고, 그러한 감소 추세가 계속될 것이 분명하다. 어떤 경제체든 기술적인 한계에 가까워질수록 그 한계를 향해 급속히 진전하기는 더욱 어려워지기 마련이다. 동시에 중국의 제도적 기반은 여전히 매우 편협한 수준에 머물렀다. 이는 외국 자본의 유치와 현대적인 사회간접자본의 구축에 가벼운 걸림돌이 되었다. 중국의 경제가 선진 부국의 경제와 비슷해질수록 선진국에서나 제기될 법한 질문에 맞닥뜨리는 일도 잦아졌다. 신기술로 무엇을 할 수 있는가? 신기술을 유용하게 이용하려면 무엇을 해야 하는가? 이런 문제에 대해 아는 것이 성장의 핵심 요소로 부상한 것이다. 국가자본주의(state capitalism)는 그와 관련된 의사 결정에 적절치 않은 제도인 것으로 보인다.

중국의 성장률 저하는 원자재 시장의 침체를 야기하며 1990년대 후반부터 2010년대 초반까지 호황을 누리던 원자재 수출 국가들을 불경기의 그늘로 이끌었다. 그에 따라 무역 성장 역시 큰 폭으로 둔화되었다. 이는 부분적으로 공급망 무역으로 얻는 막대한 이윤의 고갈에 기인했다. 한때 한 국가 내에서 이뤄지던 생산의 전 과정이 수차례의 수출입 과정을 필요로 하기 시작하면서 여러 국가에 걸친 공급망이 형성되었고, 그러한 공급망의 성장은 무역의 성장을 촉진했다. 그러나 국제적인 공급망의 구축이 완료된 이후에는 무역의 성장이 필연적으로 둔화될 수밖에 없다. 공급망 자체가 지속적으로 분화하여 추가적인 연결 라인이 형성되거나 공급망을 필요로 하는 새로운 종류의 제품이 생겨나지 않는다면 말이다. 세계경제는 지금 그 두 가지 중 어느 것도 의미 있는 속도로 발생하지 않는 지점에 도달해 있다.

그러나 한 쪽에서는 다른 무언가가 진행되고 있다. 애초에 공급망 혁명의 태동에 기여했던 디지털 혁명이 지속적으로 무역의 패턴과 무역으로 인한 발전의 방식을 만들어 나가는 중이다. 이번에는 신기술이 신흥국들에 힘든 시기를 안겨 주고 있는 것처럼 보인다.

다소 피상적이기는 하나 공급망 기반의 발전은 가속이 붙은 형태의 산업화와 같다. 그것은 또한 가속화된 산업 공동화라는 부작용을 동반하는 것처럼 보인다. 선진국의 독자라면 산업 공동화 현상에 대해 익히 알고 있을 것이다. (제조업이 다른 곳으로 이전하면서) 한때 번성했던 디트로이트와 같은 대도시가 텅 비게 되는 현상 말이다. 세계 최초로 산업화가 이루어진 영국은 20세기 초반에 이 특정한 부작용을 가장 먼저 경험한 국가이기도 하다. 시간이 지남에 따라 이 부작용은 선진 부국의 곳곳에서 보다 많은 산업에 영향을 미쳤다. 예를 들어 미국에서는 제조업 분야가 전체 고용에서 차지하는 비중이 1940년대 초반에 정점을 찍은 이후 놀랍도록 꾸준한 감소세를 보였다. 그 과정에서 (미국의 레이건 대통령과 영국의 대처 수상이 생산직 노동자들의 분노를 샀던) 1980년대 초와 2000년대에는 특히 끔찍한 고용 상실을 경험했다. 현재 미국의 전체 고용에서 제조업 분야가 차지하는 비율이 10퍼센트 이하인 것은 주목할 만하다.

신흥 세계의 산업 공동화는 개발의 초기 단계에서 발생하고 있다. 경제학자인 대니 로드릭(Dani Rodrik)은 이 고질적 현상에 '시기상조 산업 공동화(premature deindustrialization)'라는 명칭을 붙였다.[12] 한국 경제에서 차지하는 제조업 가치의 비중이 최고점에 이르렀던 1988년 한국의 1인당 실질소득은 약 1만 달러, 같은 시기 미국과 비교해 거의 절반에 이르는 수준이었다. 2002년 인도네시아의 제조업 비중이 최고점에 도달했을 때 1인당 실질소득은 약 6000달러로 미국의 15퍼센트 정도였다. 인도는 2008년에 그 지점에 도달했으며 1인당 실질소득은 약 3000달러, 당시 미국의 1인당 실질소득 수준의 약 6퍼센트에 해당했다.[13] 실제로 경제학자이자 인도 정부의 경제 고문인 아르빈드 수브라마니안(Arvind Subramanian)은 인도가 시기상조의 '비산업화', 즉 본격적인 궤도에 오르기도 전에 산업화가 흐지부지 끝나 버리는 현상을 경험하고 있다고 진단한다.[14]

이것은 매우 우려스러운 일이다. 역사적으로 볼 때 성공적인 경제 발전은 거의 항상 산업화를 의미했다. 산업화를 대체할 수 있는 전략이 있는지는 분명하지 않다.

저임금 경제체가 산업화에 필요한 폭넓은 역량을 구축하지 않고도 제품을 생산할 수 있게 만든 공급망 무역은 빈곤 국가들이 임금 상승에 따른 산업의 조기 상실에 취약하도록 방치했다. 앞서 6장에서 언급한 바 있는 경제활동의 비물질화 증가 또한 산업 기반의 접근 방식에 의한 개발을 약화시키고 있다. 산업을 기반으로 한 개발 방식은 초세계화 이전 시대에 빈곤 탈출을 하기 위한 신뢰할 만한 수단에 가장 가까운 것이었다.

우리가 거래하고 소비하는 상품이나 서비스의 가치는 이제 생산을 위해 투입된 자재나 자본 설비, 노동력이 아니라 상품이나 서비스의 창출 및 제공을 위해 사용된 지식에서 파생되는 경향이 점점 강해지고 있다. 디지털 제품의 소비에서 그런 경향은 더욱 두드러진다. 누군가가 좋아하는 가수의 앨범은 이제 그 가치가 대부분 뮤지션의 독창성과 제작사의 영리한 마케팅에서 도출되지 않는가. 과거에는 (레코드, 카세트 또는 CD 형태의) 물리적 사본 제작에 소요되는 자재와 장비는 물론 앨범 제작에 필요한 녹음 및 편집 장비 그리고 물리적 사본들을 판매하기 위한 물리적 장소로 갖다 두는 데 소요되는 시간과 비용 등이 가치의 상당 부분을 차지했다. 오늘날의 음악은 과거와는 사뭇 다르다. 말하자면 고품질의 녹음 및 편집 소프트웨어를 사용해 누구나 작곡을 할 수 있고 완성된 디지털 버전의 곡은 어디에 있는 누구에게든 즉각적으로 전송할 수 있다. 오늘날 음악 제작의 가치는 '압도적으로' 아티스트의 기량과 시장성에 기인한다. 거의 완전한 무형의 것으로부터 도출된다는 얘기다. 바로 이것이 비물질화다.

비물질화 현상은 우리가 소비하는 물리적 재화에서도 점점 더 가시화되고 있다. 자동차 생산은 여전히 고도의 자본 및 자원 집약적 프로세스이다. 수많은 자재가 필요하며 그것들을 서로 끼워 맞추기 위해서는 거대한 기계 설비도 있어야 한다. 그럼에도 자동차의 가치는 갈수록 비물질적 투입과 더 큰 연관성을 갖는다. 오늘날 대다수의 자동차 제조사들은 (생산하고자 하는 자동차는 물론 생산 라인 자체의) 설계 작업의 상당 부분을 가상의 공간에서 수행한다. 고성능 설계 소프트웨어를 사용해서 말이다. 차량 작동의 상당 부분도 실내에 탑재된 컴퓨터를 통해 관리한다. 엔진 기능에 대한 정밀한 제어와 실질적인 운행 조작, 내비게이션 작동, 실내 온도 조절, 오락 기능 등에도 내장형 컴퓨터가 관여한다. 그런 이유로 오늘날 자동차 제조사에서 일하는 노동자의 상당수는 조립라인에서 기계를 작동하는 기능공이 아니라 컴퓨터 앞에 앉아서 업무를 보는 디자이너와 엔지니어, 회계사와 마케터들로 구성된다. 그리고 자동차의 가치 중 상당 부분은 차량 내부에 탑재된 첨단 전자 장치들이 차지한다.

세계 각국은 여전히 자동차 공장을 유치하기 위해 경쟁하는 중이다. 실제로 자동차가 조립되는 공장 말이다. 과거에 비해 그 수가 줄어들기는 했지만 자동차 공장은 여전히 일자리 창출을 의미하며 경제적 관점에서 볼 때 일자리는 유용하기 때문이다. 그러나 가치 측면에서 보면 공장에서 이루어지는 조립 공정은 새 발의 피에 지나지 않는다. 하지만 거의 누구나 할 수 있는 일이다. 신규 공장 건설을 계획 중인 자동차 제조 업체에 각국 정부는 인센티브를 제공하겠다고 앞다투어 나선다. 이는 당연한 현상이다. 왜냐하면 기업은 설계와 프로그래밍 지식, 글로벌 공급망의 관리 등 자동차 제조에 필요한 희소한 노하우를 보유하는 데 반해 공장 유치를 위해 경쟁을 벌이는 도시는 대부분 대체 가능하기 때문이다. 기업은 여러 제안을 비교 검토한 다음 보다 큰 생산 가치를 포착하기만 하면 된다.

아이폰과 같은 상품의 경우도 마찬가지다. 제조사인 애플은 아이폰의 제작으로 가장 큰 몫의 수익을 챙기고 있다. 사실상 생산과정 전체를 외주 제작에 의존하고 있음에도 제품 설계의 배후에 창조적 역량이 있기 때문에 가능한 일이다. 이는 실로 우리의 소비 전반에 해당하는 얘기다. 우리는 한때 가계 예산의 대부분을 식음료, 의복, 가구 등 물질적인 것을 구매하는 데 소진했다. 오늘날 우리는 물리적인 제품보다는 사회적 자본에 대한 접근성에 따라 가치의 대부분이 결정되는 교육이나 건강관리 또는 주거 등에 상당한 비용을 지출한다.

이는 무역 관련 데이터에서도 확인할 수 있다. 국경을 통과하며 판매되는 모든 물건의 가격을 합산한 총액을 기준으로 무역량을 측정한다면 물리적 상품의 거래가 여전히 지배적일 것이다. 전체 무역량의 80퍼센트 또는 한 세기 이전의 물리적 상품 거래량과 동일한 물량일 것이다. 그에 비해 부가가치의 측면에서 무역량을 측정한다면 물리적 상품의 물동량이 차지하는 중요성은 크게 감소한다. 1980년에는 세계 수출 물량의 71퍼센트를 차지하던 물동량이 2008년에는 57퍼센트로 떨어졌다. 국경을 넘나드는 가치 중에 서비스가 갈수록 보다 많은 부분을 차지하고 있는 것이다. 현재 '지식 집약형' 상품과 (투입된 연구 개발 활동 또는 숙련된 노동자에 의해 대부분의 부가가치가 창출되는) 서비스의 교역이 상품과 서비스, 금융 무역을 모두 합친 가치의 절반을 차지한다.[15] 개발도상국들은 이와 같은 진화의 과정에서 심각한 난관에 봉착한다는 사실을 알게 되었다. 지식의 중요성이 점점 커진다는 것은 (그리고 여타 비용 원천의 무관함이 점점 커진다는 것은) 선진 부국의 기업들이 무엇이든 해외로 이전하는 데서 얻는 이점이 감소한다는 것을 의미한다. 수십 년 전에는 막대한 비용 때문에 엄두도 못 내던 제조업의 리쇼어링,* 즉 생산 기지를 선진 부국으로 재배치하는 것은 종종 '노동 대비 비용' 현상으로, 그리고 선진 경제체에 속하면서 중간 정도의 기술을 보유한 노동자들에게 잠재적 혜택을 안겨

---

* reshoring: 해외로 이전한 생산 기지를 다시 본국으로 되돌리는 것으로, 오프쇼어링 (offshoring)의 반대 개념 — 옮긴이

주는 현상으로 표현된다. 이제 일각에서는 중국의 임금 상승으로 미국 내에 생산 라인을 갖추고 수천 명의 제조업 노동자를 고용하는 쪽이 점차 매력을 더해 간다고 보기도 한다. 그러나 아직 실제로 그렇게 진행되는 경우는 극히 드문 게 사실이다. 리쇼어링은 대개 부상하는 지식집약형 산업에서 나타나는 현상이다. 이는 곧 비숙련 노동의 비용이라는 변수가 더 이상 큰 문제가 되지 않음을 의미한다. 테슬라(Tesla)와 같은 기업의 경우, 그다지 크지 않은 임금 절감의 방편으로 생산 라인을 해외로 옮기는 것보다 자사의 숙련된 기술자들이 공장 가동 프로그램을 세심하게 관찰할 수 있는 지근거리에 두는 것이 보다 효율적이다.(테슬라의 생산 라인은 샌프란시스코 만의 동쪽 연안인 프리몬트에 위치하고 있다.) 아니나 다를까 실제로 리쇼어링 현상이 발생한 곳을 살펴보면 비숙련 노동자의 대량 고용이 재현된 사례를 찾아볼 수 없다.

이는 낮은 노동비용을 활용해 공급망에 올라탐으로써 산업 기반을 구축하고자 했던 경제체들이 점점 사양길로 접어들고 있다는 것을 의미한다. 물론 예외가 없지는 않으나 아주 특별하고 그다지 도움이 되지 않는 종류이다. 임금 수준이 상상을 초월할 정도로 낮기 때문에 활용 가능한 기술 '대신' 인력을 사용하는 쪽이 보다 경제적인 경우에나 예외가 될 수 있다는 뜻이다. 이와 같은 예외적인 경우에 빈곤 국가에 생산 기지를 둔 기업에게 주어지는 이점은 정확히 말해 더 정교한 기술을 사용할 필요가 없다는 것이다. 그것은 현지 노동자들에게 기술 지식이 이전되는 일이 극도로 제한적일 뿐만 아니라 (그렇지 않았더라면) 보다 생산적이고 정교한 경제활동을 이끌어 냈을지도 모를 단계가 아예 사라져 버린다는 의미다.

다시, 밖에서 안으로

지난 20년간의 엄청난 성장이 뉴노멀*을 제시할 것으로 기대했을 수도 있다. 하지만 최근 몇 년간 이어진 급격한 성장의 둔화는 그렇지 않음을 시사한다. 세계는 선진 부국의 소득이 빈곤 국가에 비해 상대적으로 계속 높아지기만 하던 상태로 돌아가지는 않을지도 모른다. 하지만 여전히 부유한 국가가 되는 일이 매우 어렵고 부유한 수준으로 도약하는 국가도 드물다는 사실을 발견한다고 해서 놀랄 일도 아니다. 실제로 마지막 성장 세대의 주역이었던 중국조차도 목표를 달성하지 못했다. 중국 연안 도시들의 소득수준은 선진국의 소득수준이 낮은 도시들과 비슷하지만, 앞서 말했듯이 중국 내륙 지역의 소득수준은 국제 기준으로 볼 때 여전히 매우 낮다.

신흥 시장의 성장 시대에서 벗어날 수 있는 새로운 개발 모델이 있다면 개발도상 경제체 내에 소규모 지역별로 지식 집약형 글로벌 경제에서 경쟁할 수 있는 사회적, 기술적 역량을 구축하는 것이다. 몇 개의 기술혁신 지역을 조성하는 데 성공한 인도가 그 대표적 사례다. 12억 명이 넘는 인구를 보유하고 꾸준히 성장하고 있는 인도 경제는 온라인 소매 기업이라면 군침을 삼킬 만한 표적 시장이다. 그러나 인도의 소매 수요에 대응하기 위해서는 인도 아대륙 전체에 걸쳐 다수의 거대 물류 창고를 포함한 물류 네트워크를 구축해야 한다. 다수의 물류 창고는 잠재적으로 비숙련 인도 노동자들의 고용을 엄청난 수로 창출할 수 있는 원천이다.(인도에는 수억 명이 넘는 비숙련 노동인구가 있다.) 그러나 단순 로봇 기

---

* new normal: 시대의 변화에 따라 새롭게 떠오르는 기준 또는 표준 — 옮긴이

술의 비용 저하와 컴퓨터 기술력의 증가는 그와 같은 비숙련 노동자들을 위한 일자리의 대다수가 결코 창출되지 않는다는 것을 의미한다. 그 대신 로봇들이 거대한 물류 창고 안의 넓은 통로를 오가며 선적 물품을 실어 나를 수 있도록, 다시 말해 로봇이 없었다면 모두 인간 노동자가 담당해야 할 일을 로봇이 할 수 있도록 코드를 입력하는 고도로 숙련된 극소수의 프로그래머들이 상당한 수입을 올릴 가능성이 높다.

그러나 이와 같은 빈곤 국가에서 소수의 기술혁신 지역들이 지속 가능성을 확보할 확률은 높지 않다. 빈곤 국가의 정부가 부의 대부분을 점유하려 들거나 부패한 조합주의*를 끌어들일 가능성이 농후하기 때문이다. 온갖 종류의 청탁을 들어주는 대가로 우세한 집단을 지지하고 경쟁자들을 진압하는 부패한 정부는 고부가가치 영역의 활력을 억제하고 결국 장기적 생존을 위한 기반을 약화시키게 된다. 그런 집단 내에서 가장 성공한 개인들은 필연적으로 장기적 부의 창출을 지원하는 사회적 자본이 구축된 곳으로 이동하려는 유혹을 느낄 것이다.

부유함에 이르는 것과 급속한 성장은 별개이다. 개발도상국들은 대체로 급속하게 성장한다. 그러나 어느 순간 성장을 멈춘다. 그리고 성장이 멈추었을 때 매우 형편없는 성과를 보이는 것이 일반적이다. (일부 옵서버들이 심술궂게도 영원한 미래의 국가로 언급했던) 브라질은 1967년부터 1980년까지 연간 약 5.2퍼센트의 성장률을 보이며 맹렬한 속도로 성장했다. 브라질이 선진 부국의 대열에 합류할 것은 거의 확실해 보였다. 그러나 1980년부터 2002년 사이 브라질의 성장은 실질적으로 전무했다. 최악의 경기 침체로

---

* corporatism; 주요 이익집단들이 국가 기관과 밀접한 관계를 유지하며 자신들의 요구를 협상하고 교환하는 체제 ─옮긴이

호황기는 완전히 상쇄되고 말았다. 2000년대 신흥 시장의 부상에 힘입어 브라질 경제는 다시 한 번 탄력을 회복했고 새로운 열정을 불러일으켰다. 하지만 현재 브라질은 경제적 어려움에 허덕이며 과거의 행태로 되돌아가고 있다.[16]

부를 성취하고 그것을 유지하는 것은 일관성의 문제이다. 평균을 유지하는 적정 수준의 성장이 장기간 지속되어야 하고 장기적인 기술의 진보가 정치적 안정과 병행하는 사회 환경이 확립되어야 한다. 수 세기에 걸친 끊임없는 혁신은 놀라운 위업이며 그것이 없었더라면 우리는 현재와 같은 생활수준을 누릴 수 없을 것이다. 어떤 면에서는 두 세기에 걸친 고통스럽고도 격렬한 경제 발전을 관리하는 데 필요했던 제도적 유연성을 야기한 선진 경제체 내부의 사회적 자본이 더 인상적일 수 있다. 분명 그 과정이 그리 순탄하지는 않았지만 19세기 초반의 그 누가 민주주의가 이렇게 오랜 기간 굳건히 이어지며 연간 2퍼센트의 꾸준하고 안정적인 성장을 총괄하게 될 것이라 장담할 수 있었겠는가. 향후 다가올 기술의 변화, 그리고 그것이 노동수요에 미칠 영향과 필연적으로 가져올 우리 생활의 변화에 대해 알았다 하더라도 말이다.

수 세기에 걸쳐 지속적 성장을 뒷받침하는 데 필요한 유형의 사회적 자본을 조성하기란 대단히 어려운 일이다. 운 좋은 수십 년간의 진전이 단 수년간의 어려움으로 인해 하루아침에 물거품으로 변할 수도 있다. 그러나 더 많은 사람들이 적합한 유형의 사회적 자본을 보유한 지역으로 이주할 수 있다면 그런 적합한 유형의 사회적 자본이 갈수록 많은 사람들에게 영향을 미칠 수 있는 환경이 조성될 수 있다. 빈곤 국가의 구성원들이 선진 부국의 사회적 자본에 투자하는 데 시간과 노력을 기울이는 것은 가치 있는 일이다. 만약 그들이 인구의 임계수치가 사회적 자본을 공유하는 지역으로 이주할 수만 있다면 말이다. 선진 경제체가 빈곤 국가를 부유한 국가로 바꿔 놓을 수는 없다. 그리고 부유한 국가로 변모할 수 있는 방법을 모색하는 빈곤 국가를 위한 실패의 위험이 없는 비법도 없다. 현실적으로 성취할 수 있는 방법, 그리고 이미 성취한 바도 있는 확실한 방법은 강력한 사회적 자본으로 갖춘 국가가 빈곤 국가의 구성원을 기꺼이 수용함으로써 그들이 부유해질 수 있도록 돕는 것이다.

대규모 이민은 언제나 국가들 사이의 광범위한 소득 격차를 해소하는 명백하면서도 그림의 떡과 같은 해결책이었다. 하지만 과거 20년 간의 경험은 선진 부국의 구성원들이 이민의 증가에 대해 노골적인 적대감은 드러내지 않을지언정 매우 양면적인 태도를 취하도록 만들었다. 수년간의 임금 정체에 금융 위기의 트라우마까지 더해지면서 유권자들은 국내로 주의를 돌려 이민 배척주의를 표방하는 비주류 정치인들에게 기대를 걸게 되었다.

선진 경제체의 제도는 장기간에 걸친 경제성장을 지속시키는 한편 초세계화와 급속한 기술 변화의 시대에 수반되는 혼란스러운 변화에 대해 대중의 지지를 유지하기 위해 고군분투해 왔다. 그리고 지금, 빈곤 경제체들의 경제성장이 우려스러운 양상으로 둔화됨에 따라 선진 경제체들은 물론 세계경제 자체가 축소될 위기에 직면하고 있다.

9 장기 침체의 재앙

2008년 가을, 세계경제는 완전히 붕괴되기 일보 직전까지 갔다. 세계적인 네트워크를 보유하던 대형 투자은행 리먼브라더스(Lehman Brothers)가 2008년 9월 파산했다. 이후 수 주에 걸쳐 미국 대형 은행 대부분의 주가가 급격하게 하락하며 미국 내 주요 금융기관들 중 거의 대부분이 도산할 가능성마저 제기되었다. 리먼의 파산은 단기 금융시장의 대혼란을 야기해 제너럴 일렉트릭(GE)과 같은 대기업들조차 임금 지불 불능 사태에 직면할지도 모르는 끔찍한 상황까지 경제를 내몰았다. 단기 금융시장은 대기업들이 자금을 조달하기 위해 종종 이용하는 국가 금융 인프라의 핵심 중 일부다. 결국 연방 정부와 연방준비제도의 광범위한 개입으로 경제적 재앙은 피할 수 있었다. 그럼에도 2009년에 접어들며 세계경제는 위축되었다. 수백만 명이 일자리를 잃었고 삶이 파괴되었다. 대침체(Great Recession)는 유로존을 절박한 금융 위기로 몰아넣었다. 수년

이 지난 지금까지도 노동시장에는 당시의 상흔이 남아 있고, 유권자들은 비주류 정치인들의 품 안에 뛰어들고 있다.

이렇게 심각한 경제 위기는 흔한 것이 아니다. 여러 요인들 가운데 느슨한 금융 규제와 대규모의 자본 흐름, 주요 정책의 실패 등의 악재가 한꺼번에 덮치는 퍼펙트 스톰*이 발생할 때나 가능한 상황이다. 그러나 선진 부국의 정책 입안자들을 힘겹게 만드는 경제적 불균형이 만연하지 않았다면 대침체에 이르지는 않았을 것이다. 경제적 불균형은 대부분 디지털 혁명이 촉발한 힘에 기인한다. 그것이 세계경제를 특히 위기에 취약하도록 만들어 놓은 것이다. 2008~2009년에 걸친 금융계의 대화재를 촉발한 바싹 마른 불쏘시개는 전소되고 없지만 근본적인 취약성은 여전히 남아 미래에 값비싼 대가를 치를 또 다른 위기 상황을 예고하고 있다.

문제는 경제성장의 이익이 노동자에게 흘러가는 대신 부유층의 급여와 자산으로 쌓여 가고 있다는 점이다. 더욱이 선진국들은 이 문제에 대한 해결책에 근접하지도 못하고 있다. 구매력이 소비를 원하는 사람 그리고 실제로 소비를 필요로 하는 사람들에게 흘러들지 못할 때 경제는 제대로 작동하지 않는 법이다. 시장이나 정부가 경제성장의 혜택을 폭넓게 배분할 수 있는 더 나은 방법을 찾기 전까지 세계는 반복되는 심각한 경제 위기에 직면할 수밖에 없다.

대침체와 같은 경제적 침체기는 수요 약세의 시기이다. 경제체에서 수요란 사용되는 돈의 액수를 의미한다. 자동차나 컴퓨터에서부터 여

---

* perfect storm: 원래는 엄청난 파괴력을 지닌 자연 현상을 뜻하지만, 여기서는 복수의 크고 작은 악재들이 동시다발적으로 일어나 야기하는 초대형 경제 위기를 말한다. ─옮긴이

행, 치과 치료에 이르기까지 모든 것에 사용되는 돈의 액수 말이다. 수요 약세는 경제의 모든 생산 역량을 활용하기에는 부족한, 너무 적은 돈이 지출된다는 의미다. 기업은 매출 하락으로 말미암아 노동자들을 해고하게 된다. 고전적인 경제 모델에서는 그런 상황이 발생하지 않아야 한다. 다시 말해 기업은 수요 감소를 인식하고 임금 및 가격 절감으로 대응할 수 있어야 한다. 그렇게 소비를 진작시키며 경제의 생산 역량을 온전히 활용하고 해고의 필요성을 미연에 방지할 수 있어야 한다. 불행히도 실제로는 그렇게 돌아가지 않는다. 가격과 임금은 그렇게 쉽사리 조정되지 않는다. 더욱이 임금과 가격의 하락은 장래의 소득에 대한 기대치에 영향을 미친다. 이것은 결국 소비와 투자에 찬물을 끼얹고 경기 침체를 심화시킨다.

선진국 대다수와 신흥국 상당수가 만성적인 수요 약세의 시대로 접어드는 것처럼 보인다. 경제학자들이 '장기 침체(secular stagnation)'라고 명명한 수요 약세 상황은 활기 없고 취약한 경기 확장(economic expansions)과 연관이 있으며 이와 같은 경기 확장은 대개 대형 자산 거품의 수축을 유발하며 장기간에 걸친 실망스러운 회복으로 이어진다. 일부 국가의 장기 침체는 다른 경제체들까지 수요 약세의 덫으로 빨아들이는 일종의 경제적 블랙홀이 될 수도 있다. 그 원인이 바로 디지털 혁명이다. 그리고 장기 침체는 디지털 혁명이 야기한 불평등을 더욱 악화시킨다.

장기 침체는 기존 경제 질서의 지지 기반을 서서히 약화시킨다. 물론 정부가 궁극적으로 양질의 해결책을 내놓을 가능성도 있지만, 예상보다 길게 이어지는 장기 침체는 세계경제통합에 대한 거센 반발을 야기해 경제체 내부에 큰 비용을 유발할 가능성이 더욱 높다.

불평등의 심화

장기 침체의 개념은 미국의 경제학자로서 케인스 학파의 지적 성향 보유자였던 앨빈 한센(Alvin Hansen)의 저서 『완전한 회복 또는 경기 침체 (*Full Recovery or Stagnation*)』가 출간된 1930년대로 거슬러 올라간다.[1] 이 책은 디플레이션의 본질을 고찰하고 그 이면에 있는 몇몇 요소들이 항구적이고 구조적인 경제적 병폐를 이끌어 내는지 여부를 살펴본다. 한센은 인구의 고령화와 기술 진보의 둔화가 투자 의욕을 감소시킨다고 주장했다. 사회의 저축액을 흡수할 수 있는 수익성 높은 투자 기회가 부족해지면 수요가 감소하고 경제는 침체 상태에 빠져든다는 것이었다.

나중에 판명된 바와 같이 한센의 가설은 부적절했다. 전쟁에 따른 군사적 동원은 부유한 경제체들이 최대 용량으로 가동될 수 있는 계기를 만들어 주었다. 제2차 세계대전 후 이들 정부는 대규모 공공투자에 착수했고 확고한 임금 상승으로 들뜬 가계는 흥청망청 소비했다. 그럼에도 일부 경제학자들은 현재의 경제적 재난을 이해하기 위한 방법의 하나로 한센의 경기 침체 가설에 주목하고 있다.

문제는 단일 경제체에서 소득과 지출 사이에 발생하는 단절이다. 현대의 경제생활에서 누군가의 지출은 곧 다른 누군가의 소득이 된다. 당신이 《이코노미스트》를 구독하면 내가 급료를 받는 것처럼 말이다. 내가 새 청바지 한 벌을 구입하면 누군가는 (청바지를 판 의류 매장의 관리자나 옷을 만든 방글라데시의 직공, 뉴욕의 디자이너와 같은 다른 누군가는) 내가 지불한 돈에서 자신들의 몫을 받아 가고 다른 어딘가에서 그 돈을 소비한다. 경제체 내에서 지출은 곧 소득인 셈이다.

그렇지만 소득의 일부는 저축으로 남는다. 내가 받는 급료의 작은 부분은 은행의 예금계좌에 입금되는가 하면 다른 일부는 퇴직연금 계좌로 들어가 주식 매입에 사용된다. 소득이 저축으로 남게 되면 경제체로부터 돈을 빼내는 것과 같다. 저축이 수요를 고갈시키는 셈이다. 그러나 정상적이고 건강한 경제체에서는 저축이 투자로 이어지기 때문에 저축이 곧 경기 침체로 해석되지 않는다. 내가 거래하는 은행은 내 저축액을 담보로 새로운 장비에 투자하고자 하는 사업가에게 돈을 빌려줄 수 있다. 장비에 대한 지출은 곧 수요의 증가를 의미한다. 마찬가지로 내가 주식을 사고 주가가 오르면 기업들에게는 자본시장을 통한 자금 조달이 더욱 매력적인 수단이 될 것이며 기업이 조달하는 자금은 수요 창출에 기여할 투자 자본으로 활용될 수 있다.

때때로 이 과정은 도중에 장애물을 만나기도 한다. 연이은 부정적 뉴스는 폭넓은 경제적 비관론으로 확대될 수 있다. 기업이 당분간 투자를 연기할 수도 있고 은행이 예방 차원에서 대출을 줄일 수도 있다. 그러한 의사 결정으로 경제체에 흐르는 돈의 액수가 줄어들면 수요의 감소가 유발된다. 비관론은 자기충족적 예언이다. 사소한 불안감을 지출의 감소로, 더 나아가 경기 침체로 변환시키는 것이다.

바로 그때가 정책 입안자들이 나서야 하는 시점이다. 중앙은행은 그런 상황에 개입해 금리를 인하한다. 낮은 이자율은 저축의 매력을 감소시킬 것이다. 나라면 이자가 거의 붙지 않는 보통예금 계좌에 돈을 묻어 두느니 낡은 식기 세척기를 새것으로 바꿀 것이다. 그렇게 수요가 창출되는 것이다. 동시에 저금리는 가계 및 기업에 대출을 권장한다. 담보대출로 주택을 구입하고 새로운 건설 사업을 벌이고 사무실의 IT 장비를 개선하라고 부추긴다는 얘기다. 중앙은행은 수요를 부양하고, 좀 더 중요하게는 수요 약세의 최초 원인인 자기충족적 비관론을 극복하기 위해 금리를 인하한다.

하지만 지난 세대를 거치는 동안 중앙은행들은 경제체가 건전한 성장 경로를 이탈하지 않도록 하는 데 더 많은 노력을 기울여야 했다. 소득과 지출 사이의 간격을 메우는 과정이 더욱 까다롭고 험난해졌기 때문이다. 이와 같은 새로운 난관은 세 가지 대단히 중요한 요소에 기인했다.

첫째, 급속한 세계화 시대를 관리하는 데 따르는 어려움이다. 앞서 다룬 바와 같이 신흥 경제체들은 글로벌 자본시장 및 공급망에 합류해 글로벌 경제체로 도약함으로써 초세계화 시대에 급속한 성장을 향유했다. 1990년대에 신흥 시장들은 고도로 세계화하고 고도로 금융화한 이 새로운 글로벌 경제가 준비가 덜 된 개발도상국들에 쉽사리 위기를 촉발할 수 있다는 사실을 몸으로 체험했다. 멕시코와 러시아, 동남아시아의 일명 '호랑이' 경제체들은 모두 변덕스러운 외국인 투자자들로 인해 경제 위기에 직면했다. 재빨리 한 밑천 잡으려는 속셈으로 빠르게 성장하는 경제체로 뛰어든 외국인 투자자들은 분위기가 반전되자 추락하는 자산과 악성 부채만 남겨 둔 채 썰물처럼 빠져나갔다.

신흥국들은 외국인 투자자들이 불안감에 돈을 인출하기 시작할 때 외환 보유고(외화나 외화 표지 자산의 형태로 보유하고 있는 정부의 저축)를 완충제로 이용해 고통을 절감할 수 있다는 사실을 깨달았다. 경기가 좋을 때 미국 재무부의 채권을 대량으로 매입해 둔 중앙은행은 경기가 나쁠 때 채권 매각을 통해 자국 통화의 가치 하락을 방지하거나 달러 표시 대출로 어려움을 겪는 기업들에 달러를 제공할 수 있었다. 2000년대 들어 경제 위기에 두려움을 느낀 신흥 시장의 중앙은행들은 준비금을 축적하며 글로벌 저축액의 증가에 크게 기여했다. 중국을 위시하여 신흥국 정부들은 미국 재무부 채권과 같은 안전한 외국 자산을 대량으로 매입했다. 그와 같은 자산 매입은 달러에 대한 자국 통화의 가치 상승을 지연시키고 (다른 조건이 동일할 때 통화가치가 낮으면 수출에 이롭다.) 방어적 안전 자산을 축적하는 두 가지 목적을 가졌다. 이는 세계적인 금융 위기 상황에서 활용할 수 있는 준비금을 축적하기 위한 것으로 중국 소비자들의 소비를 효과적으로 억눌렀다.

벤 버냉키[2] 전 연방준비제도 이사회 의장은 재임 기간 중 그와 같은 준비금의 축적 결과를 글로벌 저축 과잉 현상으로 불렀다.[3] 과도한 저축은 글로벌 수요에 비해 글로벌 소비가 부족함을 의미했다. 수요의 하락을 막기 위해 중앙은행들은 저축을 새로운 지출로 재사용하도록 시장을 압박하는 행동에 나설 필요가 있었다. 중앙은행들이 고군분투한 결과 전 세계적으로 금리가 사상 최저 수준까지 떨어졌다.

그러나 세 가지 요인 중 두 번째 것은 그런 노력에 좌절감을 안겨 주었다. 저축은 수익성 있는 투자 기회가 제한적일 때 축적된 것이다. 1990년대 후반의 강력한 경제성장 뒤에는 엄청난 규모의 IT 산업에 대한 투자가 있었다. 그러나 2000년대 들어 기업들이 IT 생산성을 어떻게 활용할 것인지를 놓고 갈피를 잡지 못함에 따라 IT 산업에 대한 투자는 점차 감소했다. 점점 높아지는 노하우에 대한 프리미엄은 개인이나 기업이 더 강력한 컴퓨팅 기술과 새로운 통신 기술을 실험하고 있던 숙련된 도시의 가치를 향상시켰다. 하지만 앞서 7장에서 살펴보았듯이 고생산성 도시에서 창출된 가치의 향상은 건축물 공급 제한 규정에 따른 한계 때문에 신규 건축에 대한 대규모 투자로 전환되지 않았다. 정부도 저금리의 장점을 신규 간접 자본에 대한 투자로 완벽하게 활용하지 못했다. 새로운 운송 경로와 네트워크에 대한 투자는 뉴욕이나 보스턴처럼 고성장 도시가 추가적인 건설을 수용하는 데 도움이 되었을지도 모른다. 그랬더라면 축적된 저축을 사용할 수 있는 두 개의 생산적인 출구가 만들어졌을 것이다. 안타깝게도 그런 일은 일어나지 않았다.

세 번째 요인은 불평등의 심화이다. 이 요인은 어려운 상황을 더욱 악화시켰다. 경제학자들에 의하면 소득 영역의 중간과 하위에 속하는 가계들은 높은 소비 성향을 보인다. 모욕적인 표현이라 할 수도 있다. 결코 그런 의미가 아니다. 중간 및 하위 영역에 속하는 가계는 더 적게 벌기 때문에 소득의 대부분을 생필품 구입에 사용할 수밖에 없다는 뜻이다. 미국의 빈곤 가계에 현금 100달러를 주면 가계 구성원들은 더 많은 식료품을 구입하거나 낡은 의복이나 가구를 새것으로 바꾸는 데 그 돈을 지출할 것이다. 어쨌거나 그 돈은 지출될 것이다. 그것도 거의 즉각적으로 말이다. 부유한 가계에 100달러를 주면(가족 구성원들이 그 사실을 인지했다고 가정한다면) 그 돈은 지출되지 않고 그대로 기존 보유 금액에 추가될 가능성이 매우 높다. 부유한 가계는 형편이 어려워 구입하지 못했던 새 텔레비전을 사기 위해 달려가지 않을 것이란 얘기다.

소득 영역의 상위에 속하는 부유한 가계의 소득이 전체 국민소득에서 차지하는 비중이 지난 세대를 거치면서 급격히 증가했다. 그리고 보다 적은 수의 구성원에게 부가 집중되었다. 이 두 가지 추세는 모두 잉여 자금을 소비에 사용하는 성향이 낮은 가계로 구매력을 밀어 넣었다. 다시 말해 자신의 소득에서 큰 몫을 저축하려는 경향이 강한 사람들의 수중에 더 많은 소득이 흘러들어 간 것이다. 급증하는 저축과 생산적 투자를 저해하는 걸림돌로 인해 중앙은행들은 모든 사람의 일자리를 보전하기에 충분할 정도로 수요를 유지하기 위해 더욱더 고군분투해야 했다.

대출이라는 미봉책

지난 세대를 거치며 시장은 만성적인 수요 약세에 대한 해결책을 찾느라 갈팡질팡했다. 그 해답은 가진 돈은 많지만 그것을 모두 지출하는 데는 그리 관심이 없는 부자들이 그렇지 못한 사람들에게 돈을 빌려줄 방법을 찾는 데 있었다. 1980년대 이후로 선진 부국들은 돈을 빌리고 싶어 하는 가계가 대출을 받을 수 있도록 하기 위해 점점 더 영리한 전략을 창안했다. 1980년대 초반, 미국의 가계 부채 총액은 GDP의 50퍼센트 미만이었다. 그 이후부터는 꾸준히 상승하기 시작해 1990년대 말에 GDP의 70퍼센트에 육박했고, 2000년대에 들어서는 가파르게 치솟아 금융 위기 직전에는 GDP의 100퍼센트에 근접했다.[4]

금융공학은 돈을 가진 자로부터 그것을 간절히 쓰고 싶어 하는 자에게로 돈의 이동을 촉진했다. 은행들은 위태로운 대출을 안전해 보이면서도 많은 수익을 약속하는 유가증권으로 포장하는 교묘한 술책을 만들어 냈다. 중국은 물론 매우 부유한 선진국에 이르기까지 전 세계의 고액 저축자들은 그것을 게걸스럽게 집어 삼켰다.

정부 또한 엄청난 규모의 대출을 통한 구매력의 이전을 장려했다. 저축액이 투자액을 능가할 때 수요 유지를 위한 시도에 따르는 필연적 결과인 저금리 현상 덕분에 차용 비용도 감소되었다. 보다 중요한 것은 규제 당국이 리스크가 높은 금융 상품의 번성을 허용했으며 심지어 주택 가격이 급등함에 따라 규제를 더욱 완화한 경우도 있다는 점이다.

주택 가격의 상승을 지켜보면서 (대출 상품의 구조를 만드는 은행원에서부터 생애 처음으로 내 집 마련의 기회를 모색하던 일반인에 이르기까지) 모든 사람에게 집값이 계속 오를 것이라는 기대가 점점 커져 갔다. 주택 가치의 상승은 더 많은 대출을 가능케 했다. 가격 상승이 예상되면 은행은 채무불이행에 대한 우려를 덜 수 있다.(주택 소유주가 재정난에 빠지더라도 대출의 담보가액이나 미상환금보다 높은 가격으로 쉽게 매도할 수 있으니까 말이다.) 담보대출이 없는 긍정적 자기자본을 보유한 주택 소유주들 또한 주택의 개조 또는 소비를 목적으로 주택 담보대출을 받았다. 실례를 든다면, 2003년부터 2008년 사이에 미국의 주택 담보대출 미상환 총액이 2000억 달러에서 거의 7000억 달러로 3배 이상 증가했을 정도다.[5] 주목할 점은 2000년대의 주택 가격 급등이 채무 부담의 증가와 더불어 발생했기 때문에 대다수 가계의 순자산에 보탬이 된 부분은 거의 없었다는 사실이다.[6] 그러한 채무 부담은 무한정 유지될 수 없었다.

지난 수십 년에 걸친 극적인 경제적 변화는 보유액을 소비하려는 성향이 낮은 정부와 가계 들에 구매력을 집중시켰고, 그와 더불어 건전한 투자를 위한 통로들이 차단되었다. 그 결과 만성적인 수요 약세 현상이 초래되었다. 중앙은행들은 구매력을 이전시키는 장치를 가동함으로써 수요 약세 문제를 해결하려는 노력의 일환으로 금리를 인하하고 금융 규제를 완화했다. 대규모 대출을 통해 구매력의 이전을 성취하려 시도한 것이다. 대출을 통해 지출이 필요한 사람들의 손에 구매력이 주어졌고 돈이 돌기 시작하면서 경제의 침체도 완화되었다. 자산 가격의 상승과 대출 주기가 만료되는 시점까지는 그랬다.

막상 음악이 멈추자 세계는 1930년 이후 최악의 경제적 재앙에 근접해 있었다. 그리고 그 위기는 경제 시스템에 새로운 취약성을 제시했다. 중앙은행은 수요 진작을 위한 노력의 과정에서 제로 금리 또는 경우에 따라 마이너스 금리의 적용도 불사했다. 금리가 그렇게 떨어진 이후에도 중앙은행에 선택지가 전혀 없는 것은 아니다. 금리를 조금 더 인하할 수도 있고 돈을 찍어 국채와 같은 자산을 매입할 수도 있다.(양적 완화로 알려진 경기 부양의 절차다.) 하지만 이런 방법도 여러 가지 측면에서 제한적이다. 예를 들면 금리가 점점 하락하면 가계는 저축의 대부분을 현금으로 인출해 부정적 금리의 영향을 받지 않는 신발 상자나 안전 금고에 보관하는 쪽을 선택할 것이다. 중앙은행들 자체도 이러한 '비인습적인' 정책 수단을 적극적으로 사용하는 것을 경계하고 있다. 알려지거나 알려지지 않은 리스크를 염려하기 때문이다.

결과적으로 금리가 제로에 가까워지면 정책은 보다 잠정적이고 덜 경기 부양적인 경향을 보이게 된다. 장기 침체의 덫에서 빠져나오기가 더욱 어려워진다는 말이다.

불균형의 해결 방안

대형 산불은 대개 두 가지 방법으로 또 다른 화재의 발생 확률을 줄인다. 하나는 산림 경영의 변화로 이어지는 경우다. 보다 중요한 것은 화재의 연료가 되는, 수년간 축적된 죽은 나무를 일시에 제거하는 역할을 한다는 점이다. 세계적인 금융 위기는 금융 개혁의 물결을 촉발시켰다. 개혁 작업의 일부는 글로벌 금융 시스템을 좀 더 안전하게 만든 것도 사실이다. 또한 (비록 극도로 고통스러운 양상으로 진행되기는 했지만) 수년간 축적된 위기 연료를 일소했다. 높은 자산 가격이 지탱하고 있던 엄청난 가계 부채 말이다. 미국의 끔찍한 경제 위기 속에서 한 가닥 희망을 찾는다면 가계 부채가 비교적 낮은 수준으로 환원되었다는 사실이다.

그러나 소득과 지출 사이의 근본적인 불균형이 해소된 것은 아니다. 사실상 더 악화되는 중일지도 모른다. 오랜 기간 매우 저조한 금리가 지속된 중요한 이유도 바로 그것이다. 향후 수년 동안 역사상 유례없는 저금리 기조가 유지될 것이라는 예상 또한 여기에 기인한다.

불균형의 역학 관계에는 다소 변화가 있었다. 거대 신흥 시장의 저축액이 감소하고 있다. 최근 몇 년 동안 다수의 신흥국이 자본의 이탈을 막기 위해 준비금을 사용해야만 했다. 그러나 선진 부국의 기업들은 여타 주체가 할 수 없는 무언가를 행하며 공백을 메워 왔다. 금융 위기 이후로 성공적인 기업들, 특히 미국 기업들의 수익률이 전에 없이 오랜 기간 특이하게 높게 유지되고 있다. 높은 수익률은 많은 투자를 유발해야 마땅하다. 경쟁 업체들이 성공적인 기업들과 승부를 벌이려 하고 성공적인 기업들은 그러한 경쟁 압력에 대응하기 위해 활동 자금을 풀기 때문이다. 하지만 수익률이 높은 대기업들은 2000년대의 신흥 시장과 같은 행태를 보여 주고 있다. 호시절을 틈타 막대한 현금을 축적하고 있는 것이다.

다른 구조적인 영향력들도 가세하고 있다. 그중 하나가 인구의 고령화다. 선진 부국에서는 퇴직 인구의 비율이 증가함에 따라 고령 인구의 저축이 감소하기 시작했다. 고령화는 미래의 성장 전망을 감소시키고 새로운 투자에 대한 욕구를 제한한다. 적어도 지금까지는 후자의 효과가 지배적인 것처럼 보인다. 투자 의욕의 감소가 은퇴 생활을 위해 저축을 사용하는 것보다 저축과 투자 간의 불균형에 더 큰 영향을 미치고 있다는 뜻이다.

경제활동의 비물질화도 투자 감소의 원인이 되고 있다. 가장 생산적인 활동은 대부분 물리적인 자본 장비로 가득한 대규모 공장이 아니라 사회적 자본과 소프트웨어에 대한 노하우에 크게 의존하고 있다. 시

시각각 저렴해지는 처리 능력은 성장세에 있는 경제 부문 전반에 걸쳐 생산량 향상으로 이어질 수 있다. 대표적인 예로 클라우드 컴퓨팅 서비스의 비용이 지속적으로 하락하는 것을 들 수 있다. 적어도 1990년대 거시경제학자들은 스타트업들이 에너지 소비가 큰 대형 서버에 많은 돈을 투자한다고 확신할 수 있었다. 그러나 지금은 아주 적은 비용으로 아마존이나 구글에서 필요한 장비를 대여할 수 있다. 결과적으로 저축액은 쌓여 가고 축적된 자금의 잠재적 활용 가능성은 줄어드는 셈이다.

소프트웨어가 모든 것을 잠식하고 있다. 새로운 소프트웨어를 만드는 데에는 공장이나 장비에 들어가는 막대한 자금이 아니라 시간과 사회적 자본의 투입이 요구된다. 하지만 사회적 자본이 풍부한 도시에 사무 공간을 마련하기 위해서는 자본이 필요하다. 그런 도시에서 새로운 건물을 짓는 일이 쉽지 않기 때문에 생산성이 높은 도시의 사무실 수요가 증가하는 것은 부동산 비용 상승의 요인이 된다. 예컨대 런던에서 기술 기업들이 지불하는 임대료는 소수 부유층의 추가적인 자본소득 및 이득이 되는데, 그들은 자신의 한계수익 가운데 너무 적은 양을 소비하므로 수요를 급속히 성장시키는 데 전혀 도움이 되지 않는다.

대침체와 그 여파로 불평등이 더욱 악화된 것은 엄연한 사실이다. 2008~2009년 사이에 소수 부유층의 재산에 타격이 가해지기는 했지만 노동시장보다 훨씬 신속하게 회복되었다. 실업률이 정상 수준으로 떨어진 나라에서조차 노동력의 과잉으로 말미암아 매우 저조한 임금 상승률을 보이고 있다. 노동자의 소득이 증가할 수 없다는 것은 수요 성장이 계속 지연된다는 것을 의미한다. 간단히 말해서 가장 지출을 필요로 하는 사람들에게로 구매력이 흘러들어 가지 않고 있다는 얘기다. 수요는 이용 가능한 모든 경제 역량을 흡수하기에는 턱없이 부족한 수준에 머물러 있으며 선진 경제체의 중앙은행들은 덫에서 빠져나오기 위해 애쓰고 있다.

만성적 수요 약세와 반복되는 경제 위기에서 탈출하려면 구매력이 지출과 투자를 원하는 사람들의 수중으로 자연스럽게 흘러가야 한다. 그러한 구매력의 이전을 발생시킬 수 있는 몇 가지 방법이 있다.

먼저 정부들은 직접 지출을 통해 해당 문제의 해결을 시도할 수 있다. 재정난에 처한 가계로 구매력 이전을 늘리는 것은 소비자에게 돈이 흘러가게 하는 가장 간단한 방법이다. 또한 대규모 공공투자로도 동일한 효과를 거둘 수 있다. 도로 정비 또는 신규 철도나 공항의 건설에 대한 정부의 지출은 곧 건설 노동자와 장비 제조 업체, 철강 회사 등으로 돈이 흘러가도록 만드는 방법이란 얘기다.

정부는 과세를 통해 이에 대한 재원을 마련할 수 있다. 진보적인 세금 체계를 이용해 소비 성향이 낮은 계층의 가계로부터 즉각적으로 소비할 확률이 높은 가계로 돈이 움직이게 만드는 것이다. 또한 대부분의 정부는 채권 발행을 통해 과다한 저축을 흡수할 수도 있다. 세계 각지의 저축자들은 저금리나 마이너스 금리 상황에서 안전한 정부 채권을 보유하는 것에 만족감을 느낀다. 그들이 소비를 꺼리는 이유도 여기에 있다. 그러므로 정부가 저축자들로부터 돈을 빌려 소비 진작을 위한 자금 집행에 이용한다면 경제체 내에서 돈의 순환을 개선하는 데 도움이 될 것이다.

구매력 이전을 위한 재원 마련을 위해 정부가 돈을 찍어 내는 방법도 있다.(혹은 중앙은행이 매입하는 조건으로 채권을 발행할 수도 있다.) 현재의 지출을 화폐 제조로 감당하는 방법은 1920년대 초반 독일의 경험과 유사한 초인플레이션을 유발할 수도 있다고 우려하는 견해도 있으나 그런

리스크는 과장된 것이다. 초인플레이션은 소비 지출을 위한 세수 인상이 '불가능'해서 '어쩔 수 없이' 화폐 제조를 선택한 결과로 나타나는 전형적 현상이다. 침체된 경기의 부양책으로 화폐 제조를 '선택한' 정부는 경제가 침체의 덫에서 벗어난 이후 그 일을 중단하면 된다. (경우에 따라 부채의 화폐화 규모가 상당하더라도 침체된 경제를 되살리기에 턱없이 부족할 수도 있음이 증명된 바 있다. 일본의 중앙은행인 일본은행 The Bank of Japan은 국채 매입을 위해 미친 듯이 돈을 찍어 왔다. 일본은행은 현재 정부의 미상환 부채 가운데 3분의 1 이상을 보유하고 있다. 그 규모는 약 300조 엔으로 거의 3조 달러 혹은 일본 경제의 연간 총생산량의 3분의 2에 해당한다. 또한 향후 10년 내지 20년 동안 나머지 정부 부채의 대부분을 매입할 계획이다. 10여 년 전이었다면 대다수의 경제학자들이 그 정도 규모로 돈을 찍어 내면 신속하고도 필연적으로 초인플레이션이 야기될 것이라 단언했을 것이다. 그럼에도 현재 일본의 물가 상승률은 제로를 조금 넘는 수준에 머물러 있다.)[*] 좀 더 항구적인 해결책은 경제성장으로 발생하는 이득 중 보다 큰 몫을 노동자들 스스로 획득할 수 있도록 만드는 것이다. 부유하고 생산적인 도시들이 갑자기 대규모의 주택 건설을 시작한다면 수요 문제를 해결하는 데 도움이 될 것이다. 몇 가지 측면에서 그렇다는 말이다. 우선 건설 활동 자체가 수요를

---

[*] 중앙은행이 높은 인플레이션을 기꺼이 감당한다면 화폐 제조와 구매력의 이전이 필요하지 않을 수도 있다. 임금은 그대로인데 가격만 상승한다면 '실질임금'이 삭감될 수밖에 없는 노동자들이 어려움을 겪을 것이다. 하지만 실질임금이 낮아지면 기업은 고용을 늘리는 경향을 보인다. 실제로 노동 인력을 대체하기 위해 기술을 사용하는 대신 노동자를 고용하거나 이미 사용하기 시작했던 노동 절약형 기술을 폐기할 가능성도 있다. 노동력에 대한 기업의 의존도가 높을수록 국민소득 중 노동자들에게 돌아가는 몫이 전체적으로 늘어나고 자본 소유주의 몫은 줄어든다. 노동자들의 수중에 더 많은 돈이 들어가면 더 많은 소비가 일어난다. 영국은 이와 유사한 현상을 경험한 바 있다. 실질임금이 하락하면서 고용률이 사상 최고치를 기록하는 동시에 총소득 중 노동자의 몫이 늘어났다. 물론 문제는 대부분의 중앙은행들이 스스로 인플레이션을 부추길 수 없다고 생각하거나, 그렇게 할 의향이 없다는 것이다. —지은이

진작시킬 것이다. 목공, 배관공, 용접공 등 소비 성향이 높은 사람들에게로 재원이 흘러가는 것은 두말할 필요도 없다. 가장 중요한 것은 주거비의 상승을 둔화 또는 역전시키는 방편이 된다는 점이다. 그것은 결과적으로 부유한 부동산 소유자에게 흘러들고 있는 성장에 따른 이득을 저소득 가계의 수중으로 흘러가도록 만들 것이다. 생산적인 토지에 비해 노동력 과잉의 정도가 감소할 것이고 노동자들은 더 많은 성장의 이득을 포획할 수 있을 것이다.

또는 약간 다른 측면에서 생각해 볼 수도 있다. 만약 경제체 내의 다른 집단에 비해 노동자의 교섭력이 강화된다면 성장의 이득을 더 많이 획득할 수 있고 그것은 결과적으로 더 많은 소비와 더 많은 수요로 이어질 것이다. 1960년대와 1970년대의 중앙은행들이 1980년대 이후의 상황과는 사뭇 다른 도전에 직면했던 것은 우연이 아니다. 1960년대와 1970년대의 노동자들은 고용주들에 비해 더 많은 교섭력을 보유하고 있었다. 조합원의 수도 많았고 대기업과 법적 구속력이 있는 후한 임금 협상을 벌이는 경우가 더 일반적이었다. 그 결과, 선진 경제체들은 만성적인 수요 약세와 저조한 인플레이션이 아니라 오히려 강력한 수요와 높은 인플레이션에 대한 해결책을 찾느라 고심해야 했다. 물론 높은 인플레이션은 나름의 대가를 수반하지만 거시경제적 측면에서 볼 때 관리하기가 훨씬 용이하다. 높은 인플레이션 환경에서는 세계적인 경제 불황이 발생하지 않는 경향을 보인다. 예를 들어 연간 4퍼센트 정도의 물가 상승률을 유지하기에 충분한 소비가 지속적으로 발생하는 기간에는 소비 행동이 일종의 경제적 윤활유 역할을 한다. 과거에 체결된 임대차 계약이나 대출 계약은 시간이 지남에 따라 그 자체가 줄어들지 않더라도 점점 더 감당할 수 있는 비용이 된다. 계약 체결 당시 의무 사항의 화폐

가치에 비해 물가의 화폐가치와 임금이 상승하기 때문이다. 반면 디플레이션 환경에서는 그와 같은 비용의 부담이 점점 커지기 때문에 삭감과 채무불이행, 추가적인 가격 하락의 주기가 야기되는 것이다.

침체의 소용돌이

만성적 수요 약세로 이어지는 근본적인 조건들이 잔존하는 한 그로부터 벗어나기 위한 싸움은 시간이 지남에 따라 점점 더 힘겨워진다. 장기 침체는 더 많은 경제체들을 끌어들이는 덫이 되어 글로벌 경제의 더 많은 부분을 침체기의 조건에 부합하도록 만들고 장기 침체 블랙홀의 유인력을 증가시킨다.

전 세계가 덫에 걸려 교착 상태에 빠지는 것이다. 너무나 많은 거대 경제체들이 이용 가능한 경제적 역량을 소진하기에 충분한 수요를 만들어 내느라 힘겹게 싸우고 있다. 그와 같은 경제적 교착 상태에서도 해외 수요를 포착하고 순수출고(수출액에서 수입액을 뺀 금액)를 증가시키면 급속한 성장은 가능하다. 순수출고의 증가는 국내 경제에서 임금과 가격을 삭감하거나 통화가치를 하락시키는 방법으로 달성할 수도 있다. 두 가지 방법 모두 외국 경제체에서 자국의 상품 및 서비스의 가격을 보다 저렴하게 만드는 효과가 있다.

성공하기만 하면 이와 같은 조치를 통해 다른 곳에서 수요를 끌어올 수도 있다. 예컨대 미국의 구매력 일부를 독일에서 생산된 제품과 서비스를 구입하는 쪽으로 전환시킬 수 있다는 말이다. 평상시에는 그리 큰 문제가 아니다. 미국의 중앙은행은 내수 진작을 위해 금리를 인하함으로써 지출이 외국의 경제체로 전환되는 현상에 대응할 수 있을 것이다. 그러나 장기 침체 국면의 경제체, 특히 이미 제로 금리에 가깝게 금리가 하락하면 중앙은행이 그러한 지출의 전환을 상쇄하기가 매우 어렵다. 저금리와 장기 침체의 늪에 빠진 경제체가 많을수록 아직 상황이 괜찮은 경제체들에 대한 압박이 심해진다. 아직까지 남아 있는, 믿을 만한 수요의 근원지이기 때문에 그렇다. 그러나 이미 덫에 걸려 교착 상태에 있는 경제체들은 믿을 만한 수요 근원지의 소비력을 빨아들이려 애쓰기 마련이고, 그럴수록 주변의 건강한 경제체들까지 침체의 덫에 더욱 근접하게 된다. 무역적자의 확대로 수요가 위축되고 중앙은행이 지출의 유출을 상쇄하기 위해 금리를 인하하면서 그들 경제체 역시 서서히 제로 금리의 수렁으로 빠져드는 것이다.

침체의 덫이 세계적으로 확산되는 것을 막을 수 있는 두 가지 방법이 있다. 먼저 최대 출력으로 가동 중인 경제체들이 세계경제의 체질을 건강하게 회복시키기 위해 '초과' 수요를 수용하는 방법이다. 국내의 기업들이 수요를 충족시키지 못할 정도로 소비를 늘리면 당연히 수입이 급격히 증가하기 마련이다. 이 경우, 과열된 경제체는 상당한 인플레이션의 압력에 직면할 것이며 장기간에 걸쳐 막대한 경상수지 적자가 발생하게 될 것이다. 과거에는 미국이 그런 역할을 수행할 수 있었다. 미국은 규모 면에서 세계경제에 비해 충분히 큰 경제체였고 국내와 국외의 엄청난 생산량을 순식간에 삼켜 버릴 수 있을 정도로 충분히 소비 지향적이었다. 그러나 미국 경제는 지난 수십 년 동안 세계경제 전체에 비해 규모가 축소되었을 뿐 아니라 이미 장기 침체의 덫에 갇힌 상태이다. 설사 미국이 단독으로 전 세계의 경기 회복을 견인할 역량을 보유하고 있다 해도 연방준비제도가 그것을 용인할 가능성은 극히 희박할 것으로 보인다. 연준의 권한은 미국의 수요가 과열되지 않도록 지키라고 부여된 것이다. 임금과 가격이 상승하기 시작하면, 설령 그것이 적정 속도의 상승일지라도, 연준은 금리를 인상할 것이다. 연준의 국내 중심 정책은 미국이 세계가 필요로 하는 초과 수요를 창출하는 것을 막는 데 초점이 맞춰져 있다.

다른 한 가지 방법은 글로벌 수요를 충분한 수준으로 창출하기 위해 전 세계가 상호 조율하는 것이다. 합작 중앙은행을 통해 완화 정책을 펴고 각국 정부의 지출을 조율해 장기 침체로부터 글로벌 경제를 끌어올리는 방법이다. 제로에 가까운 비용으로 차관 혜택을 입는 정부들은 사회간접자본에서 대담한 연구 조사에 이르는 각종 공공 지출 프로젝트에 많은 투자를 할 수 있다. 그렇게 해당 정부들이 대규모의 적자예산 운영에 돌입하면 중앙은행들은 화폐를 발행해 신규 발행 국채를 매입하면 된다. 그러나 아쉽게도 글로벌 기관들은 그와 같은 과업에 크게 흥미를 느끼지 못하는 것처럼 보인다. 세계경제가 붕괴 직전까지 몰렸던 2008~2009년에 약간의 협력이 이뤄지기는 했지만 그조차도 얼마 지나지 않아 약화되고 말았다.

역사상 가장 직접적인 유사 사례라 할 수 있는 1930년대는 권장할 만한 사안이 아니다. 당시 세계경제는 (각국 정부들의 금본위제 포기 행렬과 더불어) 일방적인 평가절하와 대규모 군비 지출이라는 자극적인 힘을 통해 자체적으로 장기 침체의 덫에서 벗어났기에 하는 말이다.

글로벌 수요 약세는 매우 심각하고 불안정한 힘이다. 그것은 세계경제를 제로섬 전투의 장으로 바꿔 놓는다. 한 국가의 급성장이 다른 국가의 희생을 전제로 하는 제로섬 게임 말이다. 또한 재정 불안과 금융 위기를 조장하기도 한다. 재정 불안과 금융 위기는 급진적 정치 운동을 부추기는 경향이 있다. 전 세계가 교착 상태에 머물러 있는 기간이 길어질수록 위험한 방식으로 붕괴될 가능성도 더욱 커진다.

통설의 종말

대다수의 성숙한 경제체들이 의존하게 된 거시경제의 관리 도구들은 사실 다른 유형의 경제를 위해 고안된 것이다. 근대 산업 경제체들의 불황은 일반적으로 특정 유형의 불균형이 원인이 되어 발생했다. 경제체 내의 기업과 가계가 동시에 지나치게 많은 저축액을 보유하려 들었던 것이다. 그러한 불균형은 일시적인 것이었다. 현재에서 미래로 구매력의 이동을 시도하는 사람의 수가 과도하게 많을 때 경제는 침체에 빠졌다. 그러면 정부와 중앙은행이 개입해 지출을 유도하는 조치를 취했다. 그렇게 사람들이 유예한 지출의 일부를 현재로 환원하도록 독려할 수 있었다.

오늘날의 불균형은 그것과 다르다. 시기적인 차이에서 비롯되는 것이 아니라 구매력이 특정한 기관 및 개인의 수중에 집중되는 현상에 기인하기 때문이다. 세계의 거시경제적 문제의 그러한 특성은 지난 세대를 거치면서 점점 더 명백해졌다. 그럼에도 각국 정부는 여전히 낡은 통설에 매달린 채 세계경제를 제 궤도에 올리기 위한 노력을 기울이고 있다. 낡은 통설은 결코 해결책이 되지 못할 것이다. 정책 입안자들이 생각하는 규칙들이 실제와 다르기 때문이다. 대규모 적자와 부채는 그렇게 가차 없이 급격한 금리 상승으로 이어지지 않는다. 정부 부채의 매입을 위해 돈을 찍어 낸다고 해서 사정없이 초인플레이션이 초래되지도 않는다. 중앙은행이 낮고 안정적인 물가 상승률을 목표로 삼는다고 해서 자동적으로 경제가 건강한 성장 궤도를 유지하는 것도 아니다.

통설은 글로벌 디지털 시대의 두 가지 근본 진리를 수용하는 형태로 바뀌어야 한다. 첫째, 글로벌 금융 시스템과 연결된 어떤 경제체든 글로벌 수요의 영향권에서 벗어날 수 없으며 저축과 소비의 글로벌 균형으로부터 자유로울 수도 없다. 둘째, 수요가 제대로 성장하게 하기 위해서는 구매력을 저축자들에서 소비자들에게로 재분배할 필요가 있다. 재분배는 경쟁적인 통화가치 절하나 인플레이션, 부채의 급증, 정부 주도의 직접적 이전 등 어떤 방식으로든 달성할 수 있다.

가장 위험도가 낮은 해결책은 직접 이전이다. 물론 자원의 공격적인 재분배는 (어떤 방식으로 수행하든) 급진적 정책이다. 대부분의 정부는 급진적 정책을 채택하지 않는다. 경제 위기나 경제적 혁신에 의해 궁극적으로 발생하는 정치적 우선순위의 전면적 변화로 말미암아 어쩔 수 없는 경우에 이르지 않는 한 말이다.

2008~2009년보다 그 정도가 훨씬 더 심각한 경제 위기가 닥친다면 그와 같은 정치적 변화를 기대해 볼 수 있을 것이다. 전 세계에 엄청난 행운이 따르지 않는다면, 우리는 앞으로 더 많은 경제적 대혼란에 직면하게 될 것이다.

4부

인류의 번영은 가능한가

많은 수의 노동자 집단에게 주어지게 될 저임금은 분배 측면의
불평등이다. 저임금은 지속적인 경제성장을 가능하게 만드는
시장경제 체계의 지지 기반을 약화시킨다.

더 나은 사회를 이루기 위해서는 소득의 증가가 필수적이다.
중국의 중산층이나 선진국의 상위 1퍼센트만의 소득이 아니라
전 세계의 일반적인 숙련 노동자들의 소득이 높아져야 한다는
말이다. 전 세계적으로 노동력으로 흘러드는 소득의 비율과
경제 인구의 하위 90퍼센트에게 흘러가는 노동 소득의 비율은
안정화되는 한편, 이전 세대의 소득 비율 수준으로 다시 증가해야
한다. 다시 말해 현재 미국과 영국의 경우처럼 상위 1퍼센트가
국민소득의 10퍼센트에서 20퍼센트 사이의 몫을 차지하는 것이
아니라 10퍼센트 미만을 차지해야 한다는 얘기다.

10   왜 고임금은 달성하기 어려운가

「스타트렉(Star Trek)」에서는 희소성의 문제(scarcity problem)가 해결된 것으로 묘사된다. 누가 어떤 것을 원하든 즉각적으로 '복제'할 수 있을 정도로 원자 조작 기술이 완성의 경지에 이른 덕분이다. 물리적 속박으로부터 자유로워진 연맹의 시민들은 삶의 질을 격상시켜 인생에서 보다 훌륭하고 고귀한 것을 향유할 수 있게 되었다. 또한 인간의 발길이 닿은 적 없는 미지의 세계를 향해 거침없이 대담한 여정에 나서게 되었다.[1]

어쩌면 인류는 궁극적으로 그곳에 도달할지도 모른다. 풍요로움에 한계가 없고 우주의 열역학적 죽음 이외에 인간의 선량한 유희를 위협하는 것은 아무것도 없는 세상 말이다. 유감스럽지만 현재를 살고 있는 사람들에게 해당되는 이야기는 아니다. 기술 진보의 속도가 엄청나게 빠르긴 해도 우리는 여전히 희소성에 단단히 얽매여 사는 생명체에 불과하다. 우리가 사는 세상에서는 기술의 힘으로 종종 자유로워질 수는 있겠지만, 자원의 배분 문제가 지속적인 쟁점이 될 것이다. 그리고 많은 경우 기술의 진보 덕분에 자유가 주어질지라도 사회조직이 허용하는 범위 내에서 그럴 것이다.

지금 세계경제는 희소성에 얽매인 산업사회에 뿌리를 둔 체제에서 작동 중이다. 그런 세계와 디지털 시대 기술 진보의 상호작용으로 인해 노동은 덫에 걸려들었다. 디지털 혁명은 놀랍도록 풍부한 노동력을 창출했다. 풍부한 노동력은 전형적인 노동자의 임금 삭감 압박과 직결된다. 또한 희소성이 높은 요소에 비해 노동의 교섭력이 저하되면 성장에 따른 이득 중 지나치게 큰 몫이 희소성을 보유한 요소로 흘러간다.

디지털 혁명이 만약 스테이크 외식에서부터 적합한 주택, 최고의 대학 교육에 이르기까지 전형적인 가계가 구매를 원하는 무수히 많은 것들의 비용을 절감해 준다면 우리는 그런 불평등쯤에 그다지 개의치 않을지도 모른다. 그러나 우리가 지금까지 경험한 비용 절감은 결코 고르게 이뤄지지 않았다. 디지털 엔터테인먼트처럼 막대한 비용 절감이 이뤄진 것도 있고 고급 주택가의 멋진 집들처럼 누군가에게는 완전한 결핍인 것도 있지 않은가.

따라서 임금의 정체는 결국 갖가지 문제를 불러일으킨다. 많은 수의 노동자 집단에게 주어지는 저임금은 분배 측면의 불평등이다. 저임금은 지속적인 경제성장을 가능하게 만드는 시장경제 체계의 지지 기반을 약화시킨다. 또한 비숙련 노동자의 생산성을 향상시키거나 그들을 대체할 수 있는 기술에 대한 투자 유인을 감소시킨다. 매우 좁은 의미로 해석한다면 다행스러운 일이다. 노동력 과다를 완화하여 많은 노동자들이 지속적으로 고용되도록 만들기 때문이다. 그러나 넓은 의미에서 볼 때 그것은 엄청난 문제가 아닐 수 없다. 지속적인 생산성의 향상은 궁극적으로 모든 인류 전체가 보다 안락한 생활을 누릴 수 있는 길이다. 보다 적은 것으로 보다 많이 생산함으로써 모두가 더 많은 것을 가질 수 있도록 하기 위해 인류가 노력을 기울이는 부분 아닌가.

보다 공정하고 더 나은 사회를 이루기 위해서는 소득의 증가가 필수적이다. 중국의 중산층이나 선진국의 상위 1퍼센트만의 소득이 아니라 전 세계의 일반적인 숙련 노동자들의 소득이 높아져야 한다는 말이다. 전 세계적으로 노동력으로 흘러드는 소득의 비율과 경제 인구의 하위 90퍼센트에게 흘러가는 노동 소득의 비율은 안정화되는 한편, 이전 세대의 소득 비율 수준으로 다시 증가해야 한다. 다시 말해 현재 미국과 영국의 경우처럼 상위 1퍼센트가 국민소득의 10퍼센트에서 20퍼센트 사이의 몫을 차지하는 것이 아니라 10퍼센트 미만을 차지해야 한다는 얘기다.

그러나 고소득 달성은 경제적으로나 정치적으로 걱정스러운 일임에 틀림없다. 이 장에서는 이 문제의 경제적 측면에 대해 고찰하고 다음 장에서는 그것의 정치적 측면을 살펴볼 것이다.

임금 인상의 문제점

소득을 끌어올리는 가장 간단한 방법은 직접적인 임금 인상이다. 국가마다 정부에서 최저임금을 설정한다. 그 최저임금의 액수를 눈에 띄게 상향 조정하면 된다. 정부 차원에서 임금을 보조하는 것도 한 가지 방법이다. (미국의 소득 세액공제, 영국의 근로 세액공제 등과 같은 것처럼) 기존 보조금 제도가 있으면 그것을 인상하면 된다. 대개 성인 근로자들을 위한 보조금의 최대 금액은 그다지 후한 편이 아니다. 미국의 경우 자녀가 없는 가계는 많아야 500달러가 최대 금액이다. 정부는 그 이상의 지원을 할 수 있었다. 예컨대 최소 소득수준을 설정하는 것으로 말이다. 가계소득이 거기에 미치지 못할 경우 정부 보조금으로 충당해 주면 모든 가계에 최소한의 소득을 보장해 줄 수 있다. '모든' 국민에게 기본 소득*을 지급할 수도 있다. 핀란드와 네덜란드를 포함해 몇몇 국가에서 시행 중인 비교적 후한 임금 보조금 지급 프로그램이 기본 소득과 유사한 형태에 속한다.

　　최저임금 인상과 임금 보조금 지급의 주된 차이점은 상향 조정된 임금을 누가 지불하는가에 있다. 최저임금은 고용주가 지불한다.(그리고 고용주가 시장 지배력을 누리는 범위 내에서 임금 상승분을 가격에 반영할 것이다. 결국 소비자의 몫으로 돌아오는 셈이다.) 임금 보조금 지급에 소요되는 비용은 대부분 납세자들이 부담한다.[2]

　　두 가지 접근 방법에는 모두 트레이드오프가 따른다. 그리고 이들 트레이드오프는 사회적 차원에서 관리하기에 쉽지 않다. 먼저 최저임금을 인상하는 방법을 살펴보자. 이 방법을 취하면 이전까지 그 이하의 보수를 받던 노동자들이 계속 고용 상태를 유지하는 경우 보수가 오를 것이라는 점은 명확하다. 흥미로운 것은 최저임금의 인상이 최저임금 '이상의' 보수를 받는 노동자들의 임금 또한 상승시킬 수 있다는 사실이다. 이는 증거로 입증된 사실이다. 높아진 인건비를 관리하기 위해 기업이 취하는 조치들, 예컨대 성과를 향상시키기 위한 모니터링에 대한 투자나 교육 훈련의 증가 등이 최저임금으로 일하는 노동자 이외의 다른 노

★ basic income; 재산, 노동의 유무와 상관없이 모든 국민에게 개별적으로 무조건 지급하는 소득 ─ 옮긴이

동자들에게 영향을 미치기 때문이다. 하지만 필연적인 단점도 따른다.

적정 수준의 최저임금 인상에 관한 다수의 연구 결과 그것이 고용에 미치는 긍정적이면서도 부정적인 영향에 대한 증거가 드러났다. 기업이 고용을 줄이는 경우도 생기고 수익이 다소 감소하는 경우도 생긴다. 그러나 여기에서 논의하고자 하는 바는 최저임금의 적정 수준 인상이 아니다. 소득분포 영역의 최하위에 있는 사람들의 노동 소득이 의미 있는 수준으로 오르려면 최저임금이 대폭 상승되어야 한다. 하지만 나는 이 책에서 글로벌 노동시장으로 나온 노동자의 수가 점점 늘어 가고 있으며 그로 인해 고용이 증대되고 있다고 주장한 바 있다. 대다수 노동자들의 임금이 삭감되었거나 정체 상태에 이른 덕분이고 임금이 낮으면 기업들이 생산성이 낮은 업무에 저임금 노동자를 고용할 여력을 갖게 되기 때문이라고 말이다.

만약 그와 같은 주장이 옳다면 대폭 인상된 최저임금은 필연적으로 고용의 대폭 감소로 이어질 것이다. 법정 최저임금을 시간당 15달러로 인상하기 위한 운동이 탄력을 얻고 있는 미국 경제를 잠시 생각해 보자. 2014년 기준으로 미국의 시급 중앙값은 17달러이다. 노동인구 중 절반은 그 이상, 나머지 절반은 그 이하의 소득을 얻고 있다는 뜻이다. 노동인구의 절반에 약간 못 미치는 약 6600만 명이 시급 중앙값 16달러 미만의 직업 범주에 속해 있고 4분의 1 이상인 3600만 명은 시급 중앙값 15달러 미만의 직종에 종사한다. 미국 내에서 1200만 개 이상의 일자리를 제공하는 식음료 및 서비스 직군에서 90퍼센트의 노동자가 시급 15.12달러 또는 그 이하의 보수를 받고 일하고 있다. 그 절반에 해당하는 약 600만 명의 임금 수준은 시급 9달러 또는 그 이하이다.[3]

최저임금이 15달러로 인상되면 현재 그보다 낮은 수준의 임금을 받는 노동자들은 급여 인상이라는 호재를 누릴 것이며 인상된 급여는 기업의 당기이익 또는 제품 가격의 인상으로 충당될 것이다. 일부 노동자는 돈을 더 받는 만큼 더 열심히 일할 것이고 기업은 직원들의 생산성 증대를 위해 교육 훈련이나 조직 정비에 투자할 것이다. 하지만 그와 동시에 저임금 노동에 대한 의존도를 줄이기 위해 사업 모델을 개편하는 기업도 많아질 것이고, 그에 따라 수백만에 달하는 노동자가 일자리를 잃게 될 것이다. 패스트푸드 레스토랑의 수도 줄어들고 가격은 상승할 것이다. 살아남은 곳은 패스트푸드 레스토랑의 영업에서 노동 집약성을 낮출 수 있는 방안을 강구할 것이다.

이런 문제에 대한 해결책은 없는 것인가? 최저임금이 인상되어 더 많은 급여를 받는 노동자들은 더 많이 소비하지 않겠는가? 그렇게 여타 재화에 대한 수요를 증대시켜 노동력에 대한 수요를 늘리는 데 기여하지 않겠느냐는 말이다. 가능한 일이다. 최저임금 인상이 수요 진작을 위해 중앙은행이 주도하는 계획의 일부로 채택되는 경우라면 말이다. 하지만 수요를 증대시키려는 중앙은행의 계획이 효과를 거두는 유일한 이유는 경제체의 모든 구성원이 지출이 늘어나는 것은 곧 물가가 높아지는 것이고 결국 실질임금 또는 인플레이션을 반영한 임금의 인상 폭은 그리 크지 않을 것으로 예상하기 때문이다.

비숙련 노동자의 일자리를 보전하는 주된 메커니즘이 저임금이라면 법으로 강제하는 임금 인상은 필연적으로 고용 감소로 이어질 수밖에 없다. 또한 실질적인 최저임금 인상에 적응하기 위해 생산성 증대에 노력을 기울이는 것은 노동력 과잉 문제를 악화시킬 뿐이다. 기업이 보다 적은 수의 노동자에게 보다 높은 임금을 지급하며 더 높은 생산성을 요구하는 방식으로 운영되면 세계적인 노동력 과잉 현상을 가중시키고 결국 임금 인하에 대한 광범위한 압박을 생성한다. 그리고 최저임금 인상은 일자리를 찾을 수 없는 사람들의 소득까지 증대시키지는 않는다.

최저소득 또는 기본 소득은 몇 가지 면에서 보다 확실한 방법이다. 주어지는 혜택이 명확하기 때문이다. 기본 소득 수령 자격 요건에 부합하기만 하면 최소한 기본 소득만큼의 소득을 얻게 된다. 어떤 식으로 실시되느냐에 따라 달라지긴 하지만 기본 소득은 여타의 복지 정책에 비해 관리하기가 보다 간편할 수 있다. 일자리를 찾을 수 없는 사람들에게 친사회적 행동 방식을 권장하는 방편으로 사용될 수도 있다. 정부에서 기본 소득 수령자들에게 일종의 공공 근로를 제공할 것을 요구하면 된다. 생계 소득을 창출해야 하는 필요성에서 자유로워진 창의적 유형의 사람들은 기본 소득으로 예술이나 음악, 수공예 제품 및 서비스 등의 창작물을 만들며 사회적으로 가치 있는(수익성은 기대할 수 없더라도) 삶을 살아갈 수 있다. 카페나 컨설팅 사업 같은 것을 하고 싶어 하는 사람들은 설령 창업 초기든 이후 꽤 오랫동안이든 충분한 생계 소득을 올릴 자신이 없더라도 기본 소득이 주어지면 창업을 단행할 수 있다.

중요한 것은 기업이 아니라 정부가 부족분을 채워 주는 방식이므로 정책 이행의 결과로 기업에 노동력 절약의 유인이 주어지지 않는다는 점이다. 물론 기본 소득의 지급에 필요한 재원을 마련하기 위해 정부는 세수를 늘려야 한다. 그에 따라 여러 방식으로 기업에 압박이 가해지겠지만 대다수의 선진 경제체는 세금 체계의 효율성을 증폭시킬 만한 여지를 보유하고 있다. 대신에 문제는 노동자 측에서 발생한다.

일반적으로 사람들은 생활필수품을 구입하는 데 필요한 돈을 벌기 위해 일을 한다. 하지만 일자리가 없는 사람들은 대개 철저한 궁핍 속에 방치된다. 가족이나 자선단체, 정부 등의 지원은 실업자들에게 일자리

없이 (궁핍하게나마) 연명할 수 있는 수단을 제공할 뿐이다. 경제체 내에서 가장 빈곤한 노동자들은 일자리를 찾는 것과 변변찮은 대체소득으로 생계를 유지하는 것을 두고 선택해야 하는 상황에 직면한다. 노동시장이 제공하는 임금이 하락하면 변변찮은 대체소득이 점점 매력적으로 보인다. 마찬가지로 대체소득이 보다 후해지면 힘들고 보수도 낮은 일자리를 포기하는 쪽에 점점 더 매력을 느낀다.

정부가 기본 소득의 수준을 선택할 때는 반드시 그에 수반되는 트레이드오프 또한 인지해야 한다. 기본 소득이 후해질수록 소득 영역의 하위권에 위치한 노동자 중에서 아예 일자리를 포기하는 쪽을 선택하는 수가 점점 늘어날 것이다. 시장 노동으로 얻을 수 있는 초라한 임금이 그것을 얻기 위해 투입해야 하는 시간과 노력만큼의 가치가 없어지기 때문이다. 반면 매우 낮은 수준의 기본 소득은 비숙련 노동자에게 평균 소득 성장률을 따라잡지 못하는 소득을 올리며 빈곤 상태에 머물게 한다. 직업 유무에 상관없이 모든 국민들에게 지급되는 기본 소득은 최저임금 인상보다 많은 비용이 소요되지만 노동시장에서 완전히 이탈하는 비율은 다소 감소시킬 수 있다. 저임금 일자리에 종사한다고 기본 소득의 혜택이 줄어들지는 않기 때문이다. 그렇더라도 기본 소득만으로 생활을 유지할 수 있을 정도로 후하면 노동을 포기하는 쪽을 선택하는 사람이 많아질 것이다.

기본 소득 프로그램을 위한 여러 제안은 그것을 받기 위한 최소한의 자격 요건을 갖추려면 모종의 일을 할 것을 요구함으로써 두 가지 방법의 장점을 취하려 시도한다.[4] 그러한 조건이 기본 소득 정책에 대한 정치적 지원을 얻는 유일한 방법일 수 있겠지만 거기에는 중대한 약점이 따른다. 우선 그런 정책을 집행하는 데에는 꽤 많은 비용이 소요된다. 그리고 수백만의 노동자가 단지 생존에 필요한 돈을 벌기 위해 무의미한 노동에 시간을 낭비하는 결과로 이어질 수 있다. 또한 자유를 제한하는 정책이라는 단점도 있다. 기술의 풍요로 인해 노동시장의 큰 부분을 차지하는 비숙련 노동자들이 본질적으로 불필요해진 상황에서 이미 최저 소득에 묶여 있는 노동자에게 기본 소득을 빌미로 시키는 대로 할 것을 요구하는 자체가 무례한 짓이지 않은가. 무엇보다 중요한 것은 그것을 도덕적으로 방어할 수 없다는 점이다. 많은 수의 노동자들이 하찮은 일만 주어지는 직업을 거부한다고 해서 사회가 그들을 굶어 죽게 내버려 둘 수는 없는 일이다. (그럴 수는 없지 않은가!)

기본 소득으로 인해 노동자에게 생기는 노동 의욕 저하가 요점의 일부라고 주장할 수도 있다. 이는 기본 소득의 취지에 대한 오해에서 비롯된다. 그 취지는 불필요한 노동 인력을 노동시장에서 효과적으로 제거하고 노동에서 자유로워진 사람들이 나름의 삶을 향유하게 하며 좀 더 생산적인 노동자의 보수가 오르게 하고 기업이 노동 절감형 기술에 지속적으로 투자하도록 장려하자는 것이다. 물론 시간이 흘러 기술이 지속적으로 향상되고 경제가 성장함에 따라 기본 소득이 1인당 평균 GDP와 더불어 올라갈수록 많은 노동자들이 다른 무언가를 추구하기 위해 필요에 의한 노동을 포기하는 쪽에 매력을 느낄 수도 있다. 그렇다면 기본 소득이 인류가 여가로 충만한 삶을 누릴 수 있는 기술 유토피아를 궁극적으로 그리고 점진적으로 실현시켜 줄 수단이 될 수도 있지 않겠는가. 불가능한 일은 아니다. 정치적으로 허용된다면 말이다. 적어도 시행 초기에는 일 없는 노동자 계층이 창출될 것이다. 대부분 생산성이 가장 낮은 노동자로 구성된 그런 계층이 생겨나 생산성이 높은 부유층에 의해 지탱될 것이다.

기본 소득이나 최저 소득은 정부로 하여금 어려운 선택을 내리도록 강요한다. 많은 수의 노동자가 노동시장 참여를 회피하도록 허용할 것인가, 아니면 수많은 노동자들이 빈곤 상태에 머물도록 할 것인가, 그도 아니면 상당수의 노동자들이 적절한 시간이 소요되는 일을 하도록 지출을 크게 늘릴 것인가 중에서 말이다.

두 가지 방법 모두 정책 입안자의 도구 상자의 일부이며 앞으로도 그럴 것이다. 어느 쪽이든 합리적으로 잘 구현될 수도 있고 실패할 수도 있다. 다음 장에서는 이들 두 가지 방법이 정치적 역학에 따라 보다 좋게 혹은 나쁘게 활용되는 과정을 살펴볼 것이다.

교육 수준 향상이 노동력 과잉을 해결할 수 있을까?

정부나 기업이 노동자에게 더 많은 돈을 주는 방식의 대안은 노동자의 생산성을 향상시켜 그들 스스로 더 많은 돈을 요구할 수 있도록 만드는 것이다. 교육 수준의 향상은 노동자를 위해 산업 경제를 길들이는 데 한몫했다. 교육 수준의 향상으로 점점 더 많은 수의 노동 인력이 점점 더 정교해지는 기술 및 분석 일자리를 찾을 수 있었고, 그로 인해 하찮은 일자리를 놓고 경쟁하는 비숙련 노동자의 수가 감소했다는 뜻이다. 정책 입안자들은 당연히 교육에 관해서 열성적이다. 경제에 악영향을 미치는 무엇이 발생하면 그 해결책은 교육이라고 생각하고 싶어 한다.(예컨대 복지국가의 극적인 개혁 같은 것은 제쳐놓고 말이다.)

교육 수준의 향상은 여러 이유로 좋은 일이다. 신흥 시장에서는 더욱 그렇다. 교육이 개인에게 득이 되는 이유는 그들이 직면하는 일련의 경제적 기회가 향상될 뿐만 아니라 금융에 관한 보다 나은 의사 결정에 도움이 되거나 교육 수준이 높은 배우자를 만나 결혼할 확률이 높아지기 때문이다. 따라서 교육 수준의 향상으로는 이 책에서 설명하고 있는 문제를 해결하지 못한다고 해서 인류에게 더 이상의 교육은 필요하지 않다고 성급하게 결론지을 필요는 없다.

교육 수준의 향상은 근본적으로 성장의 병목현상을 완화한다. 예컨대 지식의 한계를 확장하는 공학자와 과학자의 수가 늘어나면 경제의 성장이 증대되고 배분할 수 있는 몫이 커진다. 만약 여타의 경제적 요소들이 정체 상태에 있다면 교육은 주로 일부 집단의 부를 신장시키는 동시에 다른 집단의 상대적 희소성을 감소시킨다. 의사가 되기 위한 교육을 받는 간호사들은 더 많은 소득을 올릴 수 있다. 그러나 그들로 인해 의사의 수가 늘어날 것이므로 기존 의사 집단의 교섭력은 감소하게 된다. 또한 교육 수준의 향상으로 유효 노동력이 충분할 정도로 증가하면 (그리고 그것이 세계경제의 유효 노동력 과잉 현상을 가중시킨다면) 토지나 사회적 자본 등과 같은 경제적 요소들에 비해 노동계 전반의 교섭력이 감소할 수도 있다. 다시 말해 다른 정책이 부재한 상황에서 교육 수준이 향상되면 잠재적 및 반직관적으로 노동계 전반에 악영향을 미칠 수 있다.

후진적 경제체일수록 이와 같은 주장의 설득력은 떨어진다. 선진 부국은 자국민 중에서 최대한 많은 수의 최고 엔지니어와 연구원을 배출하는 수준에 근접해 있지만, 신흥 시장에는 남녀를 불문하고 양질의 교육에 대한 접근성이 결여된 탓에 (그게 아니면 경제적, 사회적 제약으로 인해) 자신의 잠재적 역량을 최대한 발휘해 사회에 지적으로 기여할 수 없는 똑똑한 인재들이 넘쳐난다. 그런 인재들이 바로 아직 만들어지지 않은 과학적 돌파구, 아직 발명되지 않은 발명품, 아직 설립되지 않은 세상을 바꾸어 놓을 기업을 대변한다.

신흥 시장의 사회는 보다 숙련된 인재를 보다 명확하게 사용할 수 있다. 신흥 시장은 의사, 엔지니어, 법률가, 금융 전문가, 훈련된 공무원 등 다양한 분야의 숙련된 전문가를 필요로 한다. 빈곤한 경제체의 발전을 제한하는 현실적인 기술의 희소성을 해결하는 일은 결코 간단한 문제가 아니다. 양질의 교육은 어린 나이 때부터 시작되어야 한다. 그것은 곧 개발도상국들이 규모도 크고 품질도 우수한 교육 체계를 필요로 한다는 의미다. 사회적 자본의 기반이 결핍된 나라들이 복잡한 제도를 지원해야 한다는 점에서 여간 까다로운 문제가 아닐 수 없다. 국제기구와 자선사업 단체들은 기술로 그 간격을 채우는 방법을 모색 중이다. 기술교육은 많은 뒷받침이 필요하지 않고 훈육이 잘된 어린 학생들이나 이미 기본적인 교육을 받은 보다 나이든 학생들에게 상당한 도움이 될 것이다. 그러나 그것으로 숙련된 초등학교 교사들을 대신할 수는 없다.

일반적으로 빈곤한 개발도상국의 교육 수준 향상을 위한 그 어떤 해결책도 선진 부국으로의 이민에 준하는 효과를 거둘 가능성은 크지 않다. 교육이 노동력 과잉이라는 세계적인 문제를 해결해 줄 것이라고 기대할 수 없는 예증의 시작점이 바로 여기다. 선진 부국에서는 숙련된 의사가 부족하다고 해서 그것이 성장의 병목현상으로 작용하진 않는다. 미국에서 일하는 의사의 수를 (자국민에 대한 교육 수준의 향상 혹은 이민의 허용을 통해) 두 배로 늘린다고 미국의 경제성장에 주목할 만한 기여를 하는 것도 아니다. 오히려 전체 노동 인력에 비해 의사의 수가 대폭 늘어나 의료계의 교섭력은 저하되고 의사들의 소득 증가 속도도 떨어질 것이며 필경 그들의 소득수준도 다소 감소할 것이다. 따라서 의사의 수를 두 배로 늘리는 것은 결국 (신분 변화로 소득이 늘어날) '신참' 의사들과 (의료비 절감

덕분에 실질소득이 일시적으로 늘어나는 혜택을 누리게 될) 미국의 소비자들, 그리고 (인건비 절감으로 수익을 증대시킬 수 있는) 병원 기업의 경영자와 소유주들에게 좋은 일이 될 것이다. 그들이 얻는 이득은 대부분 기존 의사들의 교섭력 저하와 소득 감소에서 도출된다.

이는 학문적 소양을 필요로 하는 전문 직종에만 해당하는 얘기가 아니다. 대다수 도시에서 훈련받은 전기 기술자의 희소성을 감안해 보다 많은 선진국 노동자들에게 전기 기술자 교육을 시키는 것 또한 민감한 문제이긴 마찬가지다. 고객 기반은 변함이 없는 반면 기존 인력의 희소성이 감소하는 결과로 이어질 것이기 때문이다. 새롭게 기술자가 된 사람들의 임금은 상승하겠지만 전반적인 임금은 하락할 것이다. 그런 변화로 발생한 이득 중 일부는 전기 기술자를 고용하고자 하는 가계와 기업, 다시 말해 이전에 비해 비용은 감소하고 선택의 폭은 늘어난 가계와 기업에 돌아갈 것이다.

세계적으로 볼 때 비숙련 노동자에 대한 교육의 증대는 비숙련 노동자들에게는 좋은 일일 것이다. 관련 데이터에 의하면 여전히 대학 졸업자들이 그렇지 못한 노동자들에 비해 상당한 수준의 임금 프리미엄을 누리고 있다. 그러나 교육의 단계를 밟아 올라가는 사람들이 취하게 될 이득은 이미 상위 단계에 도달해 있던 사람들의 희생을 담보로 하는 것일 수도 있다. 대학 졸업자들이 누리던 프리미엄은 감소할 것이다. 대졸자의 임금은 이미 정체되거나 줄어든 상태다. 실제로 2000년대 이후 선진국의 대졸 임금은 의미 있는 수준으로 인상된 바 없다. 새롭게 고등교육을 받은 노동자들의 실제 생산성이 어느 정도인지에 따라 달라지겠지만, 교육에 대한 투자의 증가는 세계경제에 유효 노동력의 총량을 증가시킴으로써 노동력 과잉 현상을 더욱 부추기는 결과로 나타날 수 있다.

자본 및 토지에 비해 노동이 차지하는 몫에 관한 분배 문제를 더욱 '악화'시킨다는 뜻이다.

그렇다고 교육 수준의 향상을 위한 전 세계적 노력이 잘못되었다는 의미는 아니다. 다만 이 책에서 지적한 문제점들의 해결책이 분명 교육은 '아니라는' 얘기일 뿐이다.

자본이득

세계경제에서 자본의 양을 획기적으로 증가시킨다면 노동자들의 상대적 희소성을 감소시키는 동시에 그들을 보다 생산적으로 만드는 일이 불가능한 것도 아니다. 현재 전 세계는 저축액이 넘쳐나고 있고, 그래서 마치 문제가 이미 해결되었음을 보여 주는 것처럼 보인다. 그러나 노동 소득의 침체로 인한 구조적인 수요 부족 때문에 축적된 자본의 상당 부분이 생산적으로 사용되고 있지 않다. 정부는 '사회적인 것', 즉 사회 전체에 그 혜택이 돌아가는 생산적 자본에 대한 막대한 투자를 촉진함으로써 수요 부족 문제를 해결할 수도 있다.

'사회적인 것'의 범주 내에서 가장 아래쪽에 걸려 있는 과실은 배타적 법규만 없다면 지금 당장 수확할 수 있다. 용도 제한이나 여타의 규제를 완화하면 고도로 생산적인 도시에 보다 많은 주택과 업무 시설을 만들 수 있다는 얘기다. 그 결과 발생할 수 있는 잠재적 체증을 줄이기 위해 신규 도로와 철도, 공항, 전력 공급망, 상하수도, 광대역 통신망, 대단위 공원 등 사회간접자본에 대한 대규모의 투자를 병행할 수 있다. 세계적으로 부유한 대도시의 상당수가 사회간접자본의 부족으로 질식 상태에 있지 않은가. 저금리 시대인 점을 감안하면 뉴욕이나 런던, 샌프란시스코 등의 도시에 사회간접자본에 대한 놀라운 수준의 신규 투자가 없다는 것은 불합리한 일로 보인다. 신공항과 도심 연결 고속철도, 고밀도 주거지가 들어설 곳을 중심으로 새로운 교점을 창출할 신규 광역 고속 환승 네트워크, 새로운 상하수도, 전기, 통신망 등에 대한 대규모 투자가 이뤄져야 마땅하지 않은가.

잠재적 생산성이 가장 높은 자본 투자는 노동자 1인당 자본이 낮은 빈곤 국가에서 이루어진다. 그러나 빈곤 국가에서 노동자 1인당 자본을 증대시키는 일은 쉽지 않다. 개발도상국의 금융시장은 발달의 정도가 빈약한 경우가 많고 외국 자본의 유입에 쉽사리 압도당한다. 또한 외국 자본의 유입이 이루어지는 경우 부패한 정부나 부적절한 관리 또는 취약한 사회적 자본의 기반과 관련된 여러 문제들에 종속당할 가능성이 높다. 교육의 경우와 마찬가지로, 전 세계적으로 노동자 1인당 (물리적 및 사회적) 자본의 수준을 향상시키는 가장 효과적인 방법은 부유한 경제체로의 이민을 증가시키는 것이다.

이민정책의 잠재력

전 세계적으로 볼 때 선진 경제체의 사회적 자본은 희소하다. 대다수의 국가에서 사회적 자본은 부족하며 대다수의 국가가 부유한 국가가 아닌 이유도 여기에 있다. 금융자본과 사회간접자본이 노동력에 비해 희소한 것은 부유한 경제체든 빈곤한 경제체든 마찬가지다. 그러나 세계적으로 '저축액'은 남아돈다. 부유한 국가든 빈곤한 국가든 상관없이 투자자들은 자신의 돈을 안전 자산에 넣어 두고 싶어 한다. 이 모든 것을 하나로 통합할 수 있다면 가장 이상적일 것이다. 과잉 상태의 저축액을 강력한 제도를 보유한 경제체에 투자하는 한편 수익률이 높은 투자의 재원으로 사용하고 안전 자산을 원하는 시장의 욕구를 만족시킬 수 있으면 이상적이라는 뜻이다.

선진국은 빈곤 국가로부터 훨씬 많은 이민을 허용함으로써 세계경제를 이상적인 방향으로 이끌 수 있다. 이민을 통해 선진 부국은 그들이 보유한 강력한 사회적 자본을 빈곤 국가로 '수출'할 수 있다.(강력한 사회적 자본이 지배적인 국가로 빈곤 국가의 인구 상당수를 이동시킴으로써 말이다.) 이민은 노동자 1인당 사회 및 금융자본을 자연스럽게 심화시킬 것이다. 글로벌 저축액 또한 새로운 노동자를 수용하는 선진국의 추가적인 사회간접자본에 대한 투자 자금으로 활용될 수 있다. 안전하고 부유한 국가의 정부 채권에 대한 욕구는 끝이 없다.

하지만 교육의 경우와 마찬가지로, 이러한 유형의 해결책 또한 (수백만의 삶을 쉽게 향상시킬 수는 있겠지만) 여타의 경제 요소들에 비해 과잉 노동력을 감소시키지는 않는다. 사회간접자본과 주택, 장비에 대한 막대한 투자와 이민자에 대한 선진 사회적 자본의 확대에도 불구하고 그렇다. 그러나 수천만이나 수억에 달하는 유능한 노동자들을 그들의 모국에 비해 보다 강력한 경제적 제도를 보유한 국가로 재배치한다면 인류 전체의 노동생산성은 엄청나게 증가할 것이다. 이는 곧 기업이 활용할 수 있는 유효 노동력이 대폭 증가한다는 것을 의미한다.

'견고한' 사회적 자본이 병목현상을 유지하고 있으면 새로운 노동자의 대량 유입이 노동력 과잉 현상을 가중시킬 가능성이 높다. 다시 말해 고도로 진화한 매우 효율적인 사회적 자본을 보유한 결과 가장 성공적인 몇몇 기업만이 경쟁의 위협이 없는 수월한 시장 지위를 향유하고 있다면, '그리고' 그들 몇몇 성공적인 기업이 활용 가능한 노동력이 늘어났다는 이유만으로 경제활동과 고용을 증대하는 데에 관심을 보이지 않는다면 부유한 경제체로의 새로운 노동자 대량 유입은 몇몇 성공적인 기업의 고위직에 있는 소수의 손에 더 많은 부가 집중되는 결과를 낳을 것이다.

그렇더라도 선진 부국으로의 이민이 확대되면 세계는 전반적으로 더욱 부유하고 더욱 평능한 곳이 될 수 있다. 이민으로 인해 선진 부국의 기존 노동자들은 계속되는 더딘 임금 성장을 경험하겠지만 이민자들은 상당한 소득 증가를 누리게 될 것이다. 강력한 정치적 및 경제적 제도를 갖춘 국가의 내부로 세계경제의 큰 부분을 재배치하는 일은 그 외에 다른 혜택 또한 창출할 것이다. 우선 거래 비용이 절감될 것이고 시장 지배력을 보유한 대기업들이 가장 관대한 세금 및 규제를 추구하며 여러 경제체들에 농간을 부리는 일도 줄어들 것이다.

그러나 이미 부유한 국가에 살고 있는 사람들의 분배 문제는 이런 종류의 계획으로 완화하기가 매우 어렵다. 그리고 그러한 이민을 허용할 것인지, 불허할 것인지에 대한 의사 결정은 그들의 손에 달려 있다.

근접 대 배제: 부에 이르는 정반대의 경로

위 사례들을 통해 명확히 알 수 있듯이, 디지털 혁명과 그에 따른 사회적 난제들이 창출한 노동력 과잉 현상은 트레이드오프가 없는 해결책을 찾을 수 없다. 그중에서 가장 중요한 것은 근접과 배제 사이의 트레이드오프일 것이다. 세계경제에서 특권적 지위에 있는 사람들의 경제적, 정치적 선택에 영향을 미치는 트레이드오프이다.

부유한 경제체 내에서는 많은 급여를 받기 위해 특별히 높은 생산성을 발휘해야 할 필요가 없다. 높은 생산성을 보이는 사람들과 '아주 가까이에서' 일하면 충분하다. 샌프란시스코 베이 에어리어에서 일하는 변호사나 이발사들은 애팔래치아나 알바니아에 있는 동종 업계 종사자보다 더 많은 소득을 올린다.

잠시 기술이 풍부한 세계의 보다 목가적인 개념의 삶을 상상해 보자. 부유한 선진국의 도시 다수에서는 이미 출현하고 있는 삶의 개념이다. 놀랄 만큼 많은 수의 서비스 직종에서 낮은 생산성은 부정적인 것이 아니다. 오히려 가장 시장성 있는 직업적 측면이다. 예술 작품을 구매하고자 하는 사람은 높은 가격을 한탄스러워하지 않을 것이다. 그리고 보다 저렴한 비용으로 그림을 생산할 수 있는 기술이 개발되기를 희망할 것이다. 예술가가 소비한 시간과 작품의 가격이 실로 매력의 일부 아닌가. 지역의 농산물 시장에서 터무니없이 높은 가격으로 제품을 판매하는 치즈 장인도 마찬가지다. 식품 업계는 최소 비용으로 엄청난 양의 치즈를 생산해 낼 수 있는 기술력을 보유하고 있다. 비교적 고품질의 치즈라도 말이다. 장인 치즈의 매력은 당연히 그 품질에 있을 뿐만 아니라 공장에서 대량생산되는 제품이 '아니라는' 사실에도 기인한다.

부유한 범세계주의자들 사이에서 장인이 만든 제품이나 서비스의 유행은 풍자의 대상이 되기 십상이다. 《뉴욕타임스》에 최신 유행을 쫓는 브루클린 사람이 장인이 만든 젤리빈*을 와삭와삭 씹는 풍자화라도 실

---

* jellybean: 콩 모양의 젤리 과자 — 옮긴이

리면 모두 그 우스꽝스러움에 킥킥거리며 재미있어 한다.[5] 그럼에도 불구하고 양극화된 경제에서 장인이 생산한 제품이 담당하는 역할에는 일종의 호소력이 있다. 생산자의 입장에서는 생산 활동 자체가 대단히 만족스러울 것이다. 대체로 고품질의 제품을 수작업으로 생산하는 활동이니까 말이다. 더욱이 장인에 의한 제품 생산을 통해 매우 영리한 방식으로 부유층의 소득을 나머지 계층으로 이동시킬 수 있다.

예를 들면 내가 성장기를 보낸 노스캐롤라이나는 몇몇 대도시를 제외하면 농업이 주요 산업을 이루는 곳이다. 주(州)의 남동부는 여러 작물 중에서도 특히 땅콩과 담배를 재배하는 농장으로 뒤덮여 있고 대규모 돼지 사육장도 많다. 농업은 사실상 대량생산 체제로 운영되었고 소매가격은 낮았다. 대규모 돼지 사육업자들은 꽤 많은 소득을 올리는 데 비해 농부들은 고생스럽게 일하면서도 아주 낮은 소득을 얻고 있었다.

그러나 대도시의 경제는 급속하게 변화했다. 내 고향인 롤리는 지난 세대를 거치는 동안 번성하는 기술 거점 도시의 일부로서 폭발적인 인구 증가의 혜택을 누렸다. 도시가 성장함에 따라 시민들은 교육 수준이 향상되었고 더 부유해졌으며 더욱 세계화되었다. 한때 황량한 도심이었지만 지금은 '리서치 트라이앵글'*로 변신한 곳에는 유행의 첨단을 걷는 바와 레스토랑들이 즐비하다. 롤리는 리서치 트라이앵글을 이루는 세 지점 중 하나다. 롤리로 유입된 새로운 거주민들과 점차 그 수가 늘고 있는 대담하고 유능한 셰프들의 요구에 부합할 수 있는 식자재는 이곳 농부들이 전통적으로 생산하던 작물과는 사뭇 다르다. 공장에서 대량생산된 노스캐롤라이나 햄 슬라이스는 도시의 식료품 가게에서 단돈

* Research Triangle: 노스캐롤라이나주에 있는 연구 단지 — 옮긴이

몇 달러에 판매되고 있다. 그러나 장인이 얇게 썰어 만든 고품질의 이탈리아식 프로슈토 햄은 열 배 혹은 그 이상의 가격에 팔릴 수 있다. 점점 부유해진 롤리의 주민들은 식탁 위의 음식에 얽힌 배경 이야기에 점점 관심을 가지기 시작했다. 셰프들은 자신의 식당에서 사용하는 토마토가 현지에서 재배되었다는 사실을 칠판에 적어 사람들에게 보여 주기를 원했다. 그리하여 결과가 도출되기까지 매우 느린 과정을 거쳤고 그리 대단한 성과도 아니었지만, 지역의 농업경제 중 일부에 대한 진정한 재창조가 이뤄졌다. 몇몇 생산자가 산업화된 재배를 포기할 수 있도록 만들었기에 하는 말이다. 그 과정에서 리서치 트라이앵글의 기술 기업에서 창출된 부의 일정 부분이 농산물 생산자에게 흘러갔다.

장인 시장(artisanal market)은 식품 업계를 넘어 다른 산업으로 확대되고 있다. 미국을 비롯한 여러 곳에서 일어난 수제 맥주의 돌풍이 또 다른 보기이다. 유행을 선도하는 고가의 옷을 판매하는 기업의 수도 점점 늘어나고 있다. 그들의 옷이 고가인 이유는 명성이 자자한 디자이너가 만든 옷이라거나 맞춤복이기 때문이 아니다. 그 이유는 장인이 수작업으로 생산한 제품이기 때문이다. 방글라데시나 인도네시아의 봉제 공장과 같은 저임금 노동환경과는 완전히 다른 환경과 조건에서 제작되었다고 광고하는 제품이기 때문이다.(그 지역에서 생산된 제품인 경우가 많다.) 가구, 자전거, 보석, 신발 등 다양한 제품에 나름의 장인들이 있다. 미래의 어느 멋진 날에는 기술이 우리가 필요로 하는 모든 기본적인 것들을 초저가로 공급하고 우리는 모두 공예품을 직접 만드는 일로 시간을 보내고 있을지도 모른다.

하지만 그렇지 않을지도 모른다. 수공예품 생산으로 이익을 얻기 위해서는 부에 근접해서 일해야 한다. 뭄바이에 있는 공예품 생산자가 온라인 시장과 물류 사이트의 장점을 활용해 근처의 빈민가에서부터 선진 부국에 이르기까지 고객 기반을 확장한다면 소득을 엄청나게 증대시킬 수 있다. 하지만 미국의 부유한 도시로 이주할 수 있다면 그보다 더 좋은 결과를 얻을 수도 있다. 설사 임금이 정체되어 있는 미국일지라도 부유한 경제체가 보유한 노동시장은 미국 도시에 위치한 장인 생산자들에게 신흥국의 노동자들보다 훨씬 더 나은 보상을 받도록 해 주기 때문이다.

그리고 그 장인이 제품을 생산을 하는 도시가 부유할수록 그 수입도 더 많을 가능성이 높다. 지리적 근접성은 중요하다. 베이 에어리어와 가까운 곳에 거주하며 그 지역의 술집에서 일하거나 이발사로 재직 중인 사람은 베이 에어리어와 너무 멀리 떨어져 그곳으로 통근할 수 없는, 캘리포니아주의 다른 도시에 사는 유사한 조건의 사람에 비해 보다 높은 소득 잠재성을 보유한다. 하지만 그보다 더 중요한 것은 사회적 근접성일 것이다. 전 세계적으로 거리상 불과 몇 킬로미터밖에 떨어져 있지 않지만 평균 소득수준이 현저한 차이를 보이는 매우 다른 경제권으로 구분되는 곳이 아주 많다. 예를 들면 마이애미와 아바나(쿠바의 수도)다. 국경선은 국가의 사회적 자본과 그것을 지탱하기 위해 만들어진 국가기관의 중요성을 감안하면 중대한 구분선이다. 그러나 문제가 되는 것은 국경선만이 아니다. 워싱턴 DC의 동쪽과 서쪽 지역 간의 사회적 격차는 매우 심각한 수준이다.

사회적 근접성은 당신에게 무엇을 제공하는가? 그것은 시장과 법적 제도, 기업가의 규범 등 공식적이거나 비공식적인 경제 및 정치제도에 대한 접근성을 제공한다. 기술과 시장 상황, 그리고 경제적으로 유용한 모든 종류의 세부 사항에 대한 학습을 지원하는 정보 네트워크에 대한 접근이다. 그리고 그것은 구매자와 판매자, 고용주와 고용인 등 사이에 원활한 연결을 촉진한다. 또한 사회적 관련성을 부여해 공식적 및 비공식적인 사회 지원 기관들을 이용하고 사회에 참여해 혜택을 입도록 돕는다.

물론 지금까지 살펴보았듯이 근접성이 부에 이르는 유일한 통로는 아니다. 희소성도 중요하다. 수공예 업계는 그 수가 가파르게 늘어남에 따라 급속히 어려움에 처하게 될지도 모른다. 수공예 장인이 되려고 하는 사람들이 너무 많아지면 이 분야의 지속적인 임금 상승을 기대할 수 없을 것이다. 많은 수공예 장인에게 희소성을 보장하기 위해서는 배제가 필요하다. 수공예 업계가 수백 년 전의 길드*에서부터 오늘날의 라이선스 제도에 이르기까지 진입을 제한하고 임금을 지탱하기 위해 거의 항상 직업 보호책에 의존해 왔다는 점은 눈여겨볼 부분이다. 직업 라이선스가 다시 증가하고 있다. 그것은 노동자들이 경쟁을 제한함으로써 자신들의 임금을 보호하기 위한 방법의 하나일 뿐이다.

배제는 우리 주위에서 흔히 볼 수 있는 일이다. 가장 가시적이면서도 극적인 배제는 국경을 넘는 이주를 제한하는 것이지만, 경제적 지위를 보호하기 위해 배제를 사용하는 한계가 거기까지라는 의미는 아니다. 님비(NYMBY)주의는 개발 제한과 높은 주거비를 이용해 외부인을 이웃과 학교, 역동적인 경제체에 들어서지 못하게 막는 강력한 배제적 힘이다.

기업의 힘 또한 배제적이다. 직관에 반하는 것처럼 보일지도 모르지만 (경쟁적인 시장은 조직 및 생산의 효율을 높이는 힘으로 작용해야 함에도 불구하

---

* guild: 중세 시대 상공인들의 동업 조합 — 옮긴이

고) 지난 수십 년간 기업합병이 미국 경제를 지배했다. 대부분의 산업 분야에 걸쳐 최상위 기업들의 시장 점유율은 1990년대에 비해 더 높아졌다. 심지어 디지털 경제의 사자(使者)들이라 할 수 있는 선구적인 인터넷 기업들조차 탐욕스럽게 시장 지배력을 추구하고 있다. 할 수 있는 한 배제적 접근성(exclusive access)을 확보하기 위해 소송과 규제와 집단 괴롭힘을 이용해 잠재적 경쟁자들을 집어삼키고 있는 것이다. 페이스북은 소셜 네트워크의 잠재적 경쟁 기업들을 사들이고 있다. 단독으로 평행 인터넷(parallel internet) 같은 것을 더 잘 구축하기 위해서이다. 아마존은 시장 지배력을 이용해 모든 종류의 출판사와 판매자 들을 못살게 굴며 지나친 탐욕을 드러내고 있다. 우버는 운전자들이 경쟁 기업들에서 일할 수 있는 능력을 저하시키는 것이 목적인 듯 보이는 운전자 규칙을 채택했다.

기업의 힘은 정부의 선호나 보조금을 통해 생길 수도 있다. 또한 자연 독점(natural monopoly)의 결과로도 생길 수 있다. 특정 기업이 네트워크에 대한 초기 투자로 새로운 진입자들이 경쟁할 엄두를 낼 수 없는 낮은 단가 기반을 갖추는 경우 말이다. 또한 기업 인수합병을 통해서도 생길 수 있다. 물론 승자에게 유익한 힘이다. 1990년대에 가장 수익성이 높은 기업들은 해당 분야의 중간급 기업들보다 약 3배의 투자수익률을 달성했다. 최근 들어 그 수치는 '10배'로 상승했다.[6]

기업에 적용되는 사실은 노동자에게도 그대로 적용된다. 그리고 노동자들이 그 교훈을 놓칠 리 없다. 노동에 대한 더 많은 소득으로 이끄는 두 가지 길인 근접과 배제는 서로 정반대 쪽에 위치한다. 어느 쪽이 하나를 얻으면 반드시 다른 쪽이 하나를 잃게 되는 것이다.

인류에게는 불행한 일이지만, 정치는 소득 보호의 수단으로서 근접성 보다는 배제를 찬성하는 쪽으로 강력하게 나아가고 있다.

11 분배의 정치학

디지털 혁명의 강력한 효과가 처음으로 드러났던 지난 세대는 주목할 만한 정치적 절제와 합의의 시대였다. 그 시대는 1970년대와 1980년대의 갑작스러운 자유화와 더불어 영국과 미국에서 중국과 인도에 이르는 광범위한 범주의 국가들에서 시작되었다. 대처와 레이건이 세율을 인하하고 노동조합을 짓누르는 동안 덩샤오핑은 시장경제와 외국무역의 제한적 허용 정책을 신중하게 수행했다. 러시아와 동유럽의 공산주의 붕괴와 함께 지속적으로 이어진 합의의 시대는 미국의 미래정치학자 프랜시스 후쿠야마(Francis Fukuyama)로 하여금 자유민주주의의 세계적 상승세와 더불어 '역사의 종언(the end of history)'이 도래했음을 숙고하게 만들기도 했다.[1] 세계시장이 통합됨에 따라 대다수의 선진 민주주의 국가의 정책들은 시장지향적 경제, 글로벌 개방성, 진보적인 사회적 목표 등을 지지하는 쪽으로 합쳐졌다. 범세계적 가치관을 보유하며 기술 지향적인 엘리트 계층에게는 더없이 만족스러운 시대였을 것이다. 그들은 가볍게 관리되는 시장경제가 세계적 번영과 평화에 이르는 최적의 경로를 제공한다고 믿어 버렸다.

그와 같은 정치적 시대는 이제 종말에 이르렀다.

세계 각지에서 경제통합의 결과에 대한 불만으로 내부 지향적인 정치 운동이 촉발하고 있다. 어떤 곳에서는 보호주의로, 다른 곳에서는 분리주의 운동으로 현실화되고 있는 상황이다. 일부 정치인은 정체성 정치의 강조나 자유민주주의 제도에 대한 비판을 통해 대중의 관심을 끌고 있다. 지난 수십 년 동안 경제의 방향을 주도해 온 엘리트 계층에 대한 혹평으로 대중의 관심 끌기에 성공하는 사례 또한 허다하다. 시장경제에 대한 신념, 그리고 광범위한 성장을 창출할 수 있다는 역량에 대한 믿음이 흔들리고 있는 것이다.

작금의 정치적 긴장을 더욱 고조시킨 금융 위기와 경기 침체는 사실상 2008년 이전부터 조짐을 드러내고 있었다. 일례로 미국 정계의 양극화 현상이 점진적으로 부상한 것을 들 수 있다. 1980년대와 1990년대의 이데올로기 구분은 이후 전개된 정치 역학의 토대가 되었다. 정당들 내에서 보다 급진적인 요소가 의제를 결정하는 경향이 갈수록 두드러지게 된 것이다. 유럽에서는 프랑스의 민족주의자이자 반이민주의 정치인인 장마리 르펜이 2002년 대선에서 결선 투표에 진출하며 전 유럽을 충격에 빠뜨리는 등 극우 분리주의 정당들이 2000년을 전후해 영속적이고 때로는 파괴적인 힘을 얻게 되었다.[2]

급진적 정치 운동은 경기 침체에 대한 단기적 반작용으로 치부하기에는 너무 오래 지속되며 지나칠 정도로 많은 선거에서 승리를 거머쥐었다. 미국의 양극화 현상은 인상적인 경제성장률에도 불구하고 그 맹렬한 기세가 꺾이지 않고 있다. 복지제도에 대한 약간의 개혁이나 이민 억제 정책으로는 급진적 정치 운동을 완화시킬 수 없을 것으로 보인다. 그 대신 이런 정치적 혼란은 디지털 시대에 국가와 경제가 누구를 위해 무엇을 해야 할 것인지에 대한 기나긴 사회적 협상이 개시되었음을 알 린다. 산업화 시대의 경험에 비추어 볼 때, 그러한 협상은 향후 수십 년 간 지속될 것이며 경우에 따라서는 그 결과가 글로벌 정치 구조에 대한 극적인 변화, 폭력적일 수도 있는 변화로 나타날 것이다.

부분적으로는 유권자가 (또는 민주주의의 제도가 아직 미흡한 국가의 국민 이) 각자의 삶에서 원하는 것이 무엇인가에 따라 사회적 협상의 결과가 좌우된다. 하지만 정치제도의 진화 또한 그에 못지않게 중요할 것이다. 정치제도가 정치적 우선순위의 표현 방식을 결정할 것이기에 그렇다. 미래를 예측할 수는 없다. 그러나 미래로 가는 과정에 영향을 미칠 역학 의 개략적 윤곽은 잡아 볼 수 있다.

당신의 것, 나의 것, 우리의 것

경제적 몫에 대해 먼저 얘기해 보자. 정치인들은 경제적 몫을 나누 는 방법을 놓고 논쟁하는 것보다 그것을 더 크게 만들 수 있는 방법을 찾 는 것이 낫다고 말한다. 만약 경제적 몫이 매년 같은 크기라면, 다시 말 해 국민소득이 성장하지 않는다면, 누군가의 이득은 곧 다른 누군가의 손해가 된다. 만약 특정 사회 집단에 새롭게 합류하는 사람이 생긴다면 모두에게 돌아가는 몫은 더욱 작아질 수밖에 없다. 반면 매년 경제적 몫 이 커진다면 모두에게 더 많은 소득이 주어진다. 몫이 커지면, 다시 말해 경제가 성장하면 사회 구성원 모두가 이득을 얻을 수 있는 최소한의 가능성이 창출되는 셈이다.

이와 같은 비유의 함의는 경제성장의 본질이 정치적 우선순위를 형성한다는 것이다. 대다수의 유권자는 시간이 지남에 따라 생활수준이 향상되기를 원한다. 그것은 성장 촉진 정책에 대한 지지로 이어질 수 있다. 시간이 지남에 따라 경제적 몫의 크기가 커질 확률이 높다는 전망으로 유권자들을 설득할 수만 있다면 말이다. 혹은 재분배 정책 쪽이 유권자의 지지를 받을 수도 있다. 1970년대와 1980년대의 경제 자유화를 위한 정치적 추진력은 일반 유권자들이 장기적 관점에서 생활수준 향상을 도모하는 것보다 통제적인 경제정책의 실효성에 회의를 품은 데 기인한다.

경제 자유화의 결과는 국가별로 상당한 차이점을 보였다. 중국과 인도에서는 경제 자유화가 약속한 결과물을 안겨 주었다. 특히 중국에서는 한 세대에 걸친 급속한 경제성장으로 많은 수의 중산층이 빈곤에서 벗어날 수 있었다. 중국의 경제적 몫은 엄청나게 커졌다. 모든 분야에서 놀라운 성장을 이루었기 때문에 분배 효과는 거의 문제가 되지 않았다.

선진 부국의 경우는 사뭇 다르다. 2014년 미국의 가구당 인플레이션을 감안한 소득은 1979년에 비해 고작 7퍼센트 증가한 것으로 나타났다. 이와는 대조적으로 소득분포에서 95번째 백분위 수에 속하는 가구의 소득은 같은 기간 45퍼센트 증가했다.[3] 이 기간에 경제적 몫은 상당한 규모로 커졌다. 미국의 경제 규모 자체가 두 배 이상으로 증가하지 않았는가. 그러나 경제성장의 혜택 대부분이 가장 부유한 가구들로 유입되었기 때문에 일반적인 미국 가구의 생활수준 변화를 결정하는 데 있어 분배 효과가 성장 효과를 잠식해 버린 것이다. 전체적인 성장은 감소시키더라도 상위 1퍼센트 외의 국민들에게 훨씬 더 많은 성장의 혜택이 돌아가도록 하는 정책들이 있었다면 일반 유권자의 생활수준은 훨씬 더 나아졌을 것이다.

경제적 몫의 분배 방식은 성장 촉진 정책(즉 경제적 몫을 크게 만드는 정책)으로 인해 미래에 자신에게 주어질 몫이 커질 가능성(즉 성장 촉진 정책이 실제로 보다 큰 경제적 몫을 창출할 것인가)에 대한 개인의 인식 여부를 결정한다.

새로 유입된 사람들과 경제적 몫을 공유하는 것에 대한 태도에 관해서도 이와 유사한 논리를 펼 수 있다. 경제적 몫의 증가 속도가 빠르다면 인구 증가(예컨대 이민자의 유입에 따른 인구 증가)에 순응하기 위해 몫을 좀 더 잘게 나누어야 한다는 사실이 특별히 중요한 문제가 되지 않는다. 그럼에도 불구하고 광범위한 성장은 개인에게 분배되는 몫이 매년 증가한다는 것을 의미하기 때문이다. 그러나 경제적 몫의 성장이 둔화되거나 소수의 부유층 소득이 증가된 결과 일반 국민의 성장이 둔화되었다고 인식한다면 신참자들에게 분배하기 위해 경제적 몫을 보다 잘게 나누는 일이 갑작스럽게 정치적 쟁점으로 부각될 수 있다. 철저한 분석을 통해 쟁점을 입증하든 그렇지 못하든 상관없이 일반 유권자들은 신참자들에게 몫을 분배하기 위해 결국 자신들이 비용을 치른다고 인식하기 마련이다.

말하자면 소득의 중앙값이 정체될 때 소득 분배에 관한 정치적 논쟁이 현저하게 증가한다는 것이다. 분배에 대한 논쟁은 필연적으로 성장으로 인한 혜택은 '어떤 것이든' 누가 합리적으로 주장할 수 있는가에 관한 논의를 내포한다. 국가적 차원의 분배에 관한 논의라면 필연적으로 내부자 대비 외부자의 경제적 권리에 관한 이론이 포함된다.

선진 세계의 불평등은 지난 수십 년 동안 점차 증가해 왔다. 왜 정치인들은 대응책 강구에 늑장을 부려 혼란을 자초한 것인가? 부유한 경제체 전반에 걸친 재분배에 관한 연구들은 일반적인 유권자의 생활수준이

정책을 형성하는 세상치고는 재분배 관련 정책이 기대보다 훨씬 미흡했다는 사실을 보여 준다.[4]

이러한 격차는 소득이 정체된 사람들에게 기술이 약간의 보상을 제공해 온 사실에 기인하는 면이 부분적으로 있을지 모르지만, 소득 데이터상에 나타나지는 않는다. 한 세대 전 중산층 가구는 인플레이션을 감안하면 현재와 같은 수준의 소득을 올렸을지 모르지만, 그 당시에는 글로벌 정보의 흐름에 접근할 수는 없었다. 끊임없이 제공되는 무상의 오락거리로 넘쳐나는 정보의 흐름 말이다. 일부 경제체에서는, 특히 미국의 경우 많은 가구의 실질 구매력은 경제의 심장부인 고가의 대도시 지역보다 저렴한 경제적 주변 지역으로 이주하면서 신장되었다. 게다가 '소비'의 불평등은 장기간에 걸친 소비자 채무의 성장 덕분에 소득의 불평등만큼 증가하지 않았다. 일반 가구들이 소비를 지탱하기 위해 대출을 받았다는 얘기다. 그런 상황은 2008년까지 지속되었다. 그들이 갑작스럽게, 그것도 아주 급속히 부채를 줄일 수밖에 없었던 2008년까지 말이다.

정치가 상황의 변화에 적응하기까지 오랜 시간이 소요되는 이유는 변화에 완고하게 저항하는 정치 체계의 속성 때문이다. 정당은 이익 단체 및 개인들과 관계를 구축하고 유지함으로써 수십 년 또는 수 세기 동안 명맥을 이어 가는 거대한 사회적 제도이다. 개인과 이익 단체는 정당과 맺는 관계를 통해 자신들의 정치적 정체성을 규정한다. 정체성이란 즉흥적으로 다시 고쳐 쓸 수 있는 것이 아니다.

국내의 경제적 기반이 변화함에 따라 이익 단체들은(예컨대 노동조합이나 산업 집단 또는 부유한 금융가 집단 등은) 자신들이 고수해 온 전통적인 정책적 이해관계가 더 이상 자신들이 전통적으로 지지해 온 정당의 우선순위와 부합하지 않는다는 것을 알게 된다. 하지만 그렇다고 해서 항상 즉각적인 정치적 재편이 야기되는 것은 아니다. 불만을 품은 집단의 경제적 이해관계는 다른 요인, 이를테면 전쟁이나 범죄 등의 비경제적 정책 사안에 의해 일시적으로 묵살될 수 있다. 정당의 지도부에서 불만을 품은 단체의 계속적인 충성을 얻기 위해 그들의 입맛에 맞는 일부 정책을 제시하는 회유책을 시도할 수도 있다. 또한 그저 불만을 품은 단체의 지도부가 자신들의 단체가 정당의 내부적인 제휴에 제대로 들어맞지 않는다는 데에 생각이 미치기까지 시간이 걸릴 수도 있다.

그런 깨달음에 도달한 이후라도 정치적 재편까지는 여전히 적잖은 시간이 소요된다. 법률학자 데이비드 슐라이커(David Schleicher)는 자신의 저서에서 전 세계의 민주주의를 전반적으로 살펴볼 때, 지난 수십 년 동안 "일부 유권자들 사이에서 근본주의적 또는 표현주의적 의견을 과시하는 경향이 부상했다."고 기술한 바 있다.[5] 이와 같은 경향은 정치 체계의 구조에 따라 국가별로 상이하게 나타난다. 양당 체제를 강력히 옹호하는 정치 체계를 보유한 미국의 경우 근본주의적 파벌의 부상은 당파적 양극화로 이어졌다. 다시 말해 이데올로기적 일관성을 공유한 정당끼리 서로 완고한 대척점을 유지했다.(그러면서 마찬가지로 양극화된 유권자 집단, 이해관계 집단, 기부자 등의 지원을 받았다.)

예를 들어 다른 정치 체계에서였다면 공화당을 떠났을 법한 불만족 집단조차 어쩔 수 없이 그대로 남아 자신들이 의도하는 방향으로 이데올로기적 합의를 이끌어 내기 위한 격렬한 캠페인을 벌인 바 있다. 미국과 정치 체계가 다른 국가였다면 티파티* 파벌은 그저 공화당과 절연하

★ Tea Party: 정부가 건전하게 재정을 운영하도록 세금 감시 운동을 펼치는 미국의 보수 단체 ─옮긴이

고 나름의 원칙에 입각해 선거를 치르고 경우에 따라 집권 연합에 합류했을 가능성이 높다. 그러나 미국에서는 정당으로부터의 분리는 곧 정치적 무관계를 의미한다. 그래서 티파티는 공화당 기관들에 대한 통제력을 확보하기 위해 예비 선거나 당원 모집, 기금 모금을 위한 캠페인에서 모호한 중도적 입장을 취했던 공화당원들을 목표로 삼아 내부적인 홍보 활동을 전개했다.

격렬한 당내 대립은 결국 타협의 여지가 없는 차이로 이어져 거대 정당의 대대적 개편(혹은 분열)을 촉발할 수 있다. 그러나 미국의 정계에서 그와 같은 변화는 극히 드문 현상이다. 오히려 선천론적 열정을 보유한 파벌과 같은 우세한 이데올로기 진영이 당의 지도부를 장악하면서 이전의 지배 세력을 대체하는 쪽으로 움직일 가능성이 훨씬 높다. 그러면 과거 지배 세력의 대다수는 새로운 질서에 순응하는 쪽을 택하게 된다. 대부분의 당원들에게 그것이 전혀 다른 쪽으로 돌아서는 것보다 훨씬 손쉬운 책략이기 때문이다.

이와 다른 정치 체계를 보유한 민주주의 국가에서는 다른 종류의 분할 과정을 볼 수 있다. 유럽 대륙의 민주주의 국가 중 다수에서는 비례 대표제가 복수 정당의 형성을 조장하고, 정치 영역이 통제 불능의 정당 간 다툼으로 분할되어 안정적인 정부가 들어서기 어려운 상황이다.(경우에 따라서는 위험할 정도로 급진적인 지배 세력을 집권 연합으로 끌어들일 조짐을 보이기도 한다.) 유럽 전역에 걸쳐 분리주의와 민족주의 정당들이 부상하고 있지 않은가. 르펜의 국민전선(National Front)은 그의 딸인 마린 르펜의 지휘하에 상승세를 타고 있다. 헝가리와 폴란드의 급진주의적 정당들은 기존의 민주주의적 제도를 약화시키고 EU에서 탈퇴하기 위해 중대한 정치적 변화를 도모하고 있다.

심지어 양당 체제를 장려하는 영국 민주주의의 근원인 웨스트민스터 체계에서조차 이해관계의 대립으로 당파의 분열이 초래되고 있다. 2016년 현재 (곳곳에서 자유민주당의 도전을 받고 있는) 의례적인 노동당-토리당 양분 구도에 (영국으로부터) 스코틀랜드의 독립을 당헌으로 천명한 분리주의 정당 스코틀랜드국민당(Scottish National Party)이 가세했고 영국의 EU 탈퇴를 원하는 영국독립당(UK Independence Party)까지 기세를 올리고 있다.(영국독립당의 열망은 이제 곧 실현될 날만을 기다리고 있다. 2016년 6월에 실시된 국민투표 결과 영국의 EU 탈퇴가 결정되었기에 하는 말이다.)

　이런 국면들은 이데올로기적 개혁의 두 번째 단계로 볼 수 있다.(첫 번째 단계는 기존 정당 내 파벌들의 이데올로기적 자각이 양극화로 이어지는 단계이다.) 이러한 신생 정당들이 (미국의 경우, 이데올로기의 측면에서 급진적인 정당들이) 선거판에서 서로 경쟁하는 것이 세 번째 단계가 될 것이다. 신생 정당들 간의 경쟁은 경우에 따라서 주요 민주주의 국가의 정치적 입장의 근본적인 변화로 이어질 수 있다. 네 번째 단계에서는 신생 정당 간의 경쟁으로 선출된 정부들이 서로 또는 EU 등의 국제기구들과 예측할 수 없는 방식으로 상호작용하게 될 것이다. 예를 들어 유로존은 경제적 재앙에도 불구하고 지금까지 놀라울 정도의 지속성을 입증한 바 있다. 하지만 유로존은 위기적 상황에서 그 짧은 생애의 4분의 1을 소비했으며, 앞으로 단일통화 회원국 중 단 한 곳에서라도 탈퇴를 결정하는 정부가 선출되면 필경 프로젝트 전체가 치명적으로 약화될 것이다.

'좋은 삶'에 대한 개념

패권을 놓고 싸우는 급진적 파벌이나 정당은 각기 '좋은 삶(good life)'에 대한 나름의 개념을 정립하고 있다. 나를 포함한 작가나 사상가들은 사람들이 생업의 굴레에서 벗어날 수 있는 '노동 이후(post-work)' 유토피아를 상상해 본다. 예컨대 합리적으로 조직된 사회 안전망이 전형적인 직무의 제약으로부터 사람들을 자유롭게 만들어 주는 환경 말이다. 그런 환경이라면 시간제 근무도 가능할 것이고 무엇보다 최신의 시장 조성 앱을 통해 일거리를 주고받을 수도 있을 것이다. 아예 노동시장에서 벗어날 수도 있다. 새로운 형태의 사회제도가 사람들로 하여금 지역 사회를 위한 봉사활동에 시간을 할애하거나 친사회적 행동 방식을 실천하도록 장려할 것이기에 그렇다. 또한 우리 중 일부는 매우 다른 배경을 가진, 어쩌면 국적이 다른 사람들과 같은 동네에서 살며 그렇게 하는 사람도 있을 것이다.

그러나 내가 상상하는 노동 이후 유토피아가 전형적인 선진 부국의 시민이 '좋은 삶'이라 간주하는 것일 가능성은 그리 높지 않다. 우리가 아무리 그렇게 되길 원한다 할지라도 말이다. 오히려 다음과 같은 예측이 보다 합당할지도 모를 일이다. 대다수 국가의 유권자들은 수요와 공급을 연결하는 앱(supply-and-demand matching apps)이 지배하는 삶보다 더 예측 가능한 무언가를 원할 것이며 끝도 없이 실업수당에 의존해야 하는 것보다는 더 체계화된 삶, 그리고 생활 방식이 다르고 쓰는 언어가 다르며 숭배하는 신이 다른 사람들에 둘러싸여 살아가는 것보다 더 편안하고 친숙한 삶을 원할 것이다.

사실 '좋은 삶'의 개념에 대한 생각이라면 일하는 부유층이 스스로를 위해 조성한 삶의 방식을 고려해 볼 가치가 있다. 그들 대부분은 모두 합쳐도 몇 개에 불과한 도시들에서 자신들과 매우 유사한 부류의 사람들과 멋진 동네에 모여 살고 있다. 유복한 그들은 직업적인 야망을 품고 있으며 대도시가 제공하는 각종 편의시설에 관심이 높고 일과 친구, 가족 등의 중요성에 대해 유사한 가치관을 공유하는 사람들과 모여 산다. 그들은 장시간 노동을 하지만 자신들의 일에 도전적이고 만족하는 편이며 일에 대한 기여도와 지분이 명확한 경우가 많다. 그런 집단 내에서의 유대 관계는 놀라울 정도로 강하다. 서로 네트워크를 형성하며 동네나 지역사회의 단체에 가입해 시민정치에도 관여한다.

그들의 삶은 안락하고 목적의식이 있으며 공동체에 기여한다. 물론 그들 대다수는 보다 많은 여가 시간을 중요하게 생각한다. 현재 자신이 하고 있는 일이 싫지만 먹고살기 위해 그 일을 해야 하는 처지에 있는 사람이라면 분명 그런 식으로 일할 필요가 없어지게 되길 바랄 것이다. 기술의 발전으로 근로자가 낮 시간의 대부분을 일하면서 보내야 하는 필요성으로부터 해방될 수 있는 세상이 도래하면 많은 사람들이 더 많은 여가 시간을 가지려 할 것이다. 그리고 그런 여가 시간은 특별한 목적 없이 소비될 것이다. (설문조사에 의하면 지난 10년 사이에 고용시장이 약화된 덕분에 본의 아니게 여가 시간을 떠안게 된 사람들은 그 시간의 대부분을 수면과 TV 시청에 사용했다.)[6]

하지만 출신 배경이 어떻든 사람들은 개인적인 야망이나 책임에 대해서도 중요하게 생각하는 것으로 보인다. 사람들은 자신의 경제생활에 대한 통제권을 가지고 싶어 하며 사회와 가족의 안녕에 기여하는 것으로 보이기를 희망한다. 사람들이 갈망하는 것은 모종의 '역할'이다. 가족의 생계를 위해 즐겁지 않은 일을 억지로 해야 하는 상황에 처해지기를 원하지 않지만 불필요한 존재로 인식되거나 후한 복지 수당의 대가로 무의미한 일이 주어지는 상황 또한 원치 않는다.

디지털 경제가 유산 계층의 안락한 삶과 지위를 보다 넓은 계층으로 확장하는 데 필요한 노동 조건을 제공해 줄 수 있는지 여부는 분명치 않다. 어쨌든 그것을 열망하는 사람들을 막을 수는 없을 것이다.

사람들이 원하는 것과 경제 및 정치 체계가 제공해 줄 수 있는 것 사이의 갈등은 정치의 장에서 발생할 것이다. 정치적 싸움에는 사람들이 높은 임금을 받으면서 의미 있는 일을 하는 세상으로 복귀하는 방법에 대한 내러티브가 점점 더 많이 등장할 것이며 그런 내러티브에는 공포심을 야기하는 부기맨(bogeyman)이 단골 소재로 이용될 것이다. 이른바 '좋은 삶'에 대한 유권자의 접근을 방해하는 악의적인 힘으로 말이다. 음해를 일삼는 외국 정부들과 일자리를 빼앗는 이민자들, 탐욕스러운 은행가와 무능한 정치인 등이 부기맨 역의 등장인물이 될 것이다.

민중에 대한 선동은 강력한 정치적 힘이 될 수 있다. 그러나 정치가들이 중도적 유권자의 지지를 얻기 위해서는 그들의 '좋은 삶'에 무슨 일이 일어난 것인지, 그것을 회복하기 위해 어떤 합리적 단계를 밟아야 하는지에 대해 그럴듯한 설명을 내놓아야 할 것이다. 바로 개혁가들이 경쟁의 기회를 엿볼 수 있는 영역이다. 이미 기억 속에서도 가물가물한 '좋은 삶'은 복원될 수 없다고 말하기를 주저하지 않으며 대신 대단하지는 않지만 점진주의적인 정책, 다시 말해 중용의 시대가 선호하는 정책들을 내세우는 리더들이 등장할 것이다.

개혁가들이 직면하게 될 난관은 글로벌 경제가 그런 노력을 징벌하는 경향이 있다는 사실이다. 노동력 과다와 구조적인 수요 약세는 각자 개별적으로 활동하는 각국 정치인들이 해결할 수 있는 문제가 아니다. 물론 그들이 최악의 영향을 개선할 수는 있겠지만 지난 수십 년간 그래왔듯이 결국 유권자들에게 실망을 안겨 줄 것이다.

중도적 개혁가들은 보다 자유로운 무역과 자본 흐름을 지향하는 움직임에서부터 노동시장 보호책의 배제에 이르는 중용 시대의 요소들을 무력화하는 데 열성인 정치인들에게 자리를 내주게 될 것이다. 정치인들은 시장이 좋은 일자리를 창출하도록 만들겠다고 약속할 것이다. 예를 들면 최저임금을 인상하고 직무 인증 제도를 비롯한 여타 일자리 보호 수단을 지원하며 (복지 혜택과 일정 수준의 근무 시간을 보장함으로써) 공유 경제 부문의 일자리를 정식화하도록 기업들을 압박하는 방법을 통해 그렇게 하겠다고 약속할 것이다.

글로벌 경제는 '이런' 노력에 대해서도 마찬가지로 보상을 제공하지 않을 가능성이 높다. 그럼에도 정치인들은 그런 조치들로 인해 보호를 받는, 자신들의 경제적 몫이 다소 늘어난 일부 유권자의 지지를 확보하는 혜택을 누릴 것이다. 세계화를 지지하던 이해관계의 연합체가 무너지고 있는 세상에서 보호의 정치가 새롭게 지속성을 확보할 수도 있다.

정치적 기호는 정책 과제로 매끄럽게 전환되지 않는다. 정치적 싸움으로 표출될 뿐이다. 그러나 정치적 싸움의 결과는 권력에 따라 달라진다. 다수의 경제체 내에서 노동의 교섭력은 100년래의 최저점에 이르러 있다. 오늘날 노동의 승리는 최저임금 인상이나 이민 감소와 같은 단순하고 직설적인 쟁점에 기인하는 경향이 있다. 왜냐하면 그것이 유권자의 지지를 폭넓고 열렬하게 이끌어 내기에 용이하기 때문이다. 노동계가 정치적 협상의 한 자리를 차지했던 한두 세대 전이었다면 보다 복잡한 안건이 협상 테이블에 올랐을 터이지만 더 이상 그런 일은 일어나지 않는 경향을 보이고 있다.

변화의 여지는 있다. 차량 공유 서비스를 제공하는 기업인 우버와

리프트의 기사들이 노조 결성을 위해 투쟁 중이다. 노동조합의 결성은 궁극적으로 그런 시도를 생각조차 하지 않던 여타의 경제 영역에도 영향을 미칠 수 있다. 주문식 노동을 제공하는 대규모의 노동자 집단이 시장 조성 앱을 통해 자신의 시간을 판매하는 경제 영역이 대표적인 예다. 하지만 노조의 결성으로 기업 내에서 근로자에게 제공되는 직접적 혜택이 불명확해지는 측면도 있다. 경영진에게서 쥐어짜 낸 단기적 양보가 자동화를 가속화하는 계기로 작용할 수 있기 때문이다. 골치 아픈 노조의 존재가 중국의 심천에 있는 공장에서든 캘리포니아의 거리를 달리는 자동차에서든 로봇의 활용을 부추기지 않겠는가 말이다.

그렇지만 노동조합들이 장기간 존속하고 충분히 빈번히 등장한다면 상호 간의 협력을 통해 각자의 정치적 우선순위를 지지하기 위한 거래를 개시할 수 있다. 그러한 협력으로 노동 관련 정치 안건에 일관성을 부여하는 일종의 계급의식 또는 결속력을 이끌어 내는 것이 바로 노동운동가들의 바람이다. 노동자들이 분산되고 조직화되지 않은 세상에서는 다른 노동자들의 희생을 담보로 소수의 일개 노동자 집단의 이익만을 신장하는 정책은 자기 본위적인 절대다수의 호응을 얻기가 어렵다.(예를 들어 미용사의 직업적 권익을 보호하는 정책은 결국 미용을 위해 더 많은 비용을 지불해야 하는 다른 노동자들의 희생을 전제로 한다.) 그런 정책은 비효율적일 뿐만 아니라 대다수의 노동자에게 유익하지도 않다. 하지만 노동자들이 정치적으로 연대한 세상에서는 노동자 집단이 결국 더 많은 수입을 확보하기 위한 각자의 노력을 지지하게 된다.

노동조합이 곳곳에서 활동을 벌이고 있지만 조직화된 노동의 미래가 특히 낙관적이라는 생각은 들지 않는다. 19세기에는 기업들이 대도시의 대규모 공장으로 노동자들을 모아 놓은 덕분에 노동자들이 집단행동을 통해 소유주로부터 양보를 이끌어 낼 수 있는 능력을 강화하고 서로 협력하는 여건을 갖출 수 있었다. 그러나 오늘날의 노동력은 훨씬 분산되어 있으며 기업이 노동자의 힘을 근본적으로 약화시키는 데 활용할 수 있는 기술적 도구 또한 과거에 비해 훨씬 많아졌다.

경제학자의 편협한 관점에서는 조직화된 노동에 대한 열악한 전망이 전반적으로 결코 나쁜 것이 아니다. 진입 장벽이 없을 때 시장은 보다 원활하게 작동하기 때문이다. 그러나 현실에서는 노동시장의 유동성을 통해 성취한 효율성의 이득이 정작 그것을 성취하기 위해 교섭력의 희생을 감수했던 노동자들에게 재분배되지 않고 있다. 이와 마찬가지로 중요한 것은 노동계의 입장을 일관성 있게 대변할 정치적 집단의 부재는 곧 경제적, 문화적 불안을 의사 결정의 동기로 삼는 유권자들이 대중적 호소력이 있는 선동에 더욱 쉽게 현혹당할 것임을 의미한다는 사실이다. 막연한 분노 또는 막연한 불만족이 사회 구성원 사이에 만연하게 되는 것은 분명 유쾌한 일이 아니다.

고령화는 구원이 아니다

인구의 고령화 문제에 대해 간략하게 짚어 볼 필요가 있다. 인구의 다수가 일반적인 은퇴 연령을 넘어선 국가는 대다수의 인구가 한창 일할 연령대에 속하는 국가와는 정치적 우선순위가 매우 상이하기 마련이다. 실제로 고령 인구 국가는 그렇지 않은 국가에 비해 이민에 대한 지지율이 높게 나타난다는 몇몇 증거 자료도 있다. 은퇴자들은 이주 노동자들과 경쟁하지 않아도 될 뿐만 아니라 그들의 값싼 노동력 덕분에 자신들이 불균형적으로 지출해야 하는 의료 및 간호 서비스의 비용이 감소하기 때문이다. 부유한 고령화 국가가 가난한 국가 출신 젊은 노동자의 대규모 유입을 환영하고(가사도우미, 물리치료사, 간호사 등으로 일하기 위해 유입되는 가난한 나라의 젊은 노동자들은 노인 세대에게 연금을 지불하는 데 도움이 된다.), 이주 노동자와 그들의 자녀들이 강력한 선진 부국의 경제적, 정치적 제도를 물려받아 그것을 향유하고 자신들의 것으로 만드는 미래를 상상해 볼 수 있다.

결코 매력 없는 가정이 아니지만 과연 얼마나 현실적일 수 있을까? 현실에서는 아시아와 동유럽의 고령화 국가들이 새롭게 밀려오는 외국인 노동자를 달가워하지 않는 양상을 보여 온 것이 사실이다. 이주민에 대한 고령 세대의 경제적 개방성이 그들의 문화적 보수주의 성향으로 인해 다소 기세가 꺾이는 측면도 없지 않다. 더욱이 고령화 국가라고 해서 인구 전체가 고령인 것은 아니지 않은가. 고령 인구가 인구분포도 상에서 넓은 영역을 차지한다 하더라도 여전히 다수의 인구는 일자리가 필요한 생산 가능 인구에 해당하며 그들은 신규 고용 창출이 확실시 되는 몇몇 분야의 일자리를 채운다는 '명확한' 목표하에 유입되는 대규모 이주 노동자에 대해 분개할 수밖에 없다.

인구학적 변화가 유발하는 개방성과 세계주의는 고무적인 정치 발전으로 이어질 것이고, 언젠가는 구체화될지도 모른다. 하지만 아직은 그렇지 않다.

'재분배'는 가능한가

보다 온화한 일련의 정책 혁신을 지지하는 선거구가 있을까? 관대한 기본 소득을 합리적인 노동 요건과 연계시키는 정책 혁신은 어떨까? 공공적 성격의 노동 기여를 장려하지만 개인이 원하는 삶의 방식은 누릴 수 있도록 자유의 여지를 제공하도록 고안된 합리적 노동 요건과 긴밀하게 연계하면 관대한 기본 소득은 유권자의 지지를 얻을 수 있겠는가 말이다. 이것은 많은 질문의 여지를 남긴다. 그러나 연대 의식이 계층이 아니라 지역공동체에 기반해 나타나는 곳에서는 관대한 복지 정책이 출현할 것으로 기대할 수 있다. 물론 이것은 민족적 혹은 국민적으로 응집성을 갖춘 정치 단위 내에서 일어날 수 있는 현상이다. 민족 및 공동체의 유대가 강한(하지만 이민에 대한 개방성이 사회적 합의에 손상을 가하기 시작한) 북유럽 국가에서 실험적인, 관대한 복지 정책이 출현하는 경향을 보이는 것은 놀라운 일이 아니다.

실제로 디지털 시대의 정치가 진화함에 따라 두 개의 지정학적 힘이 번갈아 가며 서로를 공격하는 양상을 보인다. 하나는 현재 특히 두드러지고 있는 힘으로 기존의 국가를 보다 작은 규모의 집단으로 나누려는 소분화 경향이다. 초세계화는 아주 작은 규모의 경제체도 글로벌 시장에 접근할 수 있음을 의미하는 한편, 보다 큰 규모의 경제체의 일부로서 누리는 이점은 감소시킨다. 거대 경제체인 EU 내에서 분리주의는 특별한 매력을 가질 수밖에 없다. 분리된 소수 집단이 EU 시장에 대한 접근성을 유지할 수만 있다면 분리는 자치권과 집단 내의 재분배를 증대할 수 있는 방안이기 때문이다. 스코틀랜드는 스코틀랜드인들끼리,* 카탈로니아는 카탈로니아인들끼리 외부 집단으로부터의 간섭 없이 또는

★ 스코틀랜드인에게 분배되는 스코틀랜드의 부는 원유 가격이 배럴당 30달러일 때보다 100달러일 때 더욱 매력적으로 보이지 않겠는가. ─지은이

재분배의 영역을 외부 집단으로 확대해야 할 필요 없이 자신들의 부를 공유할 수 있다는 말이다.

분리를 지향하는 유사 국가들이 원하는 것은 글로벌 통합에 따른 경제적 이익을 누리는 동시에 중요한 정치적, 경제적 의사 결정은 국가적 또는 민족적 결속력이 강한 집단이 주체가 되는 세상인 것으로 보인다. 다양한 인종으로 이루어진 국가인 영국이나 스페인보다는 아일랜드나 에스토니아의 미래상이라 할 수 있다.[7]

이와 같은 국가 유형의 새로운 사례가 보다 광범위한 통합 시장에 회복 불가능한 손상을 가하지 않으면서 출현할 수 있을 것인지는 확실치 않다. EU의 제도는 국가 소분화의 물결을 감당할 수 있도록 설계되어 있지 않다. 이탈리아, 벨기에, 심지어 독일의 리더들조차 지역 분리주의가 자국에 미칠 피해를 감안해 카탈로니아의 독립에 대한 승인을 주저하고 있다. 이해할 만하다. 부유한 세계의 종족민족주의는 경제통합을 파괴할 수도 있다. 자신들의 번영 또한 거기에 달려 있음에도 말이다.

분리주의가 출발선을 넘지도 못하고 실패하지는 않는다 하더라도 (다시 말해 어느 정도의 성공을 거둔다 해도) 부의 재분배율이 높은 종족민족주의를 표방하는 소규모 국가가 개방적인 글로벌 경제에 참여하는 것은 지속 가능하지 않다는 점이 입증될지도 모른다. 후한 복지를 제공하는 부유한 선진국은 누구나 살고 싶어 하는 나라이며 사람들은 그런 곳으로 이주할 방법을 모색하기 마련이다. 그렇게 되면 선진 부국은 재분배를 가능하게 했던 종족민족주의적 결속력을 약화시키면서 이민을 허용할 것인가 아니면 번영의 기회가 되는 경제적 통합을 약화시키면서 이민자들을 차단할 것인가? 이 두 가지 가운데 선택해야 한다. 유럽 프로젝트의 정치적 진화 과정을 살펴보면 경제적 통합으로 인해 향상된 종족민족주의 의식이 통합을 지속 및 심화시켜 나가는 것과 모순된다고 가정할 수 있다. 전자가 후자를 파괴할 수 있는 씨앗을 품고 있는 셈이다.

그와 같은 과정이 전개되는 가운데 두 번째 지정학적 힘, 즉 거대 경제체의 안정감 역시 세를 과시할 것이다. 거대 경제체는 국제적인 경제 통합이 붕괴되고 자국의 안전이 위협받을 때 매력적인 대안이 된다. 거대한 내수시장을 보유하며 크고 강력한 군대를 유지할 만한 역량을 갖추고 있기 때문이다. 거대 경제체는 국제 관계와 경제통합이 무너질 때 번창한다.

하지만 미국의 경험에 비추어 볼 때 이질적인 인구로 구성된 거대 시장은 높은 수준의 내부 재분배를 지원하기 위해 힘겹게 싸워야 할 것으로 보인다. 미국은 거대한 용광로의 성공 사례다. 하지만 미국 국민의 인종 민족주의적 다양성은 이례적으로 후한 복지 정책의 수립에 오랫동안 걸림돌이 되어 왔다. 남부의 백인 유권자들은 북부 도시의 흑인이나 캘리포니아의 라틴계 미국인들에게 관대한 지원을 약속하는 복지정책에 회의적 입장을 취하고 있다.

규모가 큰 다인종 국가는 다수의 친화적 공동체를 내포한다. 특별히 자기들끼리 유사성을 느끼는 집단 말이다. 친화적 공동체는 재분배의 자연스러운 중심지가 되지만 공동체 내의 재분배는 공동체가 국가 조직과 어느 정도 뜻이 일치될 때만 이루어질 수 있다. 따라서 친화적 공동체들은 국가의 경계(境界)를 좁혀 자신들에게 맞추려 애쓸 것이다. 한편 때로는 전쟁이나 경제 위기와 같은 외부 요인이 친화적 공동체를 확장시키는 작용을 하기도 한다. 그런 것들이 일시적으로 민족성의 발현을 감소시키고 국적 의식을 강화시킨다는 얘기다.

미국이나 유럽의 대형 국가들처럼 다인종으로 이루어진 국가는 제

2차 세계대전 직후부터 건전한 수준의 재분배 기능을 지닌 포괄적 경제체를 구축할 수 있었다. 하지만 아쉽게도 그런 사례는 별로 고무적인 것이 되지 못한다. 당시에는 가장 두드러지는 친화적 공동체가 국가였다. 아마도 공산주의에 맞서 생존을 위한 고군분투로 깊은 상처를 입은 서방국가 전체가 그에 해당했을 것이다.

미래의 어느 시점에는 인종이나 국적을 불문하고 누구에게나 견실한 최소 생활수준을 제공하는 놀랍고도 새로운 정치가 등장할지도 모른다. '좋은 삶'에 대한 수없이 많은 서로 다른 개념을 지원하며 대중의 관심을 유지하기 위해 외부 세력에 대한 모종의 잠재적 공포에 의존하지 않는 정치 말이다. 우리는 아직 그런 정치 체계를 고안해 낼 수 없거나 그것을 실현하고 지속시키려면 정치적 힘이 어떤 식으로 균형을 잡을 필요가 있는지 이해하지 못한다. 따라서 당분간 우리는 추악한 정치적 트레이드오프의 세상에 묶여 있을 수밖에 없다. 국가는 재분배에 도움이 되는 동질성을 확보할 수 있는 수준으로 스스로를 축소하려고 하거나 재분배를 수행하지 않는 불평등한 국가, 열정적인 선동 정치가들에게 취약한 대형 국가로 남을 것이다. 그도 아니면 대형 국가로 남아 외부의 지정학적 압박 덕분에 재분배가 이루어지는 공산주의로 바뀔 것이다.

우리는 이 시대가 순식간에 지나가기를 바랄 뿐이다. 불행히도 역사는 그렇지 않을 것임을 시사하고 있다. 하지만 뜻하지 않은 행운이 찾아올지 또 누가 알겠는가.

유명무실한 제도들

행운이 찾아올 수도, 그렇지 않을 수도 있을 것이다. 현재와 같은 변화의 시기는 위험하다. 위험을 한탄하거나 그것이 사라지기를 바라는 것은 무분별한 일이다. 역사의 화살이 날아가는 방향을 바꿀 수는 없기에 하는 말이다. 하지만 가능한 한 더 좋은 미래를 만들기 위해 노력하는 사람들을 격려하기 위해서라도 그 위험을 언급할 가치는 있다.

2016년 2월 13일 미국의 연방대법관 안토닌 스칼리아(Antonin Scalia)가 79세의 나이로 사망했다. 양 정당의 리더들은 즉각적인 행동에 돌입해 스칼리아 판사의 후임자를 확정짓기 위한 전투 계획과 전략을 수립했다. 얼마 지나지 않아 공화당의 리더들은 오직 이용 가능한 법적, 절차상의 도구를 총동원해 민주당 버락 오바마 대통령이 지명하는 후보자의 인준을 거부하는 데에만 관심을 갖고 있음이 분명해졌다. 그들은 필요하다면 의회 규범의 범위를 벗어나는 행동도 불사할 태세였다. 설령 그로 인해 일종의 헌정 위기가 촉발된다 할지라도 말이다.

《뉴욕매거진》의 좌편향적 기자인 조너선 차이트(Jonathan Chait)는 정치인들이 벌이는 광경을 지켜본 뒤 이런 글을 썼다. "미국 정부를 단결시키는 것은 1789년에 가발 쓴 남자들이 만들어 낸 정교한 규칙이 아니라 이미 와해되기 시작한 일련의 사회적 규범인 것으로 드러났다."[8]

사실 가발 쓴 남자들이 만든 규칙은 한 번도 미국 정부를 단결시킨 적이 없다. 그 규칙들은 대변할 수 있는 기관도 없고 견해를 밝힐 능력도 없으며 지휘할 군대도 없다. 미국 헌법을 움직여 응징의 힘을 발휘하도록 만들 수 있는 방도가 없는 것이다.

헌법의 힘은 그것이 존재한다고 믿는 사람들이 그에 부합하는 행동을 할 때 비로소 부여된다. 헌법은 단지 미국의 정치인에게 요구되는 행동 규범의 일부만을 표현할 뿐이다. 미국의 사회적 자본을 구성하는 가장 중요한 요소 중 일부를 구체화한 것에 지나지 않는다는 뜻이다.

미국의 건국자들은 헌법이 정한 규범을 존중하고 준수하는 것이 미국 지도층의 핵심적 인식이 된다면 공화국의 사회적 자본이 강력해지고 자신들이 꿈꾸는 새로운 국가를 실현시키는 수단이 될 수 있다는 점을 인지하고 있었다. 건국 초기의 리더들은 자신들의 행동 방식이 헌법의 규범에 상충되는 경우를 발견하면 스스로 제동을 걸었다. 제임스 먼로 (James Monroe) 대통령은 (자신이 지지했던 정책이었음에도 불구하고) 공공 인프라 투자 법안에 거부권을 행사함으로써 동료들과 자문단을 충격에 빠뜨린 바 있다. 법안이 헌법에 위배된다고 판단했기 때문이다. 미국의 헌법을 한낱 양피지와 잉크가 아닌 그 이상의 것, 다시 말해 누가 봐도 그 자체로 권한을 행사하는 독립체로 일구어 낸 힘에서 나오는 행동이었다.

그러나 제도가 그와 같은 지위를 달성하면 사람들은 사회를 결속시키는 것이 자신들의 머릿속에서 살아 숨 쉬는 사회적 자본에 따라 처신하는 개인의 단호한 행동일 뿐이라는 사실을 잊기 시작한다. 마치 하느님이나 부모님처럼 제도의 규칙은 기회가 주어지면 뒤엎을 수 있는 대상이 되는 것이다. 사람들이 자신을 사회적 합의의 동참자가 아니라 외부적 규칙의 권위하에서 삶을 영위하는 독립적인 개인으로 간주할 때 실체가 없는 외부적 권위의 경계가 어디까지인지 시험해 봐서는 안 될 이유를 거의 느끼지 못하게 된다. 그러나 사실은 그들이 사회적 합의의 동참자이기 때문에 그와 같은 행동은 사회적 자본이 보유한 힘에 손상을 가하고 서서히 힘을 약화시킨다. 과거의 사회적 규범을 고수할 가치가 사라지고 한때 숭배의 대상이었던 제도마저 자취를 감출 때까지 말이다.

미국 헌법은 그런 운명에 처하지는 않을 것이라는 희망을 가질 수 있다. 적어도 나는 분명 그렇지 않을 것이라 기대한다. 그러나 오늘날의 세상은 다양한 형태의 사회적 자본을 대변하는 다수의 중첩된 제도 위에 구축되어 있다. 침식이 진행되면 수리하기 힘들 수도 있고 몇몇 중요한 제도의 실패가 그에 의존하는 여타 제도들까지 한꺼번에 붕괴하는 사태를 촉발할 수도 있다. 민주주의, 관용, 자유주의, 개인의 자주성에 대한 존중, 이 모든 것이 선진 부국의 거주자들에게 뿌리 깊게 내면화된 규범들이다. 내면화의 정도가 너무나 깊은 나머지 그러한 제도들이 심각하게 방어를 필요로 한다는 사실을 인식하지 못하는 경우가 많다.

또 다른 연방대법관 올리버 웬델 홈스(Oliver Wendell Holmes)가 했던 말이 기억에 남는다. "나는 세금 내는 것을 좋아합니다. 세금은 내가 누리는 문명의 대가이니까요."[9] 글로벌 시장경제는 대규모의 부를 창출할 수 있는 힘이다. 그 크기와 힘 그리고 복잡성 속에서 살다 보니 실제로 글로벌 경제라는 독립체는 존재하지 않는다는 사실을 쉽게 잊어버린다. 머릿속에 내재된 사회적 자본에 따라 행동하는 사람들만 있을 뿐이다. 글로벌 경제는 단지 사회적 합의에 근거하여 구축된 여타의 제도와 마찬가지로 그 규범을 뒤엎으려는 자들에 의해 취약해질 수 있다. 훼손되거나 파괴될 수도 있다. 마치 시장경제가 불변의 진리인 것처럼 행동하는 사람들, 사회적 합의를 유지하기 위한 협력 없이도 그 시스템이 저절로 번창할 것이라 믿으며 가능한 많은 것을 취하려 드는 사람들에 의해서 말이다. 그들은 풍요로운 사회를 누구나 더 가난하게 되는 세계 쪽으로 더 가까이 옮겨 놓고 있는 셈이다.

앞으로 나아갈 수 있는 유일한 방법은 우리가 선택하는 지금의 방법이 다른 대안적 경로에 비해 우월하다는 폭넓은 사회적 합의를 거치는 것이다. 가능한 한 폭넓게 많은 것을 아우르는 풍성한 합의를 이루기 위해 온 힘을 쏟지 않으면 사회적 합의에 이르는 길은 점점 좁아질 것이며 세계는 더욱 분열되고 더욱 빈곤하고 더욱 불행한 곳이 되고 말 것이다.

12 인류의 부

나는 야구를 좋아한다. 2012년 10월, 내가 응원하는 워싱턴 내셔널스(Washington Nationals)가 팀 역사상 처음으로 플레이오프에 진출했다. 다섯 게임을 치르는 디비전 시리즈의 상대는 세인트루이스 카디널스(Saint Louis Cardinals)였다. 내셔널스는 시리즈 전적 2대 1로 뒤져 있다가 네 번째 경기에서 (긴장감 넘치는 장시간의 투수 대결 끝에) 승리를 거머쥐었다. 그것도 서사시적인 방식으로. 9회 말, 팀의 스타 중 한 명인 제이슨 워스(Jason Werth)가 친 맹렬한 직선 타구가 관중석까지 뻗어 나가 게임을 승리로 이끄는 결승 홈런이 되었다. 홈 구장인 내셔널스파크(Nationals Park)는 승리를 자축하는 함성으로 들썩였다. 당시 집에서 TV로 경기를 시청하던 나는 두 살배기 딸과 함께 TV 앞에서 환호성을 지르며 춤을 췄다. 이제 시리즈는 2대 2 동점이 되었고 나에게는 결전의 다섯 번째 경기 관람권이 있었다.

공기가 제법 쌀쌀했던 그날 저녁, 경기장 입구를 통해 파도처럼 밀려드는 군중들 사이에서 얼핏 현기증을 느꼈다. 경기장 안으로 꾸역꾸역 들어선 홈 팬들은 내셔널스가 1회에 3점을 앞서 나가자 열광의 도가니에 빠져들었다. 3회에 두 차례 홈런으로 점수 차가 6점으로 벌어졌고 엄청난 환호성과 더불어 수많은 관중이 한 목소리로 노래를 불러 댔다. 상대팀 카디널스의 격렬한 추격전이 시작되었다. 한두 점씩 점수를 쌓아 올리더니 9회 초에는 단 2점 차로 바짝 추격해 왔고 점수는 7대 5가 되었다. 그날 경기장에 모인 내셔널스의 팬들은 단체로 애간장이 타들어 갔다. 카디널스의 타자들이 스트라이크 하나면 패배로 끝날 처지에 놓인 상황이 두 번이나 펼쳐졌다. 그러나 카디널스의 타자들은 결국 해내고야 말았다. 9회에만 4점을 뽑아 9대 7의 점수로 역전시켜 버린 것이다. 너무나 가슴 아픈 일이었다. 내셔널스 팬들은 슬픔에 잠긴 채 터덜터덜 경기장을 빠져나갔다. 그러나 운동경기를 대하는 그 기이한 방식에서 슬픔이라는 집단적 특징은 묘한 전율을 느끼게 했다. 관중이 느끼는 집단적 실망감은 팀의 집단적 기억 중 한 부분을 차지할 것이다. 경험담의 공유를 통해 팬들은 특정 팀에 대해 그토록 강한 애착을 느끼는 이유를 설명할 수 있을 것이다. 또한 실제로 공동체의 일부가 되어 팀의 모습이 형성되는 데 기여하며 팀의 성공에 조력자 역할도 할 수 있다.

　　메이저리그 야구를 통해 생성되는 가치는 본질적으로 집단적이다. 그에 걸맞은 선수가 없다면 메이저리그는 메이저가 될 수 없다. 자신의 기량을 연마하는 데 헌신하며 세계 최고 수준의 프로 야구에서나 볼 수 있는 멋진 장면을 창출하기 위해 지칠 줄 모르고 노력하는 선수들 말이다. 그러나 그런 과정을 거친 후 명성과 금전적 보상을 얻을 가능성이 주어지지 않는다면 선수들이 전념을 다해 경기에 임하며 자신의 모든 것을 바칠 이유가 없다. 그리고 기꺼이 관중석을 가득 메우고 텔레비전을 통해 경기를 시청하고 팀의 관련 상품을 구매해 주는 수백만의 팬들이 없다면 과정이 끝난 후 선수들에게 주어지는 보상도 있을 수 없다. 구단 주가 누리는 팀에 대한 가치 평가액 수십 억 달러는 선수들의 노력과 팬들의 열정 없이는 말도 안 되는 무엇이 된다.

야구는 삶과 경제의 많은 부분에 대한 훌륭한 비유를 제공한다. 야구에서처럼 가치는 본질적으로, 그리고 근본적으로 사회적이다. 스포츠를 그처럼 가치 있는 제도로 만드는 것은 집단적인 열정과 관심이다. 야구에서와 마찬가지로 생산성과 희소성 같은 것들이 사회에서 보상의 분배를 형성한다. 야구에서처럼 교섭력은 보상의 분배를 결정하는 데 있어 중요한 역할을 한다. 야구에서와 마찬가지로 교섭력의 남용은 마땅히 불공정한 것으로 간주되며 지나친 남용은 해당 사업의 근본 가치를 위협하는 사회적 반응을 불러일으킬 수 있다. 예컨대 1994년의 파업은 팬들의 관심이 멀어지게 만들며 미국의 국민적 오락거리였던 야구 경기의 입지를 위태롭게 한 바 있다.

야구에서와 마찬가지로, 경제활동의 모든 참가자들은 자신의 참여가 중요하고 자신이 진정한 가치의 창출자이며 자신의 노력이 가장 후하게 보상받아야 한다고 스스로 확신을 갖기 쉽다. 각자의 그런 주장에는 나름의 설득력도 있다. 누가 어떤 보상을 받아 마땅한지를 분류하는 작업의 일부는 경제학적 논리에 의존할 수 있을 것이다. 그러나 경제학에서 말하는 '보이지 않는 손'에 전권을 위임할 수 있다고 생각하는 것은 착각일 뿐 아니라 안이하기 그지없는 행태다. 홀로 남겨지면 그 보이지 않는 손은 단지 힘센 주먹이 될 뿐이다. 그렇게 되지 않으면 좋겠지만 그렇게 되기 마련이다.

대다수가 그렇듯이 나 역시 종종 내가 공정한 임금을 받고 있는지 의문이 든다. 나는 내가 주어진 임무를 아주 잘 수행하고 있다고 믿고 싶다. 하지만 나는 나의 교섭력에 대해서도 예리하게 인지하고 있다. 말하자면 이렇다. 나는 그만두겠다는 위협을 가할 수 있다. 아마도《이코노미스트》는 내가 그만두기를 바라지 않을 것이다. 그러나 내가 맡은 일을 나만큼 해낼 수 있는 사람은 무수히 많다.《이코노미스트》의 기업 문화를 익히고 그것에 능숙해졌다는 사실은 나의 직업적 성공에서 매우 중요한 요소이다. 하지만 나와 유사한 기량과 경험을 보유하고 기회가 주어지기만 하면 기업 문화를 학습할 수 있는 사람들이 넘쳐난다.

물론 나는 매우 열심히 일한다. 많은 시간을 일에 쏟아붓는다. 내가 장시간 일하는 이유는 내가 들이는 여분의 노력과 기여로 약간이나마 회사의 수익에 보탬이 될 수 있기 때문이다. 그리고 회사의 수익이 늘어나면 내 수입도 늘어나기 때문이다.《이코노미스트》가 시행하는 이익 분배 프로그램 덕분이다. 하지만 회사의 수익과 내 수입 사이의 연관성이 너무 작아서 내가 받는 혜택에는 미미한 영향만 더해질 뿐이다.

내가 열심히 일하는 주된 이유는《이코노미스트》내부의 가치가 사회적이며 그 사회적 가치가 경제부 기자 및 필진 위치에 있는 제한적인 집단 사이에서 유통되기 때문이다. 나는 그런 위치 중 하나에 나 자신을 접합시키고자 한다. 그것을 성취하기 위해서는 나 자신을 차별화하고 내가 없어서는 안 될 직원이라는 인상을 창출해야 한다. 내가 일에 투자하는 시간은 애초에 내게 이 일을 맡긴 고용주에게 보여 주고자 하는 측면 중 가장 중요한 부분이다. 그리고 일 자체가 보상이다. 이곳에서 창출되는 가치가 본질상 압도적으로 사회적이기 때문이다. 우리가 보유한 기업 문화와 집단 지식이 곧 우리의 경쟁 우위라는 뜻이다. 전체는 부분들을 합쳐 놓은 것보다 훨씬 큰 법이다.

　인류의 부는 가치를 지닌 상품이나 서비스를 생산하는 인간의 역량에 의해 제한된다. 가치 있는 상품과 서비스의 생산에서 정보의 수집과 처리, 관리에 의존하는 정도가 점점 증가하고 있다. 생산할 수 있는 것과 생산해야 하는 것, 그리고 그것을 가장 효과적으로 생산하는 방법에 대한 지식이 없으면 가치도 없는 셈이다. 정보를 수집하고 분류해서 인류의 삶을 풍요롭게 만드는 생산성으로 전환하는 주체는 기업이나 도시, 국가 등 인간 사회 여러 기관들의 정보처리 조직이다. 인간의 부는 사회적인 것이다. 그러나 부의 분배는 누가 어떤 보상을 받아 마땅한가에 대한 사회적 지각이나 시장이 아니라, 사회가 창출하는 가치를 가능한 한 많이 보유하기 위해 힘을 사용하는 권력자의 역량에 좌우된다.

　이것은 급진적 선언이 아니다. 인간은 자신이 취할 수 있는 것을 취하려 애쓴다. 그러한 인간의 본능적 충동을 제한하는 것은 대항력과 대중의 관용 간의 상호작용이다. 충동을 제한하는 제도를 만들어 내기 위해 작동하는 상호작용 말이다.

　빌 게이츠의 재능과 노력에 대한 고려 없이 그가 이룩한 부를 상상하기란 불가능하다. 그러나 빌 게이츠의 부는 다른 시대나 다른 장소에서, 예컨대 1700년대의 프랑스나 오늘날의 중앙아프리카공화국처럼 기업가적 자본주의와 개인이 엄청난 부를 축적하는 것에 관대하지 않으며 미국의 기술 산업 분야로 자리 잡은 엔지니어들의 공동체 따위는 존재하지 않는 사회에서 빌 게이츠 자신의 노력으로 창출할 수 있는 것이라고 상상하기보다는 현대의 미국 경제적 사회제도 내에서 빌 게이츠가 아닌 다른 누구라도 창출할 수 있는 것이라고 상상하는 쪽이 훨씬 쉽다. 실제로 마이크로소프트 사의 역사를 살펴보면 어느 시점부터 빌 게이츠의 부의 축적에 보다 결정적인 역할을 수행한 것은 빌 게이츠 본인이 아니라 정보처리 유기체인 마이크로소프트 자체였음을 알 수 있다. 인간은 근본적으로 자신의 부를 혼자 힘으로 창출할 수 없다. 물려받거나 일정 부분 국가의 보호를 받는 틈새시장을 점유하거나 혹은 영리하고 운이 좋으면 특정한 사람들에게 아이디어의 싹을 불어넣고 그들이 경제적 가치 창출에 적합한 유기적 조직으로 진화하도록 만든 후 거기서 창출되는 경제적 가치의 상당 부분을 독식하는 방법으로 부를 창출하는 것이다.

우리는 더 잘할 수 있다

어떻게 보면 로봇이 모든 일을 대신하는 것이 훨씬 쉬울 것이다. 해결책을 얻는 방법이 더 이상 간단하지 않은 상황에서는 더욱 그렇다. 어쨌든 적어도 실업자 무리 속에서 거드름을 피우며 걷는 강아지 산책 로봇이나 환경 미화 로봇을 흔히 보게 될 것만은 명확하다.

디지털 시대의 놀라운 기술적 진보는 산업 제도를 거치며 무엇이 무엇을 유발하는지 그 인과관계를 모호하게 만드는 방식으로 진행된다. 신기술은 분명 사회 및 경제에 혁명을 불러일으킬 잠재력을 내포한다. 그와 같은 혁명의 경로를 따르도록 사회를 움직일 것을 약속하는 새로운 기업들도 등장하고 있다. 그와 동시에 파산 기업과 해고 노동자의 형태로 발생하는 부수적 피해 역시 쌓여 가고 있다.

풍부해진 자본과 노동력은 현재 우리가 활용할 수 있으며 지난 2세기 동안 우리가 유익하게 활용했던 제도에 의해 다른 곳에서 재사용되고 있다. 생계비를 벌기 위해 일자리를 찾는 노동자들은 어쩔 수 없는 상황에 처하면 임금 삭감도 수용한다. 저임금은 기업이 생산성이 낮은 과업을 수행하는 데 노동자를 활용할 수 있는 매력적인 요인이다. 저생산성 직무로 인력이 이동하는 것은 사회가 실제보다 더 빈곤해 보이는 효과를 나타낸다. 저임금은 또한 정부의 경제관리를 보다 어렵게 만들고 노동절약형 기술에 대한 투자 유인을 감소시킴으로써 우리 사회를 더 빈곤하게 만드는 데 일조한다.

이런 과정은 기술의 본질이나 경제 제도의 본질에 극적이고도 예기치 못한 변화가 없다면 끝나지 않을 것이다. 기술의 변화는 예측하기 어렵지만 기술적 역량이 향상됨에 따라 인간이 우위를 점하는 일련의 과업은 그 범위가 축소된다. 경제 제도의 변화는 추론하기가 좀 더 쉽다. 생산적인 사회, 특히 민족국가는 재분배가 이루어지는 중심지이기 때문에 생산적 노동자와 비생산적 노동자 양쪽 모두 집단 간의 경계를 가능한 한 명확히 정하기를 원한다. 이것이 사회 내부의 이득 공유에서 새롭게 진입이 허용된 사람들의 생산성과 복지에 관한 사회 자체의 영향보다 먼저 희소성의 영향을 우선시하도록 유도하는 재분배의 실상이다.

그렇다고 재분배의 포기를 주장하는 것은 아니다. 기술의 변화가 인간의 노동력에 대한 수요를 극적으로 변화시키지 않는 한(그럴 가능성이 낮을뿐더러 산업 역사상 매우 드물게 일어난 현상이다.) 어떤 식으로든 저생산성 노동자의 소득이 1인당 평균 생산 성장률에 뒤지지 않도록 재분배가 이뤄져야 한다. 더욱이 저생산성 노동자들은 재분배를 요구할 권리가 있다. 과도한 소득의 불균형은 사람들이 생각하는 경제 정의에 대한 모욕이기 때문이다. 근면과 성실에 대해서는 후하게 보상해야 하지만 단지 운 좋게 생산성이 높고 시장 지향적인 나라에서 재능을 타고난 것에 대해서는 그럴 필요가 없다는 일반적인 경제 정의 말이다. 사회의 구성원은 모두 우리가 항상 인식할 수는 없는 방식으로 사회의 지속 가능성에 일정 부분 기여하고 있다는 사실 또한 그들이 재분배를 요구할 권리를 갖는 이유 중 하나다.

이는 오히려 우리가 살고 있는 세상의 부조리한 현재 상태에 대한 인식을 요구하는 것과 다름 없다. 과학기술적 진보의 요점은(요점이란 것이 있다면 말이다.) 인간의 삶을 개선하는 데 있다. 가능한 한 많은 사람들이 가능한 한 넉넉한 삶을 누릴 수 있도록 만드는 것 말이다. 개발도상국의 빈곤이나 선진 부국의 빈민가가 우리에게 스마트폰과 고급 자동차를 제공하고 비교적 소수의 경영자와 자본가를 부유하게 만드는 시스템의 필수불가결한 부분임을 합리적으로 설명하는 내러티브가 있다고 보는가? 정녕 우리가 빈곤을 제거하려면 우리에게 풍요를 안겨 주는 시스템에 손상을 가할 수밖에 없는 것인가?

물론 그렇지 않다. 산업의 역사를 통틀어 최악의 불평등이 보다 위대한 번영으로 나아가는 행진에 필수적인 동반자였던 적은 한 번도 없다. 걱정스럽게도 인상적인 최근의 기술 진보는 우리를 그러한 부조리에 맞서 싸울 수 있는 수준에 근접시키지 못하고 있는 것으로 보인다. 물건을 만드는 일에 능숙해질수록 소득의 분배는 더욱 기이한 양상을 보인다. 과학기술의 발전은 실로 신흥 시장의 생활수준을 향상시켜 왔다. 인도주의적 공감의 발로가 아니라 시장경제의 확장 덕분이다. 그러나 그런 성장은 대부분 미완의 상태로 남아 있다. 선진 부국의 가구들 다수와 마찬가지로 정체 상태에 이르러 있다. 실제로 선진 부국의 부자들 사이에서는 신흥 시장의 가장 운 좋은 사람들의 소득 성장을 고려하건대 자국의 가진 것 없는 사람들의 고군분투에 대해 너무 걱정할 필요가 없다는 생각이 유행하고 있다.

하지만 그것은 현상(現狀) 유지를 위한 장기적 지지 기반을 구축할 수 있는 효과적인 주장이 되기 어렵다. 현상은 변화가 발생하면 사회적 거리감을 증대하는 방향으로 전환될 것이다. 기술이 그 간격을 좁히고 있는 사회들 사이에서 법과 관습을 이용해 오히려 간격을 넓히려는 시도가 모색될 수 있다는 뜻이다. 기존의 사회구조가 새로운 경제적 가능성을 광범위한 소득의 성장으로 전환하는 데 실패하고 있기 때문이다.

'공동의 부'를 위하여

애덤 스미스는 『국부론』에서 시장경제가 인간의 욕구를 사회적 부로 변환하는 방식에 대해 숙고한 바 있다.

인간은 지속적으로 타인의 도움을 필요로 한다. 그런데 타인의 자비심에만 의존해 도움을 바라는 것은 부질없는 일이다. 그보다는 상대방의 이기심을 자신에게 유리하게 부추기는 것, 그리고 자신이 요구하는 대로 하는 것이 결국 상대방에게 이롭다는 점을 보여 주는 것이 원하는 것을 얻을 가능성을 높이는 방법이다. 누구에게 어떤 종류의 거래를 제안하든 이렇게 할 것을 권한다. 내가 필요로 하는 그것을 준다면, 당신이 원하는 이것을 주겠다. 이것이 바로 모든 제안의 요체이다…… 우리가 저녁 식사를 마련할 수 있는 것은 푸줏간 주인과 양조장 주인, 빵집 주인의 자비심 때문이 아니라 그들이 갖는 자신의 이익에 대한 관심 때문이다. 우리는 그들의 이타심이 아니라 이기심에 호소해야 한다. 절대 우리의 불가피한 필요를 언급하지 말고 그들이 얻을 유익을 부각시켜야 한다.[1]

스미스는 세상의 부가 창출되는 방식에 관한 특정 견해를 다른 것으로 대체하고자 했다. 18세기 후반, 대규모 무역 흑자가 곧 부유해지는 방법이라는 것이 당시의 지배적인 견해였다.(국가의 흑자 규모가 클수록 금과 은의 유입이 늘어난다는 식이었다.) 이는 부란 본질적으로 제로섬(zero-sum)의 원리를 내포한다는 의미를 함축했다. 어느 한 국가가 보다 큰 흑자를 얻으려면 필연적으로 다른 국가의 흑자 규모는 작아질 수밖에 없다는 논리였다. 이처럼 적대적 '중상주의자'들이 지배하던 세상은 제국주의와 전쟁을 지지하는 세계관을 부추겼다.

스미스는 그들과 다른 시각을 견지했다. 그는 저서에서 무역은 제로섬이 아니라고 밝히고 있다. 오히려 무역은 시장의 규모를 확장시키고, 보다 커진 시장에서는 노동의 전문성이 증대될 수 있다고 봤다. 전문화된 노동은 비전문적 노동에 비해 생산성이 높다. 따라서 많은 사람들이 한 가지 과업에 집중하며 서로 이로운 거래를 통해 각자의 생산품을 교환하는 무역 및 노동 전문화의 세상이 모든 나라가 경쟁국들로부터 가능한 한 적게 구매할 길을 모색하는 세상보다 모든 사람들을 더 잘살게 만들 수 있다. '공동의 부'는 사람들이 자유롭게 자신의 이익을 추구하고 자신이 원하는 언제든 어느 누구와도 생산품을 교환할 수 있을 때 극대화된다.

이것은 세상에 대한 실로 아름답고 중요한 지적 모델이다. 문제는 이 모델이 불완전하다는 데에 있다. 이기심은 노동 및 상품 시장에서 보이는 우리의 행동 방식보다 더 많은 것을 지배한다. 자신이 속한 사회를 향한 태도와 행동 방식까지 지배하는 것이다. 사회적 개방성은 폭넓은 이익을 창출하지만 그 비용은 지역에 국한된다. 그렇기 때문에 사람들은 이기심에 기인해 사회적 개방성을 제한하는 방안을 합리적으로 모색한다.

재분배의 근원이 변경될 수 있다면 사회적 개방성의 제로섬 측면 또한 해소될 수 있다. 사회적 성장이 재분배의 몫을 감소시키지 않으며 실제로 글로벌 생산량의 증가로 재분배할 수 있는 가치가 향상된다는 것을 알고 안도감을 느끼면 사회의 경계선을 명확히 구분하려는 욕구가 줄어들 것이다. 물론 해결해야 할 과제도 있다. 포괄적인 재분배에 대한 광범위한 사회적 관심을 이끌어 내는 일이다. 어떻게 하면 될까?

애덤 스미스의 또 다른 위대한 저서인 『도덕감정론(*Theory of Moral Sentiments*)』에서 그 질문의 답에 대한 힌트를 찾을 수 있다.

> 인간이 아무리 이기적이라 할지라도 인간의 천성에는 분명히 몇 가지의 원칙이 존재한다. 그런 원칙들이 타인의 행운에 관심을 갖게 만들며 타인의 행복이 자신에게도 의미 있는 것이라고 생각하게 만든다. 비록 타인의 행복을 지켜보는 것 외에 얻는 것이 없을지라도 말이다. 이런 종류의 연민 또는 동정은 타인의 고통을 목격하거나 매우 생생하게 상상하게 되었을 때에도 발현하는 감정이다. 우리가 종종 타인의 슬픔을 접하고 실제로 슬픈 감정을 느낀다는 것은 별도의 사례를 들어 증명할 필요가 없을 정도로 명백한 사실이다. 인간 본성의 모든 원초적 열정과 마찬가지로 연민이나 동정의 감정은 결코 덕이 있는 사람들과 자비로운 사람들에게 국한되지 않는다. 물론 그들이 가장 예민한 감수성으로 그것을 느끼겠지만 말이다. 사회적 규범을 무심하게 위반하는 가장 흉포한 악당이라 해도 전혀 그런 감정이 없는 게 아니라는 얘기다.[2]

인간의 공감 능력은 개방화나 사회적 중상주의에 유용하게 사용될 수 있다. 자신이 인지하든 그렇지 않든 스스로에게 자문하게 되는 질문은 누구와 함께 사회를 공유하길 원하는가이다. 가장 쉽고 습관적이며 고리타분한 대답은 '우리와 같은' 사람들과 나누고 싶다는 것이다.

그러나 이 대답은 임의적이고 느슨하고 애매하기 때문에 문제의 소지가 다분할 수밖에 없다. 사회적 분열을 초래하기 십상이라는 얘기다. 겉보기에 '우리와 같은 누군가를 우리와 다른 누군가로' 규정하는 데 활용할 수 있는 특징 혹은 특성은 얼마든지 있게 마련이다.

그보다 나은 대답이 있다. '우리와 같은' 사람 대신에 '인간'이라고 말하는 것이다. 인간은 존재 자체만으로 진화를 거듭해 온 생산적인 사회제도와 세대를 거쳐 전해져 온 지식에 의해 창출된 부를 공유할 권리를 갖는다. 다시 말해 다카의 빈민가에서 태어난 사람도 팰러앨토나 벨그레이비어의 대부호의 집에서 태어난 사람 못지않게 사회적 부에 대한 정당한 상속권을 갖는다는 뜻이다.

우리가 직면한 난관은 '상황을 관리하는' 일이다. 우리는 우리 앞에 놓인 훌륭한 제도들, 그 작용 원리를 완전히 이해하지도 못하는 제도들을 파괴하지 않도록 노력해야 한다. 더 나은 세상을 만들기 위해 노력하는 과정에서 이것이 중요하다는 사실을 반드시 인식해야 한다. 또한 아무리 공감 능력이 뛰어난 사회일지라도 다른 나라들이 그렇게 하지 않는 데다가 잠재적 이민자 집단이 부유한 사회의 기존 거주자와 노동자들을 위축시킬 수 있는 상황에서는 결코 국경을 개방하지 않으리라는 것도 인식해야 한다.

그러나 우리는 그와 더불어 그런 사회가 우리의 소유물이 아니라는 사실도 깨달아야 한다. 만약 운 좋게 그런 사회에 속해 있다면 자신이 사회에 기여하고 있으므로 혜택을 누릴 자격이 있다고 확실히 주장할 수 있다. 하지만 운 좋게 그런 사회의 구성원이 되어 사회에 기여하고 있다고 해서 그런 지위에 대한 배타적 권리를 부여받는 것은 아니다. 부여받은 것이 있다면 가능한 한 견고한 사회로 만들어 나가야 할 책무뿐이다. 그렇게 만들어서 해당 사회의 구성원 지위가 가능한 한 많은 사람들에게로 확대되게 해야 할 책임이 있다는 뜻이다. 빈곤이 마땅한 사람은 없으며 독단적으로 부유해질 자격을 가진 사람도 없다. 부유한 사회는 그렇지 않은 사회에 비해 상대적으로 월등한 부를 정당화할 방법을 찾을 수 있다. 부유한 사회의 구성원들은 자신들이 상상을 초월하는 부를 일구기 위해 했던 위대한 일들, 그렇지 않은 사회는 할 수 없었던 그런 일들에 대한 무용담을 스스로 되뇌일 수 있다. 그렇지 않으면, 그들은 자신들의 부에 발생할 수 있는 만일의 사태를 인식하고 인간적인 공감 능력을 배양하며 인류의 부를 모든 사람에게 확장시키기 위해 자신들이 할 수 있는 일에 착수할 수도 있다.

나는 성장기의 적잖은 시간을 보낸 후에야 모든 사람이 널찍한 잔디밭이 있는 집에서 성장하는 것은 아니며 모든 사람이 토요일에 안락한 생활을 당연한 것으로 여기지 말라는 교훈을 가르칠 목적으로 아버지가 시키는 한두 시간의 노동에 대해 불평을 늘어놓을 수 있는 호사를 누리는 것이 아니라는 사실을 깨달았다. 결국 나는 내 의지로 장시간의 고된 노동을 선택했지만 생계의 불편에 대한 두려움이 보다 중요한 동기부여 요인으로 작용한 적은 한 번도 없었다. 지금까지 나는 열정과 야망, 건전한 전문가적 경쟁심이 보다 강력한 동기부여의 요인으로 작용하는 분야에 종사할 수 있었으니 운이 좋았던 셈이다.

그렇더라도 내가 누려 온 행운을 소유하는 일은 쉽지 않았다. 나는 내가 지금까지 행한 그 어떤 일도 수십 년 전 내 아버지가 취했던 행동만큼 나의 물질적 편안함에 영향을 끼치지 못했다는 사실 또한 깨닫게 되었다. 수십 년 전 내 아버지는 대학 진학을 위해 어린 시절을 보낸 정든 농장을 떠났다. 성장하는 대도시에서 전문가로서의 경력을 쌓기 위해 시골 생활에 작별을 고했던 것이다. 그러나 당시에는 미국인 백인 남성으로 태어났다는 사실이 아무런 도움이 되지 못했다.

다른 시대였다면 아버지 또래의 많은 사람들이 한때 내 할머니와 같은 사람들을 고용했던 그 지역의 방직공장 같은 데서 일하며 보다 나은 일자리와 삶을 찾았을 것이다. 그들이 공장 내부의 열기와 고막이 찢어질 듯한 소음을 견디고 변변찮은 시급의 일부를 떼어 저축할 수 있었다면 그랬을 것이란 얘기다. 그러나 방직공장은 무역과 기술과 시대의 희생양이 되어 사라진 지 오래였다. 경제의 사다리를 오르는 것에 대해 할 수 있는 말은 많지만 존재하지도 않는 사다리를 오르기란 불가능한 일이다.

나는 어린 시절을 보냈던 옛집을 가끔 찾아보곤 한다. 잔디밭 관리를 확인하기 위해서다. 일주일에 한 번 조경 서비스팀이 잔디를 깎아 준다. 두 남자가 트럭에서 깡충 뛰어내려 한 명은 트럭에 달려 있던 육중한 잔디 깎기 기계에 올라타 마치 고카트를 타듯 잔디밭을 빙빙 돈다. 다른 한 명은 바퀴가 달린 '잡초 제거기'를 들고 진입로를 왕복한 다음 산업용 모터가 달린 낙엽 청소기를 배낭처럼 등에 메고 마당에 뒹굴던 쓰레기들을 순식간에 모조리 날려 버린다. 10분이면 모든 작업이 종료된다. 그런 조경 서비스팀이 도시 전체에서 활동하고 있다. 그들 대부분은 최근 남미에서 건너온 이주 노동자들이다. 높은 보수를 받는 것도 아니지만 대다수는 일자리가 있다는 것에 감사한다. 그런 이주 노동자를 고용하는 기업들이 내 아버지가 운영하는 회계 법인의 고객들이다. 성공적인 사업인 셈이다.

이 책을 집필하는 사이, 아이로봇(iRobot) 사가 잔디 깎기용 소형 진공청소 드로이드에 대한 관청 승인을 취득했다. 아이로봇은 룸바(Roomba)라고 불리는 앙증맞은 자동 진공청소 로봇을 만드는 기업이다. 만약 아이로봇의 잔디 깎기 로봇이 성공을 거둔다면 잔디 깎기 서비스를 제공하던 많은 노동자가 일자리를 잃을 것이다. 만약 그것이 자동 진공청소 로봇 룸바 정도의 성공에 그친다면 몇몇 사람들은 직접 잔디를 깎는 시간을 절약하겠지만 여전히 상당수는 노동자들을 고용해 잔디를 깎을 것이다. 아직도 많은 사람들이 집안 청소를 청소 용역 회사에 맡기는 것처럼 말이다.

만약 잔디 깎기 로봇이 대박을 터뜨린다면 자동 잔디 깎기 기계를 만드는 제조사들은 큰돈을 벌 것이고 잔디 깎기 서비스를 제공하는 업체들은 고전할 것이다. 그리고 잔디 깎는 일이 직업인 노동자들이나 잔디 깎기를 자녀들에게 할당할 가사노동 중 하나로 정해 놓은 부모들 모두 딜레마에 봉착할 것이다. 내가 호들갑을 떨어야 할 정도로 넓은 잔디밭을 소유하고 있는 사람이라면 재미삼아 로봇을 구입할지도 모른다. 혹은 그냥 아이들에게 매주 한두 시간 정도 정원 돌보는 일을 맡아 하도록 독려할지도 모른다. 물론 아이들에게 로봇보다 싼값에 일을 시키지는 않을 것이다. 아이들이 가능한 한 편안하고 즐겁게 일할 수 있도록 최선을 다해 조치를 취해 줄 것이다. 작게는 가족 안에서부터 넓게는 전 세계에 이르기까지 어디에서든 사회가 그 구성원들의 기여를 요구하는 것은 온당한 일이다. 만약 우리가 잔디 깎는 기계를 생각해 낼 만큼 충분히 영리하다면 빈곤한 사회 구성원을 위협하지 않으면서 질서를 유지할 수 있을 정도로 충분히 영리하고 도덕적이어야 한다.

에필로그

이 책이 부분적으로 다소 비관적인 것은 틀림없지만, 새롭고 중요한 기술을 개발하고 인간의 삶을 향상하는 데 그 기술을 활용할 방법을 찾는 인류의 능력을 신뢰한다는 점에서는 분명히 낙관적이다. 디지털 혁명은 산업화 시대의 가장 근본적인 혁신만큼이나 강력하고 변혁적인 것으로 입증될 것이다. 그리고 그 힘은 잠재적이다. 전례가 없는 대규모 번영을 창출할 잠재력을 지녔다는 얘기다.

그 가능성이 얼마나 낙관적인지 또는 비관적인지 평가하고자 한다면, 1850년을 살고 있던 사람들 가운데 무작위로 선택해 향후 150년 동안 세상에서 어떤 일들이 일어날 것인지 설명하는 것을 상상해 보는 쪽이 나을 것이다. 무작위로 선택된 그 사람은 앞으로 다가올 기술적, 경제적 변화에 대해 낙관해야 마땅했을까?

안타깝게도 그 답은 명확하지 않다. 이후 수십 년간 생존한 1850년 사람들 중에는 역사적으로 유례가 없는 경제적 기회의 증가로 덕을 본 사람들도 있었다. 그러나 대다수는 그렇지 못했다. 물론 1850년을 살았던 사람들 중 일부의 후손은 여러 대에 걸쳐 이어졌으며, 한 세기 후의 후손들은 1850년대의 가장 뛰어난 공상과학 소설가들조차 상상할 수 없었던 수준의 소득과 기대 수명 그리고 경험을 누렸다. 인간의 삶은 거의 모든 면에서, 경우에 따라서는 측정할 수 없을 정도로 나아졌다. 하지만 그 후손들은 두 차례의 세계대전과 그 사이의 경제 불황뿐 아니라 경제적 이데올로기 사이에서 인류의 파멸을 초래할 뻔했던 핵무장 교착 상태의 절정기까지 돌아보며 아슬아슬했던 여정에 가슴을 쓸어내려야 했을 것이다.

그리고 1850년을 살았던 사람의 후손이 20세기 후반까지 생존했다면 각 부모 세대의 삶은 20세기 말에 이르기까지 줄곧 매우 느리면서 아주 비안정적으로, 상당히 점진적으로 향상되었을 것이다.(20세기 말 기준 사하라 사막 이남 지역의 평균 실질소득은 1800년대 영국의 실질소득과 거의 같았다.)

평균 소득이 향상되긴 했지만 기술과 사회적 자본이 제공하는 혜택을 가장 많이 누린 사람들이 좀 더 현명한 정책을 마련했다면 소득수준은 더욱 크게 향상될 수 있었다. 이 시점에서 낙관적일 수 있는 가장 큰 이유는 인류가 산업혁명의 경험을 보유하고 있다는 데에 있다. 인류는 고통스러운 변화의 과정을 겪었고, 변화로 인한 위험들을 목도하였으며, 결국 변화를 통해 광범위한 규모로 인간의 삶을 향상시키는 방식을 이해했다.

비관적인 입장을 취하는 이유는 산업화 시대와 마찬가지로 제어할 수 있는 사람이 아무도 없다는 데에 있다. 과거의 지도를 손에 들고 최대 다수의 최대 행복을 창출하는 권한이 기술에 부여된 세상으로 현대 사회를 현명하게 조종해 나갈 수 있는 항해사가 없다는 뜻이다. 비관적인 이유, 혹은 보다 적절하게는 현실적이면서도 적극적으로 이상주의적 입장을 취하는 이유는 온갖 종류의 사회적 힘 사이에서 벌어지는 혼란스럽고 무계획적이며 거친 상호작용을 거치는 것이 사회가 진보하는 유일한 방법이기 때문이다. 또한 이번에는 과거에 그랬던 것처럼 순조롭게 결론이 날 것이라고 확신할 수 있는 방법이 없다.

우리는 역시상 유례없는 엄청난 미지의 세계로 진입하는 중이다. 인류는 수십 년 후에 지금과 아주 다른 세상을 살아갈 가능성이 높다. 지금보다 대단히 풍요롭고 행복한 세상에서 살게 될 것이란 말이다. 개연성이 떨어지기는 하지만 인류가 도착하게 될 세상이 보다 빈곤하고 더 열악한 환경일 확률 또한 있다. 이런 평가는 낙관주의도 비관주의도 아니다. 상황이 그런 식으로 돌아가기 마련이라는 것뿐이다.

미지와 직면하면 무엇을 느끼고 무엇을 해야 할지 알기 어려울 것이다. 두려움이 생길 수밖에 없는 일이다. 그러나 이 거대하고 강력한 변혁의 힘에 직면한 우리는 두려워하기보다 관대해져야 한다. 우리는 할 수 있는 최대한 관대해져야 한다.

감사의 글

이 책은 세계경제에 대한 글을 쓰고 숙고하며 보낸 거의 10년에 가까운 세월과 2년의 집필 및 편집 과정의 결과물이다. 이 프로젝트에 참여해 아이디어를 구체화하는 과정에 참여한 많은 사람을 돌이켜 생각해 보면 실로 진한 감동이 밀려온다. 크게 보면, 이 책은 수십 명에 달하는 경제학자와 저널리스트 그리고 여타의 작가들이 그동안 나눠 온 대화의 장에 끼어든 최신의 발언과 같다. 나는 지난 10년간 그들의 저술을 놓치지 않고 뒤쫓았으며 이 책에서도 다수 인용했다. 그들의 풍부한 분석과 논쟁 위에 나의 의견을 덧붙였을 뿐이라는 얘기다.

이 책이 출간되기까지 개인적으로 많은 도움을 준 사람들 또한 적지 않다. 나는 《이코노미스트》의 수많은 멘토들과 동료들에게 빚을 졌다. 나를 더 나은 작가이자 저널리스트로 만들어 준 능숙한 편집자 앤드루 팔머(Andrew Palmer)와 에드 맥브라이드(Ed McBride)에게 감사의 마음을 전한다. 책에서 제시한 아이디어는 대부분 브리핑으로 시작되어 올리버 모턴(Oliver Morton)의 편집과 관리 감독을 거친 후 완성되었다. 그는 내가 도출하는 데 애를 먹고 있던 핵심 아이디어를 찾을 수 있도록 수없이 도움을 제공했다. 이 책의 기반이 된 특집 기사를 쓰는 데 도움을 준 바바라 벡(Barbara Beck)에게도 감사드린다. 이 책에서 거론된 문제들에 관한 나의 관점은 대부분 편집부의 토론 과정에서 연마되었고 일일이 이름을 밝힐 수 없을 정도로 많은 훌륭한 동료들의 통찰력에 힘입어 형성되었다. 그중에서도 톰 스탠데이지(Tom Standage), 엠마 덩컨(Emma Duncan), 루드윅 시겔(Ludwig Siegele), 팀 크로스(Tim Cross)와의 토론은 특히 많은 정보를 얻는 데 도움이 되었다. 무엇보다 나는 재니 민턴 베도스(Zanny Minton Beddoes)에게 큰 빚을 졌다. 그의 신뢰와 확신이 없었다면 나는 지금의 이 자리에 있지 못했을 것이다. 나는 그의 탁월함 덕분에 보다 나은 사상가이자 작가가 될 수 있었다.

이 책에 나오는 아이디어들은 또한 나와 같은 경제 분야의 작가들 및 블로거들과 나눈 수년간의 논쟁과 토론을 통해 형성된 것이기도 하다. 타일러 코웬, 매튜 이글레시아스(Matthew Yglesias), 칼 스미스(Karl Smith), 스티브 랜디 왈드먼(Steve Randy Waldman), 브래드 드롱(Brad DeLong)에게 특별히 감사를 표한다. 그들이 운영하는 블로그들은 내 아이디어에 생기를 불어넣는 신뢰할 수 있는 공명판이었다.

이 책 자체도 말 그대로 여러 사람의 손을 거쳐 모양새를 갖추었다. 초안의 교정 작업을 맡아 준 데이비드 슐라이커와 소마야 케인스(Soumaya Keynes)의 코멘트 덕분에 문체가 놀랍도록 향상되었다. 문체의 틀을 잡고 다듬는 데 도움을 준 안나 에르베(Anna Hervé)와 함께 일할 수 있었던 것 역시 큰 기쁨이었다. 산만하던 나의 원고가 책으로 만들어지기까지 오랜 시간 도움을 준 편집자들인 톰 펜(Tom Penn)과 팀 바틀릿(Tim Bartlett)의 인내심과 통찰력에 감사한다. 또한 이 책은 나의 저작권 대리인인 조너선 콘웨이(Jonathan Conway)의 꾸준한 길잡이 역할이 없었다면 결코 탄생하지 못했을 것이다. 그는 내가 한마디의 격려나 제안을 필요로 할 때 한 번도 나를 실망시킨 적이 없다.

무엇보다도 아내에게 무한한 감사를 보낸다. 아내는 내가 나 자신과의 싸움을 벌이는 내내 늘 함께 있었고 그 싸움이 너무나 치열해져 계속 이어 나갈 수 없을 만큼 위협적일 때는 나를 위로하는 등 헤아릴 수 없이 많은 방법으로 도움을 주었다. 리사(Lisa), 당신이 준 사랑과 영감, 그리고 무한한 지지에 감사드립니다. 당신이 없었다면 나는 끝까지 해내지 못했을 것입니다.

주

제사(題辭)

1 Smith, Adam, *An Inquiry into the Nature and Causes of the Wealth of Nations* (London: W. Strahan and T. Cadell, 1776).

2 Keynes, John Maynard, 'Economic Possibilities for our Grandchildren', *Essays in Persuasion* (London: Macmillan, 1931).

서문 일자리를 박탈당한 사람들

1 'The Onrushing Wave', *The Economist*, 18 January 2014.

2 'Is 4.4 jolt an end to Los Angeles', "earthquake drought"?', *Los Angeles Times*, 17 March 2014.

3 http://www.statista.com/chart/612/newspaper-advertising-revenue-from-1950-to-2012/

4 OECD, 각 국가의 통화를 항수로 적용한 연평균 임금 (https://stats.oecd.org/

Index.aspx? DataSetCode=AV_AN_WAGE).

5   Karabarbounis, Loukas, and Neiman, Brent, 'The Global Decline of the Labor Share', *Quarterly Journal of Economics*, June 2013.

6   World Top Incomes Database (http://www.wid.world/#Database).

7   BLS, Current Population Survey.

8   Case, Anne, and Deaton, Angus, 'Rising Morbidity and Mortality in Midlife Among White Non-Hispanic Americans in the 21st Century', Woodrow Wilson School of Public and International Affairs and Department of Economics, Princeton University, Princeton, NJ, 08544, 17 September 2015.

9   Eurostat, Labour Force Survey.

10   Piketty, Thomas, *Capital in the Twenty-First Century* (Cambridge, MA: Harvard University Press, 2014), 처음 출간된 프랑스어 제명은 *Le Capital au XXIe siècle* (Paris: Editions du Seuil, 2013).

11   Dobbs, Richard, Madgavkar, Anu, Barton, Dominic, Labaye, Eric, Manyika, James, Roxburgh, Charles, Lund, Susan, and Madhav, Siddarth, 'The World at Work: Jobs, Pay and Skills for 3.5 Billion People', McKinsey Global Institute, June 2012.

12   Jean-Baptiste Say(1767~1832), '세의 법칙(Say's Law)'으로 유명한 프랑스의 경제학자 겸 사업가.

13   Mason, Paul, *Postcapitalism: A Guide to Our Future* (London: Allen Lane, 2015).

14   Keynes, 'Economic Possibilities'.

15   Ibid.

16   Maddison Project Database.

17   Milton Friedman(1912~2006), 20세기에 케인스(Keynes) 다음으로 가장 중대한 영향을 미친 경제학자라 할 수 있다. 가장 중요한 작품은 Anna Schwartz (1915~2012)와 공저한 *A Monetary History of the United States, 1867~1960* (Princeton, NJ: Princeton University Press, 1963)로서, 이 책은 통화 정책이 경제적 안정성에 대해 갖는 중요성을 설파한다.(그리고 대공황을 그 지경으로까지 몰고 간 중앙은행을 비난한다.) 하지만 그는 궁극적으로 작은 정부를 옹호하는 선구적 경제학자들과 정책 입안자들의 리더로 유명했으며 1970년대와 1980년대에 레이건 및 대처의 개혁 정책이 나오는 데 일조했다.

18 Maddison Project Database (http://www.ggdc.net/maddison-project/data. htm).

19 Brynjolfsson, Erik, and McAfee, Andrew, *Race Against the Machine: How the Digital Revolution is Accelerating Innovation, Driving Productivity, and Irreversibly Transforming Employment and the Economy* (Digital Frontier Press, 2011).

20 Ford, Martin, *Rise of the Robots: Technology and the Threat of a Jobless Future* (London: Oneworld Publications, 2015).

21 Hayes, Christopher, *Twilight of the Elites: America After Meritocracy* (New York, NY: Crown Publishing Group, 2012).

22 마크 앤드리슨(Marc Andreessen, 1971~)은 초기의 중요한 웹브라우저 중 하나인 모자이크(Mosaic)를 개발한 인물로 넷스케이프(Netscape)를 공동 창업했다. 나중에 실리콘밸리의 유력한 벤처캐피털 회사 중 하나인 앤드리슨호로위츠(Adereessen Horowitz)를 공동 창업했다. 또한 트위터(Twitter)의 디지털 경제 전문가로 유명하다.

23 Cowen, Tyler, *Average is Over: Powering America Beyond the Age of the Great Stagnation* (New York, NY: E. P. Dutton & Co Inc., 2013).

24 Mankiw, Gregory, 'Yes, the Wealthy Can Be Deserving', *The New York Times*, 6 February 2014.

25 Corn, David, 'Romney Tells Millionaire Donors What He Really Thinks of Obama Voters', www.motherjones.com, 17 September 2012.

26 On a PPP-adjusted, per capita basis; data from the IMF.

27 Ocean Tomo, 'Annual Study of Intangible Asset Market Value', LLC, 2015.

28 Weil, David, *The Fissured Workplace: Why Work Became So Bad and What Can be Done to Improve It* (Cambridge, MA: Harvard University Press, 2014).

29 US Census Bureau, New Residential Construction.

30 S & P Case-Shiller Home Prices Indexes.

31 'The model minority is losing patience', *The Economist*, 3 October 2015; IMF data.

32 Net migration, United Nations Population Division, World Population Prospects.

1 기술 진보의 가속화

1   Smith, Margaret, ed., *The Letters of Charlotte Bronte: Volume Two, 1848~1851* (Oxford: Clarendon Press, 2000).

2   Larson, Erik, *The Devil in the White City: Murder, Magic and Madness at the Fair that Changed America* (New York, NY: Crown Publishing Group, 2003).

3   US Census Bureau, Population of the 100 Largest Cities and Other Urban Places in the United States: 1790~1990.

4   Gordon, Robert, 'Is US Economic Growth Over? Faltering Innovation Confronts the Six Headwinds', NBER Working Paper 18315, August 2012.

5   Azoulay, Pierre, and Graff-Zivin, Joshua, 'The Production of Scientific Ideas', *NBER Reporter*, 2012.

6   Rosenberg, Nathan, and Trajtenberg, Manuel, 'A General-Purpose Technology at Work: The Corliss Steam Engine in the Late 19th Century US', *Journal of Economic History*, March 2004.

7   Moore, Gordon, 'Cramming More Components Onto Integrated Circuits', *Electronics*, 19 April 1965.

8   Cowen, Tyler, *The Great Stagnation: How America Ate All the Low-Hanging Fruit of Modern History, Got Sick, and Will (Eventually) Feel Better* (New York, NY: E. P. Dutton & Co Inc., 2011).

9   Solow, Robert, 'Manufacturing Matters', *The New York Times*, 12 July 1987.

10 Basu, Susanto, and Fernald, John, 'Information and Communications Technology as a General-Purpose Technology: Evidence from U.S. Industry Data', *German Economic Review*, Vol. 8, Issue 2, 2007.

11 Brynjolfsson and McAfee *Race Against the Machine*.

12 레이먼드 '레이' 커트웨일(Raymond 'Ray' Kurzweil, 1948~)은 발명가이자 기업가로서 문자를 인식해 음성으로 바꾸는 컴퓨터 프로그램을 포함해 많은 혁신적 소프트웨어를 개발했다. 최근에는 트랜스휴머니즘(transhumanism)에 대해 설파하며 강력한 기술 덕분에 인간이 불멸에 가까운 생을 얻게 될 것이라는 전망을 내놓았다.

13 BLS, Current Employment Statistics.

2 과잉 노동력을 어떻게 해결할 것인가

1 다음의 사례를 참조하라. the World Top Incomes Database (http://www.wid.world/#Database).

2 'The March of Europe's Little Trumps', *The Economist*, 12 December 2015; 'A Blazing Surprise', *The Economist*, 1 June 2013.

3 Dabla-Norris, Era, Kochhar, Kalpana, Suphaphiphat, Nujin, Ricka, Frantisek, and Tsounta, Evridiki, 'Causes and Consequences of Income Inequality: A Global Perspective', IMF Staff Discussion Note, 1 June 2015.

4 Raff, Daniel, and Summers, Lawrence, 'Did Henry Ford Pay Efficiency Wages?', *Journal of Labor Economics*, Vol. 5, No. 4, Pt 2, October 1987.

5 Meyer, III, Stephen, *The Five Dollar Day: Labor Management and Social Control in the Ford Motor Company, 1908~1921* (New York, NY: SUNY Press, 1981), quoted in ibid.

6 Hall, Jonathan, and Krueger, Alan, 'An Analysis of the Labor Market for Uber's Driver-Partners in the United States', Working Paper, Princeton University, Industrial Relations Section, January 2015.

7 Autor, David, 'The "Task Approach" to Labour Markets: An Overview', *Journal for Labor Market Research*, January 2013; Frey, Carl Benedikt, and Osborne, Michael, 'The Future of Employment: How Susceptible are Jobs to Computerisation?', 17 September 2013.

8 US Census Bureau, Educational Attainment, CPS Historical Time Series Tables.

9 OECD, Population with Tertiary Education.

10 Abramovitz, Moses, and David, Paul, 'Convergence and Deferred Catch-up: Productivity Leadership and the Waning of American Exceptionalism', from Landau, Ralph, Taylor, Timothy, and Wright, Gavin, eds., *The Mosaic of Economic Growth* (Palo Alto, CA: Stanford University Press, 1995).

11 Katz, Lawrence, and Margo, Robert A., 'Technical Change and the Relative Demand for Skilled Labor: The United States in Historical Perspective', from Boustan, Leah Platt, Frydman, Carola, and Margo, Robert A., eds., *Human Capital in History: The American Record* (Chicago, IL: University of Chicago

Press, 2014).

12 OECD, Adult Education Level.

13 James, Jonathan, 'The College Wage Premium', Federal Reserve Bank of Cleveland Economic Commentary, 2012; Autor, David, 'Skills, Education, and the Rise of Earnings Inequality Among the "Other 99 percent"', *Science*, 23 May 2014.

14 Lindley, Joanna, and Machin, Stephen, 'The Rising Postgraduate Wage Premium', *Economica*, March 2016.

15 'The Price of Getting Back to Work', *The Economist*, 1 February 2014.

16 Bosworth, Barry P., 'Sources of Real Wage Stagnation', Brookings Institution, 22 December 2014.

17 US Census Bureau, Income and Poverty.

18 OECD, 연평균 임금.

19 Bosworth, Barry P., 'Sources of Real Wage Stagnation'.

20 World Top Incomes Database.

21 니콜라스 칼도(Nicholas Kaldor, 1908~1986)는 헝가리 부다페스트에서 태어났으며 어릴 때 이름은 칼도 미클로스(Káldor Miklòs)였다. 그는 처음에는 독일에서, 나중에는 영국에서 유학했다. 학문적 업적을 남겼음은 물론, 오랜 기간 영국 정부의 경제 자문으로 활동했다. 1974년 7월 9일 케임브리지 시 뉴넘의 칼도 남작을 하사받고 당대 귀족(상속 불가 귀족)이 되었다.

22 Karabarbounis, Loukas, and Neiman, Brent, 'The Global Decline of the Labor Share', *Quarterly Journal of Economics* ; Elsby, Michael, Hobijn, Bart, and Sahin, Aysegul, 'The Decline of the US Labor Share', Brookings Papers on Economic Activity, Fall 2013.

3 고용 스펀지는 어디에 있는가

1 EIA (http://www.eia.gov/beta/international).

2 BLS, State and Metro Area Employment, hours and earnings.

3 Logan, Bryan, 'Mercedes-Benz's Self-driving Big-rig Proves that Autonomous Vehicles are Coming Sooner than We Think', *Tech Insider*, 5 October 2015.

4   Crooks, Ed, and Hornby, Lucy, 'Sunshine Revolution: The Age of Solar Power', *Financial Times*, 5 November 2015.

5   BLS, Current Employment Statistics.

6   From the author's own conversations with Michael Mandel.

7   BLS, ibid.

8   'The Digital Degree', *The Economist*, 28 June 2014.

9   'Wealth by Degrees', ibid.

10 Ellison, Glenn, and Fisher Ellison, Sara, 'Match Quality, Search, and the Internet Market for Used Books', September 2014.

11 'Silver Lining', *The Economist*, 4 October 2014.

12 Hall, Jonathan, and Krueger, Alan, 'An Analysis of the Labor Market for Uber's Driver-Partners in the United States'.

4   노동시장의 운명은 '희소성'에 달려 있다

1   Chatterji, Aaron, and Fairlie, Robert, 'High-technology Entrepreneurship in Silicon Valley', *Journal of Economics and Management Strategy*, Summer 2013.

2   Ibid.

3   BEA, Regional Economic Accounts.

4   S & P Case-Shiller Home Prices Indexes.

5   경제 호황과 높은 주거 비용 그리고 이민 사이의 관계에 대한 보다 상세한 내용은 내가 2011년에 출간한 킨들판 도서 『빗장 도시(*The Gated City*)』를 참조하라.

6   토머스 로버트 맬서스(Thomas Robert Malthus, 1766~1834)는 영국의 성직자이자 학자로서 특히 정치 경제학과 인구학 분야에서 지대한 영향을 남겼다. 대표작은 *An Essay on the Principle of Population* (London: J. Johnson, 1798).

7   Federico, Giovanni, 'Growth, Specialisation and Organisation of World Agriculture', in Neal, Larry, and Williamson, Jeffrey G., eds., *Cambridge History of Capitalism* (Cambridge: Cambridge University Press, 2014).

8   Wright, Gavin, *Sharing the Prize: The Economics of the Civil Rights Revolution in the American South* (Cambridge, MA: Harvard University Press, 2013).

9   'A Proper Reckoning', *The Economist*, 12 March 2016.

10 그러나 이민으로 인한 낮은 임금 성장률이 없었다면 뉴욕의 섬유 산업은 필경 더욱 작고 덜 노동 집약적이 되었을 것이다. 보다 저렴한 노동력이 더 많이 필요한 일자리가 다른 곳으로 옮겨 갔을 것이라는 얘기다.

11 또한 이민자를 배출하는 국가, 즉 원천 국가들의 노동자들에게도 해가 돌아가지 않는다. 이민은 그것을 받아들이는 국가, 즉 수용 국가에서 원천 국가로 돈과 아이디어가 흐르도록 촉진한다. 또 해외에서 귀중한 경험을 쌓은 후 고국으로 돌아가는 이민자도 부지기수다. 그리고 해외에서 일자리를 얻을 수 있는 전망이 있는 경우 원천 국가의 노동자들은 인적 자원에 보다 많은 투자를 하기 마련이다. 그러한 투자는 원천 국가에 많은 긍정적 영향을 끼친다. 교육이나 훈련을 받는 모두가 해외에 진출하게 되는 것은 아니더라도 말이다.

12 OECD, Trade Union Density
    (http://stats.oecd.org/Index.aspx?DataSetCode=UN_DEN).

13 민간 부문의 노조는 정치적·경제적 중요성이 감소했지만 공공 부문의 노조는 여전히 무시할 수 없는 세력으로 남아 있다. 하지만 그들은 현대 경제체제에서 불편한 지위를 점유하지 않을 수 없다. 그들이 추가적인 잉여를 도출하려고 애쓸 때마다 그 부담이 납세자들에게 돌아가기 때문이다. 예컨대 예산 문제로 골머리를 앓는 나라들에서 공공 부문의 급여와 연금을 놓고 벌어지는 정치 투쟁은 매번 공공 부문 노조에 대한 부자와 빈자들의 증오심을 높이곤 한다.

14 Bengtsson, Erik, 'Labour's Share in Sweden, 1850~2000', *Abstract*, September 2012; Karabarbounis, Loukas, and Neiman, Brent, 'The Global Decline of the Labor Share', *Quarterly Journal of Economics*, June 2013.

15 노동 희소성의 정치적 영향은 사람들이 상상하는 것만큼 그렇게 직관적이지는 않다. 예를 들어 노동력이 상대적으로 부족하고 그래서 노동자들이 실질적인 경제력을 발휘할 수 있는 시기에는 억압적 사회라 해도 어쩔 수 없이 노동자들의 불만을 묵인할 것으로 상상하기 쉽다. 하지만 역사의 실제 사례를 살펴보면 그 반대의 경우가 훨씬 더 많았다. 예컨대 러시아에서는 제국의 확장에 의해 노동자들이 새로 정복된 땅으로 이주함으로써 노동자들이 갈수록 가용 토지에 비해 부족해지자 강압적인 농노제가 출현했다. 노동력이 저렴하

고 풍부했을 때는 권력자들이 국가의 폭력을 위협 수단으로 이용할 이유가 거의 없었다. 기꺼이 노동을 제공하려는 자들을 시장 임금으로 충분히 쉽게 얻을 수 있었기 때문이다. 러시아의 정치 엘리트들이 차르를 설득해 노동자들을 토지에 보다 밀착하게 속박할 수 있는 권한을 부여받은 것은 노동이 부족했을 때였다. 노동이 토지에 비해 희소해졌을 때 토지 소유주들은 노동에 대한 소유권을 효과적으로 취하기 위해 노력했다.

하지만 여타의 역사적 맥락에서는 희소성이 힘의 원천이었다. 예를 들어 중세 후기에 전염병이 돌아 숫자가 크게 감소한 노동자들은 빈 땅으로 이동함으로써 상대적으로 수월하게 농노 신분에서 벗어날 수 있었다. 봉건제의 정치 질서가 약화되기 시작한 것도 이로 인해서다. 그러한 약화는 지주들이 노동력을 확보하기 위해 경쟁하는 데에만 관심을 쏟느라 서로 단합하지 못하는 바람에 더욱 가속화되었다. 결국 갈수록 많은 지주들이 자신들의 토지에서 살면서 일할 것을 강요하는 대신 계약을 통해 필요한 노동자들을 수급하는 쪽으로 옮겨 갔다.

엘리트들 간에 정치적 경쟁이 있을 때, 노동의 희소성은 노동자의 경제적, 정치적 힘을 증대시킨다. 하지만 엘리트들의 이해관계가 서로 강력하게 조정이 되면 노동의 희소성은 억압을 초래하는 경향을 보인다.

16 Smith, *The Wealth of Nations*.

17 Acemoglu, Daron, and Robinson, James A., *Why Nations Fail: The Origins of Power, Prosperity, and Poverty* (London: Profile Books, 2012)

5 미래의 기업

1 OECD, Entrepreneurship at a Glance 2015, August 2015.

2 Coase, R. H., 'The Nature of the Firm', *Economica*, Vol. 4, No. 16 (Nov. 1937).

3 Ocean Tomo, 'Annual Study of Intangible Asset Market Value', LLC, 2015.

4 Clayton M. Christensen (1952~), Kim B. Clark Professor of Business Administration at the Harvard Business School, and author of *The Innovator's Dilemma: When New Technologies Cause Great Firms to Fail* (Cambridge, MA: Harvard Business Review Press, 1997).

5 Lepore, Jill, 'The Disruption Machine', *New Yorker*, 23 June 2014.

6 이 과정에 대한 보다 상세한 내용은 다음을 참조하라: Henderson, Rebecca, and Kaplan, Sarah, 'Inertia and Incentives: Bridging Organisational Economics and Organisational Theory', NBER Working Paper 11849, 2005.

7 'State of the News Media 2015', Pew Research Center, 29 April 2015.

8 Henderson, Rebecca, 'Investment and Incompetence as Responses to Radical Innovation: Evidence from the Photolithographic Alignment Equipment Industry', *RAND Journal of Economics*, Vol. 24, No. 2 (Summer, 1993).

9 Bresnahan, Timothy, Greenstein, Shane, and Henderson, Rebecca, 'Schumpeterian Competition and Diseconomies of Scope: Illustrations from the Histories of Microsoft and IBM', Harvard Business School Working Paper 11-077, January 2011.

10 Song, Jae, Price, David, Guvenen, Fatih, Bloom, Nicholas, and von Wachter, Till, 'Firming Up Inequality', NBER Working Paper 21199, May 2015.

6 21세기의 사회적 자본

1 'Bigmouth Strikes Again', *The Economist*, 14 September 2013.

2 Engels, Friedrich, *Die Lage der arbeitenden Klasse in England* (1845), which was translated into English by Mrs F. Kelley Wischnewetzky and published as *The Condition of the Working Class in England* (1887).

3 Putnam, Robert, 'Bowling Alone: America's Declining Social Capital', *Journal of Democracy*, January 1995. 로버트 데이비드 퍼트넘(Robert David Putnam, 1941~)은 정치학자이자 하버드 케네디 스쿨(Harvard University John F. Kennedy School of Government)의 공공정책학 교수이다. 가장 유명한 저서는 *Bowling Alone: The Collapse and Revival of American Community* (New York, NY: Simon & Schuster, 2001)로서, 1995년에 쓴 동명의 소론을 토대로 집필했다.

4 A'hearn, Brian, 'The British Industrial Revolution in a European Mirror', Floud, Roderick, Humphries, Jane, and Johnson, Paul, eds., *The Cambridge Economic History of Modern Britain* (Cambridge: Cambridge University

Press, 2014).

5   Allen, Robert, 'Engels', Pause: Technical Change, Capital Accumulation, and Inequality in the British Industrial Revolution', *Explorations in Economic History*, 8 February 2008.

6   Marx, Karl, and Engels, Friedrich, *Manifesto of the Communist Party* (1848).

7   Mokyr, Joel, 'The Rise and Fall of the Factory System: Technology, Firms, and Households Since the Industrial Revolution', Carnegie-Rochester Conference Series on Public Policy, December 2001.

8   Piketty, *Capital in the Twenty-First Century*.

9   Mokyr, 'The Rise and Fall of the Factory System'.

10   Ibid; the internal quote is from Mitch, David, 'The Role of Education and Skill in the British Industrial Revolution', Mokyr, Joel, ed. *The British Industrial Revolution: An Economic Perspective*, 1993.

11   Subramanian, Arvind, and Kessler, Martin, 'The Hyperglobalization of Trade and its Future', Word Trade Organization, 2013.

12   Dedrick, Jason, Kraemer, Kenneth, and Linden, Greg, 'Who Profits from Innovation in Global Value Chains? A Study of the iPod and Notebook PCs', *Industrial and Corporate Change*, February 2010.

13   Marshall, Alfred, *Principles of Economics* (1890).

14   Copeland, Rob, and Hope, Bradley, 'Schism atop Bridgewater, the World's Largest Hedge Fund', *Wall Street Journal*, 5 February 2016.

15   Robischon, Noah, 'How BuzzFeed's Jonah Peretti is Building a 100-year Media Company', *Fast Company*, 16 February 2016.

16   이런 종류의 글쓰기는《이코노미스트》에서는 일상적인 업무에 속한다. 하지만 일일 기반으로 움직이는 미국의 여타 뉴스 간행물이 뉴스를 제공하는 전형적인 방식과는 사뭇 달랐다.

17   Brookings Institution, Global Metro Monitor (http://www.brookings.edu/research/reports2/2015/01/22-global-metro-monitor).

18   Acemoglu, Daron, and Robinson, James, 'Why Did the West Extend the Franchise? Democracy, Inequality, and Growth in Historical Perspective', *Quarterly Journal of Economics*, November 2000.

7 1퍼센트의 놀이터

1 Cairncross, Frances, *The Death of Distance: How the Communications Revolution Is Changing Our Lives* (Cambridge, MA: Harvard Business School Press, 1997).

2 UK Office for National Statistics.

3 US Census Bureau

4 Glaeser, Edward, and Resseger, Matthew, 'The Complementarity Between Cities and Skills', *Journal of Regional Science*, 13 January 2010.

5 Berger, Thor, and Frey, Carl Benedikt, 'Technology Shocks and Urban Evolutions: Did the Computer Revolution Shift the Fortunes of US Cities?', June 2014.

6 Berry, Christopher, and Glaeser, Edward, 'The Divergence of Human Capital Levels Across Cities', *Papers in Regional Science*, 2005.

7 Robert-Nicoud, Frederic and Hilber, Christian, 'On the Causes and Consequences of Land Use Regulations', VoxEU, 18 March 2013.

8 'Gotham on Thames', *The Economist*, 27 February 2016.

9 Avent, Ryan, *The Gated City*.

10 Hsieh, Chang-Tai, and Moretti, Enrico, 'Why Do Cities Matter? Local Growth and Aggregate Growth', NBER Working Paper, May 2015.

11 Ganong, Peter, and Shoag, Daniel, 'Why Has Regional Income Convergence in the US Declined?', Harvard Kennedy School Working Paper, March 2013.

12 Rognlie, Matthew, 'Deciphering the fall and rise in the net capital share', Brookings Papers on Economic Activity, January 2015; 'The Paradox of Soil', *The Economist*, 2015.

13 Schleicher, David, 'City Unplanning', *Yale Law Journal*, May 2013.

8 초세계화와 결코 발전하지 못하는 세계

1 Pritchett, Lant, 'Divergence, Big Time', *Journal of Economic Perspectives*, Summer 1997.

2 Milanovic, Branko, 'Global Inequality by the Numbers: In History and Now, an Overview', The World Bank, 2012.

3 IMF, Word Economic Outlook Database (http://www.imf.org/external/pubs/ft/weo/2016/01weodata/index.aspx).

4 Maddison Project Database.

5 'The Headwinds Return', *The Economist*, 13 September 2014.

6 The World Bank; Center for Global Development.

7 로버트 루카스 주니어(Robert Lucas Jr., 1937~)는 시카고 대학의 경제학 교수로서 1995년 노벨 경제학상을 수상했다.

8 Lucas, Robert E, Jr., 'On the Mechanics of Economic Development', *Journal of Monetary Economics*, 1988.

9 Subramanian and Kessler, 'The Hyperglobalization of Trade and its Future'.

10 테렌스 제임스 '짐' 오닐, 케이틀리의 오닐 남작(Terence James 'Jim' O'Neill, Baron O'Neill of Gatley, 1957~)은 영국의 경제학자로 골드만삭스의 자산 운용 책임자를 역임했다. 브라질과 러시아, 인도, 중국을 뜻하는 두문자어 BRIC을 고안한 것으로 가장 유명하다. BRIC은 글로벌 경제 권력이 선진 G7 경제체에서 급속한 성장세를 보이던 개발도상 4개국으로 이동하던 추세를 상징했다.

11 Baldwin, Richard, 'Trade and Industrialization after Globalization's Second Unbundling: How Building and Joining a Supply Chain are Different and Why it Matters', in Feenstra, Robert C., and Taylor, Alan M., eds., *Globalization in an Age of Crisis: Multilateral Economic Cooperation in the Twenty-First Century* (Chicago, IL: University of Chicago Press, 2014).

12 Subramanian, Arvind, 'Premature De-industrialization', Center for Global Development, 22 April 2014.

13 'Arrested Development', *The Economist*, 4 October 2014.

14 Amirapu, Amrit, and Subramanian, Arvind, 'Manufacturing or Services? An Indian Illustration of a Development Dilemma', Center for Global Development Working Paper 409, June 2015.

15 Ibid.

16 Pritchett, Lant, and Summers, Larry, 'Asiaphoria Meets Regression to the Mean', NBER Working Paper 20573, October 2014.

9 장기 침체의 재앙

1   Hansen, Alan Harvey, *Full Recovery or Stagnation* (New York, NY: W. W. Norton & Company, 1938).

2   벤 셜롬 버냉키(Ben Shalom Bernanke, 1953~)는 미국의 경제학자로 2006년 부터 2014년까지 미국의 중앙은행인 연방준비제도이사회 의장을 연임했다. 의장으로 재임하는 동안 2000년대에 발생한 경제 위기에 대한 연방준비제도 이사회의 대응책을 관리 감독했다.

3   Bernanke, Ben, in his speech 'The Global Saving Glut and the US Current Account Deficit', 10 March 2005.

4   Bank for International Settlements, Total Credit to Households as a Percentage of GDP (http://stats.bis.org/statx/srs/table/f3.1).

5   Federal Reserve Bank of New York, Household Debit and Credit Report.

6   Wolff, Edward, 'Household Wealth Trends in the United States, 1962~2013: What Happened Over the Great Recession?', NBER Working Paper 20733, December 2014.

10 왜 고임금은 달성하기 어려운가

1   그런 세상의 작용 방식에 대한 보다 많은 내용을 알고 싶으면 다음을 참조하라. Saadia, Manu, *Trekonomics: The Economics of Star Trek* (San Francisco, CA: Pipertext, 2016).

2   일각에서는 최저임금의 인상 없이 임금을 보조하는 경우 기업은 종업원들의 임금을 올려 줄 필요성을 아예 느끼지 않게 된다고 주장한다. 하지만 연구 조사 결과, 대개의 경우 그렇지 않은 것으로 드러났다. 임금 보조의 혜택 대부분은 기업보다는 근로자들에게로 돌아간다는 얘기다. 다음을 참조하라. 'Credit Where Taxes are Due', *The Economist*, 2015.

3   BLS.

4   예를 들면 경제학자 앤서니 앳킨슨(Anthony Atkinson)은 '시민 소득' 또는 '참여자 소득'을 제안한다. 자발적인 봉사에 참여하는 개인에게 노동시장의 일자리에 준하는 기본 소득을 제공하는 방식이다. 다음을 참조하라. Atkin-

son, Anthony B., *Inequality: What Can Be Done?* (Cambridge, MA: Harvard University Press, 2015).

5   내가 아는 한 이 글을 쓰던 당시의 분위기는 실로 그랬다.

6   'The Gifts of the Moguls', *The Economist*, 4 July 2015.

11   분배의 정치학

1   요시히로 프랜시스 후쿠야마(Yoshihiro Francis Fukuyama, 1952~)는 미국의 정치학자이자 정치경제학자이다. 1989년 발표한 소론 '역사의 종말(The End of History)'에 기초해 다음의 저서를 출간한 바 있다. *The End of History and the Last Man* (New York, NY: Free Press, 1992).

2   Schleicher, David, 'Things Aren't Going That Well Over There Either: Party Polarization and Election Law in Comparative Perspective', University of Chicago Legal Forum, 18 November 2014.

3   US Census Bureau, Income and Poverty.

4   Kenworthy, Lane, and Pontusson, Jonas, 'Rising Inequality and the Politics of Redistribution in Affluent Countries', *Perspectives on Politics*, September 2005.

5   Schleicher, 'Things Aren't Going That Well Over There Either'.

6   Aguiar, Mark, Hurst, Erik, and Karabarbounis, Loukas, 'Time Use During the Great Recession', *American Economic Review*, 5 August 2013.

7   'Goldilocks Nationalism', *The Economist*, 27 September 2014.

8   Chait, Jonathan, 'Will the Supreme Court Just Disappear?', *New York Magazine*, 21 February 2016.

9   전하는 바에 따르면 1904년에 처음 이 말을 했다고 한다. 다음 주소지에 있는 IRS 본부의 현관 위쪽에 적혀 있다. 1111 Constitution Avenue, Washington, DC.

12 인류의 부

1   Smith, *The Wealth of Nations*.
2   Smith, Adam, *The Theory of Moral Sentiments* (London: A. Millar,1759).

참고 문헌

Acemoglu, Daron, and Robinson, James A., *Why Nations Fail: The Origins of Power, Prosperity, and Poverty* (London: Profile Books, 2012)

Atkinson, Anthony B., *Inequality: What Can Be Done?* (Cambridge, MA: Harvard University Press, 2015)

Boustan, Leah Platt, Frydman, Carola, and Margo, Robert A., eds., *Human Capital in History: The American Record* (Chicago, IL: The University of Chicago Press, 2014).

Brynjolfsson, Erik, and McAfee, Andrew, *Race Against The Machine: How the Digital Revolution is Accelerating Innovation, Driving Productivity, and Irreversibly Transforming Employment and the Economy* (Digital Frontier Press, 2011)

_____, *The Second Machine Age: Work, Progress, and Prosperity in a Time of Brilliant Technologies* (New York, NY: W. W. Norton & Company, 2014)

Cairncross, Frances, *The Death of Distance: How the Communications Revolution Is Changing Our Lives* (Cambridge, MA: Harvard Business School Press, 1997)

Christensen, Clayton M., *The Innovator's Dilemma: When New Technologies Cause Great Firms to Fail* (Cambridge, MA: Harvard Business Review Press, 1997).

Cowen, Tyler, *Average is Over: Powering America Beyond the Age of the Great Stagnation* (New York, NY: E. P. Dutton & Co Inc., 2013).

_____, *The Great Stagnation: How America Ate All the Low-Hanging Fruit of Modern History, Got Sick, and Will (Eventually) Feel Better* (New York, NY: E. P. Dutton & Co Inc., 2011)

Edgerton, David, *The Shock of the Old: Technology and Global History since 1900* (London: Profile Books, 2006)

Ford, Martin, *The Lights in the Tunnel: Automation, Accelerating Technology and the Economy of the Future* (Createspace, 2009)

_____, *Rise of the Robots: Technology and the Threat of a Jobless Future* (London: Oneworld Publications, 2015)

Fukuyama, Francis, *The End of History and the Last Man* (The Free Press, 1992)

Glaeser, Edward, *Triumph of the City: How Our Greatest Invention Makes Us Richer, Smarter, Greener, Healthier, and Happier* (London: Macmillan, 2011)

Goldin, Claudia and Katz, Lawrence, *The Race Between Education and Technology* (Cambridge, MA: Harvard University Press, 2008)

Gordon, Robert, *The Rise and Fall of American Growth: The U.S. Standard of Living since the Civil War* (Princeton, NJ: Princeton University Press, 2016)

Engels, Friedrich, *The Condition of the Working Class in England* (1887).

Feenstra, Robert C., Taylor, Alan M., eds., *Globalization in an Age of Crisis: Multilateral Economic Cooperation in the Twenty- First Century* (Chicago, IL: University of Chicago Press, 2014)

Floud, Roderick, Humphries, Jane, Johnson, Paul, eds., *The Cambridge Economic History of Modern Britain* (Cambridge: Cambridge University Press, 2014)

Friedman, Milton, and Schwartz, Anna, *A Monetary History of the United States, 1867~1960* (Princeton, NJ: Princeton University Press, 1963)

Hansen, Alan Harvey, *Full Recovery or Stagnation* (New York, NY: W. W. Norton & Company, 1938)

Hayes, Christopher, *Twilight of the Elites: America After Meritocracy* (New York, NY: Crown Publishing Group, 2012).

Keynes, John Maynard, *Essays in Persuasion,* John Maynard Keynes (London: Macmillan, 1931)

Landau, Ralph, Taylor, Timothy, Wright, Gavin, eds., *The Mosaic of Economic Growth* (Palo Alto, CA: Stanford University Press, 1995).

Larson, Erik, *The Devil in the White City: Murder, Magic and Madness at the Fair that Changed America* (New York, NY: Crown Publishing Group, 2003)

Mason, Paul, *Postcapitalism: A Guide to Our Future* (London: Allen Lane, 2015)

Malthus, Thomas, *An Essay on the Principle of Population* (London: J. Johnson, 1798).

Marx, Karl, and Egels, Friedrich, *Manifesto of the Communist Party* (1848).

Milanovic, Branko, *Global Inequality: A New Approach for the Age of Globalization* (Cambridge, MA: Harvard University Press, 2016)

Mokyr, Joel, *The Gifts of Athena: Historical Origins of the Knowledge Economy* (Princeton, NJ: Princeton University Press, 2002)

_____, *The Lever of Riches: Technological Creativity and Economic Progress* (Oxford: Oxford University Press, 1990)

Moretti, Enrico, *The New Geography of Jobs* New York, NY: Houghton Mifflin Harcourt, 2012)

Murray, Charles, *Coming Apart: The State of White America, 1960~2010* (New York, NY: Crown Publishing Group, 2012)

Pickett, Kate, and Wilkinson, Richard, *The Spirit Level: Why Greater Equality Makes Societies Stronger* (London: Allen Lane, 2009)

Piketty, Thomas, *Capital in the Twenty-First Century* (Cambridge, MA: Harvard University Press, 2014)

Putnam, Robert, *Bowling Alone: The Collapse and Revival of American Community* (New York, NY: Simon & Schuster, 2001)

Rifkin, Jeremy, *The Zero Marginal Cost Society: The Internet of Things, the Collaborative Commons, and the Eclipse of Capitalism* (London: Palgrave Macmillan, 2014)

Rodrik, Dani, *The Globalization Paradox: Democracy and the Future of the World Economy* (Oxford: Oxford University Press, 2011)

Saadia, Manu, *Trekonomics: The Economics of Star Trek* (Pipertext, 2016)

Shirky, Clay, *Cognitive Surplus: Creativity and Generosity in a Connected Age* (London: Allen Lane, 2010)

Weil, David, *The Fissured Workplace: Why Work Became So Bad and What Can be Done to Improve It* (Cambridge, MA: Harvard University Press, 2014.

Smith, Adam, *An Inquiry into the Nature and Causes of the Wealth of Nations* (London: W. Strahan and T. Cadell, 1776)

_____, *The Theory of Moral Sentiments* (London: A. Millar, 1759)

Wright, Gavin, *Sharing the Prize: The Economics of the Civil Rights Revolution in the American South* (Cambridge, MA: Harvard University Press, 2013)

옮긴이 안진환

경제경영 분야에서 활발하게 활동하고 있는 전문 번역가. 1963년 서울에서 태어나 연세대학교를 졸업
했으며 명지대학교와 성균관대학교에 출강한 바 있다. 저서로 『영어실무번역』, 『Cool 영작문』 등이 있
으며, 역서로 『스티브 잡스』, 『넛지』, 『빌 게이츠@생각의 속도』, 『포지셔닝』, 『미운오리새끼의 출근』,
『One Page Proposal』, 『주식시장을 이기는 작은 책』, 『부자 아빠 가난한 아빠』, 『전쟁의 기술』, 『스틱!』,
『스위치』 등이 있다.

노동의 미래

1판 1쇄 펴냄 2018년 3월 23일
1판 3쇄 펴냄 2019년 7월 2일

지은이   라이언 아벤트
옮긴이   안진환
발행인   박근섭, 박상준
펴낸곳   (주)민음사

출판등록   1966. 5. 19. 제16-490호
주소   서울시 강남구 도산대로1길 62
            강남출판문화센터 5층 (우편번호 06027)
대표전화   02-515-2000 | 팩시밀리 02-515-2007
www.minumsa.com

한국어판 ⓒ민음사, 2018. Printed in Seoul, Korea

ISBN 978-89-374-3681-9 (03320)